"十四五"职业教育国家规划教材

微课版

物流法规
（第五版）

新世纪高职高专教材编审委员会 组编

主　编　孙秋高　甄小明　刘亚梅
副主编　胡建淼　何　赟　王　频
主　审　方照琪

大连理工大学出版社

图书在版编目(CIP)数据

物流法规 / 孙秋高，甄小明，刘亚梅主编. -- 5 版. -- 大连：大连理工大学出版社，2022.1(2024.11重印)
ISBN 978-7-5685-3601-1

Ⅰ.①物… Ⅱ.①孙… ②甄… ③刘… Ⅲ.①物流管理－法规－中国－教材 Ⅳ.①D922.294.1

中国版本图书馆 CIP 数据核字(2022)第 021360 号

大连理工大学出版社出版

地址：大连市软件园路 80 号　邮政编码：116023
发行：0411-84708842　邮购：0411-84708943　传真：0411-84701466
E-mail:dutp@dutp.cn　URL:https://www.dutp.cn
大连天骄彩色印刷有限公司印刷　　大连理工大学出版社发行

幅面尺寸:185mm×260mm	印张:20.75	字数:526 千字
2007 年 7 月第 1 版		2022 年 1 月第 5 版
2024 年 11 月第 7 次印刷		

责任编辑:刘丹丹　　　　　　　　　　　　　　　责任校对:夏圆圆
　　　　　　　　封面设计:对岸书影

ISBN 978-7-5685-3601-1　　　　　　　　　　　　定　价:56.80 元

本书如有印装质量问题，请与我社发行部联系更换。

前言

《物流法规》(第五版)是"十四五"职业教育国家规划教材、"十三五"职业教育国家规划教材、"十二五"职业教育国家规划教材,也是新世纪高职高专教材编审委员会组编的现代物流管理专业系列规划教材之一,获第四届中国大学出版社优秀教材图书二等奖。

上一版《物流法规》教材出版后,由于其编写体例新颖,与行业企业结合紧密,既有利于教师创新型教学,也有利于学生学习,深受高职院校师生欢迎。但由于物流行业发展迅猛,国家出台物流相关法律法规的进程正在加快,高等院校教育教学改革也在不断深入,高职院校现代物流管理专业教师迫切希望在此基础上修订出版新的教材,以适应新形势下高职物流教学的需要。

本版教材传承了原教材的诸多优势和特色,怀揣着更优更好、精益求精的愿景,编写组从厘清物流法律法规体系逻辑脉络的角度,根据物流行业的特点,系统检索和梳理了中国共产党第十八次全国代表大会后尤其是近年来颁布的与物流相关的法律、行政法规、地方性法规、部门规章、国际条约和惯例、技术标准以及其他渊源中涉及的不同层次、不同类别的与物流直接或间接相关的法律法规文件。教材力求从高职教育自身特点和规律出发,重点对物流企业的设立,物流服务合同,物资采购,货物运输,仓储、配送,装卸搬运,加工包装,物流信息管理,电子商务,货物保险,国际物流,安全应急,争议解决等物流相关知识所涉及的法律法规进行阐述,并由原"课题—任务"的编撰模式修改为"篇—项目—任务"分阶式编撰模式,力求使本版教材既体现法律法规和物流企业的实际情况,又满足新形态下高职教育教学的需要。

本版教材共分四篇、十五个项目、三十一个任务,依次为经营基础篇(物流企业的设立,物流服务合同);业务服务篇(物资采购法律规范,货物运输法律规范,仓储、配送法律规范,装卸搬运法律规范,加工包装法律规范);综合运营篇(物流信息管理法律规范,电子商务法律规范,物流业务保险合同法律规范,国际物流法律规范,安全应急法律规范);争议救济篇(诉讼救济,仲裁救济,国际物流争议解决)。

本版教材基于顶层设计，以有利于教师教学、学生学习及提高学生能力素质为目标，在教材设计过程中，对所有物流法律法规进行梳理归类，以四大篇幅展现。篇下设项目，每个项目目标明确，由"知识思维导图"指引，明确学习该项目的要点和内容；再设"知识目标""能力目标""思政目标""关键概念"，将知识传授、素质培养、能力提升、课程思政融为一体，明确学习目标；然后是本项目"案例导入"，将项目下所有任务融入案例，所有任务均进行对应的问题设置，引导教师和学生以任务为导向进行创新性教学和学习。每个项目下设若干任务，每个任务首先进行"任务描述"，提前明确告知学生学习该项目后所要完成的任务；其次是"知识链接"，作为任务教学和学习的主要内容，通过教师讲授和学生学习，分析和解决案例中提出的问题；"知识链接"中根据需要插入微课以及拓展知识的二维码供学生扫码学习；最后设计"任务实施"和"任务评价"，指引学生完成任务的方法和步骤，以及作为学生对该任务学习状况的检验及教师评判的依据。每个项目结尾由"法条解析""项目小结""思政园地""能力测评""拓展训练"组成。"法条解析"着重阐述本项目所涉及和要求掌握的重点法条内容；"项目小结"主要对本项目的内容做阶段性回顾总结；"思政园地"着重培育学生正确的价值观和法治观；"能力测评"主要供学生进一步对本项目学习的优劣进行检测；"拓展训练"主要鼓励学生利用闲暇时间进行多种形式的课外实践，培养学生的探究意识、创新精神和解决实际问题的能力。通过以上举措巩固本项目的学习成果。

本版教材特色鲜明，所选内容和案例贴近物流企业和物流法律法规发展现状，编写时注重理论和实际的高度融合，注重高职教育教学特点和学生学习特点，有利于激发学生运用所学知识和方法解决企业在物流活动中遇到的法律问题的热情，也有利于激发教师进行物流法规课程改革和课堂教学改革的热情。教材整体设计思路缜密、层次分明、内在逻辑性强，具有很强的"教""学"性和趣味性，充分满足高职学生课堂学习和创新性自主学习需要，满足教师创新教学需要。教材全面贯彻落实党的二十大精神，注重课程思政建设，把社会主义核心价值观、劳模精神、工匠精神等的培育融入教材编写之中，有利于学生素质的提升。教材配套提供精美的PPT和课程标准，以及所有案例导入问题答案和能力测评习题答案。

为把物流法规教材设计思路落到实处，做出特色、做成精品，引领全国高职法规类教材的编写方向，做成真实项目任务型教材，编写组联合多所高职院校、律师事务所以及物流企业，由多位教授、副教授、博士、律师及长期深耕物流法规教学的一线优秀教师和专职律师共同携手，最终打造了融理论与实践于一体、内涵丰富、颇具高职特色的新形态教材。

本教材由中国物流学会特约研究员、浙江医药物流特约研究员、浙江交通职业技术学院现代物流研究所所长孙秋高，青海交通职业技术学院甄小明，天津城市职业学院刘亚梅任主编；浙江交通职业技术学院胡建淼，安徽机电职业学院何赟，湖南现代物流职业技术学院王频任副主编；山西工程职业学院郭菲，柳州城市职业学院张洁、雷学荣，安徽机电职业技术学院杨辉平，保定职业技术学院张红刚，新疆交通职业技术学院李林艳、潘毅润，浙江交通职业技术学院叶馨醇，杭州港航有限公司应建钦，浙江浙联律师事务所史君慧，浙江交通职业技术学院吴汪友、张蕊、邱硕、郭志伟、唐林强，山西工程职业学院原文涛任参编。

具体分工如下：组建教材编写团队，设计教材编写总体思路，策划教材编写大纲、体例、样章及整体编写风格由孙秋高负责；项目一由王频编写；项目二、项目十五由何赟编写；项目三由甄小明编写；项目四由刘亚梅编写；项目五、项目六由郭菲编写；项目七、项目十一由张洁、雷学荣共同编写；项目八由杨辉平编写；项目九由张红刚编写；项目十、项目十二由李林

前　言

艳、潘毅润共同编写；项目十三由胡建淼、叶馨醇共同编写；项目十四由胡建淼编写；应建钦、史君慧、吴汪友、张蕊、邱硕、郭志伟、唐林强、原文涛参与了教材的资料检索与整理、提供案例等工作。上述教师参与完成了所承担任务的微课脚本和PPT制作任务。胡建淼负责与编写人员进行具体沟通，落实和分配各编写人员具体编写和修改任务，汇总统稿，并承担课程标准的制定工作。胡建淼、甄小明、刘亚梅、何赟、王频参与了初稿的审核工作，刘亚梅承担了PPT的审核和修改工作。浙江交通职业技术学院方照琪审阅了全部书稿，并提出修改意见，在此表示感谢！

本教材既可作为高职高专院校物流类专业的首选教材，同时也可作为应用型本科现代物流管理及国际贸易等专业的教材。此外，本教材还可作为物流和外贸企业从业者、管理人员的培训教材。

在编写本教材的过程中，我们参考、引用和改编了国内外出版物中的相关资料以及网络资源，在此对这些资料的作者表示诚挚的谢意！请相关著作权人看到本教材后与出版社联系，出版社将按照相关法律的规定支付稿酬。

本教材的编写和完成，倾注了全体编写人员的大量心血，得到了参编兄弟院校和相关单位的大力支持，在此表示深深的谢意！限于编者的水平和时间，教材中仍可能存在不足之处，恳请广大读者批评指正，以便下次修订时完善。

编　者

所有意见和建议请发往：dutpgz@163.com
欢迎访问职教数字化服务平台：https://www.dutp.cn/sve/
联系电话：0411-84706104　84707492

目 录

第一篇　经营基础篇

项目一　物流企业的设立 ··· 3
　　任务一　申请设立物流企业 ·· 4
　　任务二　办理物流业务证照 ··· 16

项目二　物流服务合同 ··· 28
　　任务一　分辨物流服务合同成立和生效 ······································ 29
　　任务二　防范公路货物运输合同违约风险 ··································· 39

第二篇　业务服务篇

项目三　物资采购法律规范 ··· 51
　　任务一　拟定物资采购合同 ··· 52
　　任务二　制作政府采购招标公告 ··· 62

项目四　货物运输法律规范 ··· 73
　　任务一　拟定第三方物流运输格式合同 ······································ 74
　　任务二　拟定多式联运合同 ··· 80
　　任务三　处理快递业务中发生的货物毁损、灭失问题 ····················· 84

项目五　仓储、配送法律规范 ··· 94
　　任务一　设定仓储、配送合同中的权利和义务 ···························· 95
　　任务二　解析标准仓单质押业务模式 ······································ 104

项目六　装卸搬运法律规范 ·· 116
　　任务一　梳理铁路装卸作业标准和作业程序 ······························ 118
　　任务二　拟定港站货物作业合同 ·· 126

项目七　加工包装法律规范 ·· 139
　　任务一　规避包装条款履行不当的违约风险 ······························ 141
　　任务二　厘清货物运输包装的环保要求 ···································· 155

第三篇 综合运营篇

项目八 物流信息管理法律规范 …… 165
  任务一 申请网络货运平台资质 …… 166
  任务二 防范委托开发过程中的法律风险 …… 174

项目九 电子商务法律规范 …… 183
  任务一 制作个人的电子签名 …… 184
  任务二 签署物流电子商务服务合同 …… 190

项目十 物流业务保险合同法律规范 …… 201
  任务一 办理货物出险后向保险公司索赔的手续 …… 202
  任务二 草拟物流保险方案 …… 210

项目十一 国际物流法律规范 …… 220
  任务一 厘清国际货运代理合同履行条款 …… 221
  任务二 办理一般货物的进出口报关报检手续 …… 228

项目十二 安全应急法律规范 …… 237
  任务一 安全生产实施 …… 238
  任务二 油罐车发生爆炸事故的应急处置 …… 245

第四篇 争议救济篇

项目十三 诉讼救济 …… 259
  任务一 对民事纠纷的救济 …… 261
  任务二 对行政处罚的救济 …… 269

项目十四 仲裁救济 …… 283
  任务一 掌握物流民事争议的仲裁程序 …… 284
  任务二 掌握海事争议的仲裁程序 …… 292

项目十五 国际物流争议解决 …… 301
  任务一 厘清国际物流争议中的管辖问题 …… 302
  任务二 分析国际物流争议的法律适用问题 …… 309

参考文献 …… 320

第一篇
经营基础篇

项目一 物流企业的设立

知识思维导图

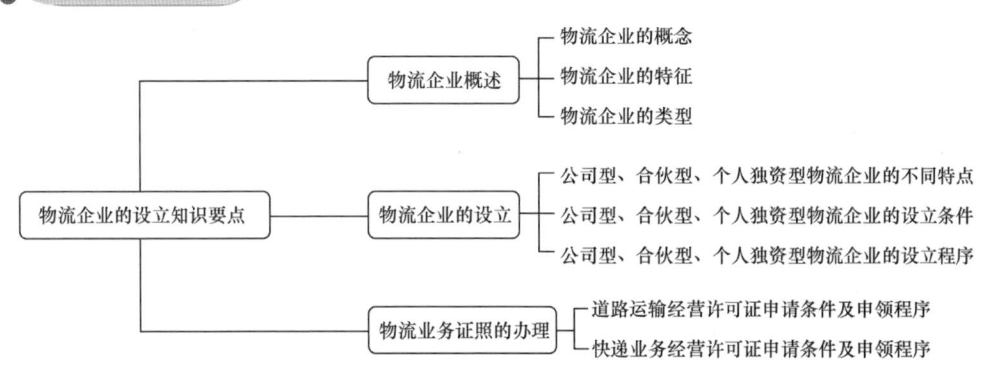

```
                    ┌─ 物流企业概述 ─┬─ 物流企业的概念
                    │               ├─ 物流企业的特征
                    │               └─ 物流企业的类型
                    │
物流企业的设立知识要点 ─┼─ 物流企业的设立 ─┬─ 公司型、合伙型、个人独资型物流企业的不同特点
                    │                 ├─ 公司型、合伙型、个人独资型物流企业的设立条件
                    │                 └─ 公司型、合伙型、个人独资型物流企业的设立程序
                    │
                    └─ 物流业务证照的办理 ─┬─ 道路运输经营许可证申请条件及申领程序
                                        └─ 快递业务经营许可证申请条件及申领程序
```

知识目标

掌握不同的物流企业形式所需要满足的设立条件;掌握不同企业形式的特点,了解设立程序;掌握物流企业开展经营业务所需要办理的业务证照种类和条件,了解相关办理流程。

能力目标

能够正确判断物流企业的组织形式,理解不同企业形式的法律特征,按照法定条件和程序独立或协助办理物流企业的设立手续和相关业务证照。

思政目标

帮助学生树立法制意识,自觉遵守企业设立与业务开展的法律制度,培养"敢闯会闯"的创业能力、重诺守信的商业道德和认真严谨的工作作风。让学生在课程中感受中国特色社会主义制度的优越性,感悟追求梦想的艰辛和美好的来之不易。

关键概念

公司;合伙企业;个人独资企业;设立条件;设立登记;业务证照

案例导入

甲、乙、丙三人为多年好友,近期都准备自行创业,创办自己的企业。经过咨询,律师告知三人企业的形式有公司、合伙企业和个人独资企业三种可以选择。甲认为个人独资企业形式好,因为企业事务可以由自己独立管理,收入都归自己所有。乙认为合伙企业形式好,因为企业经营可以跟合伙人商量,经营风险可以由合伙人一起分担。丙认为最好的形式是公司,因为公司可以只以公司财产承担有限责任而无需股东个人担责,做好做大后还能发行股票,无限扩大规模。鉴于三人都看好物流行业广阔的发展前景,同时乙只能以劳务作为出资,三人最终决定一起合伙开办一家物流企业。三人共同签订合伙协议,约定由丙对外执行企业事务,但超过10万元的业务需要经过全体合伙人的同意。

物流企业成立后因为业务开展的需要,丙与A公司签订了买卖合同,以18万元买入厢式货车2台。由于丙签订合同时并未取得甲和乙的同意,因此在A公司到该物流企业收取货款时,甲和乙认为丙违反合伙协议擅自购买货车的行为无效,遂拒绝支付18万元货款。多次协商未果后,A公司诉至法院,要求该物流企业依据合同支付货款,并要求甲、乙、丙承担连带责任。在庭审过程中,丙认为自己是甲和乙选定的物流企业事务的执行人,有权对物流企业的经营事务做出决定,行为后果应由全体合伙人共同承担;甲和乙认为丙违反合伙协议在先,应由丙一个人承担付款责任;同时乙认为自己仅以劳务出资,不应当对企业的债务负责。法院审理后认为,合伙协议的内部约定不得对抗善意第三人,甲、乙、丙三人需要对拖欠A公司的18万元货款承担本金及利息的连带赔偿责任。

问题:

(1)你知道不同的企业形式有哪些区别吗?如果甲、乙、丙三人决定设立的是有限责任物流公司,需要满足什么设立条件?

(2)如果甲、乙、丙三人决定设立的有限责任物流公司需要扩大经营范围,从事快递业务的经营,该办理什么业务证照?需要满足哪些条件?

任务一 申请设立物流企业

任务描述

根据本项目案例导入的第一个问题描述,请你按照公司型物流企业设立的法定条件模拟设立一家有限责任物流公司。

项目一 物流企业的设立

> 知识链接

一、物流企业概述

(一)物流企业的概念

企业是以营利为目的,运用劳动、土地、资本等多种生产要素向市场提供商品或服务,实行自主经营、自负盈亏、独立核算的社会经济组织。物流企业则是专门从事与商品流通有关的各种经营活动,依法自主经营、自负盈亏的营利性经营单位。具体而言,物流企业是在原料、半成品从其生产地到消费地的过程中进行用户服务、需求预测、情报信息联络、物料搬运、订单处理、采购、包装、运输、装卸、仓库管理、废物回收处理等一系列以物品为对象的活动,并以获取利润、增加积累、创造社会财富为目的的营利性社会经济组织。

(二)物流企业的特征

(1)物流企业是专门从事与物质资料流通有关的各种经营活动的组织单位。它承担着供给商(包括生产商、供应商)和消费者(包括生产消费者、生活消费者)之间的储存、运输、加工、包装、配送、信息服务等全部活动,并通过促进制造作业和营销作业来满足顾客需求。

(2)物流企业是自主经营、自负盈亏,以获取利润和创造、积累社会财富为目的的营利性组织。物流企业以"利益最大化"为目的,所以必须以最优的方式考虑物流供应的问题。

(3)物流企业是能以自己的名义为物质资料提供流通服务的法律主体。它具有相应的权利能力和行为能力,依法享有法律权利和承担法律义务,能在市场经济中平等参与竞争。

(三)物流企业的类型

1.根据物流业务范围的不同,可分为单一物流企业和综合物流企业

(1)单一物流企业

单一物流企业又称功能性物流企业,是指仅从事仓储、运输、包装、装卸等一项或几项物流服务的物流企业。这类企业根据其从事的具体物流功能不同,可分为以下五种类型:①仓储服务型物流企业,即以仓储保管业务为营利手段的企业;②运输服务型物流企业,即使用运输工具对物品进行运送,以实现物流的空间效用的企业;③装卸服务型物流企业,即从事对物品进行搬运,以改变其存放状态和空间位置的物流服务活动的企业;④包装服务型物流企业,即采用适当的材料,制成与物品相适应的容器,对物品进行包裹、捆扎,以便物品装卸、搬运、运输、保管和销售的企业;⑤信息服务型物流企业,即通过因特网,利用信息网络、电子商务等方式向社会、企业及个人提供新闻、行业动态、企业目录、供求检索等信息服务的电子商务物流企业。

(2)综合物流企业

综合物流企业是指从事原材料、半成品从生产地到消费地之间的运输、储存、装卸、包装、流通加工、配送、信息处理等全部物流服务的物流企业。

2.根据物流服务区域的不同,可分为国内物流企业与国际物流企业

(1)国内物流企业

国内物流企业是指在某一国家境内从事物流活动的企业。国内的物流服务以单一的物流服务方式或几种服务方式相组合的形式为主,可进一步分为单一物流企业和综合物流企业。

5

(2)国际物流企业

国际物流企业是指从事不同国家之间物流服务的企业,负责货物从一国到另一国的空间转移。国际物流企业是国际贸易活动中的一个重要组成部分,此类企业多为国际海上船舶运输公司、国际航空运输公司、国际多式联运经营人、国际铁路联运经营人等。按国际物流企业本身是否具备运输工具,国际物流企业可进一步分为承运人型国际物流企业和无船承运人型国际物流企业。

3. 根据从事物品流通的领域的不同,可分为生产物流企业与流通物流企业

(1)生产物流企业

生产物流企业又称厂家物流企业,是指由生产企业自行负责原材料采购、生产加工、销售以及伴随生产消费过程中所产生的废旧物回收及再利用的整个过程的物流活动。从严格意义上说,生产物流企业不属于物流企业的范畴。

(2)流通物流企业

流通物流企业是与生产物流企业相对应的,专门从事商品流通或实物流通的企业。从事批发、仓储、配送、运输等业务的企业均为流通物流企业。

4. 根据物流业务性质的不同,可分为物流作业企业与物流信息企业

(1)物流作业企业

物流作业企业即对外提供运输、仓储、配送、包装、装卸搬运、流通加工等服务的企业。我国现阶段的物流企业大多为物流作业企业,其中,以传统的储运企业为主。

(2)物流信息企业

物流信息企业即利用信息网络、电子商务等方式为其他企业提供物流信息服务的企业。此类企业包括但不限于物流信息网站。物流信息网站最终以物流作业活动为基础。

二、物流企业的设立

物流企业的设立是指物流企业的创办人为使物流企业成立而依照法律规定的条件和程序所进行的一系列行为的总称。物流企业的设立既是人力、物力、财力资源筹集组合的经济行为,也是必须要依法进行的法律行为。物流企业的设立需要首先确定物流企业的组织形式,然后再依据不同的法律规定满足不同的设立条件,最后再办理相应的注册登记手续。

(一)确定组织形式

企业的组织形式是企业存在的形态和类型,主要有公司、合伙企业和个人独资企业三种形式。同时,根据企业投资人的国籍不同,企业又可分为内资企业、外资企业和中外合资企业三种。具体到物流企业,则可对应分为公司型物流企业、合伙型物流企业和个人独资型物流企业,并以内资物流企业为主。根据《中华人民共和国公司法》(以下简称《公司法》)、《中华人民共和国合伙企业法》(以下简称《合伙企业法》)、《中华人民共和国个人独资企业法》(以下简称《个人独资企业法》)及其相关法律法规的规定,不同类型的物流企业具有不同的特点和表现。

1. 公司型物流企业

公司型物流企业是指以公司作为组织形式的物流企业,也是物流企业最主要的组织形式。公司是依法设立的,以营利为目的的企业法人。《公司法》第二条规定:"本法所称公司是指依照本法在中国境内设立的有限责任公司和股份有限公司。"第三条规定："公司是企业法人,有独立的法人财产,享有法人财产权。公司以其全部财产对公司的债务承担责任。有限责任公司的股东以其认缴的出资额为限对公司承担责任;股份有限公司的股东以其认购的股份为限对公司承担责任。"

(1)公司的特征

①以营利为目的。公司是企业,营利是公司经营活动的出发点和归宿。营利性是所有企业的基本特征。正是营利性这一特征,使企业和机关、事业单位区分开来。

②具备法人资格。法人是指具有民事权利能力和民事行为能力,依法独立享有民事权利和承担民事义务的社会组织。法人应当依法成立,有自己的名称、组织机构、住所、财产或者经费,并能够独立承担民事责任。我国把法人分为营利法人、非营利法人和特别法人三大类。公司既是企业法人,又是营利法人。

③承担有限责任。公司的责任形式为有限责任。公司财产独立于公司股东,公司股东以其认缴的出资额或认购的股份为限对公司承担责任,公司以其全部财产为限对公司债务承担责任。

(2)公司的种类

根据《公司法》第二条的规定,我国公司的主要类型为有限责任公司和股份有限公司。从世界范围来看,公司的类型还包括无限公司和两合公司两种类型。无限公司是指两个以上股东所组成,全体股东对公司债务负连带无限清偿责任的公司。两合公司是指由一个或一个以上的有限责任股东组成的公司,其中无限责任股东对公司债务负无限连带清偿责任,有限责任股东仅以其出资额或所持股份为限对公司债务负责。

①有限责任公司。有限责任公司,简称有限公司,是指由法律规定的一定人数的股东投资设立的,股东以其出资额为限对公司承担责任,公司以其全部资产对公司债务承担责任的公司。与股份有限公司相比,有限责任公司具有以下特征:

第一,有限责任公司兼具资合性与人合性。有限责任公司将资金的联合和股东间的信任作为两个不可或缺的信用基础,因此,其兼具资合性与人合性。

第二,有限责任公司具有封闭性。有限责任公司的资本只能由全体股东认缴,而不能向社会公开募集,股东的出资证明书也不能在证券市场上自由流通转让。

第三,有限责任公司的设立方式只有发起设立,而且其机构设置也比股份有限公司简单、灵活。

第四,有限责任公司股东人数一般具有法定限制。对有限责任公司,各国大多规定了最高人数的限制。我国《公司法》对有限责任公司的股东人数也做了最高不超过五十人的限制。一人有限责任公司的股东人数只能是一人。

②股份有限公司。股份有限公司,简称股份公司,是指公司全部资本划分为等额股份,股东以其认购的股份为限对公司承担责任,公司以其全部资产对公司债务承担责任的公司。其中,股票在证券交易所上市交易的股份有限公司,称为上市公司。与有限责任公司相比,股份有限公司具有以下特征:

第一,股份有限公司具有资合性。股份有限公司的信用基础在于其公司资本和资产条件,因此,其具有资合性。

第二,股份有限公司具有开放性。股份有限公司的开放性首先表现在其股票可以对外公开发行而且在证券市场上自由转让;其次,其开放性还表现在公司经营活动的公开上,股份有限公司存续期间,应不断地向公众披露其财务及经营状况,接受股东和公众的监督。

第三,股份有限公司资本股份化。股份有限公司将其全部资本划分为等额股份,股份是公司资本的基本单位。

第四,股份有限公司既可以采取发起设立的方式设立,又可以采取募集设立的方式设立。发起设立是指由发起人认购公司应发行的全部股份而设立公司,募集设立是指由发起人认购公司应发行股份的一部分,其余股份向社会公开募集或者向特定对象募集而设立公司。与有限责任公司相比,股份有限公司的设立条件更为严格,设立程序也更为复杂。

2. 合伙型物流企业

合伙型物流企业是指以合伙企业作为组织形式的物流企业。合伙企业是指两个或两个以上的合伙人为了共同经营事业,共同出资、共享收益、共担风险,对合伙企业的债务承担无限连带责任的营利性组织。《合伙企业法》第二条规定:"本法所称合伙企业,是指自然人、法人和其他组织依照本法在中国境内设立的普通合伙企业和有限合伙企业。"

(1)合伙企业的特征

①以合伙协议为成立基础。合伙协议是合伙人为了设立合伙企业,就合伙企业的出资、损益分配、事务管理等事项自愿达成的协议。合伙协议是合伙人之间建立合伙关系,确立各合伙人的权利和义务,以及设立合伙组织的前提,是联结合伙人之间关系的纽带。合伙协议依法由全体合伙人协商一致、以书面形式订立,经全体合伙人签名、盖章后生效。合伙人按照合伙协议享有权利,履行义务。

②合伙人共同出资、共同经营。合伙人共同享有合伙和承担合伙的权利与义务,各合伙人均既是出资者,又是经营者,在合伙组织中具有相同的地位,共享合伙的收益,共同承担合伙经营中所遇到的风险。除合伙协议另有约定外,每个合伙人都有权对外代表合伙企业从事合伙活动。

③不具有法人资格,合伙人承担无限连带责任。合伙企业不具有法人资格,不能对外独立承担责任。当合伙财产不足以清偿合伙债务时,各合伙人对未清偿的合伙债务承担无限连带责任。债权人有权请求任何一位合伙人履行合伙的全部债务,合伙人应以个人所有的财产为合伙债务承担清偿责任,而不以出资额为限。履行完清偿责任的合伙人事后可以依据合伙协议,就其多承担的部分向其他合伙人追偿。

(2)合伙企业的种类

①普通合伙企业。普通合伙企业由2个以上普通合伙人组成,全体合伙人对合伙企业债务承担无限连带责任。普通合伙企业中还有一种特殊的普通合伙企业。特殊的普通合伙企业主要适用于以专业知识和专门技能为客户提供有偿服务的专业服务机构。其合伙人在执业活动中非因故意或重大过失造成的合伙企业债务,由全体合伙人承担无限连带责任;合伙人在执业活动中因故意或重大过失造成合伙企业债务的,由该一个或数个有过错的合伙人承担无限责任或无限连带责任,其他合伙人以其在合伙企业中的财产份额为限承担责任。

②有限合伙企业。有限合伙企业由1个以上普通合伙人和1个以上有限合伙人组成。普通合伙人对合伙企业债务承担无限连带责任,有限合伙人以其认缴的出资额为限对合伙企业债务承担责任。

3.个人独资型物流企业

个人独资型物流企业是指以个人独资企业为组织形式的物流企业。《个人独资企业法》第二条规定:"本法所称个人独资企业,是指依照本法在中国境内设立,由一个自然人投资,财产为投资人个人所有,投资人以其个人财产对企业债务承担无限责任的经营实体。"个人独资企业具有以下特征:

(1)投资人只能是一个自然人

这里的自然人指具有完全民事行为能力的人,法人和其他组织不能成为个人独资企业的投资人。同时,《个人独资企业法》第四十七条规定:"外商独资企业不适用本法。"这里的自然人仅指中国公民。

(2)不具有法人地位

个人独资企业的全部财产为出资人所有,企业的赢利全部归出资者个人所得,亏损和债务完全由出资者个人承担。个人独资企业无法对外独立承担责任,企业的财产与出资者的个人财产之间没有界限,个人独资企业是典型的非法人企业。

(3)投资人承担无限责任

个人独资企业对其债务,应先以其独立的自身财产承担责任,其财产不足以清偿债务的,应由投资人以个人其他财产承担无限责任。但投资人在申请企业设立登记时明确以家庭共有财产作为个人出资的,以其家庭共有财产对企业债务承担无限责任。

(4)内部机构设置简单

个人独资企业的出资人既是企业的所有者,又是企业的经营者,其内部机构设立简单,可以按照出资者个人的意志去经营和掌控。

(二)满足设立条件

1.公司型物流企业的设立条件

(1)有限责任物流公司的设立条件

①股东符合法定人数。有限责任公司由五十个以下股东出资设立,一个自然人股东或者一个法人股东可以设立一人有限责任公司。

②有符合公司章程规定的全体股东认缴的出资额。股东的出资方式可以是货币、实物、土地使用权、知识产权或者其他财产权利。

③股东共同制定公司章程,并在公司章程上签名、盖章。公司章程应当载明下列八大事项:第一,物流公司名称和住所;第二,物流公司经营范围;第三,物流公司注册资本;第四,股东的姓名或者名称;第五,股东的出资方式、出资额和出资时间;第六,物流公司的机构及其产生办法、职权、议事规则;第七,物流公司法定代表人;第八,股东会会议认为需要规定的其他事项。

④有合法的公司名称,名称中必须标明"有限责任公司"或者"有限公司"字样,并建立符合有限责任公司要求的组织机构。法定的公司组织机构包括股东会、董事会和经理、监事会。股东会由全体股东组成,是公司的权力机构;董事会是公司的执行机构,对股东会负责,由三~十三名董事组成,设董事长一人,可设副董事长。股东人数较少或规模较小的有限责任公司可以只设一名执行董事,不设董事会。经理是公司的日常经营管理机构,由董事会决定聘任或解聘。监事会是公司的内部监督机构,成员不得少于三人。监事会设主席一人,由全体监事过半数选举产生。股东人数较少或规模较小的有限责任公司可以设一至二名监

事,不设监事会。监事会应当包括股东代表和适当比例的公司职工代表,其中职工代表的比例不得低于三分之一,具体比例由公司章程规定。董事、高级管理人员不得兼任监事。

⑤有公司住所。公司住所是物流公司主要办事机构所在地,是法定的注册地址,不同于物流公司的生产经营场所。

(2)股份有限物流公司的设立条件

①发起人符合法定人数,即二人以上二百人以下,其中必须有半数以上的发起人在中国境内有住所。

②有符合公司章程规定的全体发起人认购的股本总额或者募集的实收股本总额。股东出资的方式可以是货币、实物、土地使用权、知识产权或者其他财产权利。

③股份发行、筹办事项符合法律规定。股份有限物流公司的股份发行、筹办事项应当符合《中华人民共和国证券法》《中华人民共和国公司法》等法律的相关规定。

④发起人制定公司章程,采用募集方式设立的经创立大会通过。

⑤有合法的公司名称,名称中必须标明"股份有限公司"或者"股份公司"字样,并建立符合股份有限公司要求的组织机构。法定的股份有限公司组织机构包括股东大会、董事会和经理、监事会。股东大会是股份有限公司的权力机构,由全体股东组成。董事会是公司的执行机构,对股东大会负责,由五至十九人组成,成员中可以有公司职工代表。董事会设董事长一人,可以设副董事长。董事长和副董事长由董事会以全体董事的过半数选举产生。经理是公司的日常经营管理机构,由董事会决定聘任或解聘。监事会是公司的内部监督机构,成员不得少于三人。监事会设主席一人,可以设副主席,由全体监事过半数选举产生。监事会应当包括股东代表和适当比例的公司职工代表,其中职工代表的比例不得低于三分之一,具体比例由公司章程规定。董事、高级管理人员不得兼任监事。

⑥有公司住所。

2.合伙型物流企业的设立条件

(1)普通合伙物流企业的设立条件

设立普通合伙物流企业应具备以下条件:

①有符合要求的合伙人。法律未规定合伙企业人数的上限,但合伙人数应不少于二人。合伙人为自然人的,应当具有完全民事行为能力。法律、行政法规禁止从事营利性活动的人,不得成为合伙企业的合伙人,具体包括国家公务员、法官、检察官及警察。国有独资企业、国有企业、上市公司以及公益性的事业单位、社会团体可以成为有限合伙企业的合伙人。

②有书面合伙协议。合伙协议应当载明以下十项内容:第一,合伙企业的名称和主要经营场所的地点;第二,合伙目的和合伙经营范围;第三,合伙人的姓名或者名称、住所;第四,合伙人的出资方式、数额和缴付期限;第五,利润分配、亏损分担方式;第六,合伙事务的执行;第七,入伙与退伙;第八,争议解决办法;第九,合伙企业的解散与清算;第十,违约责任。合伙协议经全体合伙人签名、盖章后生效。合伙协议的修改或补充应当经全体合伙人一致同意,但合伙协议另有约定的除外。

③有合伙人认缴或者实际缴付的出资。合伙人必须向合伙企业出资,合伙人出资的形式可以是货币、实物、土地使用权、知识产权或者其他财产权利。经全体合伙人协商一致,合伙人也可以用劳务等出资。合伙人以货币以外的形式出资,一般先应进行评估作价,即折价

入伙。评估作价可以由合伙人协商确定,也可以由全体合伙人委托法定评估机构进行评估,以评估报告作为折价的依据。若以劳务出资,其评估办法由全体合伙人协商确定,并在合伙协议中载明。合伙人应当按照合伙协议约定的出资方式、数额和缴付期限,履行出资义务。以非货币财产出资的,依照法律、行政法规的规定,需要办理财产权转移手续的,合伙人应当依法办理。

④有合伙企业的名称和生产经营场所。合伙企业名称中应当标明"普通合伙"字样。生产经营场所是指合伙企业从事生产经营活动的所在地,合伙企业一般只有一个生产经营场所,即在企业登记机关登记的营业地点。

⑤法律、行政法规规定的其他条件。

(2)有限合伙物流企业的设立条件

有限合伙物流企业是相对普通合伙物流企业而言的,其设立条件有以下几个方面:

①有限合伙物流企业由二个以上五十个以下合伙人设立,但法律另有规定的除外。有限合伙物流企业中至少应当有一个普通合伙人。

②有限合伙物流企业名称中应当标明"有限合伙"字样。

③合伙协议除符合《合伙企业法》有关普通合伙的规定外,还应当载明下列六项内容:第一,普通合伙人和有限合伙人的姓名或者名称、住所;第二,执行事务合伙人应具备的条件和选择程序;第三,执行事务合伙人权限与违约处理办法;第四,执行事务合伙人的除名条件和更换程序;第五,有限合伙人入伙、退伙的条件、程序以及相关责任;第六,有限合伙人和普通合伙人相互转变程序。

④有限合伙物流企业中的有限合伙人可以用货币、实物、知识产权、土地使用权或者其他财产权利作价出资,但不得以劳务出资。有限合伙人应当按照合伙协议的约定按期足额缴纳出资。未按期足额缴纳的,应当承担补缴义务,并对其他合伙人承担违约责任。有限合伙物流企业登记事项中应当载明有限合伙人的姓名或者名称及认缴的出资数额。

3.个人独资型物流企业的设立条件

①投资人为一个自然人。

②有合法的企业名称。

③有投资人申报的出资。

④有固定的生产经营场所和必要的生产经营条件。

⑤有必要的从业人员。

(三)完成注册登记

1.企业名称自主申报

企业名称自主申报是指公司、合伙企业、个人独资企业等不同企业申请人通过企业名称申报系统或者在企业登记机关服务窗口提交有关信息和材料,对拟定的企业名称进行查询、比对和筛选,选取企业名称的制度。国务院市场监督管理部门主管全国企业名称登记管理工作,负责制定企业名称登记管理的具体规范。国家市场监督管理总局企业名称申报服务页面如图1-1所示。省、自治区、直辖市人民政府市场监督管理部门负责建立本行政区域统一的企业名称申报系统和企业名称数据库,并向社会开放。地方企业名称申报系统(以湖南省为例)如图1-2所示。

图 1-1　国家市场监督管理总局企业名称申报服务页面

图 1-2　地方企业名称申报系统（以湖南省为例）

（1）申报流程

登录系统——注册账号——身份认证——自主申报——填报企业名称——补全企业信息——填写投资人信息——提交——审核——结果反馈。

(2)申报规则

①申请人提交的信息和材料应当真实、准确、完整,并承诺因其企业名称与他人企业名称近似而侵犯他人合法权益的,依法承担法律责任。

②企业名称自主申报通过后,不得在保留期内调整登记机关、投资人、注册资本、投资额等事项。

③企业登记机关对通过企业名称申报系统提交完成的企业名称予以保留,保留期为两个月。设立企业依法应当报经批准或者企业经营范围中有在登记前须经批准的项目的,保留期为一年。申请人应当在保留期届满前办理企业登记。保留期逾期未登记的,名称自动失效。

④企业名称在保留期内,不得用于从事经营活动,不得转让。

(3)企业名称规则

①基本规则。企业名称应当由行政区划、字号、行业、组织形式组成。行政区划是本企业所在地县级以上行政区划的名称或地名,市辖区的名称不能单独用作企业名称中的行政区划。企业可根据实际需要将行政区划放在字号之后,组织形式之前。字号应当由两个以上的符合国家规范的汉字组成,行政区划、行业、组织形式不得用作字号。企业应根据其主营业务,依照国家行业分类标准划分的类别,在企业名称中标明所属行业或者经营特点,不得标示国家法律、法规及国务院决定禁止经营的行业,同时,企业的组织形式应与企业组织结构或责任形式相一致。

②禁止性规则。《企业名称登记管理规定》第十一条规定,企业名称不得有下列九种情形:第一,损害国家尊严或者利益;第二,损害社会公共利益或者妨碍社会公共秩序;第三,使用或者变相使用政党、党政军机关、群团组织名称及其简称、特定称谓和部队番号;第四,使用外国国家(地区)、国际组织名称及其通用简称、特定称谓;第五,含有淫秽、色情、赌博、迷信、恐怖、暴力的内容;第六,含有民族、种族、宗教、性别歧视的内容;第七,违背公序良俗或者可能有其他不良影响;第八,可能使公众受骗或者产生误解;第九,法律、行政法规以及国家规定禁止的其他情形。

2.办理设立登记

(1)登记机关

企业注册登记实行分级管辖制度,由国家、省(自治区、直辖市)、市(县)三级市场监督管理局管辖,主要由各级市场监督管理局下设的登记注册部门负责。

(2)登记流程

①申请。企业可以指定代表或者委托代理人通过网上申请和现场申请两种方式办理企业设立登记手续。网上申请是指企业在企业名称申报系统通过企业名称的审核后,凭名称核准文号或者是下载的审核结果直接在网上登记系统向企业住所(经营场所)所在地登记机关提交企业设立登记申请材料,直接申请办理企业设立登记。现场申请是指企业到企业住所(经营场所)所在地登记机关的办公窗口现场进行纸质申报。无论是网上申请还是现场申请,企业均需根据自身的组织形式提交规定的申请材料进行申请。物流企业的组织形式不同,其申请人和申请材料亦有所不同,具体见表1-1。

表 1-1　　　　　　　　　物流企业设立申请人及申请材料要求

企业形式		申请人	申请材料
公司型物流企业	有限责任物流公司	全体股东指定的代表或共同委托的代理人	1."公司登记(备案)申请书"； 2.全体股东签署的公司章程； 3.股东的主体资格证明或自然人身份证明； 4.法定代表人、董事、监事和经理的任职文件； 5.住所使用证明； 6.法律、行政法规和国务院决定规定设立公司必须报经批准的或公司申请登记的经营范围中有法律、行政法规和国务院决定规定必须在登记前报经批准的项目,提交有关批准文件或者许可证件的复印件
	股份有限物流公司	法定代表人或其委托的代理人	1."公司登记(备案)申请书"； 2.发起人签署的公司章程； 3.发起人的主体资格证明或自然人身份证明； 4.法定代表人、董事、监事和经理的任职文件； 5.住所使用证明； 6.募集设立的股份有限公司提交依法设立的验资机构出具的验资证明。涉及发起人首次出资是非货币财产的,提交已办理财产权转移手续的证明文件； 7.募集设立的股份有限公司公开发行股票的应提交国务院证券监督管理机构的核准文件； 8.法律、行政法规和国务院决定规定设立公司必须报经批准的或公司申请登记的经营范围中有法律、行政法规和国务院决定规定必须在登记前报经批准的项目,提交有关批准文件或者许可证件的复印件
合伙型物流企业		全体合伙人指定的代表或共同委托的代理人	1."企业设立登记(一照一码)申请书"； 2.执行合伙事务的合伙人的委托书； 3.全体合伙人的主体资格证明； 4.全体合伙人对各合伙人认缴或实缴出资的确认书； 5.合伙协议； 6.法律、行政法规规定设立特殊的普通合伙企业需要提交合伙人的职业资格证明的,应提交
个人独资型物流企业		投资人或者其委托的代理人	1."个人独资企业登记(备案)申请书"； 2.投资人身份证件复印件； 3.企业住所使用证明； 4.从事法律、行政法规规定必须报经有关部门审批的业务的,提交有关批准文件复印件

②受理。申请人通过网上申请或现场申请方式提出设立登记申请后,由登记机关审核后决定是否受理。申请人符合申请资格,且材料齐全、格式规范、符合法定形式的,予以受理;申请人不符合受理条件或不属于登记机关职权范围的,登记机关将出具"不予受理通知书",不予受理;申请材料不齐全或不符合法定形式的,登记机关将退回,并一次性告知申请人需要补齐的材料。

③审核。受理申请材料后,登记机关将对申请材料进行要件审查。如发现企业自主申报通过的企业名称有明显违反《企业名称登记管理规定》的情况,登记机关将及时告知申请人更改名称。申请人拒不更改的,将不予办理登记注册。如发现申请名称与已注册字号存在重名,登记机关将驳回名称并不予受理设立登记,申请人需要重新进行名称自主申报。经审核,申请人材料齐全、符合法定形式的,登记机关将做出准予许可,开具"准予设立/开业登记通知书",并将企业信息在网上予以公示。审核不通过的,登记机关将出具"登记驳回通知书",不准予许可。

(3)领取营业执照

企业营业执照是企业从事生产经营活动的证件,其格式由国家市场监督管理总局统一规定,企业必须依法取得营业执照后方可进行生产经营活动。企业营业执照分为正本与副本。正本为悬挂式,每个企业颁发一张,必须悬挂于企业住所的办公室内或店堂中的明显位置。副本为折叠式,可携带外出,为进行生产经营等活动的凭证。企业营业执照的正本与副本法律效力相同,统一由企业登记主管机关核发,不得伪造、涂改、出租、出借、转让、出卖和擅自复印。

任务实施

具体要求:依据所掌握的公司型物流企业的设立条件和设立程序知识,分组设置公司的组织机构,制作公司章程,填制"公司登记(备案)申请书",并绘制公司设立登记流程图。

第一步:分组模拟设立公司型物流企业

学生自愿分成若干小组,讨论确定本组虚拟设立的物流公司的公司名称、出资额、业务范围、公司住所等有限责任物流公司的相关设立条件,设置该虚拟有限责任物流公司的组织机构,并通过查找教材和相关法律法规确保本组虚拟设立的有限责任物流公司的设立条件和组织机构符合法律规定。

第二步:制作公司章程

学生自行查找公司章程模板,并根据本组已虚拟设立的有限责任物流公司的相关信息分组制作公司章程。公司章程中必须包括:公司名称和住所;公司经营范围;公司注册资本;股东的姓名或者名称;股东的出资方式、出资额和出资时间;公司的机构及其产生办法、职权、议事规则;公司法定代表人;股东会议认为需要规定的其他事项。

第三步:填制"公司登记(备案)申请书"

学生自行查找公司登记(备案)申请书模板,并根据本组已虚拟设立的有限责任物流公司的相关信息分组填制"公司登记(备案)申请书"(图1-3)。

公司登记(备案)申请书

基本信息(必填项)				
名　　称	(集团母公司需填写;集团名称：		集团简称：	)
统一社会信用代码 (设立登记不填写)				
住　　所				
联系电话		邮政编码		
□设立(仅限设立登记填写)				
法定代表人 姓　　名		公司类型	□有限责任公司 □外资有限责任公司	□股份有限公司 □外资股份有限公司
注册资本	万元	(币种:□人民币　□其他_____)		
投资总额 (外资公司填写)	_____万元(币种：_____)		折美元:_____万元	
设立方式 (股份公司填写)	□发起设立 □募集设立	营业期限/ 经营期限	□长期	□____年
申领执照	□申领纸质执照　　其中:副本____个(电子执照系统自动生成,纸质执照自行勾选)			
经营范围 (根据《国民经济行 业分类》、有关规定 和公司章程填写)	(申请人须根据企业自身情况填写《企业登记政府部门共享信息表》相关内容。)			
□指定代表/委托代理人(必填项)				
委托权限	1.同意□不同意□核对登记材料中的复印件并签署核对意见; 2.同意□不同意□修改企业自备文件的错误; 3.同意□不同意□修改有关表格的填写错误; 4.同意□不同意□领取营业执照和有关文书。			
固定电话		移动电话		指定代表/委托代理人签字
(指定代表或者委托代理人身份证件复、影印件粘贴处)				
全体股东签字或盖章(仅限内资、外资有限责任公司设立登记)： 董事会成员签字(仅限内资、外资股份有限公司设立登记)：				
□申请人承诺(必填项)				
本申请人和签字人承诺提交的材料文件和填报的信息真实有效,并承担相应的法律责任。 法定代表人签字(限设立、变更及清算组备案以外的备案);清算组负责人签字(限清算组备案)： 　　　　　　　　　　　　　　　　　　　　　　　　　　　　　　　　　　　　公司签章				

注：1.本申请书适用于内资、外资公司申请设立、变更、备案。
　　2.申请书应当使用 A4 纸。依本表打印生成的,使用黑色墨水钢笔或签字笔签署。手工填写的,使用黑色墨水钢笔或签字笔工整填写、签署。

图 1-3　公司登记(备案)申请书

第四步:绘制公司设立登记流程图

梳理公司设立登记步骤,绘制公司设立登记流程图(图 1-4)。

项目一　物流企业的设立

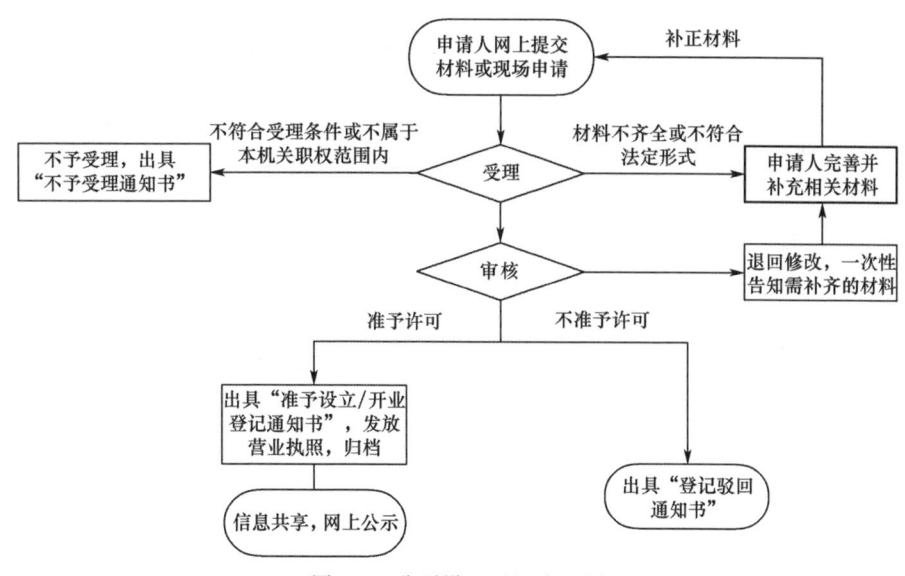

图 1-4　公司设立登记流程图

任务评价

评价内容	评价标准	权重/%	得分
基础知识	掌握有限责任公司的设立条件	40	
公司章程的制作	掌握有限责任公司章程的基本内容	20	
	格式规范,排版美观	5	
"公司登记(备案)申请书"的填写	内容填写正确	10	
	格式规范,排版美观	5	
公司设立登记流程图的制作	流程步骤正确	15	
	绘图清晰,排版美观	5	

任务二　办理物流业务证照

任务描述

根据本项目案例导入的第二个问题描述,请你按照相关法律法规的规定正确办理快递业务经营证照。

知识链接

一、道路运输经营许可证

道路运输经营许可证是交通运输部统一制发的经营道路运输的合法凭证。凡在我国境内经营道路旅客运输、道路货物运输、车辆维修、道路货物搬运装卸和道路运输服务(含物流服务,汽车综合性能检测,汽车驾驶员培训,客货运站、场经营,客运代理,货运代办,汽车租

17

赁、商品车发送、仓储服务、营业性停车场和其他从业人员培训等)的单位和个人,均须持有交通运输部制发的道路运输经营许可证。

道路运输经营许可证本着谁审批谁发放的原则,按照道路客运、道路货运、车辆维修、道路货物搬运装卸、道路运输服务企业经营资质的审批权限核发。初开业的道路运输企业按最低级填写,经营资质(质量信誉)考核记录按照旅客运输、货物运输、车辆维修、运输服务分类填写,考核结果为合格、基本合格、不合格。

(一)办理机构

道路运输经营许可证的办理实行分级管理制度,不同的运输业务由不同级别的道路运输管理机构办理。《中华人民共和国道路运输条例》第二十四条规定:

(1)从事危险货物运输经营以外的货运经营的,向县级道路运输管理机构提出申请。

(2)从事危险货物运输经营的,向设区的市级道路运输管理机构提出申请。

使用总质量4 500千克及以下普通货运车辆从事普通货运经营的,无须按照本条规定申请取得道路运输经营许可证及车辆运营证。

(二)申请条件

(1)依法向市场监督管理机关办理有关企业登记手续。

(2)有与其经营业务相适应并经检测合格的运输车辆,车辆技术要求应当符合《道路运输车辆技术管理规定》的有关规定。

①从事大型物件运输经营的,应当具有与所运输大型物件相适应的超重型车组。

②从事冷藏保鲜、罐式容器等专用运输的,应当具有与运输货物相适应的专用容器、设备、设施,并固定在专用车辆上。

③从事集装箱运输的,车辆还应当有固定集装箱的转锁装置。

④半挂牵引车以及重型载货汽车(总质量为12吨及以上的普通货运车辆)在出厂前应当安装符合标准的卫星定位装置,并接入全国道路货运车辆公共监管与服务平台。

(3)有符合规定条件的驾驶人员:

①取得与驾驶车辆相应的机动车驾驶证。

②年龄不超过60周岁。

③参加交通运输主管部门主办的有关道路货物运输法规、机动车维修和货物及装载保管基本知识的考试合格并取得从业资格证。

(4)有健全的安全生产管理制度,包括安全生产责任制度、安全生产业务操作规程、安全生产监督检查制度、驾驶员和车辆安全生产管理制度、道路运输应急预案、车辆技术档案制度、车辆维护制度、生产安全事故隐患排查治理制度、客户身份和运输物品安全查验与信息登记制度等。

(三)申请流程

(1)申请。申请人向办理机构提出申请,提交申请条件规定的相关材料并填写申请表。

(2)受理。办理机构将申请材料汇总,材料核准后发送"行政许可受理通知书"。

(3)审批。办理机构收到申请后对申请材料做实质审查,并做出许可或者不予许可的决定。不予许可的,应当书面通知申请人并说明理由;依法应当报送上级机关的向申请人做出说明。

(4)发证。发证机关予以许可的,向申请人颁发道路运输经营许可证,并向申请人投入运输的车辆配发车辆营运证。道路运输经营许可证的有效期限一般为三年,核发机关可按审批权限分别加盖省级或地级、县级交通主管部门道路运输管理证件专用章。

(四)申请材料

根据运输对象的不同,道路运输可分为货运和客运两种;根据运输方式的不同,道路运输可分为陆路运输和水路运输两种。具体到物流企业,物流作业涉及的运输可细分为普通货物运输、危险货物运输和水路货物运输三种,物流企业需要根据具体的业务类别准备不同的申请材料。

1.申请从事道路普通货物运输经营应提交的材料

(1)道路货物运输经营申请表。

(2)公司章程。

(3)投资人、负责人身份证明及其复印件,经办人的身份证明及其复印件和委托书。

(4)安全生产管理制度文本。

(5)拟投入车辆承诺书,包括客车数量、类型及技术等级、座位数以及客车外廓长、宽、高等。若拟投入车辆属于已购置或者现有的,应提供行驶证、车辆技术等级证书或车辆技术检测合格证。

(6)已聘用或者拟聘用驾驶人员的驾驶证和从业资格证及其复印件。

2.申请从事道路危险货物运输经营应提交的材料

(1)道路危险货物运输经营申请表。

(2)拟运输的危险货物类别、项别及运营方案。

(3)企业章程文本。

(4)投资人、负责人身份证明及其复印件,经办人的身份证明及其复印件和委托书。

(5)拟投入车辆承诺书,内容包括专用车辆数量、类型、技术等级、通信工具配备、总质量、核定载质量、车轴数以及车辆外廓长、宽、高等情况,罐式专用车辆的罐体容积、罐体容积与车辆载质量匹配情况,运输剧毒、爆炸、易燃、放射性危险货物的专用车辆配备行驶记录仪或者定位系统情况。若拟投入专用车辆为已购置或者现有的,应提供行驶证、车辆技术等级证书或者车辆技术检测合格证、罐式专用车辆的罐体检测合格证或者检测报告及其复印件。

(6)拟聘用驾驶人员、装卸管理人员、押运人员的从业资格证及其复印件,驾驶人员的驾驶证及其复印件。

(7)具备停车场地、专用停车区域和安全防护、环境保护、消防设施设备的证明材料。

(8)有关安全生产管理制度文本。

3.申请从事水路货物运输经营应提交的材料

(1)与经营范围相适应的运输船舶情况。

(2)较稳定的客源或货源证明。

(3)经营旅客运输的,落实客船沿线停靠(站)点,并具备相应的服务设施证明材料。

(4)经营管理的组织机构和负责人情况。

(5)与运输业务相适应的自有流动资金情况。

二、快递业务经营许可证

快递业务经营许可证是在我国开展快递业务经营必备的法定文件。《中华人民共和国邮政法》(以下简称《邮政法》)第五十一条规定:"经营快递业务,应当依照本法规定取得快递业务经营许可;未经许可,任何单位和个人不得经营快递业务。外商不得投资经营信件的国

内快递业务。"《快递业务经营许可管理办法》第五条规定:"经营快递业务,应当依法取得快递业务经营许可,并接受邮政管理部门及其他有关部门的监督管理;未经许可,任何单位和个人不得经营快递业务。"

(一)办理机构

快递业务经营许可证实行分级管理,由国务院邮政管理部门和省级邮政管理机构负责。《邮政法》第五十三条规定:"申请快递业务经营许可,在省、自治区、直辖市范围内经营的,应当向所在地的省、自治区、直辖市邮政管理机构提出申请;跨省、自治区、直辖市经营或者经营国际快递业务的,应当向国务院邮政管理部门提出申请。"国家邮政局政务服务门户法人登录页面如图1-5所示。

图1-5 国家邮政局政务服务门户法人登录页面

(二)申请条件

(1)符合企业法人条件。

(2)在省、自治区、直辖市范围内经营的,注册资本不低于人民币50万元;跨省、自治区、直辖市经营的,注册资本不低于人民币100万元;经营国际快递业务的,注册资本不低于人民币200万元。

(3)有与申请经营的地域范围相适应的服务能力,根据《快递业务经营许可管理办法》第七条的规定,具体包括:

①与申请经营的地域范围、业务范围相适应的服务网络和信件、包裹、印刷品、其他寄递物品(以下统称快件)的运递能力。

②能够提供寄递快件的业务咨询、电话查询和互联网信息查询服务。

③收寄、投递快件的,有与申请经营的地域范围、业务范围相适应的场地或者设施。

④通过互联网等信息网络经营快递业务的,有与申请经营的地域范围、业务范围相适应的信息处理能力,能够保存快递服务信息不少于3年。

⑤对快件进行分拣、封发、储存、交换、转运等处理的,有封闭的、面积适宜的处理场地,配置相应的设备,且符合邮政管理部门和国家安全机关依法履行职责的要求。

在省、自治区、直辖市范围内专门从事快件收寄、投递服务的,应当具备前款第①项至第

④项的服务能力;还应当与所合作的经营快递业务的企业签订书面协议或者意向书。

申请经营国际快递业务的,还应当能够向有关部门提供寄递快件的报关数据,位于机场和进出口岸等属于海关监管的处理场地、设施、设备应当符合海关依法履行职责的要求。

(4)有严格的服务质量管理制度和完备的业务操作规范,根据《快递业务经营许可管理办法》第八条的规定,具体包括:

①服务种类、服务时限、服务价格等服务承诺公示管理制度。
②投诉受理办法、赔偿办法等管理制度。
③业务查询、收寄、分拣、投递等操作规范。

(5)有健全的安全保障制度和措施,根据《快递业务经营许可管理办法》第九条的规定,具体包括:

①从业人员安全、用户信息安全等保障制度。
②突发事件应急预案。
③收寄验视、实名收寄等制度。
④快件安全检查制度。
⑤配备符合国家规定的监控、安检等设备设施。
⑥配备统一的计算机管理系统,配置符合邮政管理部门规定的数据接口,能够提供快递服务有关数据。
⑦监测、记录计算机管理系统运行状态的技术措施。
⑧快递服务信息数据备份和加密措施。

(6)法律、行政法规规定的其他条件。

(三)申办流程

(1)申请。申请人向国家邮政局或省、自治区、直辖市邮政管理部门提出申请,提交申请条件规定的相关材料并填写申请表。快递业务经营许可申请可以通过邮政管理部门信息系统提出。

(2)受理。国家邮政局或省、自治区、直辖市邮政管理部门初审申请材料,对于材料齐全的予以受理;材料不符合要求的,应一次性告知需要补正的内容。

(3)审批。国家邮政局或省、自治区、直辖市邮政管理部门对申请人提交的申请材料的真实性进行审核,应当考虑国家安全等因素,并在征求安全等有关部门的意见后做出许可或不予许可的决定。不予许可的,应告知申请人并说明原因。

(4)发证。准予许可的申请经过公示无异议后,由国家邮政局或省、自治区、直辖市邮政管理部门向申请人颁发快递业务经营许可证。快递业务经营许可的有效期为5年。

(四)申请材料

(1)"快递业务经营许可申请书"。
(2)企业名称预先核准材料或者企业法人营业执照。
(3)具备相应服务能力,健全服务质量管理制度和业务操作规范、安全保障制度和措施的情况说明。
(4)法律、行政法规规定的其他材料。

任务实施

具体要求:依据所掌握的物流业务经营证照的申请条件和申领程序知识,代入具体信息填写"快递业务经营许可申请书",开具快递业务经营许可证申请材料清单,并正确绘制快递业务经营许可证办理流程图。

第一步:根据虚拟信息填制"快递业务经营许可申请书"

学生自行查找"快递业务经营许可申请书",并根据在任务一中已虚拟设立的有限责任物流公司的相关信息分组填制"快递业务经营许可申请书"(图1-6)。

快递业务经营许可申请书

企业名称			
企业类型	□有限责任公司　□股份有限公司　□其他		
企业性质	□国有控股 □民营控股	是否含外商投资:□是　□否	
	□外商控股		
工商注册号 (预先核准通知书文号)		注册资本	
注册机关	□市场监督管理总局 □_____省/市/区 (县)市场监督管理局	注册日期	
营业执照有效期 (预先核准通知书有效期)		法定代表人	
法定代表人身份证号		法定代表人手机	
联系人姓名		联系人手机	
联系人电子邮箱		固定电话	
传真		邮政编码	
注册地址			
通信地址			
申请类别	□省、自治区、直辖市范围内经营 □跨省、自治区、直辖市范围经营 □国际快递业务		
申请经营地域	(附分支机构名录)		
经营品牌名称			
本企业在申请过程中提交的所有材料真实有效,仅对此真实性承担责任。 　　　　　　　　法定代表人签字: 　　　　　　　　公章: 　　　　　　　　　　　　　　　　　　　　　　　　　　年　月　日			

图1-6 "快递业务经营许可申请书"

第二步：开具快递业务经营许可证申请材料清单

根据快递业务经营许可证申领条件，分别开具经营国内快递业务和国际快递业务的申请材料清单(表1-2)。

表 1-2　　　　　　　　　　　快递业务经营许可证申请材料清单

业务范围	申请材料
国内快递业务	1."快递业务经营许可申请书"。 2.企业名称预先核准材料或者企业法人营业执照。 3.已具备相应服务能力的证明文件，包括： (1)与申请经营的地域范围、业务范围相适应的服务网络和信件、包裹、印刷品、其他寄递物品(以下统称快件)的运递能力。 (2)能够提供寄递快件的业务咨询、电话查询和互联网信息查询服务。 (3)收寄、投递快件的，有与申请经营的地域范围、业务范围相适应的场地或者设施。 (4)通过互联网等信息网络经营快递业务的，有与申请经营的地域范围、业务范围相适应的信息处理能力，能够保存快递服务信息不少于3年。 (5)对快件进行分拣、封发、储存、交换、转运等处理的，有封闭的、面积适宜的处理场地，配置相应的设备，且符合邮政管理部门和国家安全机关依法履行职责的要求。 4.已具备健全的服务质量管理制度和业务操作规范的证明文件，包括： (1)服务种类、服务时限、服务价格等服务承诺公示管理制度。 (2)投诉受理办法、赔偿办法等管理制度。 (3)业务查询、收寄、分拣、投递等操作规范。 5.已建有安全保障制度和措施的证明文件，包括： (1)从业人员安全、用户信息安全等保障制度。 (2)突发事件应急预案。 (3)收寄验视、实名收寄等制度。 (4)快件安全检查制度。 (5)配备符合国家规定的监控、安检等设备设施。 (6)配备统一的计算机管理系统，配置符合邮政管理部门规定的数据接口，能够提供快递服务有关数据。 (7)监测、记录计算机管理系统运行状态的技术措施。 (8)快递服务信息数据备份和加密措施。 6.法律、行政法规规定的其他材料
国际快递业务	1.国内快递业务中的各项材料。 2.寄递快件的报关数据以及有属于海关监管的处理场地、设施、设备符合海关依法履行职责要求的证明文件

第三步：绘制快递业务经营许可证办理流程图

梳理公司设立登记步骤，绘制快递业务经营许可证办理流程图(图1-7)。

物流法规

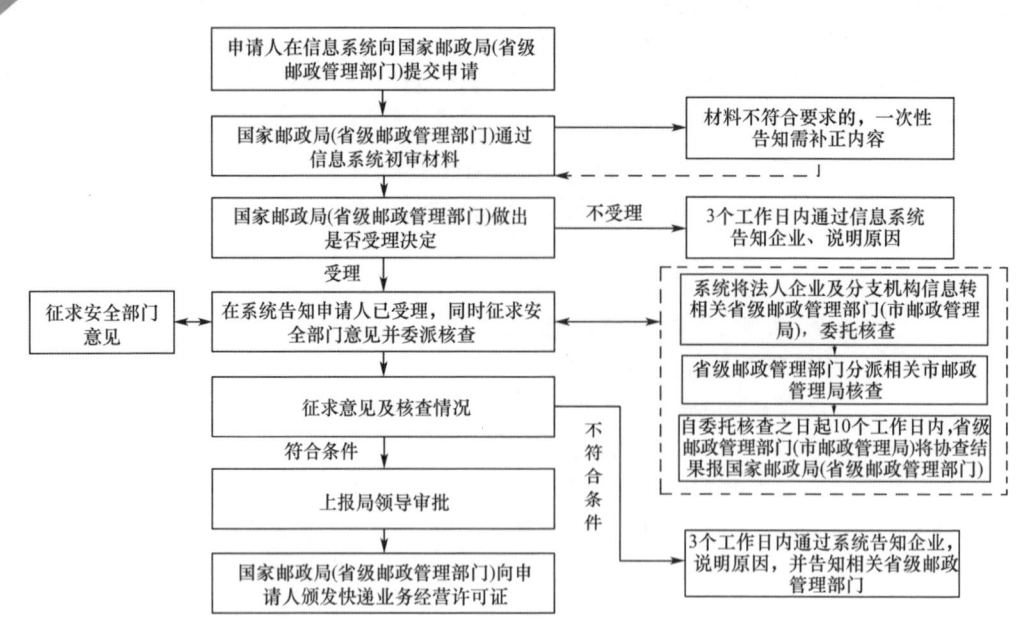

```
申请人在信息系统向国家邮政局(省级
邮政管理部门)提交申请
        ↓
国家邮政局(省级邮政管理部门)通过  →  材料不符合要求的,一次性
信息系统初审材料                     告知需补正内容
        ↓
国家邮政局(省级邮政管理部门)做出  不受理  3个工作日内通过信息系统
是否受理决定                →        告知企业、说明原因
        ↓受理
征求安全部门   在系统告知申请人已受理,同时征求安  ┌─系统将法人企业及分支机构信息转
意见       ↔  全部门意见并委派核查                │  相关省级邮政管理部门(市邮政管理
                                                │  局),委托核查
                                                │
        ↓                                       │  省级邮政管理部门分派相关市邮政
    征求意见及核查情况                           │  管理局核查
符合条件   ↓  不符合                             │
        ↓    条件                               │  自委托核查之日起10个工作日内,省级
    上报局领导审批                              │  邮政管理部门(市邮政管理局)将协查结
        ↓                                      │  果报国家邮政局(省级邮政管理部门)
                                               └──────────────────
                      →  3个工作日内通过系统告知企业,
国家邮政局(省级邮政管理部门)向申     说明原因,并告知相关省级邮政
请人颁发快递业务经营许可证            管理部门
```

图1-7 快递业务经营许可证办理流程图

任务评价

评价内容	评价标准	权重/%	得分
基础知识	掌握快递业务经营许可证的申请条件	40	
"快递业务经营许可申请书"的填写	内容填写正确	15	
	格式规范,排版美观	5	
快递业务经营许可证申领材料清单的开具	分类正确,材料齐全	15	
	表述清晰,排版美观	5	
快递业务经营许可证办理流程图的绘制	流程步骤正确	15	
	绘图清晰,排版美观	5	

法条解析

《中华人民共和国公司法》

第七十一条 有限责任公司的股东之间可以相互转让其全部或者部分股权。

股东向股东以外的人转让股权,应当经其他股东过半数同意。股东应就其股权转让事项书面通知其他股东征求同意,其他股东自接到书面通知之日起满三十日未答复的,视为同意转让。其他股东半数以上不同意转让的,不同意的股东应当购买该转让的股权;不购买的,视为同意转让。

经股东同意转让的股权,在同等条件下,其他股东有优先购买权。两个以上股东主张行使优先购买权的,协商确定各自的购买比例;协商不成的,按照转让时各自的出资比例行使优先购买权。

公司章程对股权转让另有规定的,从其规定。

本条是关于有限责任公司股权转让的规定。有限责任公司在经营过程中会由于多种原因发生股权转让,转让的方式包括面向公司其他股东的对内转让和面向公司股东以外的人发生的对外转让两种。考虑到转让股权可能影响其他股东在公司的权益,本条对这两种不同股权转让方式的程序进行了规定,并规定了其他股东的优先购买权。如果公司章程对股权转让另有规定的,则从其规定。

本条第一款规定的是股东可以对内自由转让有限责任公司股权。考虑到对内转让不会产生新的股东,不会影响公司原有股东之间的伙伴关系,本款没有对股东之间股权的转让予以限制,允许股东之间自由转让公司股权。

本条第二款规定的是对外转让有限责任公司股权时需要遵守的法定程序。意图转让股权的股东应当向其他股东发出书面通知,告之诸如转让多少股权、价格是多少、受让方是谁等相关事宜,并询问其他股东是否同意。需要注意的是,书面通知并非是唯一通知方式,根据《最高人民法院关于适用〈中华人民共和国公司法〉若干问题的规定(四)》第十七条的规定,股权转让事项还可以其他能够确认收悉的合理方式通知其他股东征求同意。同时,"其他股东过半数同意"的规定是以股东人数过半数为准,是"股东多数决"而非"资本多数决"。为了保障股东行使股份转让权、避免其他股东的不当或消极阻挠,本条进一步规定,股东对股权转让的通知逾期未答复的视为同意转让;如果半数以上其他股东不同意转让,则应购买要求转让的股权,否则视为同意对外转让,以防止表示不同意转让的股东既不同意转让,又不购买其不同意转让的股权,使意图转让股权的股东无法实现其目的。

本条第三款规定的是对外转让有限责任公司股权时其他股东的优先购买权。考虑到有限责任公司的人合性较强,为了维系现有股东之间的信任关系,本款确认了现有股东在同等条件下的优先购买权,"同等条件"既包括股权转让的价金,又包括支付方式、期限等其他的附加条件。只有本公司其他股东购买出售股权的条件低于公司以外的受让人所出条件时,才可以将股权转让给现有股东以外的人。针对实践中经常出现的多个股东同时要求行使优先购买权的情况,本款规定协商优先,可由要求优先购买转让股权的多个股东自行协商确定各自的购买比例。协商不成,则按照转让时各自的出资比例行使优先购买权。

本条第四款规定的是公司章程可以对股东自愿转让股权进行另行规定。股权转让行为是一种商事行为,法律应当充分尊重当事人的意思自治。如果公司章程对股权的对内转让和对外转让做出与本条第一、二、三款的规定不同的规定,就应当依照公司章程的规定执行,而无须再按照本条规定的程序进行。

项目小结

企业的设立是一种法律行为,必须遵守法定的条件和程序。根据组织形式的不同,物流企业可分为个人独资型物流企业、合伙型物流企业和公司型物流企业,需要对应满足《中华人民共和国个人独资企业法》《中华人民共和国合伙企业法》《中华人民共和国合伙企业登记管理办法》《中华人民共和国公司法》《中华人民共和国公司登记管理条例》《中华人民共和国企业法人登记管理条例》等法律法规规定的设立条件,同时需按照《企业名称登记管理规定》等进行企业名称自主申报,并向企业登记主管机关提交相关法定申请资料办理设立登记。一般情况下,在取得营业执照后,物流企业即可开展经营活动。但如需开展道路运输业务和

物流法规

快递运输业务等许可经营项目,则需分别满足《中华人民共和国道路运输条例》和《中华人民共和国邮政法》规定的法定条件,按照法定程序分别向道路运输管理部门和邮政部门递交申请材料,依法经过批准,取得道路运输经营许可证和快递业务经营许可证后,方可开展经营。

思政园地

习近平总书记指出:"物流业一头连着生产、一头连着消费,在市场经济中的地位越来越凸显。"从《物流业调整和振兴规划》《国家物流枢纽布局和建设规划》,到《交通强国建设纲要》提出到2035年,我国要基本形成"全球123快货物流圈",再到《中华人民共和国国民经济和社会发展第十四个五年规划和2035年远景目标纲要》(简称"十四五"规划)中指出要提高现代物流发展水平。建设现代物流体系,加快发展冷链物流,统筹物流枢纽设施、骨干线路、区域分拨中心和末端配送节点建设,完善国家物流枢纽、骨干冷链物流基地设施条件,健全县乡村三级物流配送体系,发展高铁快运等铁路快捷货运产品,加强国际航空货运能力建设,提升国际海运竞争力。优化国际物流通道,加快形成内外联通、安全高效的物流网络。完善现代商贸流通体系,培育一批具有全球竞争力的现代流通企业,支持便利店、农贸市场等商贸流通设施改造升级,发展无接触交易服务,加强商贸流通标准化建设和绿色发展。加快建立储备充足、反应迅速、抗冲击能力强的应急物流体系。深入推进服务业数字化转型,培育智慧物流等新增长点。我国现代物流业发展的"时间表"日益清晰、"落地点"日益明确、"施工图"日益具体,建设"物流强国"的国家政策导向使得物流产业发展成为必然,物流业大有可做,物流人大有可为!

能力测评

一、选择题(不定项)

1.物流企业的分类包括( )。

A.根据物流业务范围的不同,分为单一物流企业与综合物流企业

B.根据物流服务区域的不同,分为国内物流企业与国际物流企业

C.根据从事物品流通领域的不同,分为生产物流企业与流通物流企业

D.根据物流业务性质的不同,分为物流作业企业与物流信息企业

2.根据企业组织形式的不同,物流企业可以分为( )。

A.个人独资型物流企业　　　　　　B.合伙型物流企业

C.合作型物流企业　　　　　　　　D.公司型物流企业

3.下列各项中,有关个人独资企业特征表述不正确的是( )。

A.个人独资企业的投资人对企业债务承担无限连带责任

B.投资人只能是自然人

C.个人独资企业是非法人企业,无独立承担民事责任的能力

D.个人独资企业因无独立承担民事责任的能力也没有独立的民事主体资格

4.合伙企业特有的出资方式是( )。
A.土地使用权　　　　　　　　　B.其他财产权利
C.劳务　　　　　　　　　　　　D.知识产权

5.股份有限公司股东的法定人数应为( )。
A.2人以上　　B.1人以上　　C.50人以下　　D.200人以下

6.在我国,公司设立登记的主管部门是( )。
A.市场监督管理部门　　　　　　B.税务部门
C.财政部门　　　　　　　　　　D.公安部门

7.关于公司的特点,下列说法正确的是( )。
A.公司具有法人资格　　　　　　B.公司以营利为目的
C.公司都能发行股票　　　　　　D.公司以自有财产承担有限责任

8.关于申办道路运输经营许可证,下列说法正确的是( )。
A.从事危险货物运输经营以外的货运经营的,应向县级道路运输管理机构提出申请
B.从事危险货物运输经营的,应向设区的市级道路运输管理机构提出申请
C.使用总质量4 500千克及以下普通货运车辆从事普通货物运输经营的,无须申请取得道路运输经营许可证及车辆运营证
D.聘用的驾驶人员年龄不超过65周岁

9.公司型物流企业的股东与公司型物流企业对公司债务所承担的责任分别是( )。
A.有限责任、无限责任　　　　　B.无限责任、有限责任
C.有限责任、有限责任　　　　　D.无限责任、无限责任

10.在省、自治区、直辖市范围内经营快递业务,应当向( )申请快递业务经营许可证,跨省、自治区、直辖市经营或者经营国际快递业务的,应当向( )提出申请。
A.所在地的省、自治区、直辖市邮政管理机构;所在地的省、自治区、直辖市邮政管理机构
B.国务院邮政管理部门;所在地的省、自治区、直辖市邮政管理机构
C.国务院邮政管理部门;国务院管理部门
D.所在地的省、自治区、直辖市邮政管理机构;国务院邮政管理部门

二、案例分析

2019年8月1日,刘元(张芳之夫)与吴明、张芳、郑勇、陈力、邓飞、李东、唐堂、侯宇口头商定,将刘元代理的××街快递业务代理权以45万元的价格转让给吴明等上述8人,转让费转至其妻张芳银行账户。2019年8月2日、2019年8月8日吴明分两次将其中4.5万元转让费转给张芳。2019年8月18日,陈力与刘元补签快递转让协议。同日,吴明等8人签订股东协议书,约定:

1.公司名称:北京666物流有限责任公司。
2.注册资本:45万元。
3.法定办公地址:××街68号。
4.法定代表人:陈力。
5.出资方式及占股比例:张芳以现金作为出资,出资额2.25万元,占公司股份的5%;郑勇以面包车作为出资,折算9万元,占公司股份的20%;吴明以现金作为出资,出资额4.5万

元,占公司股份的10%;陈力以现金作为出资,出资额9万元,占公司股份的20%;邓飞以现金作为出资,出资额4.5万元,占公司股份的10%;李东以现金作为出资,出资额4.5万元,占公司股份的10%;唐堂以现金作为出资,出资额6.75万元,占公司股份的15%;侯宇以劳务作为出资,折算4.5万元,占公司股份的10%。

6.成立公司股东会,由陈力担任执行董事,并兼任监事。

7.陈力先行垫付各种筹办费用(并由各股东方在计划文件上签字确认),公司设立后该费用由公司承担。

8.分红方式:一月一结。

9.本协议自各股东方签字盖章(画押)之日起生效。

吴明等8人均在该协议书上签名、按指印。但因部分股东没有按时缴纳出资额,该公司并未办理设立手续。吴明认为自己已经按照约定缴纳出资,但公司并未实际成立运行,在多次索要未果的情况下,2020年9月4日,吴明向法院起诉要求张芳返还4.5万元出资款及利息。经法院审理查明:吴明向张芳转款后,2019年9月至2020年5月期间,原刘元代理的部分××街快递业务已由吴明负责经营,法院认为吴明转至张芳银行账户的4.5万元具有双重属性,既是吴明支付刘元的快递业务代理权转让费,同时又是吴明与本案被告拟设立公司的出资,但张芳收取该4.5万元是代其丈夫刘元收取的转让费,而不是代拟设立公司收取的出资款,故吴明以公司未能实际成立为由要求张芳返还该出资款4.5万元及利息的主张,法院不予支持。

思考:

1.本案中拟设立的有限责任物流公司的出资方式是否合法?为什么?

2.本案中拟设立的有限责任物流公司的公司名称是否合法?为什么?

3.本案中拟设立的有限责任物流公司的组织机构设置是否合法?为什么?

4.如本案中拟设立的有限责任物流公司最终符合法定条件成功设立,但吴明由于个人原因需要向A转让其所持有的10%的股权,请分析:此种转让属于何种股权转让方式?需要满足什么条件才能转让成功?

拓展训练

请利用闲暇时间,在教师的指导下,在国家法律法规数据库、北大法宝、中华人民共和国商务部官网等相关网站上查找《中华人民共和国外商投资法》、《中华人民共和国外商投资法实施条例》以及《关于开展试点设立外商投资物流企业工作有关问题的通知》,了解外商投资物流企业设立需要满足的条件、提交的材料以及需要遵循的法定程序,以小组形式展开讨论并记录相关结果。

项目二 物流服务合同

知识思维导图

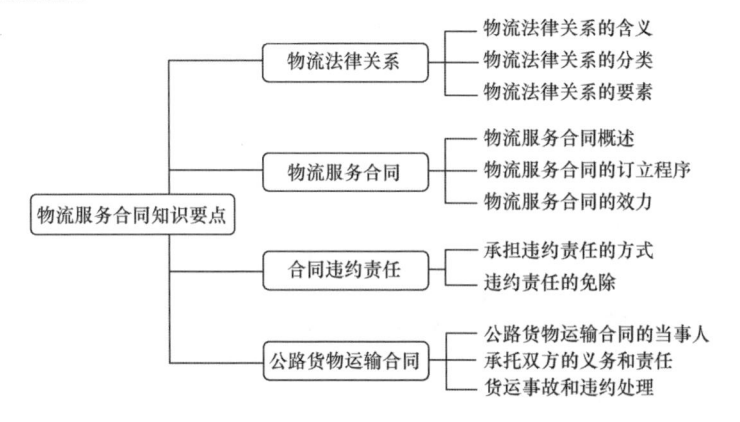

```
                              ┌── 物流法律关系的含义
                ┌─物流法律关系─┼── 物流法律关系的分类
                │              └── 物流法律关系的要素
                │
                │              ┌── 物流服务合同概述
                ├─物流服务合同─┼── 物流服务合同的订立程序
物流服务合同     │              └── 物流服务合同的效力
知识要点  ──────┤
                │              ┌── 承担违约责任的方式
                ├─合同违约责任─┴── 违约责任的免除
                │
                │                ┌── 公路货物运输合同的当事人
                └─公路货物运输合同┼── 承托双方的义务和责任
                                 └── 货运事故和违约处理
```

知识目标

通过本项目的学习,理解物流法律关系;掌握合同的概念及分类;理解物流服务合同的含义及特点;了解物流服务合同订立的程序。

能力目标

通过本项目的学习,能描述物流法律关系的三要素;能签订物流服务合同;逐步具备处理公司日常法律事务的能力。

思政目标

通过本项目的学习,感受合同自由与公平理念,培养合同精神和法律公平理念;培养在合同签订过程中的严谨精神。

关键概念

物流法律关系;合同;物流服务合同;违约责任

案例导入

个体户高某因顾客需求,通过电话向电脑经营部个体工商户业主涂某订购一台笔记本电脑,约定非税价5 800元,并于当日通过中国邮政储蓄银行转账付款5 800元给涂某,电话要求涂某办理托运,托运费用由高某承担。涂某派其雇员物流主管万某办理笔记本电脑托运手续。万某把电脑送交甲公司托运,并与其签订托运单,单内载明:提货方式为客户自取,凭身份证取货,托运人万某,收件人高某,货物名称为笔记本电脑,件数1,声明价值2 000元。万某支付运费31元,甲公司在托运单上盖上甲公司的印章。甲公司收货后交由乙公司运输,随后告知涂某运输车牌号及到达时间,涂某又告知了高某。在运输途中,笔记本电脑被他人冒名取走,工作人员并未查看取货人身份证。高某到站取货时被告知笔记本电脑已被他人取走,遂于当日报案。高某为拿到购买笔记本电脑的销售发票通过中国邮政储蓄银行转账付款232元给涂某。乙公司向甲公司结算该笔记本电脑运费,运费双方已结算清。另经查明,托运单虽载有保险费6元字样,但并未向保险公司投保。

问题:

(1)作为高某的法律顾问,请分析本案中是否存在公路货物运输合同关系。若存在,请具体分析合同的关系方。

(2)作为高某的法律顾问,请分析本案中各关系方是否存在违约行为,损失应由谁承担。

任务一 分辨物流服务合同成立和生效

任务描述

根据本项目案例导入的情境描述,请你作为高某的法律顾问,分析本案中各关系方之间的法律关系。

知识链接

一、物流法律关系概述

(一)物流法律关系的含义

法律关系是法律在规范人们的行为过程中所形成的一种特殊的社会关系,即法律上的权利和义务关系。物流法律关系是指在物流活动中,物流活动主体之间依照经济法的规定进行经济管理和经济协作时形成的具体的权利和义务关系。

(二)物流法律关系的分类

1.民商事物流法律关系

民商事物流法律关系是指平等主体在进行民商事活动中所形成的物流法律关系,主要是指物流关系中的平等主体通过签订民商事合同的方式进行交易活动。

2. 行政物流法律关系

行政物流法律关系是指物流活动中围绕物流企业设立、物流活动监督管理而发生的法律关系,主要是指国家机关在对物流企业的设立进行管理和日常行政管理过程中所形成的法律关系。

(三)物流法律关系的要素

法律关系是由主体、内容和客体这三个基本要素构成的,见表2-1。缺少其中任何一个要素都不能构成法律关系。物流法律关系同样是由主体、内容和客体这三个要素构成的。

表 2-1　　　　　　　　　　　　法律关系的三个基本构成要素

要素	说明
主体	只有具有法律关系主体资格的当事人,才能参与法律关系,享受一定权利和承担一定义务。主体资格的认可,一般采用法律规定一定条件或规定一定程序成立的方式予以确认
内容	法律主体享有的经济权利和承担的经济义务
客体	法律主体权利和义务所指向的对象,包括财、物、行为和智力成果

1. 物流法律关系的主体

物流法律关系的主体是指参加物流法律关系,依法享有权利和承担义务的当事人。在物流法律关系中,享有权利的一方当事人称为权利人,承担义务的一方当事人称为义务人。

根据我国相关法律规定,物流法律关系的主体大致包括如下几种:

(1)民商事物流法律关系的主体

①法人。《中华人民共和国民法典》(以下简称《民法典》)第五十七条规定:"法人是具有民事权利能力和民事行为能力,依法独立享有民事权利和承担民事义务的组织。"法人包括营利法人(如各类物流企业)、非营利法人(包括事业单位、社会团体、基金会、社会服务机构等事业单位、社会团体)、特别法人(机关法人、农村集体经济组织法人、城镇农村的合作经济组织法人、基层群众性自治组织法人)。

②个体工商户和农村承包经营户。自然人从事工商业经营,经依法登记,为个体工商户。个体工商户可以起字号。

农村集体经济组织的成员,依法取得农村土地承包经营权,从事家庭承包经营的,为农村承包经营户。

③非法人组织。非法人组织是指依法成立、有一定的组织机构和财产,但不具备法人资格,能独立承担民事责任的组织,包括个人独资企业、合伙企业、不具有法人资格的专业服务机构。

④自然人。自然人是指按照自然规律出生的人。自然人具有民事主体资格,可以作为物流法律关系的主体。现代物流涉及的领域较为广泛,自然人在一些情况下可以通过接受物流服务从而成为物流法律关系的主体。一般而言,自然人成为物流服务的提供者则受到很大的限制。

(2)行政物流法律关系的主体

①国家行政机关。国家机关包括国家权力机关、国家行政机关和国家司法机关。国家行政机关是行政物流法律关系的必要主体。

②物流企业。物流企业包括各种物流公司、航运公司、货运代理公司、理货公司等。

③非法人组织。在行政物流法律关系中,非法人组织从事物流活动时,也要接受行政机关的监督、管理,成为行政物流法律关系的主体。

2.物流法律关系的内容

物流法律关系的内容是指物流法律关系主体在物流活动中享有的权利和承担的义务。权利是指主体为实现某种利益而依法为某种行为或不为某种行为的可能性;义务是指义务人为满足权利人的利益而为一定行为或不为一定行为的必要性。

(1)民商事物流法律关系的内容

民商事物流法律关系的内容是指民商事物流法律关系主体在物流活动中享有的权利和承担的义务。民商事权利的享有是指权利主体能够凭借法律的强制力或合同的约束力,在法定限度内自主为或不为一定行为以及要求义务主体为或不为一定行为,以实现其实际利益。民商事义务的承担是指义务主体必须在法定限度内为或不为一定行为,以协助或不妨碍权利主体实现其利益。

(2)行政物流法律关系的内容

行政物流法律关系的内容主要是指行政物流法律关系中的权利和义务。其特点表现为:行政权利不可自由处分、行政权利和义务的相对性、行政权利和义务的不可分性。

3.物流法律关系的客体

物流法律关系的客体是指物流法律关系的主体享有的权利和承担的义务所共同指向的对象,包括财、物、行为和智力成果。

(1)财,包括货币和其他有价证券。

(2)物,是指能被物流法律关系主体事实上或法律上控制和支配、具有一定经济价值的物质财富,可以是固体的,也可以是液体的或气体的。法律上对物要求其能合法地进入生产和流通领域,否则,它不能成为法律关系的客体。

(3)行为,是指物流法律关系主体为达到一定经济目的而进行的有意识的活动,如物流经营行为等。

(4)智力成果,是指通过人的智力劳动创造,能够带来经济效益的非物质财富,如商标权、专利权、专有技术、商业秘密、技术秘密等。

在物流法律规范中,由于不同形式的物流活动产生不同的权利和义务关系,在多数情况下,物流法律关系表现为一种债的法律关系,即权利主体请求义务主体为或不为一定行为,其客体主要是指各种给付行为。

(四)物流法律关系的发生、变更和终止

1.物流法律关系的发生

物流法律关系的发生又称物流法律关系的设立,是指因某种物流法律事实的存在而在物流法律关系主体之间形成某种权利和义务关系。

物流法律事实是指由法律所规定的能够引起物流法律关系发生、变更和消灭的客观现象,包括物流法律事件和物流法律行为两大类。

2.物流法律关系的变更

物流法律关系的变更又称物流法律关系的相对消灭,是指因某种物流法律事实的出现而使物流主体之间已经存在的物流法律关系发生改变。

物流法律关系变更的结果往往是使已经存在的物流法律关系的主体、客体或内容发生某种变化。例如,运输过程中遭遇严重的交通事故,使交货的时间推迟或货物损坏,致使原合同无法全面履行。

3. 物流法律关系的终止

物流法律关系的终止又称物流法律关系的绝对消灭,是指因某种物流法律事实的出现而使已经存在于物流主体之间的物流法律关系归于消灭。

二、合同的概念和分类

（一）合同的概念

《民法典》合同编中的第四百六十四条指出,合同是民事主体之间设立、变更、终止民事法律关系的协议。其特征包括：

(1) 合同的主体是民事主体,包括自然人、法人和非法人组织。

(2) 合同的内容是民事主体设立、变更、终止民事法律关系。

(3) 合同是协议,是民事主体之间就上述内容达成的协议。

因此,合同的本质是民事主体就民事权利和义务关系的变动达成合意而形成的协议。

（二）合同的分类

合同的分类,是指根据一定的标准,将合同划分为不同的类型。合同作为商品交易的法律形式,其类型因交易方式的多样化而各不相同。

1. 有名合同与无名合同

根据法律是否明文规定了一定合同的名称,可以将合同分为有名合同和无名合同。有名合同又称典型合同,是指法律明确规定其名称及规则的合同。无名合同又称非典型合同,是指法律上尚未确定一定的名称与规则的合同。

《民法典》合同编规定了 19 种有名合同,分别是：买卖合同；供用电、水、气、热力合同；赠与合同；借款合同；保证合同；租赁合同；融资租赁合同；保理合同；承揽合同；建设工程合同；运输合同；技术合同；保管合同；仓储合同；委托合同；物业服务合同；行纪合同；中介合同；合伙合同。

2. 诺成合同与实践合同

这是根据合同的成立是否以交付标的物为必要条件而进行的分类。诺成合同是指双方当事人意思表示一致就可以成立的合同,例如买卖合同、租赁合同、借款合同等。实践合同是指除双方当事人意思表示一致外,还需要交付标的物才能成立的合同,例如保管合同。

3. 要式合同与不要式合同

这是根据法律或当事人对合同的形式是否有特殊要求所进行的分类。要式合同是指法律规定或当事人约定必须采用特定形式的合同,包括依法应当采用书面形式、公证、审批、登记等形式的合同。不要式合同是指法律规定或当事人约定不需要具备特定形式的合同。合同原则上都是不要式合同,要式合同则是法律规定的特殊情况。

4. 双务合同与单务合同

这是根据当事人双方权利和义务的分担方式所进行的分类。双务合同是指当事人双方都享有权利并承担义务的合同,例如仓储合同。单务合同是指当事人一方只承担义务不享有权利的合同,例如赠与合同。

5.有偿合同与无偿合同

这是根据当事人取得权益是否需要支付相应代价所进行的分类。有偿合同是指当事人一方享有权益必须偿付相应代价的合同,例如运输合同。无偿合同是指当事人一方享有权益不必偿付相应代价的合同,例如借用合同。

6.主合同与从合同

这是根据合同相互间的主从关系所进行的分类。主合同是指不需要依附其他合同而能单独存在的合同。从合同是指以主合同的存在为前提的合同,如担保合同。

三、物流服务合同概述

（一）物流服务合同的含义

物流服务合同有狭义和广义之分。

狭义的物流服务合同是指第三方物流企业与其他企业约定,由第三方物流企业为其他企业进行物流系统的设计,或负责其他企业整个物流系统的管理和运营,承担系统运营责任,而由其他企业向第三方物流企业支付物流服务费的合同。

广义的物流服务合同是指第三方物流企业与其他企业约定,由第三方物流企业为其他企业提供全部或部分的物流服务,而由其他企业向第三方物流企业支付报酬的合同。

本书中所称的物流服务合同是指狭义的物流服务合同,或者是综合物流服务合同。其中,将提供这种物流服务的第三方物流企业称为物流企业;将接受物流服务的自然人、法人或者非法人组织称为物流服务需求者。

《民法典》合同编并未具体规定物流服务合同,所以物流服务合同属于理论上的无名合同范畴,但是,《民法典》合同编具体规定了物流服务合同中的运输合同、仓储合同等。这样,在涉及具体的物流服务合同时,如果《民法典》中有相应的规定,应该遵循这些规定;如果没有相应的规定,则遵循《民法典》中关于合同的一般规定。

（二）物流服务合同的特点

1.物流服务合同是双务合同

物流服务合同的双方均负有义务,享有权利。例如,物流服务商有完成规定服务的义务,并有收取相应费用的权利;而用户方有支付费用的义务,也有接受完善服务和一旦出现服务瑕疵(如在运输过程中出现货物损害)向物流服务商索赔的权利。

2.物流服务合同是有偿合同

物流服务商有以完成全部服务为代价取得收取报酬的权利,而用户方享受完善服务的权利,则以支付费用为代价。

3.物流服务合同是要式合同

物流服务合同中一般涉及运输、仓储、加工等内容,运输又可能包括远洋运输、公路运输、铁路运输、航空运输等,双方的权利、义务关系复杂,只有具备一定形式,才能使物流服务合同更好地履行,从而更好地保护合同当事人的合法权益。物流活动中涉及的物流单据是物流服务公司成立的证明,其本身不是合同。

4.物流服务合同是诺成合同

物流服务合同成立于物流服务需求方和物流企业之间,双方就物流服务协商一致,不需要标的物的交付,因而是诺成合同。

5.物流服务合同是提供劳务的合同

物流服务合同的标的不是物,而是物流企业向物流服务需求者提供物流服务的行为。

6.物流服务合同的一方是特定主体

物流服务合同中的物流企业必须是投资建立的第三方物流企业,是专为提供物流服务收取报酬的营利性法人或非法人组织。

7.物流服务合同有约束第三者的性质

物流服务合同的双方是物流服务商与用户方,收货方有时并没有参加合同签订,但物流服务商应向作为第三者的收货方交付货物,收货方可直接取得合同规定的利益,并自动接受合同的约束。

四、物流服务合同的订立

（一）合同的形式

合同的形式又称合同的方式,是当事人合意的表现形式,是合同内容的外部表现和载体。

1.书面形式

书面形式是合同书、信件、电报、电传、传真等可以有形地表现所载内容的形式。以电子数据交换、电子邮件等方式能够有形地表现所载内容,并可以随时调取查用的数据电文,视为书面形式。随着互联网技术的发展,微信、QQ等已成为人们社会交往的重要载体,也可以成为民事法律行为的载体,有的也属于书面形式的种类。

2.口头形式

所谓口头形式,是指当事人以面对面的谈话或者以电话交流等方式形成民事法律行为的形式。口头形式简便易行,在日常生活中经常被采用。集市的现货交易、商店里的零售等一般都采用口头形式。合同采取口头形式,无须当事人特别指明。凡当事人无约定、法律未规定须采用特定形式的合同,均可采用口头形式。

3.其他形式

除了书面形式和口头形式外,《民法典》还规定民事法律行为可以采用其他形式。例如在合同领域,可以根据当事人的行为或者特定情形推定合同的成立,即默示合同。这类合同在现实生活中很多,例如租房合同的期限届满后,出租人未提出让承租人退房,承租人也未表示退房而是继续交房租,出租人接受了租金。根据双方的行为,可以推定租赁合同继续有效。

对于民事法律行为是采用书面形式、口头形式还是其他形式,由当事人自主选择,法律原则上不干涉。

（二）合同订立的程序

物流服务合同的订立,从法律上可分为要约和承诺两个阶段。

1.要约

（1）要约的概念

要约又称报价、发价或发盘,是订立物流服务合同的必经阶段。要约是订立合同的当事人一方向他方发出的以订立合同为目的的意思表示。发出要约的当事人称要约人,要约指向的当事人称受要约人。实践中,物流需求方和第三方物流经营人都可以作为要约人向对方发出要约,表示希望与对方订立物流服务合同的愿望。

(2)要约的构成要件

要约发生法律效力,应当符合下列构成要件:

①要约的内容具体、确定。要约中应包括所欲订立物流服务合同的基本内容。要约人发出要约后,受要约人一旦承诺,合同即告成立。所以,要约的内容必须明确,不能含混不清,否则合同将无法履行。

②表明经受要约人承诺,要约人即受该意思表示约束。不论要约人向特定的还是不特定的受要约人发出要约,要约的内容都须表明,一旦该要约经受要约人承诺,要约人即受该意思表示约束,约束的具体表现是要约被承诺后合同即告成立,要约人要受合同效力的约束。在实践中,不可能要求所有的要约都能够明确地、直截了当地写明自己接受要约内容约束的文字,但是,只要当事人发出要约,就意味着自己愿意接受要约意思表示的约束。只要依据要约的条文能够合理分析出要约人在要约中含有经承诺即受拘束的意旨,或者通过要约人明确的订立合同的意图可以合理推断该要约包含了要约人愿意接受承诺后果的意思表示,即可认为符合该要件。

(3)要约的生效时间

要约的生效时间是指要约从何时开始发生法律效力。《民法典》第一百三十七条对有相对人的意思表示的生效时间规定为"以对话方式作出的意思表示,相对人知道其内容时生效。以非对话方式作出的意思表示,到达相对人时生效。以非对话方式作出的采用数据电文形式的意思表示,相对人指定特定系统接收数据电文的,该数据电文进入该特定系统时生效;未指定特定系统的,相对人知道或者应当知道该数据电文进入其系统时生效。当事人对采用数据电文形式的意思表示的生效时间另有约定的,按照其约定"。

(4)要约的撤回和撤销

要约一经生效,要约人即受要约的约束,不得随意撤回、撤销或对要约加以限制、变更或扩张。否则,由此给受要约人造成损失的,必须承担赔偿责任。

要约的撤回是指要约人发出要约后在要约生效前所做出的收回要约的意思表示。要约可以撤回。撤回要约的通知应当在要约到达受要约人之前或与要约同时到达受要约人,才能有效地撤回要约。如果要约已到达受要约人,该要约便不可撤回。

要约的撤销是指要约人在要约生效后,将该项要约取消,使其法律效力归于消灭的意思表示。要约可以撤销。由于要约撤销在要约生效后,因此,撤销要约是受严格限制的。如果法律上对要约的撤销不做限制,允许要约人随意撤销要约,那么必将在事实上否定要约的法律效力,导致要约在性质上的变化,同时也会给受要约人造成不必要的损失。根据《民法典》的规定,有下列情形之一的,要约不得撤销。

①要约人以确定承诺期限或者其他形式明示要约不可撤销。

②受要约人有理由认为要约是不可撤销的,并已经为履行合同做了合理准备工作。

(5)要约的失效

要约的失效是指要约丧失了法律拘束力,即对要约人和受要约人不再产生拘束力。有下列情形之一的,要约失效:

①要约被拒绝。当拒绝要约的通知到达要约人,要约失效。
②要约被依法撤销。只要撤回或撤销符合条件,要约即归于失效。
③承诺期限届满,受要约人未做出承诺。凡是要约规定了承诺期限的,必须在该期限内做出承诺,超过承诺期限受要约人未做出承诺,要约失效。
④受要约人对要约的内容做出实质性变更。

2.承诺

(1)承诺的概念

承诺是受要约人同意接受要约的全部条件的缔结合同的意思表示,在商业交易中,承诺又称接受或还盘。承诺的法律效力在于承诺一经做出,并送达要约人,合同即告成立,要约人不得加以拒绝。

(2)承诺的构成要件

①承诺须由受要约人或者其代理人向要约人做出。
②承诺是受要约人同意要约的意思表示。同意要约,是以接受要约的全部条件为内容,是无条件的承诺,对要约的内容既不得限制,又不得扩张,更不能变更,但对要约的非实质性变更除外。如果受要约人在承诺中对要约的内容做出实质性变更,便不构成承诺,而只能视为对原要约的拒绝而发出的一项新要约。
③承诺必须在规定的期限内到达要约人。
④承诺的方式必须符合要约的要求。承诺应当以通知的方式做出。要约规定承诺须以特定方式做出,否则承诺无效的,承诺人承诺时须符合要约人规定的承诺方式。

(3)承诺的方式

承诺的方式是指受要约人将承诺的意思送达要约人的具体方式。承诺的法定形式是通知方式,称为积极的承诺方式,是受要约人以明示的方式明确无误地表达承诺意思表示内容的形式。

选择通知以外的行为方式进行承诺的包括:

①根据交易习惯或者要约表明可以通过行为的形式做出承诺的,也是符合要求的承诺方式。交易习惯是指某种合同的承诺适合以行为作为承诺方式,例如悬赏广告,或者当事人之间进行交易的某种习惯。
②要约人在要约中表明可以通过行为做出承诺。只要这种表明没有违背法律和公序良俗,就对受要约人产生约束力,受要约人应当依照要约人规定的方式进行承诺。如要约人在要约中明确表明"同意上述条件,即可在某期限内发货"的,就表明了要约人同意受要约人以发货行为作为承诺的意思表示。缄默或者不行为不能作为承诺的方式,以缄默或者不行为回应要约的,承诺不成立,而不是承诺无效。因为要约人没有权利为受要约人设定义务。

(4)承诺的生效时间

承诺的生效时间是指承诺在何时发生法律约束力。根据需要通知和不需要通知,确定承诺的生效时间的方法为:①承诺是以通知方式做出的,承诺生效的时间依照《民法典》第一百三十七条规定确定,采用到达主义。②承诺不需要通知的,应当根据交易习惯或者要约的要求做出承诺的行为时生效。根据交易习惯,某种承诺的性质可以确定用行为的方式承诺,该承诺行为实施的时间,就是承诺生效的时间。如果要约已经表明承诺可以由行为做出的意思表示确立,则实施该行为的时间就是承诺的生效时间。

(5)承诺的撤回

承诺的撤回是指在发出承诺之后、承诺生效之前,宣告收回发出的承诺,取消其效力的行为。法律规定承诺人的承诺撤回权,是由于承诺的撤回发生在承诺生效之前,要约人还未曾知晓受要约人承诺的事实,合同没有成立,一般不会造成要约人的损害,因而允许承诺人根据市场的变化、需求等各种经济情势,改变发出的承诺,以保护承诺人的利益。

(三)合同成立的时间和地点

1.合同成立的时间

合同成立的时间是双方当事人的磋商过程结束、达成共同意思表示的时间界限。

合同成立的时间标志是承诺生效。承诺生效意味着受要约人完全接受要约的意思表示,订约过程结束,要约、承诺的内容对要约人和受要约人产生法律约束力。承诺生效时,合同即告成立。如果当事人对合同是否成立存在争议,则以能够确定当事人名称或者姓名、标的和数量的达成合意的时间为认定合同成立的标准,其他内容依照有关合同内容和合同内容解释的规定予以确定。

当事人采用合同书形式订立合同的,自当事人均签名、盖章或者按指印时合同成立。在签名、盖章或者按指印之前,当事人一方已经履行主要义务,对方接受时,该合同成立。法律、行政法规规定或者当事人约定合同应当采用书面形式订立,当事人未采用书面形式但是一方已经履行主要义务,对方接受时,该合同成立。

当事人采用信件、数据电文等形式订立合同要求签订确认书的,签订确认书时合同成立。当事人一方通过互联网等信息网络发布的商品或者服务信息符合要约条件的,对方选择该商品或者服务并提交订单成功时合同成立,但是当事人另有约定的除外。

2.合同成立的地点

承诺生效的地点为合同成立的地点。采用数据电文形式订立合同的,收件人的主营业地为合同成立的地点;没有主营业地的,其住所地为合同成立的地点。当事人另有约定的,按照其约定。

当事人采用合同书形式订立合同的,最后签名、盖章或者按指印的地点为合同成立的地点,但是当事人另有约定的除外。

五、合同的效力

(一)合同成立与合同生效

合同成立是指合同当事人订立合同的行为完成,要约与承诺的过程已经结束,或者双方已经签字、盖章。而合同生效是指已经成立的合同在当事人之间产生法律约束力。合同生效后,当事人必须按照合同履行义务,否则要承担违约责任。

合同生效以合同成立为前提,即有合同,合同才能生效;没有合同,合同生效、失效、有效、无效便无从谈起。但合同成立并不意味着合同生效。有时候,合同生效还需要履行批准、登记等手续。

合同成立标志着当事人双方经过协商一致达成协议,合同内容所反映的当事人双方的权利和义务关系已经明确。而合同生效表明合同已获得国家法律的确认和保障,当事人应全面履行合同,以实现缔约目的。

合同成立标志着合同订立阶段的结束,合同生效则表明合同履行阶段即将开始。成立即生效合同的双方当事人受效果意思的约束,负约定义务和违约责任;成立后不能生效或被撤销,成立后未生效之前合同的双方当事人,负法定义务和缔约过失责任。

(二)合同生效的时间

(1)依法成立的合同,自成立时起生效。这里的"依法",为承诺生效,合同即告成立。在这种情况下,合同成立和合同生效的时间是一致的。

(2)依照法律、行政法规规定应当办理批准等手续才生效的合同,在办理了相关的手续时生效。如果没有办理批准等手续,该合同不生效,但不是合同无效,仍然可以通过补办报批手续而使其生效。

任务实施

具体要求:依据所掌握的物流法律关系、物流服务合同等知识,就案例导入所涉情境,以高某的法律顾问的身份,梳理本案中各关系方之间的法律关系。

第一步:梳理各关系方

本案中有以下关系方:个体户高某、电脑经营部个体工商户业主涂某、涂某的雇员物流主管万某、在托运单上盖章的甲公司、实际进行运输的乙公司。

第二步:分析各关系方之间的法律关系

(1)个体户高某和电脑经营部个体工商户业主涂某之间,通过电话达成买卖合同。

(2)高某购买笔记本电脑后明确要求涂某办理托运,并承担运输所需要的费用,涂某应高某的要求指派万某至甲公司办理托运手续,应视为涂某接受高某的委托办理托运。

(3)托运单上填写的托运人虽是万某,但实际托运人是高某,万某只是代理高某办理托运手续。

(4)托运单明确了运输的货物、到达地点、收货人、运输费用、领取方式(凭身份证领取)等,其性质应是双方签订的公路货物运输合同,甲公司在托运单上盖章,并接受了托运的货物,证明已接受了托运方履行交付运输费用的义务,故高某与甲公司形成公路货物运输合同关系。

(5)甲公司接受货物后交由乙公司运输。乙公司参与高某托运笔记本电脑的运输是基于甲公司的委托,代替甲公司履行托运单确定的运输货物的义务,且其是向甲公司结算运费,故甲公司与乙公司形成代理关系。甲公司是被代理人,乙公司是代理人,代理甲公司履行运输货物的义务。

任务评价

评价内容	评价标准	权重/%	得分
基础知识	掌握物流法律关系的主体	20	
	掌握物流法律关系的内容	20	
	掌握物流服务合同订立的程序	20	
分析能力	能够分辨物流服务合同的成立和生效	40	

任务二 防范公路货物运输合同违约风险

任务描述

根据本项目案例导入的情境描述,请你作为高某的法律顾问,分析本案中各关系方是否存在违约行为,损失应由谁承担。

知识链接

一、合同的违约责任

物流合同依法成立后,对双方当事人具有法律约束力,当事人必须按照合同规定全面、适当地履行义务,非经双方协商或者法定事由不得擅自变更或解除合同,否则构成违约,应该对自己的违约行为承担相应的法律责任。

(一)违约形式

违约行为是指合同一方当事人不履行合同义务或没有完全履行合同义务的行为。

物流合同的违约形式包括预期违约和实际违约。

1. 预期违约

预期违约,也称为先期违约,是指在履行期限到来前,一方无正当理由而明确表示其在履行期到来后将不履行合同,或者以其行为表明其在履行期到来以后将不可能履行合同。

2. 实际违约

实际违约是指合同履行期届满时当事人不履行合同义务或不适当履行合同义务的行为。

(二)承担违约责任的方式

《民法典》第五百七十七条规定:"当事人一方不履行合同义务或者履行合同义务不符合约定的,应当承担继续履行、采取补救措施或者赔偿损失等违约责任。"

1. 继续履行

继续履行是指当事人一方不履行合同义务或履行合同义务不符合约定时,另一方当事人可请求其在合同履行期限届满后继续按照原合同约定的主要条件完成合同义务的行为。

(1)金钱债务的继续履行。《民法典》第五百七十九条规定:"当事人一方未支付价款、报酬、租金、利息,或者不履行其他金钱债务的,对方可以请求其支付。"

(2)非金钱债务的继续履行。《民法典》第五百八十条规定:"当事人一方不履行非金钱债务或者履行非金钱债务不符合约定的,对方可以请求履行,但是有下列情形之一的除外:(一)法律上或者事实上不能履行;(二)债务的标的不适于强制履行或者履行费用过高;(三)债权人在合理期限内未请求履行。"

(3)替代履行。《民法典》第五百八十一条规定:"当事人一方不履行债务或者履行债务不符合约定,根据债务的性质不得强制履行的,对方可以请求其负担由第三人替代履行的费用。"

2. 采取补救措施

采取补救措施这种责任形式适用于履行不符合约定时。《民法典》第五百八十二条规定:"履行不符合约定的,应当按照当事人的约定承担违约责任。对违约责任没有约定或者约定不明确,依照本法第五百一十条的规定仍不能确定的,受损害方根据标的的性质以及损失的大小,可以合理选择请求对方承担修理、重作、更换、退货、减少价款或者报酬等违约责任。"

3. 赔偿损失

赔偿损失是指因合同一方当事人的违约行为而给对方当事人造成财产损失时,违约方给予对方的经济补偿。当事人违约,在继续履行义务或者采取补救措施后,对方还有其他损失的,应当赔偿损失。

承担违约赔偿损失责任的构成要件包括:

(1)有违约行为,即当事人一方不履行合同义务或者履行合同义务不符合约定。

(2)违约行为造成了对方的损失。如果违约行为未给对方造成损失,则不能用赔偿损失的方式追究违约人的民事责任。

(3)违约行为与对方损失之间有因果关系,对方的损失是违约行为所导致的。

(4)无免责事由。

4. 支付违约金

违约金是指当事人在合同中预先约定的在一方违约时应当向对方支付的一定数额的金钱。当事人可以约定一方违约时应当根据违约情况向对方支付一定数额的违约金,也可以约定因违约产生的损失赔偿额的计算方法。

约定的违约金低于造成的损失的,人民法院或者仲裁机构可以根据当事人的请求予以增加;约定的违约金过分高于造成的损失的,人民法院或者仲裁机构可以根据当事人的请求予以适当减少。

当事人就迟延履行约定违约金的,违约方支付违约金后,还应当履行债务。

5. 定金罚则

债务人履行债务的,定金应当抵作价款或者收回。给付定金的一方不履行债务或者履行债务不符合约定,致使不能实现合同目的的,无权请求返还定金;收受定金的一方不履行债务或者履行债务不符合约定,致使不能实现合同目的的,应当双倍返还定金。

当事人既约定违约金,又约定定金的,一方违约时,对方可以选择适用违约金或者定金条款。定金不足以弥补一方违约造成的损失的,对方可以请求赔偿超过定金数额的损失。

(三)违约责任的免除

违约责任的免除是指在合同履行过程中,出现法律规定或合同约定的免责事由,从而导致合同不能履行的,可以免除合同当事人的违约责任。

1. 不可抗力

(1)不可抗力的概念

不可抗力是指不能预见、不能避免且不能克服的客观情况。一般而言,不可抗力包括:①自然灾害,例如火灾、地震等;②政府行为,例如政府征用、发布新政策及法规等;③社会异常事件,例如罢工、战争等。

(2)不可抗力的法律后果

当事人一方因不可抗力不能履行合同的,根据不可抗力的影响,部分或者全部免除责任,但是法律另有规定的除外。当事人迟延履行后发生不可抗力的,不免除其违约责任。

(3)当事人的义务

遭遇不可抗力的一方当事人因不可抗力不能履行合同的,应当及时通知对方,以减轻可能给对方造成的损失,同时,应当在合理期限内提供因不可抗力而不能履行合同的证明。

2.免责条款

(1)免责条款的概念

免责条款是指当事人在合同中约定的排除或限制其未来民事责任的合同条款。免责条款具有以下法律性质:①免责条款已被订入合同中,成为合同的组成部分;②免责条款以排除或限制当事人未来民事责任为目的;③免责条款多数属于格式条款。

(2)对免责条款的规定

①免责条款的制定应遵守合同订立的规则。免责条款的订立,原则上应是双方自愿协商一致的结果,也要经过要约和承诺两个阶段。提出免责条款必须是明示,不允许以默示方式做出。另外,法律也允许免责条款由一方当事人事先拟定,但这类免责的格式条款,应遵守法律对格式条款的规定。

②确认免责条款无效的情形。《民法典》规定,合同中的下列免责条款无效:一是造成对方人身伤害的;二是因故意或者重大过失造成对方财产损失的。

二、公路货物运输法律规定

目前,规范公路货运的法规主要有《集装箱汽车运输规则》《汽车运价规则》《汽车危险货物运输规则》。《民法典》合同编对运输合同有专门的规定,但是没有分别就公路货运、铁路货运和海运等进行规定,因此,有关的规定仅仅具有一般性指导意义。

(一)汽车货物运输合同的种类

汽车货物运输合同是指汽车承运人与托运人之间签订的明确相互权利和义务关系的协议。在实践中,很多物流企业把货物运输交给专业的汽车承运人来完成,并作为托运人或货运人的代理人与之签订汽车货物运输合同。

汽车货物运输合同的订立可以采用书面形式、口头形式和其他形式。书面形式合同可以分为定期运输合同、一次性运输合同和道路货物运单(以下简称运单)。

1.定期运输合同

定期运输合同是汽车承运人与托运人签订的在规定的期间内用汽车将货物分批量地由起运地运至目的地的汽车货物运输合同。

2.一次性运输合同

一次性运输合同是指汽车承运人与托运人之间签订的一次性将货物由起运地运至目的地的汽车货物运输合同。

3.运单

在很多情况下,物流企业直接向汽车承运人托运货物。货物托运和承运的过程就是合同订立的过程。物流企业要作为托运人或托运人的代理人填写运单,并将运单与运送的货物交给汽车承运人。请求托运货物是物流企业向承运人发出要约的过程,承运人接受货物托运,并在运单上签字,就是表示承诺。运单本身就是汽车货物运输合同。

运单应按以下要求填写:

(1)准确表明托运人和收货人的名称(姓名)和地址(住所)、电话、邮政编码。
(2)准确表明货物的名称、性质、件数、重量、体积以及包装方式。
(3)准确表明运单中的其他有关事项。
(4)一张运单托运的货物,必须是同一托运人、收货人。
(5)危险货物与普通货物以及性质相互抵触的货物不能使用同一张运单。
(6)托运人要求自行装卸的货物,经承运人确认后,在运单内注明。
(7)字迹清楚,内容准确,需要更改时,必须在更改处签字、盖章。

(二)货物运输合同的当事人

货物运输合同的当事人包括承运人、实际承运人、托运人和收货人。

1.承运人

承运人是指从事货物运输并与托运人订立货物运输合同的经营者,多为法人,也可以是自然人、其他组织。

2.实际承运人

实际承运人是指接受承运人的委托,从事相应货物的全部运输或者部分运输的人,包括接受转委托从事此项运输的其他人。

实际承运人不同于承运人,他未与托运人签订货物运输合同,而是接受承运人的委托,实际履行货物运输合同中的全部或者部分运输活动,从而对其所经办的运输活动承担责任,亦享有相应的权利。

3.托运人

托运人是指与承运人订立货物运输合同的经营者,包括自然人、法人和其他组织。托运人可以是货物的所有人,也可以不是。

4.收货人

收货人是指货物运输合同中托运人指定的有权提取货物的单位或个人,一般表现为在提货凭证的收货人一栏中所记载的人。

此外,还有货物运输代办人,是指以自己的名义承揽货物并分别与托运人、承运人订立货物运输合同的经营者。

(三)承托双方的义务

1.托运人的义务

在公路货物运输合同中,托运人需要履行的义务如下:

(1)托运的货物名称、性质、件数、质量、体积、包装方式等,应与运单记载的内容相符。
(2)按照国家有关部门规定需办理准运或审批检验等手续的货物,将准运证或审批文件提交承运人,并随货同行。如果委托承运人向收货人代递有关文件,应在运单中注明文件名称和份数。

微课:托运人与承运人的义务

(3)托运的货物中,不得夹带危险货物、贵重货物、鲜活货物和其他易腐货物、易污染货物、货币、有价证券以及政府禁止或限制运输的货物等。

(4)托运货物的包装,应当按照双方约定的方式进行。没有约定或者约定不明确的,可以协议补充;不能达成补充协议的,按照通用方式包装,没有通用方式的,应在足以保证运输、装卸搬运作业安全和货物完好的原则下进行包装。依法应当执行特殊包装标准的,按照规定执行。

(5)应根据货物性质和运输要求,按照国家规定,正确使用运输标志和包装储运图示标志。

(6)托运特种货物(如冷藏货物、鲜活货物等)时,应按要求在运单中注明运输条件和特约事项。

(7)运输途中需要饲养、照料的生物、植物、尖端精密产品、稀有珍贵物品、文物、军械弹药、有价证券、重要票证和货币等,必须派人押运。应在运单上注明押运人员姓名及必要的情况。押运人员须遵守运输和安全规定,并在运输过程中负责货物的照料、保管、交接;如发现货物出现异常情况,应及时做出处理并告知车辆驾驶人员。

(8)托运人应该按照合同的约定支付运费。

2.承运人的义务

(1)根据货物的需要和特性,提供适宜的车辆。承运人提供的车辆应当是技术状况良好、经济适用,并能满足所运货物重量的要求。对特种货物运输,还应为特种货物提供配备符合运输要求的特殊装置或专用设备的车辆。

(2)承运人应当根据运送的货物情况,合理安排运输车辆,货物装载重量以车辆额定吨位为限,轻泡货物以折算重量装载,不得超过车辆额定吨位和有关长、宽、高的装载规定。

(3)按照约定的运输路线进行运输。如果在起运前要改变运输路线,承运人应将此情况通知托运人,并按最后的路线运输。对于承运人未按约定的路线运输而增加的运输费用,托运人或收货人可以拒绝支付。

(4)在约定的运输期限内将货物运达。零担货物按批准的班期时限运达,快件货物按规定的期限运达。

(5)整批货物运抵前,承运人应当及时通知收货人;零担货物运达目的地后,应在 24 小时内向收货人发出到货通知或按托运人的指示及时将货物交给收货人。

(6)承运人对货物的运输安全负责,保证货物在运输过程中不受损害。

(四)货物的接收与交付

在货物接收与交付问题上,承运人与托运人双方应履行交接手续,包装货物采取件交件收;集装箱重箱及其施封的货物凭封志交接;散装货物原则上要磅交磅收或采用双方协商的交接方式交接。交接后双方应在有关单证上签字。货物交接时,双方对货物的重量和内容有质疑,均可提出查验与复磅,查验与复磅的费用由责任方负担。

货物运输过程中,因不可抗力造成道路阻塞导致运输阻滞,承运人应及时与托运人联系,协商处理,发生货物装卸、运和保管费用按以下规定处理:

(1)接运时,货物装卸、接运费用由托运人负担,承运人收取已完成运输里程的运费,退回未完成运输里程的运费。

(2)回运时,收取已完成运输里程的运费,回程运费免收。

(3)托运人要求绕道行驶或改变到达地点时,收取实际运输里程的运费。

(4)货物在受阻处存放,保管费用由托运人负担。

(五)违约责任

公路货物运输合同当事人不履行合同规定的义务,要承担相应的违约责任。违约责任既包括支付违约金,又包括因货物损失而产生的损害赔偿金,以及《民法典》合同编规定的其他责任形式。有关的公路货物运输法律法规也对承运人、托运人的违约责任进行了规定。

1. 承运人的责任

按照法律规定和合同的约定,承运人具有如下责任:

(1)如果承运人未按运输期限将货物运达,应当承担违约责任;因承运人责任将货物错送或错交,可以要求其将货物无偿运到指定的地点,交给指定的收货人。运输期限是由双方共同约定的货物起运、到达目的地的具体时间。未约定运输期限的,从起运日起,按200千米为1日运距,用运输里程除以每日运距,计算运输期限。

(2)如果承运人未遵守双方商定的运输条件或特约事项,由此造成托运人的损失,可要求其负赔偿责任。

(3)货物在承运责任期间内,发生毁损或灭失,承运人应当负赔偿责任。承运责任期间,是指承运人自接收货物起至将货物交付收货人(包括按国家有关规定移交有关部门)止,货物处于承运人掌管之下的全部时间。托运人还可以与承运人就货物在装车前和卸车后对承担的责任另外达成协议。

(4)如果有下列情况之一的,承运人举证后可不负赔偿责任:不可抗力;货物本身的自然性质变化或者合理损耗;包装内在缺陷,造成货物受损;包装体外表面完好而内装货物毁损或灭失;托运人违反国家有关法令,致使货物被有关部门查扣、弃置或做其他处理;押运人员责任造成的货物毁损或灭失;托运人或收货人过错造成的货物毁损或灭失。

2. 托运人的责任

托运人的责任指托运人未履行合同规定的义务,或在合同没有约定的情况下,未履行有关法律规定的义务时,所应承担的责任。

(1)未按合同规定的时间和要求备好货物和提供装卸条件以及货物运达后无人收货或拒绝收货,而造成承运人车辆放空、延滞及其他损失,托运人应负赔偿责任。

(2)由于托运人的下列过错,造成承运人、站场经营人、装卸搬运经营人的车辆、机具、设备等损坏、污染或人身伤亡以及因此而引起的第三方的损失,由托运人负责赔偿:在托运的货物中故意夹带危险货物和其他易腐蚀、易污染货物以及禁、限运货物等行为;错报、匿报货物的重量、规格、性质;货物包装不符合标准,包装、容器不良,而从外部无法发现;错用包装、储运图示标志。

(3)不如实填写运单,错报、误填货物名称或装卸地点,造成承运人错送、装货落空以及由此引起的其他损失,托运人应负赔偿责任。

(六)货运事故和违约处理

1. 货运事故处理的原则性规定

货运事故是指货物在运输过程中发生损坏或灭失。货运事故和违约行为发生后,承托双方及有关各方应编制货运事故记录。

货物在运输途中发生交通肇事造成损坏或灭失,承运人应先行向托运人赔偿,再由其向肇事的责任方追偿。

货运事故发生后承运人应及时通知收货人或托运人。收货人、托运人知道发生货运事故后,应在约定的时间内,与承运人签注货运事故记录。收货人、托运人在约定的时间内不与承运人签注货运事故记录的,或者无法找到收货人、托运人的,承运人可邀请两名以上无利害关系的人签注货运事故记录。货物赔偿时效从收货人、托运人得知货运事故信息或签注货运事故记录的次日起计算。在约定运达时间的30天后未收到货物,视为灭失,自第31天起计算货物赔偿时效。

未在约定的或规定的运输期限内运达交付的货物,为迟延交付。

当事人要求另一方当事人赔偿时,须提出赔偿要求书,并附运单、货运事故记录和货物价格证明等文件。要求退还运费的,还应附运杂费收据。另一方当事人应在收到赔偿要求书的次日起,60天内做出答复。

2. 货运事故赔偿金额

货运事故和违约的赔偿金额,分别根据下列情况确定:

(1)货运事故赔偿分限额赔偿和实际损失赔偿两种。法律、行政法规对赔偿责任限额有规定的,依照其规定;尚未规定赔偿责任限额的,按货物的实际损失赔偿。

(2)在保价运输中,货物全部灭失,按货物保价声明价格赔偿;货物部分毁损或灭失,按实际损失赔偿;货物实际损失高于声明价格的,按声明价格赔偿;货物能修复的,按修理费加维修取送费赔偿。保险运输按投保人与保险公司商定的协议办理。

(3)未办理保价或保险运输的,且在货物运输合同中未约定赔偿责任的,按以上第(1)条的规定赔偿。

(4)货物损失赔偿费包括货物价格、运费和其他杂费。货物价格中未包括运杂费、包装费以及已付的税费时,应按承运货物的全部或短少部分的比例加算各项费用。

(5)货物毁损或灭失的赔偿额,当事人有约定的,按照其约定;没有约定或约定不明确的,可以补充协议;不能达成补充协议的,按照交付或应当交付时货物到达地的市场价格计算。

(6)由于承运人责任造成货物灭失或损失,以实物赔偿的,运费和杂费照收;按价赔偿的,退还已收的运费和杂费;被损货物尚能使用的,运费照收。

(7)丢失货物赔偿后,又被查回,承运人应将其送还原主,收回赔偿金或实物;原主不愿接受失物或无法找到原主的,由承运人自行处理。

(8)承托双方对货物逾期到达、车辆延滞、装货落空都负有责任时,按各自责任所造成的损失相互赔偿。

(9)承运人或托运人发生违约行为,应向对方支付违约金。违约金的数额由承托双方约定。

(10)承运人非因故意行为造成货物迟延交付的赔偿金额,不得超过所迟延交付的货物的全程运费数额。

> 任务实施

具体要求:依据所掌握的合同的违约责任、公路货物运输法律规定等知识,就案例导入所涉情境,以高某的法律顾问的身份,分析本案中各关系方是否存在违约行为,并思考具体损失应由谁承担。

第一步:明确各方的法律身份及应尽义务

经分析,高某和甲公司之间形成公路货物运输合同关系,故高某应尽托运人义务,甲公司应尽承运人义务。

第二步:分析各关系方是否存在违约责任

安全地将货物运至指定地点是甲公司作为承运人的主要义务。《民法典》第八百三十二条规定:"承运人对运输过程中货物的毁损、灭失承担赔偿责任。但是,承运人证明货物的毁损、灭失是因不可抗力、货物本身的自然性质或者合理损耗以及托运人、收货人的过错造成的,不承担赔偿责任。"高某托运的笔记本电脑是在乙公司的运输过程中被他人冒名取走的,但因乙公司是甲公司的代理人,其是在代理甲公司运输,根据《民法典》第一百六十二条"代理人在代理权限内,以被代理人名义实施的民事法律行为,对被代理人发生效力",因此甲公司作为乙公司的被代理人应对乙公司的代理运输行为承担民事赔偿责任。

第三步:提出违约处理方案

《民法典》第八百三十三条规定:"货物的毁损、灭失的赔偿额,当事人有约定的,按照其约定……。"高某托运的笔记本电脑,托运单中的声明价值为2 000元,故视为当事人对货物的毁损、灭失的赔偿额约定为2 000元。综上,甲公司应对高某托运的笔记本电脑在运输途中被他人冒领承担赔偿责任,赔偿数额为2 000元。至于甲公司与乙公司之间的赔偿问题可另行通过法律途径解决。因笔记本电脑被第三人冒领尚在刑事侦查过程中,第三人的责任问题属刑事案件的范畴,不能以第三人的犯罪行为来免除其他当事人的民事责任,且第三人冒领高某的笔记本电脑与本案不是同一法律关系。托运单虽载有保险费6元字样,但并未向保险公司投保,据此,违约处理方案为:甲公司赔偿高某笔记本电脑损失费2 000元。

> 任务评价

评价内容	评价标准	权重/%	得分
基础知识	掌握合同的违约责任	10	
	掌握公路货物运输承托双方的义务	10	
	掌握公路货物运输承托双方的责任	20	
	掌握公路货物运输货运事故的处理规定	20	
分析能力	能够分析公路货物运输案件中各关系方的责任	20	
	能够防范公路货物运输合同中的违约风险	20	

法条解析

《中华人民共和国民法典》

第四百九十一条 当事人采用信件、数据电文等形式订立合同要求签订确认书的,签订确认书时合同成立。

当事人一方通过互联网等信息网络发布的商品或者服务信息符合要约条件的,对方选择该商品或者服务并提交订单成功时合同成立,但是当事人另有约定的除外。

本条是关于签订确认书的合同及电子合同成立时间的规定。

本条第一款阐述的是签订确认书的合同成立时间的规定。对于采用信件和数据电文订立合同的,实际上在符合要求的承诺做出之后,合同就成立了。不过,如果当事人约定还要签订确认书的,则在签订确认书时,该合同方成立。因此,双方签署确认书的时间是信件、数据电文合同成立的时间。

本条第二款阐述的是电子合同成立时间的规定。根据网络交易的特点(线上签订合同,缺少明显的要约、承诺的行为标志),确认网络交易中的合同订立,一方在互联网等信息网络发布的商品或者服务信息,只要符合要约的条件,就认为是网络交易合同的要约。对方(也就是消费者)在网络上选择该商品或者服务,并提交订单的,为承诺。当网络交易服务界面显示提交订单成功时,合同成立。因而,界面显示"提交订单成功"时,就是网络交易合同的成立时间。

项目小结

物流服务合同的订立是物流服务需求方和第三方物流经营人就合同的主要条款意思趋于一致的过程。在订立合同中,一方当事人提出要约,另一方当事人予以承诺,双方就交易目的及其实现达成合意,合同即告成立。要约的性质是一种与承诺结合后成立一个民事法律行为的意思表示,要约被承诺后合同即告成立,要约人要受合同效力的约束。承诺是受要约人同意要约的意思表示,以接受要约的全部条件为内容。合同成立的时间标志是承诺生效。承诺生效,订约过程结束,要约、承诺的内容对要约人和受要约人产生法律约束力。合同生效后,当事人应当按照约定全面履行自己的义务。当事人一方不履行合同义务或者履行合同义务不符合约定的,应当承担继续履行、采取补救措施或者赔偿损失等违约责任。

思政园地

《民法典》的立法目的是保护民事主体的合法权益,调整民事关系,维护社会和经济秩序,适应中国特色社会主义发展要求,弘扬社会主义核心价值观。《民法典》第三条明确指出,民事主体的人身权利、财产权利以及其他合法权益受法律保护,任何组织或者个人不得侵犯。民事主体从事民事活动需遵守平等原则、自愿原则、公平原则、诚信原则、守法与遵循公序良俗原则及绿色原则。合同是民事主体之间设立、变更、终止民事法律关系的协议,合同的本质是民事主体就民事权利和义务关系的变动达成合意而形成的协议。合同的签订同样要遵守以上原则。依法成立的合同受法律保护,合同成立后即在当事人之间产生了法律效力,当事人必须受到合同的约束。如果当事人在合同依法成立后,不履行合同义务,或者不完全履行合同义务,法律将强制其履行,并科以违约责任。

市场经济社会,合同无处不在,法谚所谓"契约的总和即为市场",因此,在公司的经营过程中,我们不可避免地要与各种合同打交道。但是因合同分歧或违约引起的诉讼或仲裁成本甚高,甚至可能吞噬交易本身为当事人双方带来的利益。在针锋相对的诉讼中,合同中每一句话、每一个词、每一个字,都意味着潜在的输或赢,可谓一字千金。合同文本起草得好,会抑制对方的诉讼冲动,或者在将来的诉讼中抢占先机。因此合约人员在合同起草时应把握小心谨慎和深思熟虑的原则,以避免公司陷入诉讼负累。

合同起草不像作诗,追求唯美,合同起草讲究实用,追求严谨、准确,合同起草切忌"抓大放小"。合同起草应注意每一个细节,合同的严谨正是建立在一个个细节之上,所谓"细节决定成败",对于合同起草尤其如此。

国人诉讼意识的增强、国家法律人员培养的增多和公司业务的增长都意味着公司诉讼案件增加的可能性,因此作为公司的合约人员,应严把合约关,在"无伤大雅"的原则下,坚持"斤斤计较",共同构筑公司坚固的合同防守体系。

能力测评

一、选择题(不定项)

1.物流法律关系的要素有(   )。
A.主体   B.客体   C.内容   D.权利和义务

2.物流服务合同的标的是(   )。
A.劳务   B.运输的货物   C.物流企业   D.物流设施

3.依据《民法典》的规定,当事人既约定违约金,又约定定金的,在一方违约时,对方该如何对待违约金和定金条款?(   )
A.可以选择适用违约金或者定金条款   B.同时适用违约金和定金条款
C.适用违约金条款   D.适用定金条款

4.合同订立的方式是(   )。
A.要约   B.新要约   C.要约邀请   D.承诺

5.导致要约失效的情形包括(   )。
A.承诺期限届满   B.要约人依法撤销要约
C.拒绝要约的通知到达要约人   D.受要约人对要约内容做出实质性变更

6.承担违约责任的形式包括(   )。
A.采取补救措施 B.赔偿损失   C.支付违约金   D.支付定金

7.承运人承担赔偿责任的情形为(   )。
A.承运人错送、错交运输货物   B.货物本身的自然性质变化
C.包装内在缺陷,造成货物受损   D.押运人员责任造成货物损坏

8.物流服务合同的特点主要有(   )。
A.要式合同   B.诺成合同   C.实践合同   D.有偿合同

9.当事人订立合同有书面形式、口头形式和其他形式。其中,电子邮件属于(　　)。
A.口头形式　　　　B.书面形式　　　　C.推定形式　　　　D.其他形式

10.下列对承诺的说法正确的有(　　)。
A.承诺须由受要约人或者其代理人向要约人做出
B.承诺是受要约人同意要约的意思表示
C.承诺必须在规定的期限内到达要约人
D.承诺的方式必须符合要约的要求

二、案例分析

某食品有限公司(甲公司)委托某物流有限公司(乙公司)将一批酒品从福州运至上海。货物托运、承运验收单(以下简称托运单)背面特别约定,无保价托运每件最高赔付300元。甲公司经办托运事宜的员工在托运单正面左下方采用加黑、加大字体印有"背面的特别约定,经阅读和承运人详细说明,本人有了全面、准确之了解,且无异议"的字样旁签名确认,且未办理保价。

在运输途中,乙公司将其中一件酒遗失。该件遗失酒为12瓶装,每瓶单价为1 160元,故乙公司给甲公司造成经济损失共计人民币13 920元。甲公司向法院提起诉讼,并提供下列证据:1.托运单原件一份,证明甲公司委托乙公司运输9件酒的事实以及乙公司将其中一件酒遗失的事实;2.供货凭证原件一份。甲公司请求法院判定乙公司赔偿因托运物遗失所造成的经济损失共计人民币13 920元。

思考:
1.甲公司和乙公司的运输合同是否成立?
2.乙公司是否对酒遗失承担损害赔偿责任?若承担,应如何赔偿?

拓展训练

请利用闲暇时间,在教师的指导下,在相关法律网站上查找物流服务合同纠纷案例,以小组形式展开讨论,讨论结果与民事判决书相对照,找出差距,并由各组长做好讨论结果的记录。

第二篇

业务服务篇

项目三
物资采购法律规范

知识思维导图

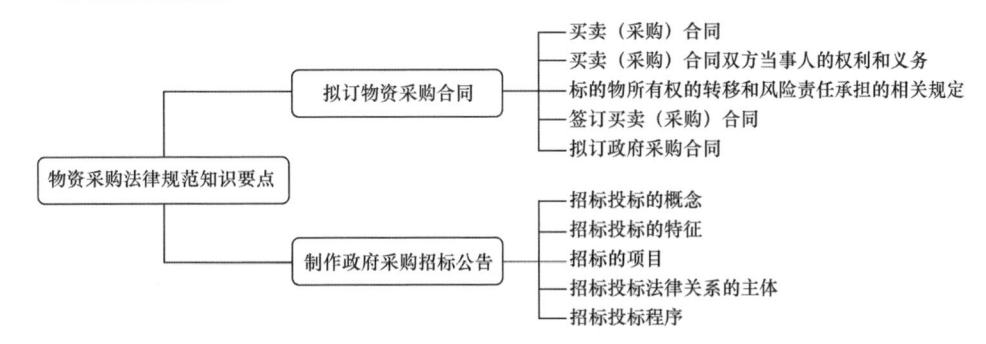

```
物资采购法律规范知识要点
├── 拟订物资采购合同
│   ├── 买卖（采购）合同
│   ├── 买卖（采购）合同双方当事人的权利和义务
│   ├── 标的物所有权的转移和风险责任承担的相关规定
│   ├── 签订买卖（采购）合同
│   └── 拟订政府采购合同
└── 制作政府采购招标公告
    ├── 招标投标的概念
    ├── 招标投标的特征
    ├── 招标的项目
    ├── 招标投标法律关系的主体
    └── 招标投标程序
```

知识目标

通过本项目的学习，学生能够掌握买卖（采购）合同、标的物、采购人、供应商、采购代理机构、产品质量等相关概念；能够描述买卖（采购）合同、政府采购的特点，会分析合同当事人的权利和义务内容；能够识别一般合同和买卖（采购）合同，一般采购和政府采购。

能力目标

通过本项目的学习，学生能够进行买卖（采购）合同的订立、履约及政府采购的操作；具有解决买卖（采购）合同及政府采购合同纠纷，进行纠纷处理的能力；能查阅和运用物资采购（买卖）法律知识，分析相关案例；能制作政府采购招标公告；能解决在实际工作中遇到的问题。

思政目标

通过本项目的学习，学生能够明确中华法系中包含了诸多有价值的文化传统。两千多年前的孔子就强调"民以诚而立"，而商鞅"徙木立信"则传为美谈。当下必须遵循契约精神，有约必守，诚信也是社会主义核心价值观的重要内容。而将政府采购置于阳光下，使得财政性资金不被侵蚀，真正用于民生，体现了公开、公平、廉政的价值取向，让遵纪守法成为理性选择。

物流法规

关键概念

买卖(采购)合同;出卖人的主要义务;买受人的主要义务;政府采购合同;招标投标

案例导入

某投资公司拟建设一幢办公楼,采用公开招标方式选择施工单位,投标保证金有效期同投标有效期。提交投标文件的截止时间为2020年5月31日,有效期为一个月,即2020年6月30日止。该公司于2020年3月6日发出招标公告后有A、B、C、D、E 5家建筑施工单位参加了投标,E单位由于工作人员疏忽于7月2日提交投标保证金。开标会于2020年7月4日由该省建委主持召开,D单位在开标前向投资公司要求撤回投标文件。C单位因为信用问题,不符合投标要求,被取消了投标资格。只有A、B两家单位符合要求。经过综合评选,最终确定B单位中标,双方按规定签订了施工承包合同。

B单位中标后,通过与甲建筑机械制造公司进行采购某型建筑机械的谈判,双方达成一致,拟签订采购合同,采购经理李飞指派采购专员张东起草采购合同。

张东在法律顾问的指导下起草了采购合同,并提交采购经理李飞和法律顾问进行审核。审核批准后,采购专员张东编制了正式采购合同。采购经理李飞与甲建筑机械制造公司的法人代表签订了采购合同。

问题:

(1)以采购专员张东的身份起草一份采购合同。

(2)E单位的投标文件按要求应如何处理?为什么?

(3)对D单位撤回投标文件的要求应当如何处理?为什么?

(4)上述招标投标程序中有哪些不妥之处?请说明理由。

任务一　拟定物资采购合同

任务描述

根据本项目案例导入的情境描述,请你以采购经理李飞的名义,从专业的角度对采购合同向张东进行介绍。

知识链接

一、买卖(采购)合同

合同法是市场经济的基本法,在现代市场经济法制保障中发挥着基础性的作用,《民法典》合同编是在系统总结我国合同立法经验的基础上产生的,是我国实行改革开放和市场经济经验的总结,影显了中国特色。

（一）买卖（采购）合同的概念

买卖（采购）合同是出卖人转移标的物的所有权于买受人，买受人支付价款的合同。

（二）买卖（采购）合同的特征

1. 买卖（采购）合同是有偿合同

买卖（采购）合同的实质是以等价有偿方式转移标的物所有权，即出卖人转移标的物所有权于买受人，买受人向出卖人支付价款，这是买卖（采购）合同的基本特征，是其与互易、赠与等其他合同的区别所在。

2. 买卖（采购）合同是双务合同

在买卖（采购）合同中，出卖人负有转移标的物所有权的义务，买受人负有支付价款的义务，双方的义务有对价关系；而买受人权利又是出卖人义务，买受人义务又是出卖人权利，双方权利和义务存在对应关系，因此买卖（采购）合同属于双务合同。

3. 买卖（采购）合同是诺成合同

买卖（采购）合同自买卖双方就关于标的物、价款等有关事项意思表达一致时即成立，并不以标的物的实际交付为成立要件，因而是诺成合同。

4. 买卖（采购）合同是不要式合同

通常情况下，买卖（采购）合同的成立并不需要具备一定的形式，但法律另有规定的除外。

（三）买卖（采购）合同法律关系的构成要素

买卖（采购）合同法律关系的主体要素是出卖人和买受人。

买卖（采购）合同法律关系的客体要素（标的要素）是标的物和价金。

（1）买卖（采购）合同的标的物具有以下法律特征：

①买卖（采购）合同的标的物须为法律允许买卖的物，禁止或者限制流通物不能作为买卖（采购）合同的标的物。

②买卖（采购）合同的标的物为出卖人所有或有处分权的物。出卖人一般为标的物的所有人。但依法律规定或依当事人之间的约定，享有处分权的非所有人也可以作为出卖人，如抵押权人、经纪人、人民法院等。

③买卖（采购）合同的标的物只能是有体物，包括动产和不动产。所谓动产，就是指可以任意移动，而且不会因为移动而损害其价值的物。不动产是指不能移动或者虽然能够移动，但是移动会损害其价值的物。不动产主要就是指土地或者土地上的各种附属物。两者的区别在于：对于动产来讲，它以交付和占有作为所有权变动的表征；而对于不动产来讲，是以登记作为所有权变动的重要表征。

（2）价金是与买卖标的物对价给付的金钱，价金的给付通常用"支付"一词。

买卖（采购）合同法律关系的内容要素即买卖（采购）合同双方当事人的权利和义务。

（四）买卖（采购）合同的内容

一般而言，一个规范的买卖（采购）合同通常包括标的物名称、数量、质量、价款、履行期限、履行地点和方式、包装方式、检验标准和方法、结算方式、合同使用的文字及其效力等条款。

需要注意的是，以上条款属于买卖（采购）合同的通用条款，而并不都是必备条款。

二、买卖(采购)合同双方当事人的权利和义务

（一）出卖人的主要义务

1.交付标的物

标的物是指当事人双方权利和义务指向的对象，即买卖(采购)合同中所指的物体或商品。标的物不同于标的，标的是指合同当事人之间存在的权利和义务关系。在买卖(采购)合同中，标的是买卖关系，而标的物是所买卖的商品。标的和标的物并不是永远共存的。一个合同必须有标的，而不一定有标的物。如在提供劳务的合同中，标的是当事人之间的劳务关系，而没有标的物。

交付标的物是出卖人的首要义务，也是买卖(采购)合同最重要的合同目的。标的物的交付可以分为现实交付和拟制交付。现实交付是指标的物交由买受人实际占有，拟制交付是指将标的物的所有权证书交给买受人以代替标的物的交付，如不动产所有权证书的交付、仓单的交付等。

出卖人应当按照约定的时间、约定的地点、约定的数量、约定的包装方式交付标的物。标的物在出卖前就已经被买受人占有的，合同生效的时间即为交付时间。

2.转移标的物所有权

买受人的最终目的是获得标的物的所有权，将标的物的所有权转移给买受人是出卖人的另一项主要义务，这也是买卖(采购)合同区别于其他涉及财产移转占有的合同的本质特性之一。转移标的物的所有权，是在交付标的物的基础上，实现标的物所有权的转移，使买受人获得标的物所有权。

3.物的瑕疵担保义务

物的瑕疵担保义务是指出卖人应当担保其交付给买受人的标的物符合合同约定的或者法律确定的质量标准，即出卖人要保证标的物转移于买受人后，不存在品质或使用价值降低、效用减弱的瑕疵。标的物欠缺约定或者法定品质的称为物的瑕疵。出卖人交付的标的物不符合质量标准的，属于对物的瑕疵担保义务的违反，一般采取严格责任原则，出卖人应当按照当事人的约定承担违约责任。买受人可要求减少价款，也可要求出卖人更换修理或自行修理，而费用则由出卖人承担。若因物的瑕疵使合同目的不能实现，买受人可拒绝接受或解除合同。

4.权利的瑕疵担保义务

标的物权利的瑕疵担保义务是指出卖人就其所转移的标的物，负有保证第三人不得向买受人主张任何权利的义务。出卖人交付的标的物上有权利瑕疵，不能完全转移所有权于买受人的，买受人有权要求减少价款或者解除合同。在买受人未支付价款时，其有确切证据证明第三人可能就标的物主张权利的，买受人有权中止支付相应的价款，除非出卖人提供适当的担保。

5.交付有关单证和资料的义务

出卖人应当按照约定或者交易习惯向买受人交付提取标的物的单证及有关的其他单证和资料。

(二)买受人的主要义务

1.支付价款

价款是买受人获取标的物的所有权的对价,买受人应当按照合同的约定向出卖人支付价款,这也是买受人的主要义务。买受人应当按照合同约定的时间、地点、数额、支付方式等支付价款。对于合同约定不明确的,应按照法律规定或参照交易习惯进行确定。

2.受领标的物

买受人对于出卖人交付的标的物及有关权利、凭证,负有受领义务。而对于出卖人不按合同约定条件交付标的物的,如多交、提前交付、交付的标的物有瑕疵的,买受人有权拒绝接受。

3.及时检验出卖人交付的标的物

买受人受领标的物后,应在当事人约定或法定期限内依据通常程序尽快检查标的物。若发现应由出卖人承担责任的事由,则应妥善保管并及时通知出卖人。

4.暂时保管并应急处置拒绝受领的标的物

在特定情况下,买受人对于出卖人所交付的标的物,可以做出拒绝接受的意思表示,但有暂时并应急处置该标的物的义务。出卖人保管并应急变卖标的物的行为必须是基于善良的动机,不得扩大出卖人的损失。

买卖(采购)合同属于双务合同,所以买受人的权利即为出卖人的义务,出卖人的权利即为买受人的义务。

三、标的物所有权的转移和风险责任承担的相关规定

(一)标的物所有权的转移

在一般情形下,交付标的物即可转移标的物的所有权。但对于法律有特别规定的动产和不动产,因其所有权的转移需办理特别的手续,出卖人应依约定协助买受人办理所有权转移的登记等有关的过户手续,并交付相关的产权证明给买受人。另外,当事人可以在买卖(采购)合同中约定买受人未履行支付价款或者其他义务的,标的物的所有权属于出卖人。

(二)风险责任承担

所谓标的物风险责任承担,是指双方在买卖过程中发生的标的物意外毁损、灭失的风险由何方当事人承担。《民法典》第六百零四条规定:"标的物毁损、灭失的风险,在标的物交付之前由出卖人承担,交付之后由买受人承担,但是法律另有规定或者当事人另有约定的除外。"

对于不同的交付方式,可依照以下原则分配风险:

(1)买受人自提标的物的,出卖人将标的物置于约定或法定地点起,风险由买受人承担。

(2)出售运输中的标的物的,自合同成立时起,风险由买受人承担。

(3)对需要运输的标的物,若未约定交付地或约定不明确的,自出卖人将标的物交付给第一承运人起,风险由买受人承担。

(4)买受人受领延迟,则由买受人自延迟时起承担标的物意外灭失风险。

(5)出卖人未按照约定交付提取标的物单证以外的有关单证和资料,但已交付了标的物或提取标的物的单证的,仍发生风险负担的转移。

(6)因标的物质量不符合要求,致使不能实现合同目的的,买受人可以拒绝接受标的物或者解除合同,标的物毁损、灭失的风险由出卖人承担。

(7)标的物毁损、灭失的风险由买受人承担的,不影响因出卖人履行义务不符合约定,买受人要求其承担违约责任的权利。

四、签订买卖(采购)合同

(一)签订买卖(采购)合同的原则

(1)合同的当事人必须具备法人资格。这里的法人是指有一定的组织机构且可独立支配财产,能够独立从事商品流通活动或其他经济活动,享有权利和承担义务,依照法定程序成立的企业。

(2)合同必须合法。必须遵照国家的法律、法令、方针和政策签订合同,其内容和手续应符合有关合同管理的具体条例和实施细则的规定。

(3)必须坚持平等互利、充分协商的原则签订合同。

(4)当事人应当以自己的名义签订合同。当事人委托别人代签的,必须有委托证明。

(5)买卖(采购)合同应当采用书面形式。

(二)签订买卖(采购)合同的程序

签订合同的程序是指合同当事人对合同的内容进行协商,取得一致意见,并签署书面协议的过程,一般有以下五个步骤:

(1)订约提议。订约提议是指当事人一方向对方提出的订立合同的要求或建议,也称要约。订约提议应提出订立合同所必须具备的主要条款和希望对方答复的期限等,以供对方考虑是否订立合同。提议人在答复期限内不得拒绝承诺。

(2)接受提议。接受提议是指被对方接受,双方对合同的主要内容表示同意,经过双方签署书面契约,合同即可成立,也称承诺。承诺不能附带实质性变更条件,否则,应认为是拒绝要约,即提出新的要约。新的要约提出后,原要约人变成接受新的要约的人,而原承诺人成了新的要约人。实践中签订合同的双方当事人,就合同的内容反复协商的过程,就是要约,新的要约,再要约,直至承诺的过程。

(3)填写合同文本。

(4)履行签约手续。

(5)报请签约机关签证,或报请公证机关公证。

有的买卖(采购)合同,法律规定还应获得主管部门的批准或市场监督管理部门的签证。对没有法律规定必须签证的合同,双方可以协商决定是否签证或公证。

五、拟定政府采购合同

我国政府从1995年开始政府采购的试点工作,政府采购在我国政治、经济生活中发挥的作用越来越明显。2002年6月29日,第九届全国人民代表大会常务委员会第二十八次会议通过了《中华人民共和国政府采购法》(以下简称《政府采购法》),自2003年1月1日起施行,2014年8月31日第十二届全国人民代表大会常务委员会第十次会议进行了修正。这部法律的诞生,对促进我国社会主义市场经济健康发展,规范政府采购行为,加强财政支出管理,促进廉政建设,发挥政府采购在社会经济发展中的作用,具有十分重大的现实意义和深远的历史意义。

(一)政府采购的概念

《政府采购法》给采购和政府采购下了定义:

采购是指以合同方式有偿获得货物、工程和服务的行为,包括购买、租赁、委托、雇用等。

政府采购是指各级国家机关、事业单位和团体组织,使用财政性资金采购依法制定的集中采购目录以内的或者采购限额标准以上的货物、工程和服务的行为。

(二)政府采购的特点

1.采购资金的公共性

政府采购的资金来自财政性资金,主要包括预算内资金、预算外资金以及国内外政府性贷款、赠款等。

2.采购主体的特定性

政府采购的主体是各级国家机关、事业单位和团体组织。因此,政府采购不同于一般的商业性采购活动。

3.采购范围的特定性

政府采购的范围只限于集中采购目录以内的或者采购限额标准以上的货物、工程和服务。

4.采购区域的特定性

政府采购应当采购本国的货物、工程和服务,但有下列情形之一的除外:需要采购的货物、工程或者服务在中国境内无法获取或者无法以合理的商业条件获取的;为在中国境外使用而进行采购的;其他法律、行政法规另有规定的。

5.采购程序的法定性

政府采购应当维护国家利益和社会公共利益,必须按照法定的方式进行,各种方式都有其特定的程序。

(三)政府采购的法律关系要素构成

政府采购的法律关系由三个要素构成:

1.采购法律关系的主体

采购法律关系的主体是在采购法律关系中享有权利、承担义务的当事人,这是确定政府采购范围的前提条件。

政府采购当事人是指采购人和参加政府采购活动的供应商、其他参加人。

(1)采购人是指依法进行政府采购的机关法人、事业单位法人、社会团体法人和其他采购实体(为实现政府目的,提供公共产品和公共服务的其他实体)。

(2)供应商是指参加政府采购活动,有意愿向采购人提供货物、工程或者服务的法人、非法人组织或者自然人。

(3)其他参加人包括采购人委托的采购代理机构、政府采购评审专家、专业咨询人员、与采购活动有关的第三人等。

2. 采购法律关系的客体

采购法律关系的客体即采购对象,既有货物和服务,又有工程。这种采购活动自然要受到法律约束。

3. 采购法律关系的内容

采购法律关系的内容即政府采购当事人享有的权利和承担的义务。

(四)政府采购当事人享有的权利和承担的义务

1. 采购人享有的权利和承担的业务

(1)采购人享有的权利

①采购人有权自主选择采购代理机构。采购人有权在政府采购监督管理部门认定的合格采购代理机构中自主选择,任何单位和个人不得以任何方式为采购人指定采购代理机构。

②采购人有权要求采购代理机构遵守委托协议约定。采购人发现采购代理机构有违约行为或自身利益受到损害时,有权依法予以追究。

③采购人有权委托集中采购机构以外的采购代理机构,在委托范围内办理政府采购事宜。

④采购人有权审查政府采购供应商资格。采购人可以要求参加政府采购的供应商提供有关资质证明文件和业绩情况,并根据规定的供应商条件和采购项目对供应商的特定要求,对供应商的资格进行审查。

⑤采购人有权依法确定中标供应商。采购人依据事先确定的采购标准和规定,确定符合采购要求的供应商中标。

⑥采购人有权签订采购合同,并参与对供应商提供的货物、服务和工程履约的验收工作。

⑦采购人有权对纳入集中采购目录的政府采购项目实施部门集中采购。

⑧其他合法权利。

(2)采购人承担的义务

①采购人在政府采购活动中应当维护国家利益和社会公共利益,公正廉洁,诚实守信,执行政府采购政策,建立政府采购内部管理制度,厉行节约,科学合理确定采购需求。

②采购人必须接受政府采购监督管理部门的管理。政府采购的监督管理部门是各级财政部门。各级财政部门是政策的制定和执行监督者。同时采购人还要接受国家审计部门、监察部门的监督,有责任和义务积极配合监管部门的工作。

③采购人不得相互串通损害国家利益、社会公共利益和其他当事人合法权益。采购人必须对所有供应商一视同仁,不得以不合理的条件对供应商实行差别待遇或者歧视待遇;有义务回答供应商的合法问题;不得与集中采购代理机构或其他供应商串通,损害部分供应商的利益。

④采购人必须遵守采购代理机构的工作秩序,不得干预其开展工作,不得提出不符合规定的要求或与采购代理机构串通以不正当手段影响采购的公正性,同时有义务监督采购代理机构的有关规定。

⑤确定中标供应商后,采购人必须在规定时间内与中标供应商签订政府采购合同。

⑥采购人有义务向社会公布有关政府采购信息和招标结果,以增强政府采购透明度,接受社会各界监督。

⑦依法答复供应商的询问和质疑。

⑧妥善保存反映每项采购活动的采购文件。

⑨其他法定义务。

2.供应商享有的权利和承担的义务
(1)供应商享有的权利
①平等地取得政府采购供应商资格的权利。
②平等地获得政府采购信息的权利。
③自主、平等地参加政府采购竞争的权利。
④提出询问、质疑和投诉的权利。
⑤自主、平等地签订政府采购合同的权利。
⑥要求其他两方保守商业秘密的权利。
⑦监督政府采购依法公开、公正进行的权利。
⑧其他合法权利。
(2)供应商承担的义务
①遵守政府采购的各项法律、法规和规章制度。
②按规定接受供应商资格审查,并在资格审查中客观真实地反映自身情况。
③按规定在政府采购活动中满足其他两方的正当要求。
④投标中标后,按规定程序签订政府采购合同并严格履行合同义务。
⑤其他法定义务。

3.采购代理机构的义务和责任
①根据采购人委托制订采购项目的实施方案,明确采购规程,组织政府采购活动,不得将采购项目转委托。
②建立完善的政府采购内部监督管理制度,具备开展政府采购业务所需的评审条件和设施。
③不得以不正当手段获取政府采购代理业务,不得与采购人、供应商恶意串通操纵政府采购活动。
④根据政府采购政策、采购预算、采购需求编制采购文件,依法发布采购信息。
⑤不得超越代理权限。
⑥依法接受监督管理。
⑦其他法定权利和义务。

(五)政府采购合同的概念和性质
1.政府采购合同的概念
政府采购合同是指采购人或由其委托的采购代理机构与供应商之间设立、变更、终止政府采购权利和义务关系的协议,是政府采购履约和验收的依据。政府采购合同适用《民法典》。采购人和供应商之间的权利和义务,应当按照平等、自愿的原则以合同方式约定。法律、行政法规另有规定的,从其规定。

2.政府采购合同的性质
政府采购合同是采购人与中标人、成交供应商明确其权利、义务与责任的书面形式的法律文本。它与其他合同的最大区别在于,政府采购合同的拟定不仅要符合《民法典》的规定,而且要符合《政府采购法》的规定。政府采购合同的拟定必须要以招标文件(包括竞争性谈判文件、询价采购文件等)为蓝本,不能脱离招标文件的基本原则与范围。政府采购本身是一种市场交易行为,在采购合同订立过程中,不涉及行政权力的行使,购销双方的法律地位是平等的,因此,政府采购合同一般应作为民事合同。

(六)政府采购合同的特点

1.政府采购合同为书面合同

《政府采购法》第四十四条规定:"政府采购合同应当采用书面形式。"该条规定是强制性的规定。

2.政府采购合同条款具有法定性

《政府采购法》第四十五条规定:"国务院政府采购监督管理部门应当会同国务院有关部门,规定政府采购合同必须具备的条款。"

(七)政府采购合同的订立和备案

1.政府采购合同的订立

采购人与中标、成交供应商应当在中标、成交通知书发出之日起30日内,按照采购文件确定的事项签订政府采购合同。

中标、成交通知书对采购人和中标、成交供应商均具有法律效力。中标、成交通知书发出后,采购人改变中标、成交结果的,或者中标、成交供应商放弃中标、成交项目的,应当依法承担法律责任。

2.政府采购合同的备案

政府采购项目的采购合同自签订之日起7个工作日内,采购人应当将合同副本报同级政府采购监督管理部门和有关部门备案。

(八)政府采购合同的履行

1.履行原则

政府采购合同的当事人应本着诚实信用原则履行合同义务。诚实信用原则是指当事人在从事民事活动时,应诚实守信,以善意的方式履行其义务,不得滥用权利及规避法律和合同规定的义务。

2.政府采购合同的变更、中止和终止

政府采购合同的双方当事人不得擅自变更、中止或者终止合同。

政府采购合同履行中,采购人需追加与合同标的相同的货物、工程或者服务的,在不改变合同其他条款的前提下,可以与供应商协商签订补充合同,但所有补充合同的采购金额不得超过原合同采购金额的百分之十。

政府采购合同继续履行将损害国家利益和社会公共利益的,双方当事人应当变更、中止或者终止合同。有过错的一方应当承担赔偿责任,双方都有过错的,各自承担相应的责任。

任务实施

具体要求:以采购专员张东的身份起草一份采购合同。依据所掌握的物资采购合同的知识,就案例导入所涉情境,以采购合同采购方的名义,完成草拟采购合同的基本流程。

第一步:组成学习小组

以4~5人为一个学习小组,学习《民法典》合同编买卖合同的相关知识。

第二步:进行人员分工

根据小组成员的特长,进行合理分工,明确责任范围。

第三步:收集甲建筑机械制造公司的某型建筑机械的相关情况

收集整理甲建筑机械制造公司的某型建筑机械的市场供需状况。

第四步:准备订立《某型建筑机械买卖合同》的基础资料

根据小组成员的特长,分成买卖两方。准备订立《某型建筑机械买卖合同》的基础资料,包括买受人(甲方)、出卖人(乙方)的基本资料(甲方:地址;授权代理人,身份证号码;联系电话;法定代表人,身份证号码;联系电话。乙方:地址;授权代理人,身份证号码;联系电话;法定代表人,身份证号码;联系电话。)

第五步:提出签约申请

准备好《某型建筑机械买卖合同》的基础资料后,由买受人(甲方)采购实施部门向组织领导层提交签约申请,该申请包括签约申请主体(包括签约事由、签约对象、签约人等)、合同草案、批复的采购工作报告等。

第六步:起草《某型建筑机械买卖合同》

按买卖合同的通用要素、相关法律条款,结合《某型建筑机械买卖合同》的具体情况(诸如设备名称、型号、数量、价格;运输费用及承担;付款条件;交货期;设备的交付及验收;设备所有权及风险的转移;包装标准;通知;违约责任;争议的解决;其他)等草拟《某型建筑机械买卖合同》。

第七步:修改、完善《某型建筑机械买卖合同》草案

对所提供的《某型建筑机械买卖合同》格式以及条款提出改进意见。

第八步:签订《某型建筑机械买卖合同》

当签约申请获得批准后,由组织法人或组织法人授权的签约人正式签署合同。每份合同须加盖组织的合同章。

任务评价

评价内容	评价标准	权重/%	得分
基础知识	掌握买卖(采购)合同的特征	15	
	掌握买卖(采购)合同双方当事人的权利和义务	15	
	掌握标的物所有权的转移和风险责任承担	15	
	掌握政府采购合同当事人的权利和义务	15	
任务实施	熟悉采购合同通用条款和注意事项	20	
	起草《某型建筑机械买卖合同》	20	

任务二 制作政府采购招标公告

任务描述

根据本项目案例导入的情境描述,分析:
(1)E单位的投标文件按要求应如何处理?为什么?
(2)对D单位撤回投标文件的要求应当如何处理?为什么?
(3)上述招标投标程序中,有哪些不妥之处?请说明理由。

> 知识链接

招标投标作为一种重要的交易方式,在我国越来越受到重视,运用的范围日渐广泛,所发挥的作用日益明显。《中华人民共和国招标投标法》(以下简称《招标投标法》)于1999年8月30日第九届全国人民代表大会常务委员会第十一次会议通过,2017年12月27日第十二届全国人民代表大会常务委员会第三十一次会议进行了修正。

一、招标投标的概念

招标投标是指招标人应用技术、经济的评价方法和市场竞争机制的作用,有组织地开展择优成交的一种成熟的、规范的和科学的特殊交易方式。

二、招标投标的特征

(一)组织性

招标投标是一种有组织的交易方式,具有明显的组织性特征,主要表现在以下几个方面:

(1)招标的组织者是法人或其他组织。一般情况下,自然人不能成为招标人。招标人邀请招标代理机构代理招标,按规定双方应签订招标委托协议。

(2)招标决策的群体性。对中标者的选择,无论是委托招标还是自行招标,公开招标还是邀请招标,其决策过程都是按照招标人(业主、买方、用户)在招标文件中载明的标准、方法与要求,对投标人的报价、质量、技术与其他综合因素及其综合实力,通过依法组建的评标委员会进行比较、评估而择优推荐,并按规定程序与办法确定的,而非个人行为。

(3)要在规定的场所进行。投标地点、开标地点都必须是招标文件、招标公告事先已经规定的场所。

(4)要在规定的时间进行。招标文件的发售、投标文件的递交和开标,也都要按事先已经规定的时间进行。

(5)对国家规定必须进行的招标项目,招标过程中有一些重要环节必须履行报批或备案程序的,要接受上级行政主管部门的监督管理。

(二)投标的一次性

招标投标活动中,投标人只能应邀一次性递价,以合理的价格定价。标书在投递后一般不得随意撤回或者修改。

(三)公平性和公正性

任何符合投标条件的投标人均可以参加投标,在投标规则面前各投标人具有平等的竞争机会。

(四)公开性

招标人必须将招标投标的程序和结果向所有的投标人公开,使招标投标活动接受公开的监督。

三、招标的项目

明确哪些项目必须进行招标,哪些项目可由当事人选择招标方式,是推行招标投标制度的前提条件。

(一)招标的标的

招标投标分为货物招标投标、工程招标投标、服务招标投标三种类型。

(1)货物招标投标是指对各种各样的物品,包括原材料、产品、设备、电能和固态、液态、气态物体等,以及相关附带服务的招标投标过程。

(2)工程招标投标是指对工业、水利、交通、民航、铁路、信息产业、房屋建筑和市政基础设施等各类工程建设项目,包括各类土木工程建造、设备建造安装、管道线路制造敷设、装饰装修等,以及相关附带服务的招标投标过程。

(3)服务招标投标是指除货物和工程以外的任何采购对象(如咨询评估、物业管理、金融保险、医疗、劳务、广告等)的招标投标过程。

(二)必须招标的项目

我国立法将必须招标的标的限制为三类具体工程项目:

(1)大型基础设施、公用事业等关系社会公共利益、公众安全的项目。

(2)全部或者部分使用国有资金投资或者国家融资的项目。

(3)使用国际组织或者外国政府贷款、援助资金的项目。

(三)可选择的项目

凡不属于法律明文规定必须采用招标投标方式交易的项目,当事人可自己决定是否采取招标投标方式。

根据《招标投标法》第六十六条的规定,涉及国家安全、国家秘密、抢险救灾或者属于利用扶贫资金实行以工代赈、需要使用农民工等特殊情况,不适宜进行招标的项目,按照国家有关规定可以不进行招标。

四、招标投标法律关系的主体

招标投标法律关系的主体即招标投标活动的当事人,是指招标投标活动中享有权利和承担义务的各类主体,包括招标人、投标人和招标代理机构等。

(一)招标人

招标人是依照招标投标的法律、法规提出招标项目、进行招标的法人或者其他组织。招标人不得为自然人。

依法必须进行招标的项目,招标人自行办理招标事宜的,应当向有关行政监督部门备案。

(二)投标人

投标人是指响应招标、参加投标竞争的法人或者其他组织。对于自然人,法律做出不同于招标人的特殊规定,即依法招标的科研项目允许个人参加投标的,投标的个人适用《招标投标法》有关投标人的规定,投标人应当具备承担招标项目的能力以及规定的资格条件。

(三)招标代理机构

招标代理机构是指依法设立、从事招标代理业务并提供相关服务的社会中介组织。

招标代理机构应当具备下列条件:有从事招标代理业务的营业场所和相应资金;有具备编制招标文件、组织评标等相应能力的专业人员。

五、招标投标程序

一个完整的招标投标过程包括招标、投标、开标、评标和中标五个环节,每个环节都有相应的规则。

(一)招标

1.招标的方式

从世界各国的情况看,招标主要有公开招标和邀请招标两种方式。

(1)公开招标

这是指招标人以招标公告的方式邀请不特定的法人或者其他组织投标。其特点是能保证竞争的充分性。

(2)邀请招标

邀请招标也称为有限竞争性招标,是指招标方选择若干供应商或承包商,向其发出投标邀请,由被邀请的供应商、承包商投标竞争,从中选定中标者的招标方式。其特征为:

①招标人向三个以上具备承担招标项目的能力、资信良好的特定的法人或者其他组织发出投标邀请。

②邀请招标无须发布公告,招标人只要向特定的潜在投标人发出投标邀请书即可。接受邀请的人才有资格参加投标,其他人无权索要招标文件,不得参加投标。

2.招标程序

(1)招标准备

招标活动是一次活动范围很大的大型活动,需要进行周密的准备,主要包括以下几点:

①明确招标采购的目的。明确招标工作的内容和目标,对招标采购工作的必要性、可行性进行充分的分析。

②成立招标采购小组。成立招标采购小组,负责组织实施编制采购文件、发布采购信息、召集开标评标、采购文件归档等活动。

③编制招标文件。招标采购小组根据采购有关法规和项目的特殊要求,在采购执行计划要求的采购时限内拟订具体采购项目的招标方案,编制招标文件。

④招标文件确认。招标文件在定稿前须交企业领导层审核确认。

⑤搜集信息。根据采购物品或服务等特点,通过查阅供应商信息库和市场调查等途径进一步了解价格信息和其他市场动态。

(2)招标过程

①发布招标公告。招标公告应当通过报刊、网络或者其他媒介发布。招标公告应当载明下列事项:招标人的名称和地址、招标项目的性质及数量、招标项目的地点及时间要求、获得招标文件的地点及时间、需要公告的其他事项。采用邀请招标方式的采购活动,应以随机方式从符合资格条件的供应商名单中确定不少于三家的供应商,并向其发出投标邀请函。

②现场考察或答疑。采购人根据招标项目的具体情况,组织潜在投标人现场考察或开标前的答疑会。

③报名登记。根据招标公告规定的投标资格、报名要求,在招标公告限定的时间内对投标供应商进行资格预审、报名登记。

④资格审查。招标单位、招标小组根据招标公告规定,对投标人的资格进行审查。若考虑到符合条件的投标人过多会影响招标工作,应在招标公告中明确投标人数量和选择投标人的方法,并通过随机方式筛选投标人。

⑤招标书发送。要采用适当的方式,将招标书传送到投标人的手中,例如,对于公开招标,可以在媒体上发布;对于选择性招标,可以用挂号信或特快专递直接送交所选择的投标人。许多标书需要投标者花钱购买,有些标书规定投标者要交一定的保证金后才能获得。

(二)投标

投标过程如下:

1.熟悉有关法律、法规及标准,仔细阅读招标文件

投标人应该熟悉《招标投标法》《政府采购法》等法律、法规的相关内容,遇到纠纷时,可以用法律武器保护自身的合法权益。

投标人应反复阅读、理解招标文件,熟悉招标文件中所明确的实质性要求和条件,特别是招标文件中对废标条款的规定。

2.编制投标文件

投标人应当按照招标文件的要求编制投标文件。投标文件的编制步骤和内容如下:

(1)应根据招标文件要求和技术规范的要求编制材料投标报价单。投标报价是一次性的,开标后不能更改,要仔细考虑报价的合理性。

(2)要按招标文件要求提交投标保证金。投标保证金的金额通常有相对比例金额和固定金额两种方式。相对比例是取投标总价作为计算基数。为避免招标人设置过高的投标保证金额度,不同类型招标项目对投标保证金的最高额度均有相关规定。

(3)投标文件编制完成后,应仔细整理、核对,安排专人认真检查,按招标文件的约定进行密封和标志。要检查投标文件的内容是否完整、文字表述是否规范,检查投标文件是否对招标文件中所有实质性要求和条件都做出了响应。

(4)投标文件应响应招标文件,按照招标文件的各项要求编制,包括以下内容:投标书、投标保证金、法定代表人资格证明文件、签名的授权委托书、具有标价的工程材料投标报价表。

3.投标文件的编排、装订

投标文件的编排顺序非常重要,如果编排顺序与招标文件不一致,可能给评标专家看投标书造成困难,影响评标效果。投标文件的每页都要编到目录内,图像、文字等的设置必须按统一规定进行。

4.递送投标文件

投标文件应在规定的截止日期前密封(有的招标文件还要求在封口签字,加盖公章)送达投标地点,过时的将不予受理并退还,收到的投标书应签收备案。投标人在截止日期前可以对已投出的标书补充或者修改,但需要书面通知招标人。

(三)开标

开标是指招标人将所有的投标文件启封揭晓。开标使招标人和全体投标人能够了解实际参加投标的人有哪些、各投标人的投标价格及其投标文件的其他主要内容,以便在此基础上评价并确定中标人。

1. 开标的时间和地点

开标时间应与提交投标文件的截止时间相一致。开标地点应当在招标文件中事先确定,以便使每一个投标人都能事先为参加开标活动做好充分的准备。

2. 出席开标

开标由招标人主持,邀请所有投标人参加,这样可以增加投标程序的透明度,使投标人了解招标投标活动是否依法进行,确保竞争的公平进行。

3. 开标程序

投标人或者其推选的代表检查投标文件的密封情况,也可以由招标人委托的公证机构检查并公证。经确认无误的投标文件,由工作人员当众拆封,宣读投标人名称、投标价格和投标文件的其他主要内容。开标过程应当记录,并存档备查。

(四)评标

评标是指按照规定的标准和方法,对各投标人的投标文件进行评价、比较和分析,从中选出最佳投标人的过程。评标是招标投标活动中十分重要的环节。

1. 评标应当按照招标文件的规定进行

《招标投标法》第三十七条规定:"评标由招标人依法组建的评标委员会负责。依法必须进行招标的项目,其评标委员会由招标人的代表和有关技术、经济等方面的专家组成,成员人数为五人以上单数,其中技术、经济等方面的专家不得少于成员总数的三分之二。"

2. 评标的保密性和独立性

为防止暗箱操作,使评标委员会成员真正独立、公平、公正地对投标文件进行评审,保证评标具有良好的工作环境,《招标投标法》第三十八条规定:"招标人应当采取必要的措施,保证评标在严格保密的情况下进行。"

3. 评标委员会负责评标

评标委员会对所有投标文件进行审查,对于与招标文件规定有实质性不符的投标文件,应当决定无效,评标委员会应当按照招标文件的规定对投标文件进行评审和比较,并向招标人推荐1~3名中标候选人,招标人从中选出中标人。

中标人应符合下列条件之一:

(1)能够最大限度地满足招标文件中规定的各项综合评价标准。

(2)能够满足招标文件的实质性要求,并且经评审投标价格最低,但投标价格低于成本的除外。

4. 评标的步骤

(1)初步评标。初步评标工作比较简单,但却是非常重要的一步。初步评标的内容包括审查资格是否符合要求,投标文件是否完整,是否按规定方式提交投标保证金,投标是否基本上符合招标文件的要求,有无计算上的错误等。如果供应商资格不符合规定,或投标文件未做出实质性的响应,都应作为无效投标处理,不得允许投标供应商通过修改投标文件或撤销不符合要求的部分而使其投标具有响应性。

(2)询标。

①询标的含义。询标是指评标委员会对投标文件内容含义不明确的部分向投标人所做的询问。为了使评标委员会能够公正、公平、有效地评审投标文件,《招标投标法》第三十九条规定:"评标委员会可以要求投标人对投标文件中含义不明确的内容作必要的澄清或者说明。"

②对澄清或者说明的限制。《招标投标法》第三十九条规定:"但是澄清或者说明不得超出投标文件的范围或者改变投标文件的实质性内容。"这种限定是为了防止投标人的澄清或者说明变成实质上的新要约。

(3)废标。在招标投标过程中,如果评标委员会在对所有的投标文件进行评价、审查以后,对于依法必须进行招标的项目,在出现废标的情况下,招标人应当重新招标。评标委员会经评审,认为所有投标都不符合招标文件要求的,根据《招标投标法》第四十二条的规定可以否决所有投标。依法必须进行招标的项目的所有投标被否决的,招标人应当依照《招标投标法》重新招标。

评标委员会成员应遵守如下准则:

①客观、公正地履行职务。《招标投标法》第四十四条规定:"评标委员会成员应当客观、公正地履行职务,遵守职业道德,对所提出的评审意见承担个人责任。"评标结果是评标委员会全体成员的集体意思表示。评标结果应当是综合全体评标委员会成员意见而形成的。

②禁止非法接触。在招标投标活动中,有些投标人为了中标,不惜采取各种不正当的手段来达到其目的。为了防止这些行为对评标的影响,《招标投标法》第四十四条规定:"评标委员会成员不得私下接触投标人,不得收受投标人的财物或者其他好处。"

③负有保密义务。《招标投标法》第四十四条规定:"评标委员会成员和参与评标的有关工作人员不得透露对投标文件的评审和比较、中标候选人的推荐情况以及与评标有关的其他情况。"

(4)详细评标。只有在初步评标中确定为基本合格的投标,才有资格进入详细评标阶段,具体的评标方法取决于招标文件中的规定,并按评标价由低到高,评定出各投标的排列次序。在评标时,当出现最低评标价远远高于标底或缺乏竞争性等情况时,应废除全部投标。

(5)编写并上报评标报告。评标工作结束后,采购单位要编写评标报告,上报采购主管部门。评标报告包括以下内容:①招标通告刊登的时间、购买招标文件的单位名称;②开标日期;③投标商名单;④投标报价及调整后的价格(包括重大计算错误的修改);⑤价格评比基础;⑥评标的原则、标准和方法;⑦授标建议。

(6)资格后审。如果在投标前没有进行资格预审,在评标后则需要对最低评标价的投标商进行资格后审。如果审定结果认为该投标商有资格、有能力承担合同任务,则应把合同授予该投标商;如果认为该投标商不符合要求,则可以依排列次序对下一个评标价最低的投标商进行类似的审查。

(五)中标

中标也称为决标、授标、定标,是指经招标人评标,投标人投标成功,投标人与招标人签订合同。

1. 中标通知书的性质及法律效力

《招标投标法》第四十五条规定:"中标人确定后,招标人应当向中标人发出中标通知书,并同时将中标结果通知所有未中标的投标人。中标通知书对招标人和中标人具有法律效力。"

中标通知书发出后,如果招标人改变中标结果或者中标人放弃中标项目,应当依法承担法律责任。这种法律责任是缔约过失责任,由于招标人或者投标人的上述行为在订立合同时违背信用原则给对方造成损失,应当承担赔偿责任。

2. 订立招标合同

招标合同是指招标人和中标人依照招标文件和投标文件订立的确定招标人和中标人权利和义务关系的书面协议。《招标投标法》第四十六条规定:"招标人和中标人应当自中标通知书发出之日起三十日内,按照招标文件和中标人的投标文件订立书面合同。"招标合同必须采用书面形式,招标合同的内容应该是对招标文件和投标文件中所载内容的肯定。招标人和中标人不得再行订立背离合同实质性内容的其他协议。

履约保证金是指招标人要求投标人在接到中标通知书后提交的保证履行合同各项义务的担保。一旦中标人不履行合同义务,该项担保就用于赔偿招标人因此所受的损失。《招标投标法》规定,招标文件要求中标人提交履约保证金的,中标人应当提交。

3. 履行合同

(1) 亲自履行的义务。合同订立后,中标人应当按照合同约定亲自履行义务,完成中标项目,不得转让或变相转让中标项目。中标项目的转让是指中标人将中标项目倒手转让他人,使他人成为该中标项目实际上的完成者。中标项目的转让在实践中具有很大的危害性,使招标投标有名无实,对工程质量造成严重影响。从合同法律关系上讲,中标项目的转让属于擅自变更合同主体的违约行为。

(2) 分包及其限制。中标项目虽然不能转让,但可以分包。所谓分包中标项目,是指对中标项目实行总承包的中标人,将中标项目的部分工作再发包给他人完成的行为。原则上讲,中标人应该独立地履行义务。但是,由于有的招标项目比较庞大、复杂,为使中标项目能够更好地完成,法律允许中标人在一定的条件下将中标项目分包给他人。

任务实施

具体要求:依据所掌握的招标投标程序中的招标、投标、开标、评标和中标等环节的知识,就本项目案例导入所涉情境,以评标委员会的名义,完成处理该招标投标文件的基本流程。

第一步:对 E 单位投标文件的处理

E 单位的投标文件按要求应作废标处理。根据投标人的意愿,投标人可以选择在招标文件规定的提交投标文件截止之日(2020 年 5 月 30 日)前,将投标文件与投标保证金分别提交给招标人,也可以同时提交。《中华人民共和国招标投标法实施条例》第二十六条第一款规定:"招标人在招标文件中要求投标人提交投标保证金的,投标保证金不得超过招标项目估算价的 2%。投标保证金有效期应当与投标有效期一致。"《工程建设项目施工招标投标办法》第三十七条第四款规定:"投标人不按招标文件要求提交投标保证金的,该文件将被拒绝,作废标处理。"E 单位提交投标保证金超过有效期,其投标文件按规定作废标处理。

第二步:对 D 单位投标文件的处理

对 D 单位撤回投标文件的要求可以允许,提交的投标保证金可以不予退还。根据《中华人民共和国招标投标法实施条例》第三十五条第二款的规定,"投标截止后投标人撤销投标文件的,招标人可以不予退还投标保证金"。

第三步:找出招标投标程序的不妥之处

开标之时,该省建委评标委员会的做法不符合程序。本案共有 5 家投标单位,D 单位撤回投标文件,不再参与投标。E 单位投标文件按规定作废标处理,丧失了投标资格。C 单位因为信用问题,不具有投标资格。通过资格预审的只有 A、B 两家投标单位。根据《中华人民共和国招标投标法实施条例》第十九条第二款的规定,"通过资格预审的申请人少于 3 个的,应当重新招标。"该省建委评标委员会没有重新招标,其做法不符合法定程序,导致结果无效。

第四步:初步评标

初步评标的内容包括审查资格是否符合要求,投标文件是否完整,是否按规定方式提交投标保证金,投标是否基本上符合招标文件的要求,有无计算上的错误等。

第五步:询标

评标委员会对投标文件内容含义不明确的部分向投标人进行询问。

第六步:详细评标

对于在初步评标中确定为基本合格的投标,进入详细评标阶段,具体的评标方法取决于招标文件中的规定,并按评标价由低到高,评定出各投标的排列次序。

第七步:编写并上报评标报告

评标工作结束后,采购单位编写评标报告,上报采购主管部门。

第八步:发出中标通知书

中标人确定后,招标人应当向中标人发出中标通知书。

第九步:订立招标合同

招标人按照招标文件和中标人的投标文件订立书面合同。

任务评价

评价内容	评价标准	权重/%	得分
基础知识	理解招标投标的特征	10	
	掌握招标的项目	10	
	掌握招标投标法律关系主体	15	
	掌握招标投标程序	15	
	掌握开标、评标和中标过程	10	
任务实施	制作政府采购招标公告	20	
招标投标运作程序图	流程步骤正确	10	
	图形布局合理、美观	10	

法条解析

《民法典》合同编

第五百九十八条 出卖人应当履行向买受人交付标的物或者交付提取标的物的单证，并转移标的物所有权的义务。

第五百九十九条 出卖人应当按照约定或者交易习惯向买受人交付提取标的物单证以外的有关单证和资料。

《最高人民法院关于审理买卖合同纠纷案件适用法律问题的解释》第四条规定："提取标的物单证以外的有关单证和资料，主要应当包括保险单、保修单、普通发票、增值税专用发票、产品合格证、质量保证书、质量鉴定书、品质检验证书、产品进出口检疫书、原产地证明书、使用说明书、装箱单等。"

项目小结

了解买卖（采购）合同的概念、特征和内容，掌握买卖（采购）合同当事人的权利和义务，明确标的物所有权转移的规则。政府采购合同是一般买卖（采购）合同的特别形式，其在订立方式、履行方式、担保规则等方面，法律都有特别的规定。《政府采购法》规定，采购合同适用《民法典》合同编的规则。而政府采购还要适用特别法的规定，招标投标还要适用《招标投标法》的规定。

采购合同在采购中起着决定性的作用，了解采购合同的种类及具体形式是制定采购合同的基础，本项目中介绍了采购合同的基础知识、采购合同的订立与履行等内容。

招标采购就是通过招标方式进行采购。通过招标投标程序，招标企业可以最大限度地吸引和扩大投标方之间的竞争，从而使招标方有可能以更低的价格采购到所需要的物资或服务，更充分地获得市场利益。

思政园地

党的领导是推进全面依法治国的根本保证。中国特色社会主义法治道路本质上是中国特色社会主义道路在法治领域的具体体现。我们要立足当前，深入学习贯彻习近平法治思想，运用法治思维和法治方式解决经济社会发展面临的深层次问题。

通过对买卖（采购）合同的学习、感悟，培养法治思维，树立诚信理念；将守诚信、重允诺等中华民族优秀传统文化发扬光大。今天，诚信已经成为社会主义核心价值观的重要组成部分，以良法促发展，良法善治，同时优化政府采购法律制度、招标投标法律体系，完善政府采购、招标投标领域治理结构，打造市场化、法治化、国际化营商环境，彰显了实质正义和实质平等，这使得其与当今我国人民日益增长的美好生活需要和不平衡、不充分的发展之间主要矛盾的解决具有高度的契合性。

项目三　物资采购法律规范

能力测评

一、选择题(不定项)

1.买卖(采购)合同当事人不知道标的物在某一地点的,(　　)。
  A.应当在出卖人订立合同时的营业地交付标的物
  B.应当在买受人订立合同时的营业地交付标的物
  C.应当在出卖人的住所地交付标的物
  D.应当在买受人的住所地交付标的物

2.某饭店向水产商店购买鲜虾50千克,约定要全部活虾。水产商店送来的虾中有近一半已经死亡,某饭店见送来的虾有近一半已死,就将虾放在屋外而未用水养起来。第二天,虾全部死亡。某饭店要求水产商店承担违约责任,赔偿50千克虾的价款,水产商店拒绝。关于本案,下列选项中表述正确的是(　　)。
  A.水产商店应当赔偿某饭店的全部损失
  B.某饭店在对方违约后没有采取措施致使损失扩大,无权就扩大的损失要求赔偿
  C.水产商店的行为不构成违约,不用承担任何责任
  D.水产商店是否要进行赔偿由法院来确定

3.甲将自己的一块手表委托乙寄售行以200元价格出售,乙经与丙协商,最后以250元成交,下列各选项中表述正确的是(　　)。
  A.甲只能取得200元的利益　　　B.甲可以取得250元的利益
  C.乙的行为属于违反合同义务的行为　　D.乙可以按照约定增加报酬

4.买卖(采购)合同的特征有(　　)。
  A.它是转移标的物所有权的合同　　B.它是标的物所有权与价款对价转移的合同
  C.它是双务有偿合同　　D.它是诺成合同
  E.在一般情况下它是不要式合同

5.甲、乙签订货物买卖(采购)合同,约定由甲代办托运。甲遂与丙签订运输合同,合同中载明乙为收货人。运输途中,因丙的驾驶员丁的重大过失发生交通事故,致使货物受损,无法向乙按约交货。下列各选项中说法正确的是(　　)。
  A.乙有权请求甲承担违约责任　　B.乙应当向丙要求赔偿损失
  C.乙尚未取得货物所有权　　D.丁应对甲承担责任

6.合同是平等主体的自然人、法人、其他组织之间设立、变更、终止(　　)关系的协议。
  A.行政权利义务　　B.民事权利义务
  C.刑事权利义务　　D.经济权利义务

7.合同的一般法律约束力主要表现为(　　)。
  A.当事人不得擅自变更或者解除合同
  B.当事人应按合同约定履行其义务
  C.当事人应依法履行一定的合同外义务
  D.当事人应依诚实信用原则履行一定的合同外义务

8.根据《民法典》的规定,订立合同需要经过要约和承诺等一系列过程,下列选项中,属于要约的是(　　)。
  A.拍卖公告　　B.投标书　　C.招标公告　　D.商品征订表

9.下面关于货物和服务招标工作中评标委员会的表述中,正确的有(　　)。

A.评标委员会成员应当按照客观、公正、审慎的原则评标

B.评标委员会可以根据招标文件规定的评标方法和标准,制定评标细则

C.招标文件内容违反国家有关强制性规定的,评标委员会应当停止评标并向招标采购单位说明情况

D.评标委员会成员对评标报告有异议的,应当在评标报告上签署不同意见,并说明理由,否则视为同意评标报告

E.为避免出现对评标报告的异议,评标中评标委员会成员对评标意见应当尽量协商一致

10.政府采购评审过程中,对采购人和采购代理机构正确的要求包括(　　)。

A.维护评审现场纪律

B.不得向评标委员会、竞争性谈判小组或者询价小组的评审专家做倾向性、误导性的解释或者说明

C.可以介绍政府采购相关政策法规

D.可以根据评审委员会的要求解释采购文件

E.应当及时修改评审中出现的畸高、畸低重大差异评分

二、案例分析

2021年4月,A县经管委(某市A县经济开发区管理委员会)就2021年冬季供暖燃煤采购事项进行招标。招标文件要求,中标公司必须在签订供煤合同前缴纳竞标保证金,金额为中标总供价的20%;中标公司必须在中标后1周内签订供煤合同,否则视为自动放弃;如果中标公司不按规定签订合同,竞标保证金视为放弃,不予退还。竞标方案合同主要条款部分规定了招标方和投标方的权利与义务。同月,甲公司向A县经管委缴纳竞标保证金5万元,经公开竞标,甲公司中标,A县经管委遂向甲公司送达了中标通知书。后A县经管委要求甲公司按照招标文件规定缴纳20%的竞标保证金并签订书面供煤合同,甲公司认为A县经管委未将付款方式和时间写入招标文件,不能接受A县经管委提供的合同文本中的付款方式和时间,故不同意签订书面供煤合同。

甲公司以A县经管委的招标文件中遗漏付款时间、付款方式,其不同意A县经管委提供合同文本中载明的相关条件为由提起诉讼,请求判令A县经管委退还竞标保证金5万元。

思考:

1.中标人能以招标文件瑕疵拒签合同吗?

2.中标人拒签合同是否应承担缔约过失责任?

拓展训练

某年3月初,某校从实验实训设备经费中拨出60万元专款用于建设一个电子商务实训室,要求8月底必须完工以备学生开学后使用。现在场地已经选好,初步估计需要服务器1台、投影仪1台、计算机120台、空调2台、电脑桌120个、相关附件若干,面向全社会进行竞争性招标。

请你为该采购项目拟一份招标公告,要求内容完整、条理清晰。

项目四
货物运输法律规范

知识思维导图

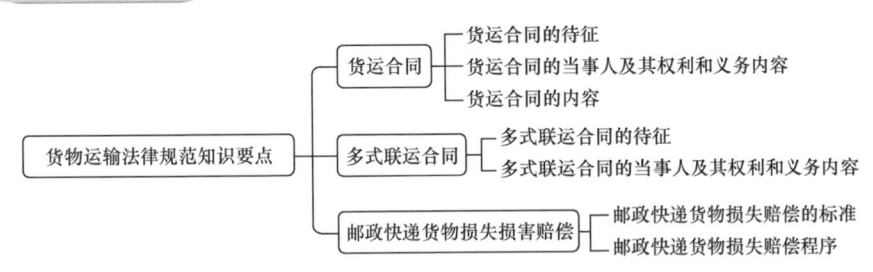

```
                          ┌─ 货运合同的特征
                  ┌─ 货运合同 ─┼─ 货运合同的当事人及其权利和义务内容
                  │          └─ 货运合同的内容
                  │
货物运输法律规范知识要点 ─┼─ 多式联运合同 ─┬─ 多式联运合同的特征
                  │                └─ 多式联运合同的当事人及其权利和义务内容
                  │
                  └─ 邮政快递货物损失损害赔偿 ─┬─ 邮政快递货物损失赔偿的标准
                                        └─ 邮政快递货物损失赔偿程序
```

知识目标

通过本项目的学习,学生理解货运合同、国际多式联运、邮政快递等相关概念;熟悉货物运输各种方式的相关法律规定,尤其是运输过程中关于货物毁损灭失的责任划分;掌握货运合同、多式联运合同的内容及各方当事人的权利和义务,掌握邮政快递服务中快递赔偿的标准及程序。

能力目标

通过本项目的学习,学生能够拟定货运格式合同、多式联运合同;能够正确理解和把握货物运输相关法规,并能准确理解合同内容;能查阅和运用货物运输法规中的各项条款解决在实际工作中遇到的问题;能解决邮政快递服务中快递损失赔偿索赔理赔相关事宜。

思政目标

通过本项目的学习,学生能够理解我国交通强国发展规划,在签订、履行运输合同等运输业务中自觉遵守货物运输相关法律规定,实现运输作业规范化;充分考虑多方当事人的利益,合作共赢;能够根据相关法律规定妥善解决运输作业中遇到的问题。

关键概念

运输;货运合同;多式联运;邮政快递;损失赔偿

物流法规

案例导入

甲公司与乙公司签订了销售节能灯的合同,并委托丙、丁物流公司进行承运,丙物流公司负责从千岛湖通过公路运输运至云南昆明,丁物流公司负责从千岛湖通过多式联运运至海口港。

同时,甲公司将节能灯样品交由戊快递公司运至北京,未保价,在运输过程中该样品丢失,未能送达收货人。

问题:

1. 作为丙物流公司,应该如何与甲公司签订货物运输格式合同?
2. 作为丁物流公司,应该如何与甲公司签订多式联运合同?
3. 作为甲公司,应该如何要求戊快递公司进行赔偿?

任务一 拟定第三方物流运输格式合同

任务描述

根据本项目案例导入的情境描述,以及《民法典》合同编中运输合同的规定以及其他相关法律法规、标准等内容,为丙物流公司拟定货物运输格式合同。

知识链接

一、货物运输法律法规概述

自1949年中华人民共和国成立以来,经过70余年的探索和发展,我国已建立了包括道路运输、铁路运输、水路运输、航空运输、邮政快递、货运代理等方面的运输业的法律规范体系。

1. 道路运输法

我国在道路运输方面的法律规范主要有《中华人民共和国公路法》《中华人民共和国道路运输条例》《道路货物运输及站场管理规定》《道路运输从业人员管理规定》《国际道路运输管理规定》及各地方道路运输管理条例。

2. 铁路运输法

我国在铁路运输方面的法律规范主要有《中华人民共和国铁路法》《铁路货运事故处理规则》《铁路货物运输杂费管理办法》《铁路货物运输规程》《铁路货物运输合同实施细则》等。

3. 水路运输法

我国在水路运输方面的法律规范主要有《中华人民共和国海商法》《中华人民共和国海上交通安全法》《国内水路运输管理条例》和《中华人民共和国国际海运条例》及实施细则等。

4. 航空运输法

我国关于航空运输的法律规范主要有《中华人民共和国民用航空法》《国务院关于通用航空管理的暂行规定》《通用航空经营许可管理规定》《公共航空运输企业经营许可规定》《国内航空运输承运人赔偿责任限额规定》《定期国际航空运输管理规定》《国际航空运输价格管理规定》等。除此之外,还有《全国人民代表大会常务委员会关于批准＜统一国际航空运输某些规则的公约＞的决定》等。截至2019年,我国先后签署、批准了30多个国际公约和议定书,与128个国家/地区签订了双边航空运输协定,形成了我国的民用航空运输法律体系。

5. 邮政快递法

我国关于邮政快递的法律规范主要有《邮政法》及其实施细则和《快递暂行条例》《快递业务经营许可管理办法》等。

6. 货运代理法

我国关于货运代理的法律规范主要有《中华人民共和国国际货物运输代理业管理规定》及其实施细则。《中华人民共和国国际货物运输代理业管理规定》借鉴了联合国亚洲及太平洋经济社会委员会(ESCAP)和国际货运代理协会联合会(FIATA)的有关条款,明确了国际货运代理人的法律地位。除此之外,还有《国际货运代理企业备案(暂行)办法》《最高人民法院关于审理海上货运代理纠纷案件若干问题的规定》等。

二、货运合同

(一)货运合同的概念和特征

货运合同即货物运输合同,是指承运人将货物从起运地点运输到约定地点,托运人或者收货人支付运输费用的合同。

货运合同具有以下特征:

1. 货运合同大多是格式合同

原工商总局曾发布《关于制定推行合同示范文本工作的指导意见》,在"合同示范文本"中有关于运输合同的范本。国家标准《物流服务合同准则》(GB/T 30333—2013)中规定物流服务合同应优先采用书面形式,以合同书、信件和数据电文(包括电报、电传、传真、电子数据交换和电子邮件)等可以有形地并可被证明地表现所载内容的形式订立。所以签订这类合同应优先采用国家及有关部门发布的标准合同格式。

2. 货运合同的主体具有特殊性

货运合同的主体与一般合同的主体不同,除直接参与签订合同的托运人和承运人外,通常还有第三人,即收货人。托运人既可指定自己为收货人,也可指定第三人为收货人。在第三人为收货人的情况下,收货人虽不是订立合同的当事人,但却是合同的利害关系人。在此情况下的货运合同即属于为第三人利益订立的合同。

3. 货运合同的标的是运输行为本身

货运合同的标的不是被运送的旅客、货物,而是运输行为本身,也就是将一定数量的货物按期运送到指定地点的劳务活动。因此,货运合同属于劳务合同。

4. 货运合同为诺成合同

货运合同一般以托运人提出运输货物的请求为要约,承运人同意运输为承诺,合同即告

成立。因此,货运合同为诺成合同。

5. 货运合同属于双务有偿合同

承运人和托运人双方均负有义务,其中,承运人应当在约定期限或者合理期限内将货物从起运地点运输到约定地点,托运人须向承运人支付运费。

6. 货运合同可以采用留置的方式担保

托运人或者收货人不支付运费、保管费或者其他费用的,承运人对相应的运输货物享有留置权,但是当事人另有约定的除外。

(二)货运合同法律关系构成要素

货运合同法律关系的主体是托运人、承运人、收货人;货运合同法律关系的客体是货物运输行为;货运合同法律关系的内容是合同中约定的和法律中规定的托运人、承运人、收货人享有的权利和承担的义务。

(三)货运合同的订立和内容

1. 货运合同的订立

货运合同必须符合国家政策、法律、行政法规等的要求。货运合同作为有名合同在《民法典》合同编中有明确的规定,《水路货物运输合同实施细则》《铁路货物运输合同实施细则》等法律规范中针对不同运输方式的货运合同也进行了详细规定。

货物运输方式主要有三种:大宗货物运输、零担货物运输和集装箱货物运输。货运合同依货物运输方式不同而有不同的订立方式。大宗货物运输,有条件的可按年度、半年度或季度签订货运合同,也可以签订更长期限的货运合同。其他整车、整批货物运输,应按月签订货运合同。上述各种货运合同称为长期货运合同。零担货物和集装箱货物运输以货物运单(包括包裹详情单)作为运输合同。

2. 货运合同的内容

货运合同的主要条款包括:①托运人、收货人的名称、地址、邮政编码、联系电话;②承运人的名称、地址、邮政编码、电话、发站(港)和到站(港)名称;③托运货物的品名、数量、重量、件数等;④托运货物的包装要求;⑤货物的接收与交付;⑥运输方式;⑦运到期限;⑧承运人、托运人、收货人的义务;⑨违约责任;⑩双方当事人约定的其他内容。

三、货运合同当事人的主要权利和义务

(一)托运人的主要权利和义务

1. 托运人的权利

(1)要求承运人按照合同规定的时间、地点,把货物运输到目的地。

(2)货物托运后,托运人需要变更到货地点或收货人,或者取消托运时,有权向承运人提出变更合同的内容或解除合同的要求,但必须在货物未运到目的地之前通知承运人,并应按有关规定付给承运人所需费用。

2. 托运人的义务

(1)填写托运单。托运人办理货物运输,应当向承运人准确表明收货人的名称、姓名或者凭指示的收货人,货物的名称、性质、重量、数量,收货人地点等有关货物运输的必要情况。

(2)提供货物、支付费用。在诺成性的货运合同中,托运人应按照合同约定的时间和要求提供托运的货物,并向承运人交付运费等费用。否则,托运人应支付违约金,并赔偿承运人由此而受到的损失。

(3)按照约定的方式包装货物。

(4)提交相关文件。货物运输需要办理审批、检验手续的,托运人应将有关审批、检验的文件提交承运人。

(5)托运人托运易燃、易爆、有毒、有腐蚀性、有放射性等危险物品的,应当按照国家有关危险物品运输的规定对危险物品妥善包装,做出危险物品标志和标签,并将有关危险物品的名称、性质和防范措施的书面材料提交承运人。

(二)承运人的主要权利和义务

1. 承运人的权利

(1)向托运人、收货人收取运杂费用。如果收货人不缴纳或不按时缴纳规定的各种运杂费用,承运人对其货物有扣押权。

(2)查不到收货人或收货人拒绝提取货物,承运人应及时与托运人联系,在规定期限内负责保管并有权收取保管费用,对于超过规定期限仍无法交付的货物,承运人有权按有关规定予以处理。

2. 承运人的义务

(1)承运人应按照合同约定配备运输工具,按期将货物送达目的地。否则,应向托运人支付违约金。

(2)货物运输到达后,承运人知道收货人的,应当及时通知收货人,收货人应当及时提货。收货人提货时应当按照约定的期限检验货物。

(3)承运人对运输过程中货物的毁损、灭失承担赔偿责任,但承运人能够证明货物的毁损、灭失是因不可抗力、货物本身的自然性质或者合理损耗以及托运人、收货人的过错造成的,不承担赔偿责任。

(4)两个或两个以上承运人以同一运输方式联运的,与托运人订立合同的承运人应当对全程运输承担责任。

(三)收货人的主要权利和义务

1. 收货人的权利

收货人在货物运到指定地点后有以凭证领取货物的权利。必要时,收货人有权向到站或中途货物所在站提出变更到站或变更收货人的要求,签订变更协议。

2. 收货人的义务

收货人在接到提货通知后,应按时提取货物,缴清应付费用。超过规定期限提货时,应向承运人交付保管费。

任务实施

具体要求:依据所掌握的货运合同的特征、货运合同的订立和内容、货运合同当事人及其权利和义务内容等知识,就案例导入所述情境,以丙物流公司的身份,分步完成货物运输格式合同的拟定。

第一步:明确货运合同的格式

货运合同的格式一般由签订合同的当事人进行约定。《民法典》合同编中规定,当事人

可以参照各类合同的示范文本订立合同。原工商总局发布的《关于制定推行合同示范文本工作的指导意见》中指出,工商和市场监管部门根据相关法律法规规定,针对特定行业或领域,单独或会同有关行业主管部门制定发布供当事人在订立合同时参照使用的合同文本。合同当事人可以参照使用政府有关部门发布的合同示范文本,合同各方具体权利和义务由使用人自行约定;使用人可以根据自身情况,对合同示范文本中的有关条款进行修改、补充和完善。

货运合同与其他合同一样包括约首、正文、约尾几部分。

第二步:拟定货运合同的条款

1. 主要条款

根据《民法典》合同编的规定,合同的内容由当事人约定,一般包括下列条款:当事人的姓名或者名称和住所,标的,数量,质量,价款或者报酬,履行期限、地点和方式,违约责任,解决争议的方法。

当事人的姓名或者名称和住所一般写在约首部分。

货运合同是承运人提供运输劳务的合同,因此,合同标的是运送行为本身,而被运送的货物是运送行为指向的对象。在货运合同中,对被运送的货物的名称、性质、重量、数量、包装方式等要做出明确规定。

承运人按照托运人的要求进行运输劳务活动,托运人或者收货人支付报酬,因此承运人付出劳务取得报酬的形式是运费。价款或报酬条款在货运合同中指的是运费的相关规定,应在货运合同中加以明确。

承运人应当在约定期限或者合理期限内,按照约定的或者通常的运输路线将货物安全运输到约定地点。承运人未按照约定路线或者通常路线运输增加运输费用的,托运人或者收货人可以拒绝支付增加部分的运输费用。

违约责任是对不履行合同义务的制裁措施,对于维护合同的法律尊严、督促当事人信守合同、保障双方当事人的合法权益有着重要的意义。由于一方当事人的过错造成合同不能履行或不能完全履行,有过错的一方当事人应承担违约责任;如属双方的过错,根据实际情况,由双方分别承担应负的违约责任。在货运合同中,当事人一方不履行合同义务或者履行合同义务不符合约定的,应当承担继续履行、采取补救措施或者赔偿损失等违约责任。

解决争议的方法即发生合同纠纷的解决方法,主要有三种:一是当事人可以通过和解或者调解解决合同争议;二是可以根据仲裁协议向仲裁机构申请仲裁;三是可以向人民法院起诉。

2. 特殊条款

除以上的主要条款内容外,根据法律特殊规定或当事人一方提出而对方同意的特殊要求等也要在合同中加以明确规定。

(1) 关于收货人。托运人应当向承运人准确表明收货人的姓名、名称或者凭指示的收货人。因托运人申报不实或者遗漏重要情况,造成承运人损失的,托运人应当承担赔偿责任。

(2) 关于包装。托运人应当按照约定的方式包装货物。对包装方式没有约定或者约定不明确的,可以协议补充;不能达成补充协议的,按照合同相关条款或者交易习惯确定;仍不能确定的,应当按照通用的方式包装;没有通用方式的,应当采取足以保护标的物且有利于节约资源、保护生态环境的包装方式。托运人违反规定的,承运人可以拒绝运输。

(3) 特殊货物的运输。托运人托运易燃、易爆、有毒、有腐蚀性、有放射性等危险物品的,

项目四 货物运输法律规范

应当按照国家有关危险物品运输的规定对危险物品妥善包装,做出危险物品标志和标签,并将有关危险物品的名称、性质和防范措施的书面材料提交承运人。托运人违反规定的,承运人可以拒绝运输,也可以采取相应措施以避免损失的发生,因此产生的费用由托运人负担。

第三步:载明货物运输格式合同的特殊规定

货运合同一般是当事人事先拟定而非经协商的单方面条款,具有一定的特殊性。《民法典》第四百九十六条、四百九十七条、四百九十八条对格式条款在概念、原则、解释、无效情形等方面进行了专门规定。在拟定货运合同条款内容的时候要依据法律规定,既保障自身的合法权益,又要避免条款内容无效。

格式条款是当事人为了重复使用而预先拟定,并在订立合同时未与对方协商的条款。采用格式条款订立合同的,提供格式条款的一方应当遵循公平原则确定当事人之间的权利和义务,并采取合理的方式提示对方注意免除或者减轻其责任等与对方有重大利害关系的条款,按照对方的要求,对该条款予以说明。提供格式条款的一方未履行提示或者说明义务,致使对方没有注意或者理解与其有重大利害关系的条款的,对方可以主张该条款不成为合同的内容。对格式条款的理解发生争议的,应当按照通常理解予以解释。对格式条款有两种以上解释的,应当做出不利于提供格式条款一方的解释。格式条款和非格式条款不一致的,应当采用非格式条款。

导致格式条款无效的情形主要有:

(1)具有《民法典》第一编第六章第三节和第五百零六条规定的无效情形。

(2)提供格式条款一方不合理地免除或者减轻其责任、加重对方责任、限制对方主要权利。

(3)提供格式条款一方排除对方主要权利。

货物运输服务合同样本

任务评价

评价内容	评价标准	权重/%	得分
基础知识	掌握货运合同的特征	5	
	掌握货运合同的内容	15	
	掌握货运合同的当事人及其权利和义务	20	
货运合同	合同内容完整、表述正确	50	
	合同格式规范、美观	10	

任务二 拟定多式联运合同

任务描述

根据本项目案例导入的情境描述,以及《民法典》合同编运输合同中多式联运合同的规定以及其他相关法律法规、标准等内容,为丁物流公司拟定多式联运合同。

> 知识链接

一、多式联运的概念及特征

（一）多式联运的概念

多式联运是指货物由一种且不变的运载单元装载，相继以两种及以上运输方式运输，并且在转换运输方式的过程中不对货物本身进行操作的运输形式。

国际多式联运是指按照多式联运合同，以至少两种不同的运输方式，由多式联运经营人将货物从一国境内接管货物的地点运至另一国境内指定地点交付的货物运输。它通常是以集装箱为运输单元，将不同的运输方式有机地组合在一起，构成连续的、综合性的一体化货物运输。

（二）多式联运的特征

(1)必须具有一份多式联运合同。用该合同来明确多式联运经营人和托运人的权利、义务关系和多式联运的性质。由于货物的全程运输要由多式联运经营人负责完成，并由他一次性收取全程运费，因此多式联运合同是决定多式联运性质的根本依据。

(2)必须使用一份全程多式联运单证。这是指证明多式联运合同及证明多式联运经营人已接收货物并负责按合同条款交付货物所签发的单据，该单证应满足不同运输方式的需要。

(3)必须是至少两种不同运输方式的连续运输。

(4)必须由一个多式联运经营人对货物运输的全程负责。该多式联运经营人不仅是订立多式联运合同的当事人，而且是多式联运单证的签发人。

(5)多式联运经营人以单一费率向货主收取全程运费。

如果是国际多式联运，还必须具备一个条件，即国际货物运输，这不仅区别于国内货物运输，而且涉及国际运输法规的适用问题。

二、多式联运法律制度

在我国，外贸进出口货物的90%以上是通过海上运输的，国际多式联运的主要运输方式是国际海运，我国目前还没有正式的多式联运法规，为了适应货物多式联运的需要，我国在《民法典》合同编运输合同一章中专设一节"多式联运合同"；《中华人民共和国海商法》（以下简称《海商法》）中也专设一节"多式联运合同的特别规定"，以此来规范我国国际货物多式联运的问题，主要规定了多式联运合同中多式联运经营人的定义和多式联运经营人对多式联运全程的责任制度。JT/T 1092—2016《货物多式联运术语》中对基础术语、多式联运装备、设施、作业、参与者、服务与管理等进行了规定。

多式联运方式下适用的国际公约有《联合国国际货物多式联运公约》《联运单证统一规则》《国际铁路货物联运口岸工作管理办法》《铁路国际联运货物保价运输办法》《关于亚欧大陆桥国际集装箱过境运输管理试行办法》《国际铁路联运清算办法》等。

三、多式联运合同

（一）多式联运合同的概念及特征

1.多式联运合同的概念

多式联运合同是指多式联运经营人以两种以上的不同运输方式，负责将托运人托运的货物从接收地运至目的地交付收货人，承担全程运输责任并收取全程运输费用的合同。

国际多式联运合同是由多式联运经营人按照多式联运合同，以至少两种不同的运输方式，将货物从一国境内接管货物的地点运至另一国境内指定的交付货物的地点，并收取全程运费的合同。

《海商法》中规定的多式联运合同是指多式联运经营人以两种以上的不同运输方式，其中一种是海上运输方式，负责将货物从接收地运至目的地交付收货人，并收取全程运费的合同。

2.多式联运合同的特征

多式联运合同除了具有一般货运合同的特征外，还有以下特征：

（1）多式联运合同的承运人一方为两个或者两个以上拥有不同运送方式的承运人。这是多式联运合同与一般相继运输合同的主要区别。托运人托运的货物要按照合同约定到达目的地，需要搭乘两种或者两种以上不同而又相互衔接的运输工具。

（2）托运人一次交费并使用同一运输凭证。托运人一次性向承运人交付运费，同时在始发站获得同一运输凭证。当货物由一个承运人转移给另一个承运人时，托运人无须另行交费或者办理托运手续。因此，联运可以减少运输的中间环节，加快运输速度，从而提高运输效率。

（3）多式联运经营人与区段承运人对托运人所托运货物的损失对外承担连带责任。因为多式联运经营人负责履行或者组织履行多式联运合同，对全程运输享有承运人的权利，承担承运人的义务。

（二）多式联运合同当事人及其义务

多式联运合同的当事人是托运人与多式联运经营人。多式联运经营人可以是自己拥有运输工具并直接参与运输的，也可以是自己并不拥有运输工具仅组织其他人参与运输合同的履行的，但不管多式联运经营人为何种情形，其都不是各区段承运人的代理人或者代表人，而是多式联运合同的承运当事人。多式联运尽管在不同的区段由不同的承运人履行运输货物的义务，但各区段的承运人并非合同的当事人。

1.托运人的义务

（1）按照合同约定的货物种类、数量、时间、地点提供货物，并交付给多式联运经营人。

（2）认真填写多式联运单据的基本内容，并对其正确性负责。

（3）按照货物运输的要求妥善包装货物。

（4）按照约定支付各种运输费用。

2.多式联运经营人的义务

（1）及时提供适合装载货物的运输工具。

（2）按照规定的运达期间，及时将货物运至目的地。

知识拓展：
多式联运合同法律关系的构成要素

(3)在货物运输的责任期间内安全运输。

(4)在托运人或收货人按约定缴付了各项费用后,向收货人交付货物。

四、多式联运合同的订立

多式联运经营人应在与托运人充分沟通、相互了解的基础上签订真实表达双方意愿的合法、规范的多式联运合同。

(一)订立方式

1.托运人与经营多式联运业务的经营人订立合同

在此情况下,先是由托运人与经营多式联运业务的经营人订立承揽运输合同,多式联运经营人为合同的承揽运输人(多式联运承运人)一方,托运人为合同的另一方。然后,多式联运经营人与各承运人签订运输协议。在这种情形下,多式联运经营人以自己的名义与托运人签订运输合同,承担全程运输,而实际上多式联运经营人于承揽运输任务后再将运输任务交由其他承运人完成。但托运人仅与多式联运经营人直接发生运输合同关系,而与实际承运人并不直接发生合同关系。因此,多式联运经营人处于一般运输合同的承运人的地位,享受相应的权利,并承担相应的责任。至于多式联运经营人与实际承运人之间的关系,则依其相互间的协议而定。

2.托运人与第一承运人订立运输合同

在此种情况下,各个承运人为合同的一方当事人,而托运人为另一方当事人。各个承运人虽均为联运合同的当事人,但只有第一承运人代表其他承运人与托运人签订运输合同,其他承运人并不参与订立合同。第一承运人则为联运承运人。

(二)合同的内容

多式联运合同应明确规定多式联运经营人与托运人之间的责任、权利、义务,合同价款及支付方式,豁免条款,索赔理赔,单据效力等。

(三)分包

多式联运经营人可以找到多式联运每一环节的服务提供商,把一段段运输服务分包出去。受多式联运经营人委托,承担一个或多个环节的货物运输或提供相关辅助服务的企业就是分包商。多式联运经营人应与分包商签订合同,根据多式联运方案和合同,清晰划分各分包环节,明确分包商责任、权利及义务,保持与分包商的联系与沟通,并根据多式联运合同和方案,管理和监督分包商,保证各项服务活动连续、有序进行。多式联运方案是多式联运经营人根据托运人需求所提供的,包含的内容主要有:运输路线、运输方式、分包商的选择、服务费用、可能风险及相应防范措施、信息服务。

任务实施

具体要求:依据所掌握的多式联运的特征、多式联运合同当事人及其权利和义务内容、多式联运合同的订立等知识,就任务描述所述情境,以丁物流公司的身份,分步完成多式联运合同的拟定。

第一步:明确多式联运合同的格式

多式联运合同与货运合同及其他合同一样包括约首、正文、约尾几部分。约首部分要明确规定多式联运合同的主体,即托运人和多式联运经营人。正文部分要明确规定多式联运合同的运输对象,多式联运经营人与托运人之间的责任、权利、义务,合同价款及支付方式,豁免条款,索赔理赔,单据效力等。结尾部分要写明合同的份数、效力、保管,例如"本合同一式两份,具有同等效力,双方各执一份"。有的还需要注明合同的有效期限,附件的名目(例如"水陆联运货物运单")等。

第二步:拟定多式联运合同的条款

(1)标的物条款。标的物是多式联运合同的运输对象,即所运货物。托运时托运人一般会填写运单,运单上记载的货物名称应当与托运的货物相符,托运人必须准确将货物的重量、体积、件数等填写在联运货物运单上。如果托运的是特殊货物要明确规定。

(2)合同价款及支付方式条款。一般会在合同中约定托运人给付运输费用的金额、时间等。托运人从多式联运经营人处取得一种多式联运单证,只向多式联运经营人按一种费率缴纳运费。

(3)多式联运经营人与托运人之间的责任、权利、义务条款。多式联运经营人作为合同的一方与托运人签订多式联运合同,再与各区段的承运人签订各区段的运输合同。在多式联运合同中,承运人的权利和义务由多式联运经营人享有。

(4)豁免条款。在多式联运合同中一般规定多式联运经营人的免责条款。对于多式联运经营人来说,不可抗力是首要的免责事由。另外,由于货物本身的原因、多式联运经营人自身无过错、履行辅助人的过失、货物利益方的过错也是多式联运经营人免责的事由。

(5)索赔理赔条款。在合同中一般会规定多式联运经营人的区段责任及赔偿原则、责任限额,以及合同当事人的违约责任及合同解除权。

(6)单据效力条款。多式联运经营人收到托运人交付的货物时,应当向托运人签发多式联运单据。按照托运人的要求,多式联运单据可以是可转让单据,也可以是不可转让单据。

第三步:掌握国际多式联运合同的特殊规定

多式联运合同如涉及国际运输,要注意适用国际公约或国际惯例时可能不同的归责原则。此外,《联合国国际货物多式联运公约》第二十八条对合同条款进行了专门规定,其内容如下:

(1)多式联运合同或多式联运单据内的任何条款,如果直接或间接背离本公约的规定,概属无效。此种条款的无效不影响以该条款构成其一部分的该合同或单据的其他规定的效力。将货物的保险利益让与多式联运经营人的条款或任何类似条款,概属无效。

(2)虽有本条第(1)款的规定,经发货人同意,多式联运经营人仍可增加其按照本公约所负的责任和义务。

(3)多式联运单据应载有一项声明,说明国际多式联运必须遵守本公约的规定,背离本公约而使发货人或收货人受到损害的任何规定,概属无效。

(4)如果有关货物索赔人由于根据本条而无效的条款,或由于漏载本条第(3)款所指的声明而遭受损失,多式联运经营人必须按照本公约的规定,就货物的灭失、损坏或延迟交付,给予索赔人以必要的赔偿。此外,多式联运经营人须就索赔人为了行使其权利而引起的费用,给付赔偿,但援用上述规定所引起的诉讼费用,则应按照提起诉讼地国家的法律决定。

多式联运合同样本

任务评价

评价内容	评价标准	权重/%	得分
基础知识	掌握多式联运合同的特征	5	
	掌握多式联运合同的内容	15	
	掌握多式联运合同的当事人及其义务	20	
多式联运合同	合同内容完整、表述正确	50	
	合同格式规范、美观	10	

任务三 处理快递业务中发生的货物毁损、灭失问题

任务描述

根据《邮政法》以及其他相关法律法规、标准中关于货物毁损、灭失赔偿的原则、标准等内容，分析本项目案例导入情境描述中的责任主体，以及受害方如何主张自己的权利。

知识链接

一、邮政快递概述

（一）邮政运输及国际邮政运输

1. 邮政运输

邮政运输分为普通邮包和航空邮包两种，对每件邮包的重量和体积都有一定的限制。如一般规定每件长度不得超过 1 米，重量不得超过 20 千克，但各国规定也不完全相同，可随时向邮局查问。邮政运输一般适合量轻体小的货物，如精密仪器、机械零配件、药品、样品和各种生产上急需的物品。

邮政运输是一个涉及多种因素的综合性复杂系统，影响邮政运输的主要因素包括邮路结构、运输工具、邮件种类和流量流向、时限等。

2. 国际邮政运输

国际邮政运输是一种具有国际多式联运性质的运输方式。一件国际邮件一般要经过两个或两个以上国家的邮政局和两种或两种以上不同运输方式的联合作业方可完成。国际邮政运输是国际贸易运输不可缺少的渠道。国际邮政运输具有广泛的国际性、具有国际多式联运性质、具有"门到门"运输的性质。

(二)快递

1.快递的特点和作用

快递业是以较快的速度在寄件人和收件人之间运送急件的行业。快递业的性质和运输方式与一般航空货运业务基本上是一致的,区别之处在于它延伸和拓展了航空服务,是运输业中较快捷、周到的服务形式。快递具有适应经济发展、快捷安全、高科技、服务优良等特点。

快递可以满足信息与资料的快速传递;可以使银行的汇票、支票、信用证及有关单据可靠而迅速地交给异地银行兑换;为跨国界及远距离购买个人商品业务中的包裹类运送提供安全、快捷、可靠的服务。由此可见,快递在国际经济交流中的作用越来越显著,其适用范围也在不断扩大。

2.国内快递业务的申请和审批

国内快递业务是指从收寄到投递的全过程均发生在中华人民共和国境内的快递业务。

经营快递业务,应当依照《邮政法》规定取得快递业务经营许可;未经许可,任何单位和个人不得经营快递业务。外商不得投资经营信件的国内快递业务。

申请快递业务经营许可,在省、自治区、直辖市范围内经营的,应当向所在地的省、自治区、直辖市邮政管理机构提出申请,跨省、自治区、直辖市经营或者经营国际快递业务的,应当向国务院邮政管理部门提出申请;申请时应当提交申请书和有关申请材料。

受理申请的邮政管理部门应当自受理申请之日起四十五日内进行审查,做出批准或者不予批准的决定。予以批准的,颁发快递业务经营许可证;不予批准的,书面通知申请人并说明理由。邮政管理部门审查快递业务经营许可的申请,应当考虑国家安全等因素,并征求有关部门的意见。

申请人凭快递业务经营许可证向市场监督管理部门依法办理登记后,方可经营快递业务。

二、邮政快递相关法律规定

我国专门规定邮政方面内容的法律规范有《邮政法》和《中华人民共和国邮政法实施细则》。前者于1986年12月2日由第六届全国人民代表大会常务委员会第十八次会议通过,并经2009年、2012年、2015年全国人民代表大会常务委员会会议三次修订,其内容包括总则、邮政设施、邮政服务、邮政资费、损失赔偿、快递业务、监督检查、法律责任和附则九部分。后者由国务院于1990年11月12日发布并施行,其是对《邮政法》内容的细化,并用专门一章的内容规定了邮件的运输、验关和检疫。除此之外,还有全国人民代表大会常务委员会关于批准"万国邮政联盟组织法附加议定书"的决定,《万国邮政联盟组织法》是规范万国邮政联盟活动的基本法,批准该议定书,有利于中国在适应全球经济和技术环境变化过程中保证邮政普遍服务的实施,有利于促进中国邮政事业的建设与发展,有利于加强中国邮政服务领域的国际合作,符合中国的实际需要。

专门规定快递业务的法律规范有《快递暂行条例》《快递业务经营许可管理办法》《快递市场管理办法》等。《快递暂行条例》于2018年3月2日由国务院发布,主要对经营主体、快递服务、快递安全等内容进行了专门规定。《快递业务经营许可管理办法》是2018年10月

8日经交通运输部第16次部务会议通过,2019年1月1日起施行的,主要内容包括快递业务经营的申请与受理、审查与决定、许可管理、监督检查等。《快递市场管理办法》是2012年12月31日经交通运输部第10次部务会议通过,2013年3月1日起施行的,规定了快递服务、快递安全、监督管理、法律责任等内容。国家邮政局专门为快递服务规定了行业标准YZ/T 0128—2007《快递服务》,于2007年9月12日发布并实施,规定了快递服务的相关术语和定义、总则、组织、服务环节、服务改进、赔偿等内容。这些法律规范和标准为快递市场的良好运作提供了保障。

三、邮政快递法律法规关于货物毁损、灭失的特殊规定

《邮政法》第五章规定了损失赔偿的相关事宜。《快递暂行条例》《快递市场管理办法》中也有损失赔偿的相关内容。

(一)法律适用范围

邮件的损失是指邮件丢失、损毁或者内件短少。邮政普遍服务业务范围内的邮件和汇款的损失赔偿,适用《邮政法》的规定。邮政普遍服务业务范围以外的邮件的损失赔偿以及快件的损失赔偿,适用有关民事法律的规定。邮政普遍服务是指邮政企业对信件、单件重量不超过五千克的印刷品、单件重量不超过十千克的包裹的寄递以及邮政汇兑提供的服务。邮政企业按照国家规定办理机要通信、国家规定报刊的发行,以及义务兵平常信函、盲人读物和革命烈士遗物的免费寄递属于特殊服务业务。平常邮件是指邮政企业在收寄时不出具收据,投递时不要求收件人签收的邮件。给据邮件是指邮政企业在收寄时向寄件人出具收据,投递时由收件人签收的邮件。

(二)赔偿原则及标准

1.邮政法律中的相关规定

《邮政法》规定,赔偿原则依据邮件性质不同而不同。对于平常邮件的损失一般不予以赔偿,但因故意或者重大过失造成平常邮件损失的除外。对给据邮件的损失要赔偿,但由于下列原因之一造成的给据邮件损失,邮政企业不承担赔偿责任:①不可抗力,但因不可抗力造成的保价的给据邮件的损失除外;②所寄物品本身的自然性质或者合理损耗;③寄件人、收件人的过错。

赔偿标准如下:

(1)保价的给据邮件丢失或者全部损毁的,按照保价额赔偿;部分损毁或者内件短少的,按照保价额与邮件全部价值的比例对邮件的实际损失予以赔偿。

(2)未保价的给据邮件丢失、损毁或者内件短少的,按照实际损失赔偿,但最高赔偿额不超过所收取资费的三倍;挂号信件丢失、损毁的,按照所收取资费的三倍予以赔偿。

邮政企业应当在营业场所的告示中和提供给用户的给据邮件单据上,以足以引起用户注意的方式载明赔偿标准。邮政企业因故意或者重大过失造成给据邮件损失,或者未履行前述规定义务的,无权援用前述限制赔偿责任。

2.快递法规中的相关规定

《快递暂行条例》中规定,快件延误、丢失、损毁或者内件短少的,对保价的快件,应当按照经营快递业务的企业与寄件人约定的保价规则确定赔偿责任;对未保价的快件,依照民事

法律的有关规定确定赔偿责任。

《快递市场管理办法》中规定,在快递服务过程中,快件(邮件)发生延误、丢失、损毁和内件不符的,经营快递业务的企业应当按照与用户的约定,依法予以赔偿。企业与用户之间未对赔偿事项进行约定的,对于购买保价的快件(邮件),应当按照保价金额赔偿。对于未购买保价的快件(邮件),按照《邮政法》等相关法律规定赔偿。

3.《民法典》的相关规定

《民法典》合同编在运输合同一章中的第八百三十二条、第八百三十三条对于货物损失也做了规定。承运人对运输过程中货物的毁损、灭失承担赔偿责任。但是,承运人证明货物的毁损、灭失是因不可抗力、货物本身的自然性质或者合理损耗以及托运人、收货人的过错造成的,不承担赔偿责任。货物的毁损、灭失的赔偿额,当事人有约定的,按照其约定;没有约定或者约定不明确,依据《民法典》第五百一十条的规定仍不能确定的,按照交付或者应当交付时货物到达地的市场价格计算。法律、行政法规对赔偿额的计算方法和赔偿限额另有规定的,依照其规定。

(三)货物损失赔偿责任的法律关系

邮政快递服务企业与用户签订服务协议后,在快件(邮件)的处理、运输、仓储及投递过程中,由于自身过错发生快件(邮件)送达迟延、损坏、丢失及内件短少等情形,按照相关民事法律规定应当向用户承担赔偿责任。

1.损失赔偿责任的主体

(1)损失赔偿责任的请求权主体

《民法典》合同编中并没有明确规定快递服务合同,邮政快递服务企业与用户签订的快递服务协议不是有名合同,但在法律性质上与货运合同相似。合同标的大体一致,快递企业的快速寄递行为是快递服务合同的标的,而货运合同的标的则是承运人根据托运人的要求运输货物的行为;合同都会涉及第三人,如果发货人和收货人不是同一人,合同就涉及第三人,虽然合同的当事人中不包含第三人,但第三人却享有合同上的相关权利,如验货权和取件权;合同都以完成交付行为为履行要件,快递企业需要把快件安全地派送交付给收件人,承运人需要把货物完好无损地交付给收货人。因此,一般情况下规范货运合同的法律对快递服务合同也同样适用。

《民法典》第五百二十二条规定:"当事人约定由债务人向第三人履行债务,债务人未向第三人履行债务或者履行债务不符合约定的,应当向债权人承担违约责任。"在快递服务中货物损失赔偿由合同一方的债权人主张违约责任,一般寄件人为合同的当事人,当快件出现问题时,寄件人便可以主张损失赔偿。YZ/T 0128—2007《快递服务》的附录中规定"快件赔付的对象应为寄件人或者寄件人指定的受益人",虽然没有直接规定收件人有权直接向快递企业请求赔偿,但规定了快递企业赔付对象包含寄件人指定的受益人,一般来说寄件人指定的受益人就是收件人。也就是在某种程度上也是认为收件人具有直接请求赔付的权利。

(2)快递服务损失赔偿责任的责任主体

寄件人将快递物品投递到快递企业后,物品的管理者和支配者自然而然就成了快递企业,在运送的过程中如果物品发生损毁,没有完成快递服务合同的约定送至收件人手中,则快递服务企业构成违约,应当承担赔偿责任。在现实生活中,快递的损毁一般是由于工作人员的粗心大意或者故意的行为导致的,但其损失应由用人单位来承担无过错的替代责任,对

于其遭受的经济损失,快递服务企业可向工作人员进行追偿。

2.损失赔偿责任的客体

快递服务企业根据快递服务合同将寄件人所寄的物品按约定期限送至收件人处,所以快递服务法律关系的客体为快件投递运输的行为,它是一种利益指向,是快递服务活动中民事权利和义务指向的对象。

3.损失赔偿责任的内容

(1)寄件人的权利和义务

寄件人作为快递签收前的物品所有权人,在与快递企业建立快递服务合同后,有权要求快递企业按照约定将所要寄的物品送至收件人手中或者指定地点,并且有权要求对投递物品的内容进行保密、对运输单内容进行详细的解释说明、为寄件人随时提供物流信息、对于快件遭受损害时能积极进行赔偿。

寄件人应当配合快递企业对物品进行检查检验,支付邮递物品所需要的邮费、准确填写寄件人与收件人的完整信息,不可邮寄法律禁止邮寄的物品等。

(2)快递企业的权利和义务

快递企业有权拒绝收寄国家禁止寄递的物品,享有对物品种类进行检查并收取快递服务费用的权利,对拒绝支付费用的快递享有留置的权利。

快递企业要对客户的信息予以保密,如果违反将会承担法律责任,快递企业应对要投递的物品进行安全检查,在运输过程中应保管好物品使其安全准时地送至收件人手中,并及时通知对方领取、验收。

(3)收件人的权利和义务

收件人享有受领快件的权利;作为快递货物损失赔偿的对象,当出现快件毁损等问题时有权要求快递企业承担赔偿责任。

收件人受领快递后,如果快件以运费到付的方式结算,则收件人应当按照约定支付相应的服务费用;如果是代收货款的快件,收件人在签收货款后应当支付相应的货款。

(四)索赔程序

YZ/T 0128—2007《快递服务》标准中规定了索赔程序。

1.索赔申告

寄件人在超出快递企业承诺的服务时限,并且不超出快件受理索赔期限内,可以依据索赔因素向快递服务组织提出索赔申告。快递服务组织应提供索赔申告单给寄件人,寄件人填写后递交给快递服务组织。

2.索赔受理

快递服务组织应在收到寄件人的索赔申告单24小时内答复寄件人,并告知寄件人索赔处理时限。

3.索赔处理时限

索赔处理时限指从快递服务组织就索赔申告答复寄件人开始,到快递服务组织提出赔偿方案的时间间隔。

4.赔金支付

快递服务组织与寄件人就赔偿数额达成一致后,应在7个日历天内向寄件人或寄件人指定的受益人支付赔金。

5.索赔争议的解决

寄件人与快递服务组织就是否赔偿、赔偿金额或赔金支付等问题可先行协商,协商不一致的,可依法选择投诉、申诉、仲裁、起诉等方式,如选择仲裁,应在收寄时约定仲裁地点和仲裁机构。

任务实施

具体要求:依据所掌握的邮政快递货物损失赔偿的法律适用范围、损失赔偿原则及标准、损失赔偿责任法律关系等知识,就任务描述所述情境,以甲公司的身份,向戊快递公司进行索赔,并准确绘制损失赔偿索赔理赔全过程流程图。

第一步:确认货物损失

邮政快递货物损失包括快件延误、丢失、损毁和内件不符。延误是指快件的投递时间超出快递企业承诺的服务时限,但尚未超出彻底延误时限;丢失是指快递企业在彻底延误时限到达时仍未能投递快件,与顾客有特殊约定的情况除外;损毁是指快递企业寄递快件时,由于快件封装不完整等原因,致使快件失去部分价值或全部价值,与顾客有特殊约定的情况除外;内件不符是指内件的品名、数量和重量与快递运单不符。

寄件人发现上述货物损失,而且造成损失的原因是由于快递企业不履行快递服务合同义务或履行不符合合同规定造成的,可以向快递企业提出赔偿要求。但有下列情形之一的,快递企业可不负赔偿责任:由于顾客的责任或者所寄物品本身的原因造成快件损失的;由于不可抗力的原因造成损失的(保价快件除外);顾客自交寄快件之日起满一年未查询又未提出赔偿要求的。

第二步:依据法律相关规定向快递企业行使求偿权

《快递暂行条例》中规定,用户的合法权益因快件延误、丢失、损毁或者内件短少而受到损害的,用户可以要求该商标、字号或者快递运单所属企业赔偿,也可以要求实际提供快递服务的企业赔偿。

《民法典》合同编中关于合同的订立、履行、生效、违约救济等相关规定对快递服务合同是同样适用的。在快递面单的背面快递服务合同中有许多格式条款,这些条款主要规定的是快递公司和消费者的权利、义务以及快递公司违约时的赔偿标准。当出现快递企业违约时,消费者如何获得赔偿即以快递服务合同为依据,如果适用快递服务合同中的格式条款,其前提是快递服务合同中格式条款是合法有效的,即不得违反《民法典》合同编中关于格式条款效力的具体规定。

第三步:快递企业进行理赔

《邮政普遍服务监督管理办法》规定,邮政企业对邮件的损失承担赔偿责任的,应当自赔偿责任确定之日起七日内向用户予以赔偿。快递企业应在收到寄件人的索赔申请 24 小时内答复寄件人,并告知寄件人索赔处理时限。在索赔期限内,寄件人与快递企业就是否赔偿、赔偿金额或赔金支付等问题可先行协商,就赔偿数额达成一致的,在 7 个日历天内向寄件人或寄件人指定的受益人支付赔金。

第四步:索赔争议解决

寄件人与快递企业就是否赔偿、赔偿金额或赔金支付等问题协商不一致的,可依法选择投诉、申诉、仲裁、起诉等方式,如选择仲裁,应在收寄时约定仲裁地点和仲裁机构。《邮政法》中也规定,邮政企业和快递企业应当及时、妥善处理用户对服务质量提出的异议。用户对处理结果不满意的,可以向邮政管理部门申诉,邮政管理部门应当及时依法处理,并自接到申诉之日起三十日内做出答复。

第五步:绘制损失赔偿索赔理赔全过程流程图(图 4-1)

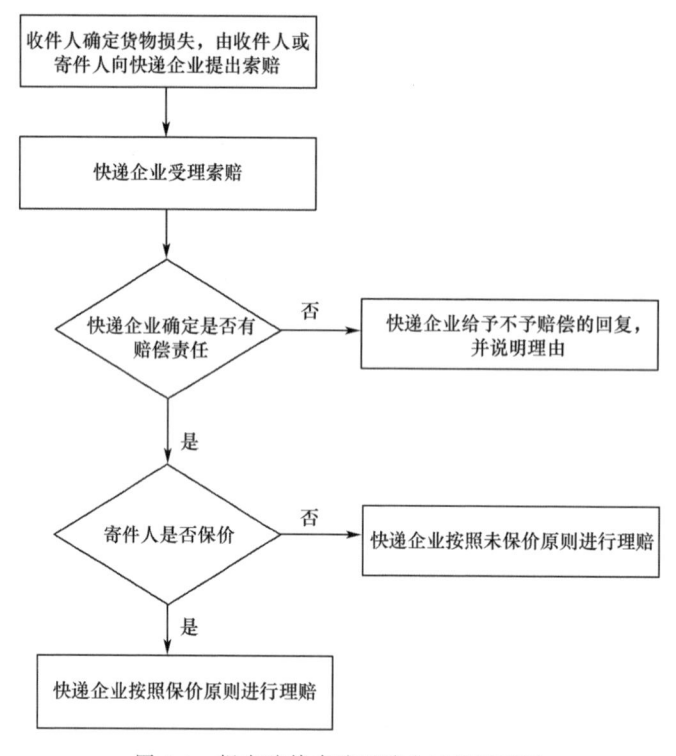

图 4-1 损失赔偿索赔理赔全过程流程图

任务评价

评价内容	评价标准	权重/%	得分
基础知识	掌握邮政快递货物损失法律适用范围	10	
	掌握邮政快递货物损失赔偿原则及标准	30	
	掌握邮政快递货物损失赔偿程序	30	
邮政快递损失赔偿索赔理赔全过程流程图	流程步骤正确	25	
	图形布局合理、美观	5	

法条解析

《中华人民共和国消费者权益保护法》

第二十六条 经营者在经营活动中使用格式条款的,应当以显著方式提请消费者注意商品或者服务的数量和质量、价款或者费用、履行期限和方式、安全注意事项和风险警示、售后服务、民事责任等与消费者有重大利害关系的内容,并按照消费者的要求予以说明。

经营者不得以格式条款、通知、声明、店堂告示等方式,作出排除或者限制消费者权利、减轻或者免除经营者责任、加重消费者责任等对消费者不公平、不合理的规定,不得利用格式条款并借助技术手段强制交易。

格式条款、通知、声明、店堂告示等含有前款所列内容的,其内容无效。

《中华人民共和国消费者权益保护法》对于经营者以不公平格式条款损害消费者权益的行为进行了进一步规制。一是要求经营者使用格式条款的,应当以显著方式提请消费者注意与自身有重大利益关系的内容,如安全注意事项、风险警示、售后服务、民事责任等;二是细化了利用格式条款损害消费者权益的相应情形,经营者不得以格式条款、通知、声明、店堂告示等方式作出排除或者限制消费者权利、减轻或者免除经营者责任、加重消费者责任等对消费者不公平、不合理的规定;三是针对网络交易等过程中经营者利用技术手段要求消费者必须同意所列格式条款否则无法交易的情形,规定经营者不得利用格式条款并借助技术手段强制交易。

项目小结

我国已建立了包括道路运输、铁路运输、水路运输、航空运输、邮政快递、货运代理等方面的运输业的法律规范体系。货运合同是指承运人将货物从起运地点运输到约定地点,托运人或者收货人支付运输费用的合同。货运合同大多是格式合同,合同的主体具有特殊性,标的是运输行为本身,合同为诺成、双务有偿合同,可以采用留置的方式担保。不同运输方式的货运合同的相关法律规定属于特别法,特别法中没有涉及的内容应当援引货运合同以及《民法典》合同编的规定。邮政快递服务合同不是《民法典》合同编中规定的有名合同,但在法律性质上与货运合同相似,一般情况下规范货运合同的法律对快递服务合同也同样适用。快递货物损失赔偿可依据《邮政法》《民法典》《中华人民共和国消费者权益保护法》等相关规定办理。

思政园地

2019年,中共中央、国务院印发的《交通强国建设纲要》指出,到2035年,基本建成交通强国。基本形成"全国123出行交通圈"(都市区1小时通勤、城市群2小时通达、全国主要城市3小时覆盖)和"全球123快货物流圈"(国内1天送达、周边国家2天送达、全球主要城市3天送达),旅客联程运输便捷顺畅,货物多式联运高效经济。

运输企业在运营过程中,要遵循市场治理规则,定价合理,正当竞争,诚信经营,合作共赢。货运合同、多式联运合同应当是运输各方当事人的合意,是经过磋商或按照惯例制定的,充分反映当事人的意思表示,且其订立主体、过程、内容等不能违反法律相关规定。在运输过程中,运输企业要保障货物安全,由于自身原因造成货物毁损、灭失要承担赔偿责任。尤其是在邮政快递运输过程中,快递企业要向寄件人明确说明或在显著位置提示格式条款内容,反之,当发生纠纷时对格式条款内容要做出利于寄件人的解释。

运输企业还要保护环境、节能减排、降本增效。注重邮件、快件包装绿色化、减量化,提高资源再利用和循环利用水平;推进新能源、清洁能源应用,促进公路货运节能减排,推动城市物流配送车辆全部实现电动化、新能源化和清洁化;统筹油、路、车治理,有效防治公路运输大气污染;严格执行国家和地方污染物控制标准及船舶排放区要求,推进船舶、港口污染防治;降低交通沿线噪声、振动,妥善处理好大型机场噪声影响;开展绿色出行行动,倡导绿色低碳出行理念。

能力测评

一、选择题(不定项)

1. 两个或两个以上承运人以同一运输方式联运的,(　　)应当对全程运输承担责任。
   A. 承运人　　　　　　　　　　B. 实际承运人
   C. 所有承运人　　　　　　　　D. 与托运人订立合同的承运人

2. 在国际多式联运的方式下,所有运输事项均由(　　)负责办理,货主只需一次托运、订立一份运输合同、一次支付费用、一次保险。
   A. 承运人　　　B. 实际承运人　　　C. 多式联运经营人　　　D. 发货人

3. 承运人权利和义务由多式联运经营人享有,多式联运的承运人之间的内部责任划分约定,不得对抗(　　)。
   A. 实际承运人　　　B. 多式联运经营人　　　C. 发货人　　　D. 托运人

4. 多式联运经营人的义务有(　　)。
   A. 认真填写多式联运单据的基本内容
   B. 按照合同约定的货物种类、数量、时间、地点提供货物
   C. 及时提供适合装载货物的运输工具
   D. 向发货人交付货物

5. 国际邮政运输的特点有(　　)。
   A. 具有国际多式联运性质　　　　B. 快捷、安全性
   C. 高科技性　　　　　　　　　　D. 优良的服务功能

6. 货物运输的方式有(　　)。
   A. 水路运输　　　B. 道路运输　　　C. 铁路运输　　　D. 航空运输
   E. 管道运输

7. 货运合同的特征有(　　)。
   A. 货运合同大多是格式合同　　　B. 货运合同的主体具有特殊性
   C. 货运合同为诺成合同　　　　　D. 货运合同的标的是运输行为本身
   E. 货运合同属于双务有偿合同

8. 海上货物运输合同承运人的义务有(　　)。
   A. 使船舶适航义务　　　　　　　B. 管货义务
   C. 提供约定货物义务　　　　　　D. 留置义务
   E. 及时开航,按预定航线航行义务

9. 国际多式联运的特征有(　　)。
   A. 必须具有一份多式联运合同

B.必须使用一份全程多式联运单证

C.必须是至少两种不同运输方式的连续运输

D.必须是国际货物运输

E.必须由一个多式联运经营人对货物运输的全程负责

10.如果用户自交寄给据邮件或交汇汇款之日起满（　　）未查询又未提出赔偿要求,则丧失求偿权。

A.三个月　　　　B.半年　　　　C.一年　　　　D.两年

二、案例分析

甲煤炭销售公司、乙火车站于2021年7月21日签订铁路货物运输合同,托运煤炭至××市北站,收货人为丙电厂。货物按期于7月24日运至××市北站,当日及时通知丙电厂,乙火车站和丙电厂7月25日办理了货物交付手续和空车回运手续。丙电厂对收取货物无异议,但当时确实无接卸能力。为了解决煤炭滞留车站压车占线等问题,乙火车站将煤炭卸于陶瓷公司专用线,丙电厂知情并表示同意。甲煤炭销售公司于8月13日请求丙电厂付款时,丙电厂以没有收到煤炭为由拒绝付款,而乙火车站称煤炭已经交付丙电厂。为此,甲煤炭销售公司将乙火车站起诉至法院,法院将丙电厂追加为第三人。

问题：

1.乙火车站的行为是否构成违约,为什么?

2.丙电厂逾期提货,甲煤炭销售公司可否请求其支付保管费用?

3.丙电厂无正当理由拒绝受领货物,乙火车站可否提存该货物?

4.如果丙电厂拒绝支付运费,而请求乙火车站交付货物,乙火车站可以行使什么权利来保障自己的利益?

拓展训练

请利用闲暇时间,在教师的指导下,在相关法律网站上查找货运合同、多式联运合同、快递货物损失赔偿案例,以小组形式展开讨论,将讨论结果与法院判决结果相对照,找出差距,并由各组组长做好讨论结果的记录。

项目五 仓储、配送法律规范

知识思维导图

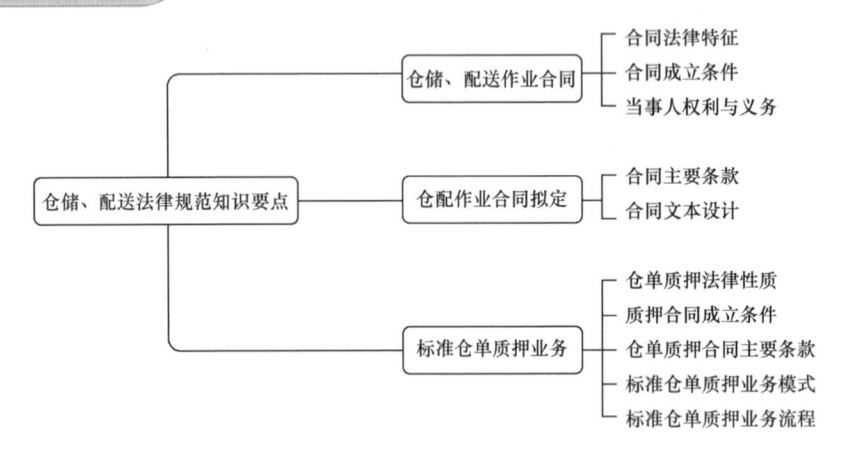

```
仓储、配送法律规范知识要点
├── 仓储、配送作业合同
│   ├── 合同法律特征
│   ├── 合同成立条件
│   └── 当事人权利与义务
├── 仓配作业合同拟定
│   ├── 合同主要条款
│   └── 合同文本设计
└── 标准仓单质押业务
    ├── 仓单质押法律性质
    ├── 质押合同成立条件
    ├── 仓单质押合同主要条款
    ├── 标准仓单质押业务模式
    └── 标准仓单质押业务流程
```

知识目标

通过本项目的学习,学生掌握仓储合同的法律特征,仓储合同的主要条款,仓储合同当事人的权利和义务,配送合同的主要条款,配送合同当事人的权利和义务,仓单的法律特征和内容,仓单质押的法律性质;了解标准仓单质押业务模式和办理流程;了解仓单质押融资的法律风险和应对策略。

能力目标

通过本项目的学习,学生能够判断仓储合同、配送合同的合法性;能够草拟仓储、配送合同;会用相关法律法规知识,帮助物流企业处理仓储、配送活动中的相关纠纷或争议。

思政目标

通过本项目的学习,学生能够明确物流仓储、配送业务中涉及的相关法律法规,具有基本的法律素养,树立对法的尊崇、敬畏,有守法意识,能够防范合同欺诈,会寻找法律途径解决纠纷。

项目五　仓储、配送法律规范

关键概念

仓储合同；配送合同；质权；标准仓单；仓单质押

案例导入

甲公司向某电子商务集团购入一批 HB 型钢材,欲委托乙仓储公司储存该批货物,双方协商约定:由乙仓储公司为甲公司储存保管该批 HB 型钢材 4.8 万吨(批号 202002222),保管期限自 2020 年 12 月 25 日至 2021 年 12 月 25 日,储存费用为 80 000 元;钢材无包装;货物出入库装卸作业由乙仓储公司负责;仓库需配套较为合理的库房或货场,保障货物存储条件;存储期间,任何一方违约,均按储存费用的 20% 支付违约金;因存储不当造成货损的,依照合同条例进行赔偿。

之后,甲公司为降低经营风险,将钢材以建立卖方合约的形式在某期货交易所逐步注册了标准仓单,锁定了未来销售。但因未来销售尚未实现,已注册的标准仓单占压企业流动资金,因此甲公司想以持有的标准仓单出质,向某银行的某支行申请融资贷款,申请借款本金 4 000 万元。

问题:

(1)作为甲公司的法律顾问,该如何与乙仓储公司签订规范有效的仓储合同?

(2)作为甲公司的法律顾问,应该怎样向银行申请标准仓单质押贷款?

任务一　设定仓储、配送合同中的权利和义务

任务描述

根据本项目案例导入的情境描述,甲公司欲与乙仓储公司就一批钢材仓储活动签订仓储合同,甲公司的法律顾问需先起草一份仓储合同。

知识链接

一、仓储合同的概念与法律特征

(一)仓储合同的概念

根据《民法典》第九百零四条的规定,仓储合同是保管人储存存货人交付的仓储物,存货人支付仓储费的合同。

仓储合同的主体为仓储合同的双方当事人,即存货人和保管人。主体是否合格是确认仓储合同是否有效的首要条件,主体不合格很可能导致仓储合同无效。保管人须为有仓储设备并专门从事保管业务的人,即必须具备仓储设备和专门从事仓储保管业务的资格。

仓储合同的客体为仓储企业提供的仓储服务,即仓储行为。

（二）仓储合同的法律特征

（1）仓储合同是双务有偿合同。

（2）仓储合同是诺成合同。《民法典》第九百零五条规定："仓储合同自保管人和存货人意思表示一致时成立。"因此，只要双方就合同主要内容达成一致，仓储合同即告成立，并不以存货人实际交付所要存储的货物为成立要件。

（3）仓储合同中的仓储物的交付与归还以仓单作为凭证。仓单是提取仓储物的凭证。它是保管人验收仓储物后向存货人签发的、表明已收到一定数量仓储物的法律文书。仓单记载的事项直接体现当事人的权利与义务，是仓储合同存在及合同内容的证明。仓单经存货人或仓单持有人背书并经保管人签字或盖章后，可以转让。仓单持有人享有与存货人相同的权利。

（4）仓储合同所保管的物品是特定物或特定化的种类物。仓储合同所保管的仓储物，一般情况下是作为生产资料的动产。存储期限届满，仓单持有人应当凭仓单提取仓储物。由此可以看出，仓储标的物都是特定的。即使原属于种类物的标的物，通过仓单也被特定化了。因此，当存储期限届满后，仓单持有人有权领取原物，仓储保管人不得擅自交换、动用。

（5）仓储合同一般是格式合同。经营公共仓库的保管人为了与多数相对人订立仓储合同，通常事先拟定并印制了大部分条款，例如存货单、入库单、仓单等。在实际订立仓储合同时，将双方通过协商议定的内容填进去从而形成仓储合同，而不另行签订独立的仓储合同。

二、仓储合同的订立与内容

（一）仓储合同的订立

仓储合同可以采取书面形式、口头形式或其他形式。采用合同书形式的，自双方当事人签字或者盖章时合同成立；采用信件、数据电文等形式订立合同的，可以在合同成立之前要求签订确认书，签订确认书时合同成立；采用合同书形式订立合同的，在签字或者盖章之前，当事人一方已经履行主要义务，对方接受的，该合同成立。

（二）仓储合同的内容

仓储合同的内容是明确保管人和存货人双方权利与义务关系的根据，通常体现在合同的条款上。仓储合同的内容由当事人约定，一般应当包括以下主要条款：

（1）存货人及保管人的姓名或名称及住所信息。

（2）仓储物的品种、数量、质量、包装及其件数和标记。在仓储合同中，应明确规定仓储物的计量单位、数量和仓储物质量，以保证顺利履行合同。同时，双方还要对货物的包装、件数，以及包装上的货物标记做出约定，并对货物进行包装，这与货物的性质、仓库中原有货物的性质、仓库的保管条件等有着密切关系。

（3）仓储物验收的项目、标准、方法、期限和相关资料。对仓储物的验收主要是指保管人按照约定对入库仓储物进行验收，以确定仓储物入库时的状态。仓储物验收的具体项目、标准、方法、期限等应由双方当事人根据具体情况在仓储合同中事先做出约定。保管人为顺利验收需要存货人提供货物的相关资料的，仓储合同还应就资料的种类、份数做出约定。

（4）仓储物的存储期间、保管要求和保管条件。存储期间即仓储物在仓库的存放期间，期限届满，存货人或仓单持有人应当及时提取货物。保管要求和保管条件是针对仓储物的特性，为保持其完好所要求的具体条件、因素和标准。为便于双方权利、义务和责任的划分，应对存储期间、保管要求和保管条件做出明确具体的约定。

(5)仓储物进出库手续、时间、地点和运输方式。仓储物的入库,即意味着保管人保管义务的开始,而仓储物的出库,则意味着保管人保管义务的终止。因此,仓储物进出库的时间、地点对划清双方责任非常关键。而且,仓储物的进出库有多种不同的方式,这会影响到双方的权利与义务关系,也会影响到双方的责任划分。双方当事人应对仓储物的进出库方式、手续等做出明确约定,以便于分清责任。

(6)仓储物的损耗标准和损耗处理。仓储物在储存、运输、搬运过程中,由于自然的因素(如干燥、风化、挥发、黏结等)、货物本身的性质、度量衡的误差等原因,不可避免地要发生一定数量的短少、破损或计量误差。对此,当事人应当约定一个损耗的标准,并约定损耗发生时的处理方法。当事人对损耗标准没有约定的,应当参照国家有关主管部门规定的相应标准。

(7)计费项目、标准和结算方式。双方当事人要本着平等、自愿、公平的原则,协商计费标准以及结算方式。

(8)违约责任条款。违约责任条款是合同的主要条款。为保护双方当事人的权利,在仓储合同中应当约定违约责任。违约责任承担方式包括继续履行、支付违约金、赔偿损失等。

(9)合同的有效期限,合同变更或解除的条件、期限。

(10)争议解决方式。

(11)其他双方约定的事项。

三、仓储合同当事人的权利和义务

仓储合同是双务有偿合同,双方当事人的权利和义务是相对的。

(一)保管人的权利和义务

1.保管人的权利

(1)有权要求存货人按照合同约定支付仓储费用和其他相关费用。

(2)有权要求存货人就所交付的危险货物或易变质货物的性质进行说明并提供相关材料。

(3)对入库货物进行验收时,有权要求存货人配合提供验收资料。

(4)有权在情况危急时,对变质或者其他损坏的货物进行处置。

(5)有权要求存货人或仓单持有人按时提取货物。

(6)存货人或仓单持有人逾期提取货物的,有权加收仓储费。

(7)有权提存存货人或仓单持有人逾期未提取的货物。

2.保管人的义务

(1)及时验收货物并接受入库的义务。《民法典》第九百零七条规定:"保管人应当按照约定对入库货物进行验收。保管人验收时发现入库仓储物与约定不符合的,应当及时通知存货人。保管人验收后,发生仓储物的品种、数量、质量不符合约定的,保管人应当承担赔偿责任。"保管人对货物进行验收时,应当按照仓储合同约定的验收项目、验收标准、验收方法和验收期限进行。

(2)签发、给付仓单的义务。《民法典》第九百零八条规定:"存货人交付仓储物的,保管人应当出具仓单、入库单等凭证。"保管人给付仓单,既是其接收存货人所交付仓储物的必要手段,也是其履行仓储合同义务的一项重要内容。保管人应当在仓单上签名或者盖章。

(3)妥善储存、保管货物的义务。保证仓储物的质量是完成仓储功能的根本要求,保管人应当按照合同约定的保管条件和保管要求,妥善储存和保管货物,尽到妥善管理的义务。如果在储存期间,保管人因保管不善造成货物毁损、灭失,应根据合同约定承担损害赔偿责任。但因货物的性质、包装不符合约定或者超过有效储存期限造成货物变质、损坏的除外。

(4)同意存货人或者仓单持有人及时检查货物或者提取样品的义务。《民法典》第九百一十一条规定:"保管人根据存货人或者仓单持有人的要求,应当同意其检查仓储物或者提取样品。"这便于存货人或者仓单持有人及时了解、知悉货物的有关情况及储存、保管情况,发现问题后及时采取措施。

(5)通知的义务。《民法典》第九百一十二条规定:"保管人发现入库仓储物有变质或者其他损坏的,应当及时通知存货人或者仓单持有人。"第三人对保管人提起诉讼或者对保管物申请扣押的,保管人应当及时通知存货人或者仓单持有人。

(6)催告和紧急处置的义务。《民法典》第九百一十三条规定:"保管人发现入库仓储物有变质或者其他损坏,危及其他仓储物的安全和正常保管的,应当催告存货人或者仓单持有人作出必要的处置。因情况紧急,保管人可以作出必要的处置;但是,事后应当将该情况及时通知存货人或者仓单持有人。"如果保管人怠于催告,则应对其他货物的损失负责,对自己遭受的损失自负责任。

(7)按期如数出库的义务。仓储合同中,保管人对货物不具有所有权和处分权,储存期限届满,当存货人或者仓单持有人凭仓单提货时,保管人应当返还货物。保管方没有按照约定的时间、数量交货的,应当承担违约责任。未按货物出库规则发货而造成货物损坏的,应当负责赔偿实际损失。《民法典》第九百一十四条规定:"当事人对储存期限没有约定或者约定不明确的,存货人或者仓单持有人可以随时提取仓储物,保管人也可以随时请求存货人或者仓单持有人提取仓储物,但是应当给予必要的准备时间。"

(二)存货人的权利和义务

1.存货人的权利

(1)有权要求保管人给付仓单。

(2)有权要求保管人对货物进行验收并就不符合情况的予以通知,保管人未及时通知的,有权认为入库货物符合规定。

(3)保管人没有或者怠于将货物的变质或者其他损坏情形向存货人催告的,存货人有权对因此遭受的损失向保管人请求赔偿。

(4)对保管人未尽妥善储存、保管货物的义务而造成的损失,有权要求保管人赔偿。

(5)储存期满有权凭仓单提取货物。

(6)未约定储存期间的,也有权随时提取货物,但应该给予保管人必要的准备时间。

(7)储存期限未满,也有权提取货物,但应当加交仓储费。

2.存货人的义务

(1)按照合同约定交付货物的义务。存货人有义务将货物交付保管人。存货人交付保管人的货物在品种、数量、质量、包装等方面必须符合仓储合同的约定。

(2)配合保管人对货物进行验收,并提供验收资料的义务。在保管人对入库货物进行验收时,存货人应当对保管人的验收行为给予配合。如果保管人对入库货物的验收需要存货人提供验收资料,存货人需按合同约定及时提供完备的资料,迟延或提供的资料不全面而造成验收差错及其他损失的,应承担责任。

(3)说明危险物品或易变质物品的性质并提供相关资料的义务。《民法典》第九百零六条规定:"储存易燃、易爆、有毒、有腐蚀性、有放射性等危险物品或者变质物品的,存货人应当说明该物品的性质,提供有关资料。存货人违反前款规定的,保管人可以拒收仓储物,也可以采取相应措施以避免损失的发生,因此产生的费用由存货人负担。"

(4)对变质或者有其他损坏的货物进行处置的义务。为了确保其他货物的安全和正常的保管活动,根据《民法典》第九百一十三条的规定,当入库货物发生变质或者其他损坏,危及其他货物的安全和正常保管,保管人催告时,存货人或者仓单持有人有做出必要处置的义务。

(5)容忍保管人对变质或者有其他损失的货物采取紧急处置措施的义务。保管人的职责是储存、保管货物,一般对货物并无处分的权利。然而在货物发生变质或其他损坏,危及其他货物的安全和正常保管,情况危急时,保管人可以做出必要的处置,但事后应当将该情况及时通知存货人或者仓单持有人。在这种情况下,存货人不得事后对保管人的紧急处置提出异议。

(6)按时提取货物的义务。《民法典》第九百一十五条规定:"储存期限届满,存货人或者仓单持有人应当凭仓单、入库单等提取仓储物。"

(7)支付仓储费和其他费用的义务。

①仓储费。存货人应当支付仓储费,支付时间、金额和方式依据仓储合同的约定执行。仓储费与一般保管费有所不同,当事人通常约定由存货人在交付货物时提前支付,而非等到提取货物时才支付。存货人或者仓单持有人逾期提取货物的,应当支付加收的仓储费;而提前提取的,不减收仓储费。

②其他收费。其他收费是指为了保护存货人的利益或者避免其他损失发生的费用。例如,存货人所储存的货物发生变质或者其他损坏,危及其他货物安全和正常保管的,在紧急情况下,保管人可以做出必要的处置,因此而发生的费用,应由存货人承担。

四、配送合同的概念和法律特征

(一)配送合同的概念

配送合同是指配送经营人与配送委托人签订的有关确定配送服务权利和义务的合同。按照配送合同约定,配送经营人将配送委托人委托的配送物品,在约定的时间和地点交付收货人,并收取相关服务费用。

配送合同的主体为配送合同的双方当事人,即配送经营人与配送委托人。配送经营人主要是具有配送设备并专门从事配送业务的企业或个人,同时必须具备从事配送业务的资格。配送委托人可以是收货人、发货人以及贸易经营、商品出售、商品购买、物流经营、生产企业等配送物的所有人或占有人,可以是企业、组织或者个人。

配送合同的客体为配送经营人提供的配送服务,即配送行为。

(二)配送合同的法律特征

1.配送合同不是《民法典》中的典型合同

它主要依据《民法典》合同编通则的规范,参照运输合同、仓储合同、保管合同的有关规范,通过当事人签署完整的配送合同来调整双方的权利和义务。

2.配送合同是有偿合同

配送是一种服务,配送经营人需要投入相应的成本和劳动力才能实现配送。配送经营的营利性决定了配送合同的有偿性。

3.配送合同是诺成合同

配送合同当事人对配送关系达成一致意见时配送合同即告成立,不以配送物的交接为合同成立要件。配送合同成立后,配送经营人需要为履行合同组织力量,安排人力、物力,甚至要投入较多的资源,购置设备,聘请人员,如果说合同此时还不能生效,显然对配送经营人极不公平,因而配送合同必须是诺成合同。

4.配送合同包含买卖、仓储、运输、承揽、委托等合同的某些特点

虽然配送合同不是上述合同中的任何一种,但兼具上述合同中的某些特点,形成有机整体。

五、配送合同的订立与内容

配送合同可采用书面形式、口头形式或者其他形式。当事人订立合同,可以采取要约、承诺方式或者其他方式。承诺生效时合同成立,但是法律另有规定或者当事人另有约定的除外。

配送合同的内容是合同双方当事人约定明确配送经营人和配送委托人的权利和义务关系的主要依据,一般包括以下主要条款:

(1)双方当事人。配送经营人与配送委托人的名称或姓名、营业地或住所、联系方式等。

(2)配送合同的标的。配送合同的标的就是将配送物品按照约定在确定的时间和地点交付收货人,是一种行为。

(3)配送标的物。配送标的物是指被配送的物品,是动产、有形资产。配送标的物的种类、品名、包装、单重、体积、性质等决定了配送的操作方法和难易程度,必须在合同中明确。

(4)配送服务要求。这是当事人对履行配送服务的详细约定,是双方协商约定配送所要达到的标准,是合同标的完整细致的表达。需要在合同中明确配送方法、配送时间及其间隔、发货地点或送达地点、数量等,还包括配送经营人对配送物处理的行为约定,如配装、分类、装箱等。

(5)当事人的权利和义务。在合同中应明确双方当事人的权利和义务,这样既可以有效实现当事人的权利,又可确保义务的履行。

(6)配送费及支付条款。配送费是配送经营人订立合同的目的,合同中应明确计费标准、计费方法,以及费用的支付方法。

(7)合同的期限。合同中应明确配送合同的起止时间,合同是否会延续及延续方法。

(8)违约责任条款。违约责任是当事人违反合同约定时应承担的责任。违约责任约定违约行为需支付的违约金的数量,违约造成对方损失的赔偿责任及赔偿方法,违约方继续履行合同的条件等。由于配送合同的未履行可能产生极其严重的后果,为避免损失的扩大,配送合同可约定发生一些可能产生严重后果的违约补救方法,如紧急送货、就地采购等措施的采用条件和责任承担等。

(9)合同变更和解除条款。在合同中约定变更和解除条件、程序。

(10)争议解决条款。双方当事人发生纠纷时,解决的办法有协商、调解、诉讼、仲裁,双方当事人可以在合同中约定仲裁及仲裁机构。

(11)双方约定的其他条款。

六、配送合同当事人的权利和义务

(一)配送经营人的权利和义务

1.配送经营人的权利

(1)要求配送委托人支付配送费用的权利。

(2)要求配送委托人按约定提供配送物的权利。

(3)要求配送委托人及时接收配送物的权利。

2.配送经营人的义务

(1)妥善保管配送物的义务。从配送经营人接收配送物时起,至交付配送物时止,配送物一直处于配送经营人的保管之下。配送经营人必须尽到妥善保管配送物的义务,按照配送物的性质分别采取不同的保管方法。尤其对于危险品及易腐货物等,更应该在适合存放该配送物的条件下采用正确的方法加以保管。

(2)按约定配送的义务。配送服务不仅要求配送经营人从原始货物中挑选出符合要求的配送物,有时还会要求配送经营人按照配送委托人的要求对货物进行适当的加工,使配送物最终以指定的形态被送至指定地点。经过物流企业组织配送的物品,应具有配送委托人要求的色彩、大小、形状、包装组合等外部形态,其质量也应当符合标准,从而增加商品的商业价值。

(3)按合同约定进行供应的义务。配送经营人应做到:①有良好的货物分拣、管理系统,以便在配送指令下达后,在要求的时间内备齐相应物品;②有合理的运送系统,包括车辆、运输人员、装卸作业、运输路线等;③有其他必要的配送设施、设备,包括良好的仓储设施、完备的相关加工设备等。

(4)告知义务。配送经营人在履行配送合同的过程中,应将履行的情况、可能影响配送委托人利益的事件等,及时、如实地告知委托人,以便采取合理的措施防止或减少损失的发生,否则配送经营人应承担相应的责任。

(二)配送委托人的权利和义务

1.配送委托人的权利

(1)按照约定享有配送服务的权利。

(2)签收配送单证的权利。

(3)对配送物品现状知情的权利。

2.配送委托人的义务

(1)按照约定支付配送费用的义务。

(2)及时向配送经营人提供配送物的义务。

(3)告知配送经营人配送物性质的义务。

(4)及时收取配送物的义务。

> **任务实施**

具体要求:依据所掌握的仓储合同的法律特征、合同内容、当事人权利和义务、违约责任等知识,就本项目案例导入所述情境,以甲公司法律顾问的身份,与乙仓储公司协商,为本次情境中钢材的仓储活动,草拟一份仓储合同,注意每个流程的知识点和程序要求。

第一步：熟悉仓储合同的主要条款

1. 明确存货人及保管人信息

存货人是持有仓储处分权的人，例如仓储物所有人，即货主；或者仓储权利占有人，如货物承运人；或者被查处没收的货物、无主货物的准所有人，如法院、行政机关。保管人则必须具有仓储设备的所有权或经营使用权，必须具有经营资格。

本案例中，存货人为甲公司，保管人为乙仓储公司。

2. 确定仓储物的品种、数量、质量、包装及其件数和标记

应详细、具体填写仓储物上述信息，注意防范信息不全、有误、表达不明。这关系到未来因保管不当或其他事由而产生纠纷的处理。

本案例给出的已知信息中，仓储物为 HB 型钢材，数量 4.8 万吨，批号 202002222，钢材无包装。

3. 确定仓储物验收的项目、标准、方法、期限和相关资料

(1) 逐项填写存、取仓储物的验收项目、标准、方法，以及货物验收应与哪些资料、数据相符。如未明确以上验收条款，则可能导致保管责任不清晰，货损后索赔困难。

(2) 注意写明仓储物的验收期限，验收时间与仓储物实际入库时间应尽量接近，对易发生变质的仓储物，更应注意验收期限规定。必须注明超过验收期限所造成的实际损失，由保管人负责。仓储物验收期限，自仓储物和验收资料全部送达保管人之日起，至验收报告送出之日止，日期均以运输或邮政部门的戳记或直接送达的签收日期为准。

(3) 写明保管人应按合同规定的品名、规格、数量、外包装状况、质量等，对入库仓储物进行验收。如果发现入库仓储物与合同规定不符，应在约定的时间内通知存货方。保管人验收后，如果发生仓储物品种、数量、质量不符合合同规定，保管人应承担赔偿责任。

本案例中并未明确货物验收要求，可参考国家或行业相关标准设计验收要求。

4. 确定仓储物的存储期间、保管要求和保管条件

仓储物的保管条件和保管要求必须在合同中明确做出规定，特别是对易燃、易爆、易渗漏、易腐烂、有毒等危险物品的储存要明确操作要求、储存条件和方法。原则上有国家规定操作程序的，按国家规定执行；没有国家规定操作程序的，按合同约定储存。

本案例中双方约定，要求仓库配套较为合理的库房或货场，按照钢材储存的一般环境要求，具体列明储存条件，保证货物存储质量。

5. 确定仓储物进出库手续、时间、地点和运输方式

(1) 要将进出库的手续、时间、地点、运输方式等写全、写清，有运费时还应写明运费由谁承担。

(2) 合同中要注意明确仓储物的进出库手续的办理方法，确立仓储物进库时间，双方当事人必须办理签收手续，在没有存货方在场的情况下，仓储物的出库应当与存货人原指定的第三者办理，不能直接与仓储物的买方办理。

另外，仓储物在出库后，原合同约定由保管人代为发运的，合同条款中必须明确仓储物的运输方式，送达目的地的时间。

本案例中，双方约定货物进出库装卸作业由仓储公司负责。

6. 确定仓储物的损耗标准和损耗处理

(1) 如实正确填写损耗，少填或多填也容易出现纠纷。

(2)合同中要明确仓储物在储存期间和运输过程中的损耗,以及磅差标准的执行原则。有国家或专业标准的,按国家或专业标准规定执行;没有国家或专业标准的,可以商定在保证运输和存储安全的前提下由双方做出规定。

本案例中未明确损耗标准。一般情况下,钢材的损耗是很小的,主要问题是钢材计量时会存在磅差,一般是千分之三。

7.确定计费项目、标准和结算方式

写清结算方式和结算时间、数额。若是分期结算,还要将每期的结算额写清。

8.确定违约责任

详细、明确地填写违约责任,剔除明显或潜在的违约责任的附加条件。

9.确定合同的有效期限,合同变更和解除的条件、期限

科学填写合同有效期限,变更和解除合同的条件以及期限,选择权威、公正的机构出具材料。

10.确定争议解决方式

选择便利、公正的纠纷解决机关、方式和地域管辖。

第二步:合同文本设计

1.合同文本构成

合同文本由封面、主体、附录三部分构成。封面包括合同编号、合同名称、合同签约双方、签约时间。主体部分列明本合同全部条款。针对合同中某一条款相关的事项,不适合放在正文中的,可以作为附录部分放在合同最后。

2.条款分层

一般情况下,合同条款分为三个层次。第一层为条,如"第一条"。第二层为每一条的细分内容,以"1.1""1.2"进行编号,依次类推。第三层为每一条的细分内容的具体信息,以"(1)""(2)"进行编号,依次类推。

如合同条文层次较多,可采用四层条款,在"条"之前增加一层"章"。

3.格式要求

(1)页面格式与编码

①页面设置。合同一般采用 A4 纸张竖版格式,页边距可设置为上下 2.5 厘米、左右 3 厘米,标准字符间距。合同封面可印制企业标记或其他信息。一般情况下,企业合同会采用固定的标准格式。

②页码编辑。合同封面不设计页码。合同主体正文开始设置页码,页码起始数字为 1,一般情况下页码格式为普通阿拉伯数字,置于页面底端居中。附录部分页码可单独编号,也可沿用正文编号。

(2)字体与字号

合同文本的字体与字号没有严格的要求,建议采用以下标准:

①封面部分。合同编号为黑体、四号、文本左对齐。首行起空两行,书写合同名称,仿宋字体,一号,加粗,居中。首行起空 7~8 行,书写合同双方当事人信息,用三号楷体,与合同名称居中对齐。

②主体部分。段前空一行书写合同名称,黑体,二号,居中,段前、段后各 24 磅。下书双方当事人基本信息,黑体,小三号,文字左对齐。合同正文文本为宋体,小四号字体,首行缩进 2 字符,1.25 倍行距。

③表格与说明。每张表格都应有表题,表题前后各空一行,采用宋体,小四号,加粗,置于表格上方居中位置。表格中文字为宋体五号,居中。在表格正下方空一行书写表格说明,采用宋体,五号。同一表格应尽量放在一页。

④结尾与落款。合同正文结束后,空两行,书写"以下无正文"字样,小四号,首行缩进两字符。依据合同具体情况书写落款,采用宋体,小四号字,分别在页面两侧为双方当事人预留大致相等的签字(盖章)空间。

⑤附件、附录。合同结尾处需要加附件、附录的,应另起一页。附件起始页书写"合同附件",上下各空一行,采用仿宋字体,二号,加粗,居中。附件、附录需编号,形式为附件/附录＋阿拉伯数字,附件编号采用仿宋体,三号,加粗,文本左对齐。附件、附录标题为宋体,小三号,加粗,置于附件文本/表格上方正中位置。

任务评价

评价内容	评价标准	权重/%	得分
基础知识	掌握仓储合同及配送合同的主要条款	30	
	掌握仓储合同及配送合同的法律特征	10	
拟定仓储合同文本	合同条款内容全面,无缺项	30	
	合同条款内容表述准确,无歧义	20	
	合同文本版式设计合理,美观	10	

任务二　解析标准仓单质押业务模式

任务描述

根据本项目案例导入的情境描述,甲公司的法律顾问希望通过标准仓单质押,向银行申请贷款。请梳理标准仓单质押的业务模式和办理流程,并绘制流程图。

知识链接

一、仓单的法律性质与内容

《民法典》第九百零八条规定:"存货人交付仓储物的,保管人应当出具仓单、入库单等凭证。"仓单是保管人收到仓储物后给存货人出具的提取仓储物的凭证,是一种货物提取权凭证。

(一)仓单的法律性质

1.仓单为有价证券

存货人或者仓单持有人在仓单上背书并经保管人签字或者盖章的,可以转让提取仓储物的权利。可见,仓单表明存货人或者仓单持有人对仓储物的交付请求权,故为有价证券。

2. 仓单为要式证券

仓单须经保管人签名或者盖章,且须具备一定的法定记载事项,故为要式证券。也就是说,仓单必须具备必要的形式和内容,并以精确的文字来表达,否则会影响该仓单的效力,甚至会导致无效。

3. 仓单为文义证券

文义证券是指证券上权利、义务的范围以证券的文字记载为准。仓单的记载事项决定了当事人的权利和义务,当事人须依仓单上的记载主张权利和义务,故仓单为文义证券。

4. 仓单为换取证券

换取证券又称自付证券、缴还证券,是指有价证券的签发人自己为给付义务后,权利人须将证券返还义务人的证券。仓单由保管人在收到存货人交付的仓储物时签发,于仓单持有人提取仓储物时由保管人自己履行给付义务,同时要求存货人缴还保管人自己签发的仓单。显然,仓单是一种换取证券。

5. 仓单为背书证券

背书证券又称指示证券,是指凡是可以依据背书进行合法转让的证券。仓单可以通过背书加以转让,所以是一种背书证券。

(二)仓单的内容

根据《民法典》第九百零九条的规定,仓单包括下列事项:(1)存货人的姓名或者名称和住所;(2)仓储物的品种、数量、质量、包装及其件数和标记;(3)仓储物的损耗标准;(4)储存场所;(5)储存期限;(6)仓储费;(7)仓储物已经办理保险的,其保险金额、期间以及保险人的名称;(8)填发人、填发地和填发日期。

二、仓单质押概述

(一)仓单质押的概念

仓单质押是以仓单为标的物而成立的一种质权。它作为一种新型的服务项目,为仓储企业拓展服务项目以及开展多种经营提供了广阔的舞台,特别是在传统仓储企业向现代物流企业转型的过程中得到了广泛应用。

简单来讲,仓单质押就是存货人将仓单作为质物质押给银行,银行发放贷款给存货人;存货人还款后,银行返还存货人仓单,以提取相应货物。另外,仓单质押过程中,通常存在第三人——仓储物保管人,承担保管货物的责任。

(二)仓单质押的法律性质

《民法典》规定,质权分为动产质权和权利质权两种,此两种质押担保方式的区分标准在于标的物不同。

《民法典》第四百四十条规定,债务人或者第三人有权处分的下列权利可以出质:(1)汇票、本票、支票;(2)债券、存款单;(3)仓单、提单;(4)可以转让的基金份额、股权;(5)可以转让的注册商标专用权、专利权、著作权等知识产权中的财产权;(6)现有的以及将有的应收账款;(7)法律、行政法规规定可以出质的其他财产权利。

仓单质押的标的物为仓单。仓单是物权证券化的一种表现形式,其本身隐含着一项权利——仓单持有人对于仓储物的返还请求权。因此,仓单质押作为一种质押担保方式,其在性质上属于权利质押。

(三)仓单质押的法律关系主体、客体及债权范围

在质押行为中,提供财产(或权利)的人称为出质人,占有财产(或享有权利),并在债务人不履行债务时以该财产折价或者以拍卖、变卖该财产的价款优先受偿的人为质权人。因此,在仓单质押的法律关系中,主体包括出质人(如仓单持有人)和质权人(如银行)。

仓单质押法律关系的客体是仓单所记载的提货权。

仓单质押法律关系的债权范围包括主债权及利息、违约金、损害赔偿金、质物保管费用和实现质权的费用。质押合同另有约定的,按照约定执行。

三、仓单质押合同的设立与内容

(一)仓单质押合同的设立

《民法典》第四百二十七条规定:"设立质权,当事人应当采用书面形式订立质押合同。"第四百四十一条规定:"以汇票、本票、支票、债券、存款单、仓单、提单出质的,质权自权利凭证交付质权人时设立;没有权利凭证的,质权自办理出质登记时设立。"

由此,仓单质押合同的设立应当具备两个条件:一是当事人应当采用书面形式订立仓单质押合同;二是在合同约定的期限内交付仓单,质权自仓单凭证交付质权人时设立。需注意的是,标准仓单的质押,需按照相关规定到商品交易所办理质权登记手续,质权自办理出质登记时方能设立。

仓单质押合同是担保合同的一种,是主债权债务合同的从合同。主债权债务合同无效的,担保合同无效,但是法律另有规定的除外。

(二)仓单质押合同的内容

根据《民法典》第四百二十七条的规定,质押合同一般包括下列条款:(1)被担保债权的种类和数额;(2)债务人履行债务的期限;(3)质押财产的名称、数量等情况;(4)担保的范围;(5)质押财产交付的时间、方式。

四、仓单质押合同当事人的权利与义务

(一)质权人的权利与义务

仓单质押对质权人的效力表现在因仓单设质而发生并由质权人所享有和承担的权利和义务。

1.质权人的权利

(1)仓单留置权。仓单设质后,出质人应将仓单背书并交付给质权人。债务人未全部清偿以前,质权人有权留置仓单而拒绝返还。

依质权的一般法理,质权人对标的物的占有乃是质权的成立要件,而质权人以其对标的物的占有在债务人未全部清偿之前,得留置该标的物,其目的在于迫使债务人从速清偿到期债务。在仓单质押中,质权人占有的是出质人交付的仓单而并不是直接占有仓储物。但是,仓单是提取仓储物的凭证,因此仓单质押的质权人在债务人不能清偿到期债务时留置仓单,就可以凭其所占有的仓单向保管人请求提取仓储物而进行变价并优先受偿届期债权。

(2)质权保全权。仓单设质后,如果因出质人的原因而使仓储物有所损失,会危及质权人质权的实现,于此情形下,质权人有保全质权的权利。

根据《民法典》中仓储合同和担保物权的有关规定,可以看出:仓单设质后,因质权人依

法占有仓单,因此质权人有权向仓储物的保管人请求检验仓储物或者提取仓储物的样品,保管人不得拒绝,并且无须征得出质人的同意。质权人在检验仓储物或者提取仓储物的样品后,发现仓储物有毁损或者灭失之虞而将害及质权的,质权人得与出质人协商由出质人另行提供足额担保,或者由质权人提前实现质权,以此来保全自己的质权。

(3)质权实行权。设定质权的目的在于担保特定债权能够顺利获得清偿,因此在担保债权到期而未能获得清偿时,质权人自有实现质权的权利,以此为到期债权不能获如期清偿的救济,从而实现质押担保的目的。这在仓单质押中亦同,且为仓单质押担保权利人的主要权利。仓单质押的质权实行权包括两项:一是仓储物的变价权,二是优先受偿权。

2.质权人的义务

质权人的义务主要包括保管仓单和返还仓单。第一,仓单设质后,出质人要将仓单背书后交付给质权人占有,但质权人对仓单的占有,因有出质背书而取得的仅为质权,非仓储物的所有权。由于质权人原因而致仓单丢失或者为其他第三人善意取得,就会使出质人受到损害,因此,质权人负有妥善保管仓单的义务。第二,债务人履行了到期债务之后,质权担保的目的既已实现,仓单质押自无继续存在的必要和理由,质权人自当负有返还仓单的义务。

(二)出质人的权利与义务

仓单质押对出质人的效力主要表现为其对仓储物处分权的限制。

1.出质人的权利

(1)出质人对仓储物享有处分权。仓单一经出质,质权人即占有出质人交付的仓单,但此时质权人取得的并不是仓储物的所有权,而仅为质权;出质人因暂时丧失了对仓单的占有,尽管其对仓储物依然享有所有权,但若想处分该仓储物,则势必会受到限制。出质人若想对仓储物进行处分,应当向质权人另行提供相应的担保,或者经质权人同意而取回仓单,从而实现自己对仓储物的处分权。

(2)对质物的返还请求权。质物返还请求权在任何阶段都可以提出。但通常能够行使这种权利的情况有两种:一是当出质人发现质权人不能妥善保管质物,有可能导致质物损坏的,出质人有权要求质权人将质物提存或者提前清偿债务而返还质物;二是在债务人清偿债务后,质权人未及时返还质物的,出质人有权要求质权人返还并赔偿损失。

2.出质人的义务

出质人的义务主要有:及时向质权人提供质押物;对质押物的情况应做出详细说明,故意隐瞒瑕疵的要承担相应的法律责任。

(三)保管人的权利与义务

仓单质押对仓储物的保管人亦发生效力。

1.保管人的权利

保管人享有救济权。依《民法典》合同编的法理,仓单持有人提前提取仓储物的,保管人不减收仓储费。因此,质权人在实现质权时,尽管仓储期限尚未届满,保管人也不得拒绝交付仓储物。但是,如果由于质权人提前提取仓储物而尚有未支付的仓储费的,保管人可请求质权人支付未支付的仓储费。当然,质权人因此而发生的支出费用应当在仓储物的变价之中扣除,由债务人最后负责。若质权实行时,仓储期限已届满,保管人亦享有同样的救济权,由质权人先支付逾期仓储费,债务人最后予以补偿。

2.保管人的义务

仓单是提取仓储物的凭证,仓单持有人可以凭借所持有的仓单向保管人请求交付仓储物,而保管人负有见单即交付仓储物的义务。因而,在仓单质押中,当质权人的债权到期不能获清偿时,质权人便可以向保管人出示仓单请求提取仓储物从而实现仓单质押担保。从这个意义上讲,仓单质押的效力及于保管人。

五、标准仓单质押业务模式

标准仓单是由期货交易所统一制定,指定交割仓库在完成入库商品验收,确认合格后签发给货主的实物提货凭证。

标准仓单质押融资是指以标准仓单质押为主要担保方式,银行基于一定的质押率和质押价格向融资申请人发放授信,用于满足其流动资金需求或标准仓单实物交割资金需求的一种短期融资业务。质押物所得价款优先用于清偿银行贷款本息及相关费用。

(一)标准仓单质押的法律关系主体

在标准仓单质押业务中,直接参与者通常有质权人、出质人、中间服务人三方。其中,质权人为提供贷款的商业银行,出质人为借款企业,中间服务人有期货公司、经纪公司、交割仓库、回购担保公司等。

(二)标准仓单质押业务主要模式

标准仓单质押业务主要有以下三种模式:

1.银行与期货公司和借款企业签订三方协议的模式

这种模式主要适用于无纸化的标准仓库,仓单通过等级升贴水、地区升贴水的调整,在期货公司注册成为标准化的仓单,仓单持有人可以自主选择仓库提货,标准仓单与指定交割仓库不存在一一对应关系。其主要操作方式是通过银行、期货公司与借款企业签订三方协议,明确三方的权利与义务来实现的,一般流程如下(图5-1):

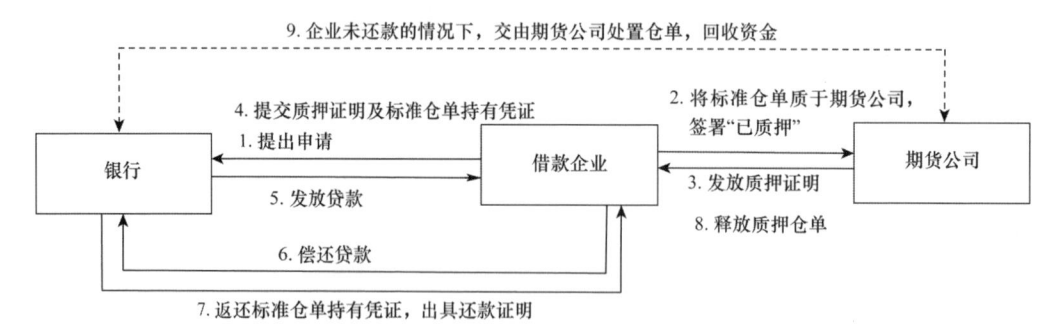

图5-1 银行与期货公司和借款企业签订三方协议的模式

(1)借款企业向银行提出借贷申请。

(2)借款企业将标准仓单质于期货公司,同时签署"已质押"字样,标准仓单在贷款期间不得交割、挂失和注销。

(3)期货公司发放质押证明。

(4)借款企业向银行提交期货公司的质押证明及标准仓单持有凭证。

(5)银行收到后向借款人发放贷款。

(6)质押期满时,借款企业向银行偿还贷款本息,或提前偿还贷款本息。

(7)银行收到偿还贷款金额时,返还标准仓单持有凭证,出具还款证明。
(8)期货公司释放质押标准仓单。
(9)若质押期结束,借款企业无法还款,银行将通过期货公司处置仓单。

2. 银行、借款企业、期货公司、交割仓库签订四方协议的模式

这种模式主要适用于有纸化的标准仓单,这类仓单与其代表的货物一一对应,可以背书转让。其主要操作方式是通过银行、借款企业、期货公司与交割仓库签订四方协议,明确四方的权利与义务来实现的,一般流程如下(图5-2):

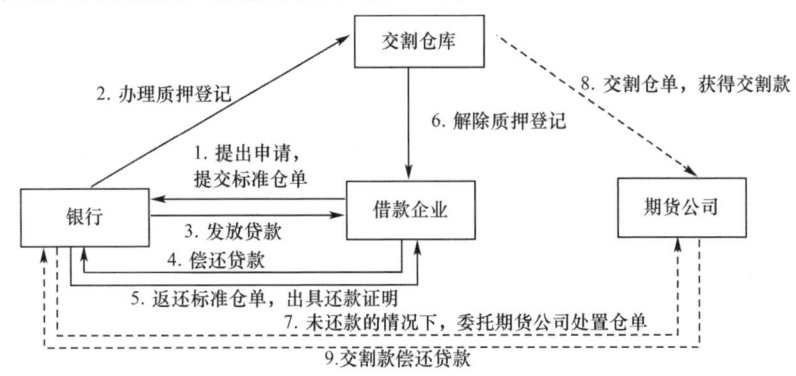

图 5-2 银行、借款企业、期货公司与交割仓库签订四方协议的模式

(1)借款企业向银行提出申请,将标准仓单交给银行,银行实现占有权。
(2)银行和借款企业共同到交割仓库办理质押登记,注明该仓单不得挂失、注销;交割仓库负责保管货物。
(3)银行向借款企业发放贷款。
(4)质押期结束时收回贷款本息。
(5)银行将标准仓单返还借款企业,并出具还款证明。
(6)借款企业到交割仓库办理解除质押登记。
(7)如借款企业无法还款,银行将通过期货公司处置仓单。
(8)期货公司通过处置仓单,与交割仓库办理出库手续,获得交割款。
(9)期货公司将交割款交给银行,偿还贷款。

3. 银行与借款企业、期货公司与回购担保企业签订四方协议的模式

这种模式与第一种模式相似,不同的是添加了回购担保企业作为第四方,在借款企业不能按时、足额归还贷款时,由回购担保企业按贷款本息回购所质押标准仓单,在保证银行及时回收贷款本息的基础上,再向借款企业进行追偿。其主要操作方式是通过银行、借款企业、期货公司与回购担保企业签订四方协议,明确四方的权利与义务来实现的,一般流程如下(图5-3):

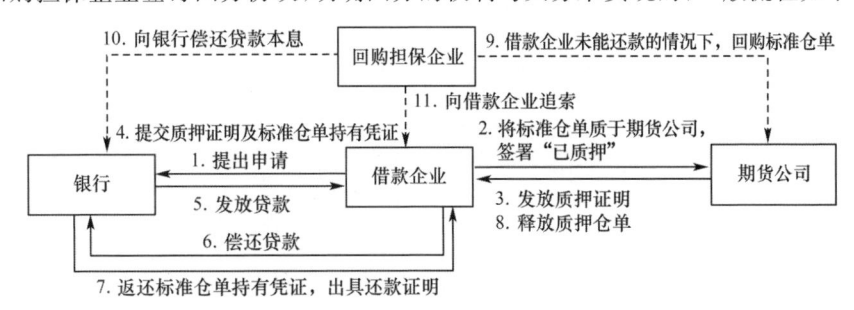

图 5-3 银行与借款企业、期货公司、回购担保企业签订四方协议模式

(1)借款企业向银行提出借贷申请。
(2)借款企业将标准仓单质于期货公司,同时签署"已质押"字样,标准仓单在贷款期间不得交割、挂失和注销。
(3)期货公司发放质押证明。
(4)借款企业向银行提交期货公司的质押证明及标准仓单持有凭证。
(5)银行收到后向借款人发放贷款。
(6)质押期满时,借款企业向银行偿还贷款本息,或提前偿还贷款本息。
(7)银行收到偿还贷款金额时,返还标准仓单持有凭证,出具还款证明。
(8)期货公司释放质押标准仓单。
(9)若质押期结束时,借款企业无法还款,则由回购担保企业回购所质押的标准仓单。
(10)以回购款向银行偿还贷款本息。
(11)回购担保企业向借款企业进行追索。

任务实施

具体任务:依据所掌握的标准仓单质押业务的模式和质押合同内容等知识,就本项目案例导入所述情境,以甲公司的法律顾问的身份,通过已有标准仓单向银行申请质押融资(以郑州商品交易所标准仓单所外质押业务为例),绘制标准仓单质押操作流程图。

第一步:梳理标准仓单质押操作流程

1.借款人提交申请材料

借款人须向当地银行(贷款行)提供以下资料:

(1)借款人营业执照(正、副本)、企业法人代码证、税务登记证、公司章程、贷款(证)卡原件和复印件。
(2)借款人、保证人上年度财务报表(包括资产负债表、损益表和现金流量表)和最近一期财务报表原件。
(3)拟质押标准仓单清单与权属凭证(复印件)。
(4)借款人有权机构关于借款及同意质押的决议原件。
(5)拟质押人担保意向书。
(6)借款人法人代表身份证复印件,有权签字人的签字样本。

2.银行审查、审批

贷款行受理借款人的申请资料,并根据借款人财务状况和经营规模进行客户规模的划分、认定;贷款行信贷审批部门根据经营部门上报的借款人的贷款额度、期限、金额以及借款人提供的拟质押仓单数量等证明文件进行审批。

3.借款人、银行、期货公司签订三方协议

对审批同意的贷款项目,银行与借款人签订《标准仓单质押合同》,与借款人、期货公司签订《标准仓单质押封闭监管协议》。

贷款行通知承办行(交易所所在地指定银行)关于仓单质押贷款情况,并将借款人的营业执照复印件交承办行,承办行为借款人在质权登记及质权行使通道下开立专用交易编码。

4.办理仓单冻结

(1)借款人通过期货公司向交易所递交冻结仓单的声明书,期货公司向交易所递交冻结仓单的专项授权书,同时贷款行向交易所递交冻结仓单的通知书。

(2)交易所同意后,协助银行将质押部分的仓单予以冻结,并向银行出具仓单冻结确认书。

5.发放贷款

贷款行凭该确认书确定仓单质押登记已成功,为借款人办理贷款发放手续。

6.贷款监控、偿还

为降低质押仓单价值下降造成的信贷风险,贷款行要对质押仓单品种的价值变动情况给予关注,当实际质押率超过协议约定的质押率或总行核定的警戒线时,要及时通知借款人采取归还部分借款或追加部分仓单等措施降低信贷风险。借款人按时归还借款的,贷款行应及时向交易所递交解除仓单冻结通知书,交易所解除仓单冻结,仓单恢复可流通状态。

7.处置仓单

借款人不能偿还银行贷款的,银行根据三方协议约定,委托期货公司处置仓单,货款划付银行。

第二步:绘制标准仓单质押操作流程图(图 5-4)

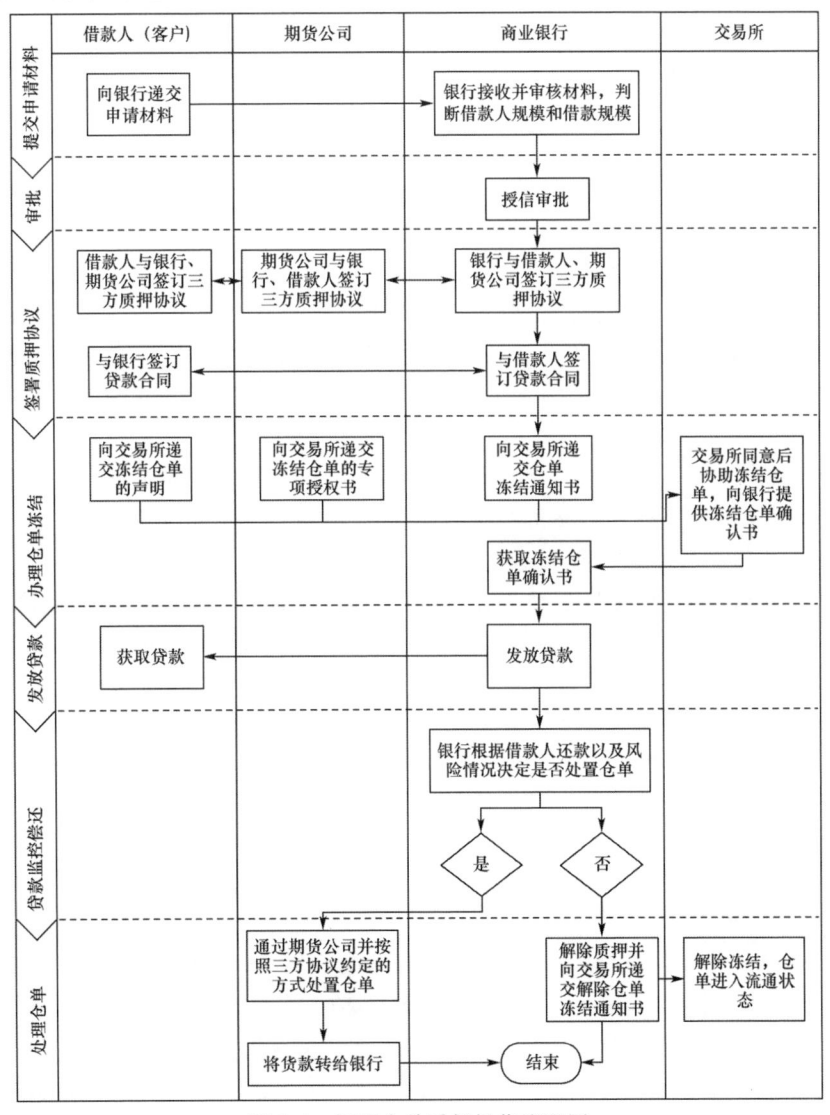

图 5-4 标准仓单质押操作流程图

任务评价

评价内容	评价标准	权重/%	得分
梳理仓单质押相关基础知识	掌握仓单质押的性质与效力	30	
	掌握标准仓单质押业务模式	10	
绘制标准仓单质押操作流程图	流程步骤完整,叙述准确	30	
	正确标注流程图中形成的各种合同类别	20	
	图形布局合理、美观	10	

法条解析

《中华人民共和国民法典》

第八百八十八条 保管合同是保管人保管寄存人交付的保管物,并返还该物的合同。

寄存人到保管人处从事购物、就餐、住宿等活动,将物品存放在指定场所的,视为保管,但是当事人另有约定或者另有交易习惯的除外。

保管合同又称寄托合同、寄存合同,是指双方当事人约定一方将物交付他方保管的合同。

本条第二款内容是对保管合同定义的一个补充规定,是对司法实践中存在争议的现实问题进行的统一法律指引,避免因为不同的理解而产生司法判决中的不一致。

过去,有的案件中,法院认为,消费者使用超市提供的自助保管柜行为属于"借用行为",没有发生保管合同要求的保管物交付转移的过程,所以认定不属于保管合同。也有法院以消费者车辆停放是宾馆保安指引到指定位置为由,认定为保管,判决宾馆对消费者停放在停车场内的车辆丢失承担赔偿责任。

本条第二款内容,将使这类问题的法律理解朝向明确和统一的方向。在这个条款中规定"将物品存放在指定场所的",特指这样一种情形,即购物、就餐、住宿等服务机构对某类物品的存放有指定保管场所的某种表示时,即视为保管。

本条第二款最后的"但是当事人另有约定或者另有交易习惯的除外"的表述,意味着约定优先以及交易习惯优先的原则。这在实务中可能涉及两个具体的问题:

(1)可能涉及格式条款的效力问题,这需要依据《民法典》中关于格式条款的规定以及相关的法律法规进行谨慎处理,否则不能达到当事人另有约定并以该约定为依据的效果。

(2)是否构成交易习惯是一个需要举证证明的事情,因此要为此系统地准备相关材料和证明。

项目小结

本项目介绍了物流仓储、配送活动中涉及的仓储合同、配送合同、仓单以及仓单质押等法律关系,重点介绍了仓储合同和标准仓单质押业务的法律关系。

仓储合同是保管人与存货人就仓储业务形成的合同文件,体现了双方当事人在仓储活动中的权利和义务关系。仓储合同自保管人和存货人意思表示一致时成立,强调了仓储合

项目五　仓储、配送法律规范

同是诺成合同的特征。出具仓单是仓储合同保管人的一项义务。仓单作为提取仓储物的凭证，本身隐含着一项权利——提货权。仓单既可以转让，又可以出质，仓单质押性质上是一种权利质押。标准仓单质押业务中，直接参与者通常有质权人、出质人、中间服务人三方，因此质押业务中通常会签署质押合同和质押监管三方协议。

思政园地

2013年11月25日，习近平总书记来到金兰物流基地，视察物流信息中心，考察物流运输企业时指出，物流业一头连着生产、一头连着消费，在市场经济中的地位越来越凸显。

物流系统中非常重要的两项工作就是仓储与配送。

仓储实现物流的时间价值，在此项工作中，通过仓储合同来约束双方的权利与义务，为仓储价值的实现提供保障。仓单是提取仓储物的凭证。存货人或者仓单持有人在仓单上背书并经保管人签字或者盖章的，可以转让提取仓储物的权利。仓单既可以转让，又可以出质。在仓单质押、流转等环节中，更需要各方严格按照法律规定来进行，否则容易引发诸多争议与纠纷。作为监管与放贷的银行，以及参与其中的借款人、期货公司，都应依法履行自己的职责，保障仓单质押业务的顺利开展。

配送是保障货物最终到达客户手中的最后一个物流环节，直接影响到客户对物流企业的整体评价，因此要求配送活动的各个参与方严格执行公司的操作行为规范，确保货物可以按约定的时间、地点到达客户手中。特别是菜鸟驿站、快递柜等主体加入最后一公里配送环节后，市场上争议与纠纷都比较多，物流公司作为整个流通环节的主导者，应该尽快制定相关的操作规范，来约束相关参与方的行为，使物流最后一环更加流畅。同时，引导人们更理性地看待菜鸟驿站、快递柜，共同解决好最后一公里的配送问题，对于不同客户采取不同的配送方式，整体提高客户对物流活动的满意度。

能力测评

一、选择题（不定项）

1. 仓储合同的标的物是能够移动而不丧失其自然价值的特定物或特定化的（　　）。

   A. 种类物　　　　B. 特定物　　　　C. 对象　　　　D. 货物

2. 下列哪项权利不属于存货人？（　　）

   A. 提货权　　　　B. 转让权　　　　C. 提存权　　　　D. 索偿权

3. 仓储保管人的权利不包括（　　）。

   A. 拒收权　　　　B. 要求提货权　　　　C. 提存权　　　　D. 转让权

4. 以下说法正确的是（　　）。

   A. 仓储合同自保管人和存货人意思表示一致时成立

   B. 仓储合同自存货人交付货物时生效

   C. 仓储合同自保管人向存货人交付仓单时生效

   D. 仓储合同自书面合同签字盖章之日起生效

5.下列说法正确的是( )。
A.配送合同的标的是被配送的物品
B.配送合同是诺成合同
C.从配送经营人接收货物时起至交付货物时止,货物一直归配送经营人所有
D.配送合同是一种典型合同

6.仓单作为仓储保管的凭证,其作用主要表现在( )。
A.仓单是保管人向存货人出具的货物收据
B.仓单是仓储合同存在的证明
C.仓单是货物所有权的凭证
D.仓单是提取仓储物的凭证
E.仓单是交易凭证

7.下列可以出质的是( )。
A.标准仓单   B.可以转让的注册商标专用权
C.拥有独立产权的房产 D.个人健康保险单

8.甲公司将一批易挥发化工原料交乙仓库保管,但未对该原料的挥发性做出说明。乙仓库将该批化工原料与丙公司委托其保管的食品装在同一仓库,化工原料污染了食品。丙公司的损失( )。
A.应要求甲公司赔偿   B.应要求乙仓库赔偿
C.应要求甲公司、乙仓库承担连带责任 D.应自行承担

9.甲委托乙保管一批棉布。乙同意并接收棉布后,发现自己的仓库破损有渗漏现象,天气预报近日有大暴雨,遂找甲,但无法联系到甲,乙委托丙代为保管该批棉布,并在3日后将此事通知了甲,甲亦未表示反对。不久,丙因疏忽导致该批棉布在仓库中被盗。下列表述中正确的是( )。
A.甲应当直接向乙要求赔偿
B.甲应当直接向丙要求赔偿
C.甲可以要求乙、丙承担连带责任
D.甲只能向乙、丙中一人提出赔偿要求,但甲有选择权

10.下列关于仓单质押的表述正确的是( )。
A.质权人有权向仓储物的保管人请求检验仓储物或者提取仓储物的样品
B.仓单设质后,出质人应当直接将仓单交付质权人占有
C.仓单质押担保债权到期,但是仓储物储存期限未届满,质权人不能直接提取货物
D.仓单的储存期限已届满,但主债权未到期的,质权人可以兑现或者提货,并与出质人协议将兑现的价款或者提取的货物提前清偿债务或者提存

二、案例分析
甲公司在乙仓库寄存某类电子设备一批100台,价值共计100万元。双方商定:仓库自2021年1月15日至2021年2月15日期间保管,甲公司分三批取走。约定2月15日甲公司取走最后一批设备时,支付保管费2 000元。2月15日,甲公司前来取最后一批设备时,双方为保管费的多少发生争议。甲公司认为自己的设备实际是在1月25日晚上才搬入仓库,应当少付保管费250元。乙仓库拒绝减少保管费,理由是仓库早已为甲公司设备的到来

项目五　仓储、配送法律规范

准备了地方,至于甲公司是不是准时将设备搬入仓库是甲公司自己的事情,与仓库无关。甲公司认为乙仓库位于江边码头,自己又通知了货物到站的准确时间,仓库不可能空着货位,只同意支付1 750元保管费。乙仓库于是拒绝甲公司提取剩下的设备。

思考：

1. 甲公司要求减少保管费是否合理？为什么？
2. 乙仓库在甲公司拒绝足额支付保管费的情况下是否可以拒绝其提取货物？为什么？

拓展训练

根据本项目案例导入的资料,学生以4~5人为一个小组,2人扮演甲公司(存货人),2人扮演乙公司(保管人),1人作为协调组织员,就案例描述的钢材仓储业务活动,模拟甲、乙双方合同洽谈的场景,协商确定仓储合同条款具体内容,并模拟签订仓储合同。

项目六
装卸搬运法律规范

知识思维导图

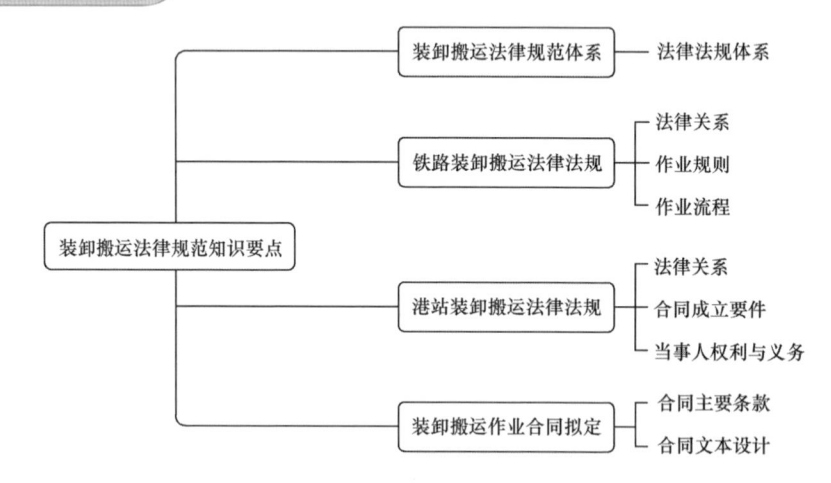

```
                              ┌─ 装卸搬运法律规范体系 ─── 法律法规体系
                              │
                              │                          ┌─ 法律关系
                              ├─ 铁路装卸搬运法律法规 ────┼─ 作业规则
                              │                          └─ 作业流程
装卸搬运法律规范知识要点 ──────┤
                              │                          ┌─ 法律关系
                              ├─ 港站装卸搬运法律法规 ────┼─ 合同成立要件
                              │                          └─ 当事人权利与义务
                              │
                              └─ 装卸搬运作业合同拟定 ────┬─ 合同主要条款
                                                         └─ 合同文本设计
```

知识目标

通过本项目的学习,学生了解货物装卸搬运相关的法律规范体系;熟悉铁路装卸作业的相关管理制度;掌握铁路装卸搬运作业法律关系;掌握铁路货物装卸作业标准和作业程序;掌握港站货物作业法律关系;掌握港站货物作业合同的法律特征和内容;掌握港站货物作业合同当事人的权利和义务。

能力目标

通过本项目的学习,学生能够判断货物装卸搬运合同的合法性;熟悉铁路货物作业流程规范,能够解决工作中遇到的实际问题;会根据港站货物装卸作业条件和要求,编制港站货物作业合同文件。

思政目标

通过本项目的学习,学生明确物流装卸搬运业务中涉及的相关法律法规,具有基本的法律素养,树立对法的尊崇、敬畏,有守法意识,能防范合同欺诈,会寻找法律途径解决纠纷。

项目六　装卸搬运法律规范

关键概念

装卸搬运；作业合同；港站经营人；作业委托人

案例导入

海铁联运是通过海运和铁路等运输方式的有效衔接,提供一体化组织的集装箱运输服务。2019年,宁波舟山港海铁联运业务量超80万标准箱,跻身海铁联运全国第二大港。"宁波舟山港—浙赣湘(渝川)"集装箱海铁公多式联运示范工程被交通运输部、国家发展改革委命名为"国家多式联运示范工程"。

宁波舟山港对海铁联运业务开展提供了诸多优惠政策,主要包括港区铁路装卸作业收费优惠30%;港区间公路转码头及驳船转码头运费优惠,驳船转码头免收码头装卸费用;免收海铁联运集装箱提前进场、迟到进场、改单、改港、转船、转栈等作业环节相关费用等。

相比集装箱卡车直接把货物送至港站,海铁联运中间环节更多、更复杂,且铁路货运和海运规则、内贸与外贸规则之间,有诸多不匹配之处。对于货主来说,通过海铁联运把货物发往港站,需要特别注意的是,装箱环节货物决不能偏载,因为重心偏离可能导致集装箱在列车高速运行时"飞出去"。对于繁忙的港站来说,集装箱装卸效率一定程度上决定了港站的生产效率。宁波舟山港秉持严格的管理制度和装卸技术高标准,使得集装箱装卸效率位列全球前列。

问题：
1.铁路集装箱装卸作业程序是怎样的？
2.请起草一份集装箱港站作业合同。

装卸是指物品在指定地点以人力或机械装入运输设备或卸下；搬运是指在同一场所内,对物品进行水平移动为主的物流作业。装卸搬运是衔接运输、仓储、包装、流通加工、配送等各个物流环节必不可少的活动,是在物流过程中出现频率较高、作业技巧复杂、占用费用比例较大的业务活动。

装卸搬运相关法律关系主要包括作业委托人与装卸搬运人之间的合同关系以及国家对装卸搬运人的管理关系。目前我国规范装卸搬运组织和行为的专门法律尚未颁布,其相关规范主要散见于其他法律法规中。

1.法律

《民法典》是调整装卸搬运合同关系的非常重要的法律,但需要注意的是,《民法典》中并未明确规定装卸搬运合同,因此,主要适用合同编通则及承揽合同的有关规定；国家对装卸搬运主体的管理则主要规定在《中华人民共和国铁路法》《中华人民共和国公路法》《中华人民共和国港口法》等法律中。

2.国际公约

有关港站作业服务的国际公约主要包括《联合国国际贸易运输港站经营人赔偿责任公约》等。

3.法规、规章

调整货物装卸搬运的法规、规范主要包括国务院行政法规、地方性法规以及行业部门规章条例等。国务院行政法规有《铁路货物运输合同实施细则》《水路货物运输合同实施细则》《中华人民共和国道路运输条例》《国内水路运输管理条例》等,地方性法规有《河北道路运输管理条例》《茂名市危险化学品道路运输管理条例》等,行业部门规章条例有交通运输部《道路货物运输及场站管理规定》《铁路货物装卸管理规则》等。

任务一 梳理铁路装卸作业标准和作业程序

任务描述

根据本项目案例导入的海铁联运情境,梳理铁路集装箱装卸搬运作业程序,绘制流程图。

知识链接

一、铁路装卸搬运作业法律关系

（一）铁路装卸搬运作业相关法律法规

在法律层次上,《民法典》《中华人民共和国铁路法》中的许多规定都适用于铁路装卸搬运作业。在部门规章中,涉及装卸搬运作业的主要有《铁路货物运输规程》《铁路货物运输管理规则》《铁路货物装卸管理规则》《铁路货物装卸安全技术规则》《铁路货物装载加固规则》等。

这些都是铁路站场人员规范组织装卸搬运作业的依据,一旦运输合同中出现因装卸搬运作业引起的货物毁损、灭失的纠纷时,可以此作为认定责任的主要依据,但具体责任的承担以及索赔问题,还应按运输合同的有关规定办理。

（二）铁路装卸搬运作业合同

在习惯使用中,铁路运输行业常将装卸搬运这一整体活动称作"装卸"。与港站装卸搬运为单独作业合同不同,铁路货物的装卸搬运无须作业方签订单独的作业合同,有关装卸搬运的权利和义务,由铁路承运人和托运人或收货人在铁路货物运输合同中约定。因此,铁路货物装卸法律关系是铁路运输合同中的一部分。

一般情况下,在铁路车站内的货物、行包装卸搬运的组织管理工作应由铁路车站部门负责。铁路装卸能力不足时,可委托路外单位承担,此时铁路车站将会与路外单位签订承揽合同,形成相应法律关系。

（三）合同双方在装卸搬运方面的义务

这里主要讲述铁路车站作为装卸搬运人,与委托人之间的装卸搬运作业合同。

1. 铁路装卸搬运作业义务的分配

铁路装卸作业义务的分配由合同双方约定形成,根据不同场景而有所区别,分配原则如下：

(1)以作业地点进行分配

按照《铁路货物运输合同实施细则》第九条的规定，在车站公共装卸场所装卸的货物，除特定者外，承运人应当负责组织装卸；在其他场所，均由托运人或收货人负责。

(2)以货物的种类进行分配

罐车运输的货物，冻结易腐货物，未装容器的活动物、蜜蜂、鱼苗，一件重量超过1吨的放射性同位素以及用人力装卸带有动力的机械和车辆，均由托运人或收货人负责组织装卸车。

(3)协商分配

其他货物由于性质特殊，经托运人或收货人要求，并经承运人同意，也可由托运人或收货人组织装卸车。

2.装卸搬运作业义务与责任

按照我国《铁路货物运输合同实施细则》的相关规定，承运人、托运人、收货人分别应尽以下义务：

(1)由承运人组织装卸搬运作业时

①托运人应按照货物运输合同约定的时间和要求向承运人交付托运的货物；对整车货物，提供装载货物所需的货车装备物品和货物加固材料。

②承运人应当按照货物运输合同约定的时间、数量、车种，拨调状态良好、清扫干净的货车；及时接收货物并组织装车。车站接收货物时，应对品名、件数、运输包装、标记及加固材料等进行检查。

③由承运人组织卸车的货物，承运人应向收货人发出到货催领通知。

④由承运人组织装车并在专用线、专用铁道内卸车的货物，按承运人同收货人商定的办法，办理交接验收。

(2)由托运人或收货人组织装卸搬运作业时

①由托运人或收货人组织装车或卸车的货物，承运人应按照约定将货车调到装、卸地点或商定的交接地点；应在货车调到前，将调到时间通知托运人或收货人。

②托运人组织装车的货物，装车前应对车厢完整和清洁状态进行检查，并按规定的装载技术要求进行装载，在规定的装车时间内将货物装载完毕或在规定的停留时间内，将货车送至交接地点。

③由收货人组织卸车的，应当在规定的卸车时间内将货物卸完或在规定的停留时间内将货车送至交接地点。

④由收货人组织卸车的，卸车完毕后，应将货车清扫干净并关好门窗、端侧板(特种车为盖、阀)，规定需要洗刷消毒的应进行洗刷消毒。

⑤专用线装卸应签订运输协议。托运人、收货人使用他人专用线装卸货车时，应与车站、专用线所有人签订运输协议。

另外，无论是哪方面组织装卸作业，都应当做到尽快装卸和安全摆放货物。尽快装卸是指在保证货物安全的条件下，积极组织快装、快卸，昼夜不间断地工作，以缩短货车停留时间，加速货物运输。安全摆放是指存放在装卸场所内的货物，应距离货物线钢轨外侧1.5米以上，并且堆放整齐、稳固。

二、铁路装卸搬运作业规则

(一)铁路一般货物的装卸搬运作业相关规则

按照《铁路货物运输管理规则》和《铁路装卸作业管理规则》的规定,铁路装卸作业可以分为货物入场、装车和卸车三个环节,大致划分为准备作业、实施作业和整理作业三个阶段。

1. 货物入场

(1)车站核对货物。对搬入货场的货物,车站要检查:①货物品名、件数是否与运单记载相符。②运输包装和标志是否符合规定要求。③零担和集装箱货物的货签是否齐全、正确。零担货物还应核对货物外形尺寸和体积;集装箱货物核对箱号、封号以及施封是否正确、有效;个人托运的行李、搬家货物,要按照物品清单进行核对,并抽查是否在包装内放入货签。④对货物上的加固装置和加固材料的数量、质量、规格进行检查。对超长、超限、集重货物,应按托运人提供的技术资料复测尺寸。

(2)安全摆放货物。货物应稳固、整齐地堆码在指定货位上。整车货物要定型堆码,保持一定高度;零担和集装箱货物,要按批堆码,货签向外,留有信道。需要隔离的,应按规定隔离。货物与线路或站台边缘的距离要符合规定。

2. 装车作业

(1)选择合适的车种。装运货物要合理使用货车种类。除规定必须使用棚车装运的货物外,对怕湿或易于被盗、丢失的货物,也使用棚车装运。发生车种代用时,应按《铁路货物运输管理规则》的要求报批,批准代用的命令号码要记载于货物运单和货票"计事"栏内。有毒物品专用车不得用于装运普通货物;冷藏车严禁用于装运可能污染和损坏车辆的非易腐货物。

(2)认真检查车体状况。装车前,应检查货车车体、车门、车窗、盖阀是否完整良好,有无扣修通知、色票、货车洗刷回送标签或通行限制;车内是否干净,是否被毒物污染;装载粮食、医药品、食盐、鲜活货物、饮食品、烟草制品以及有押运人押运的货物等时,应检查车内有无恶臭异味。

(3)认真监装。装车时,必须核对运单、货票、实际货物,保证运单、货票、货物"三统一",要认真监装,做到不错装、不漏装,巧装满载,防止偏载、偏重、超载、集重、亏吨、倒塌、坠落和超限。装车过程中,要严格按照《铁路装卸作业安全技术管理规则》的有关规定办理,对货物装载数量和质量要进行检查。

(4)按货物性质采取合理防护措施。对易磨损货件应采取防磨措施,怕湿和易燃货物应采取防湿或防火措施。对以敞、平车装载且需要加固的货物,有定型方案的,严格按照方案装车;无定型方案的,车站应制订定型加固方案,经审核批准后按方案装车。装载散堆货物,顶面应平整;对自轮运转的货物、无包装的机械货物,车站应要求托运人将货物的活动部位予以固定,以防止脱落或侵入限界。

(5)确保装车后车体和货物的良好状况。装车后,应再次检查车门、车窗、盖、阀关闭及拧固和装载加固情况。对装载货物的敞车,要检查车门插销、底开门大口和篷布毡盖、捆绑情况。两篷布间的搭头应不小于 500 mm。绳索、加固铁线的鱼尾长度应不超过 300 mm。装载超限、超长、集重货物的,应再次检查加固情况并核对装车后的尺寸。

(6)制作相关单据和标识。货车装载清单及标画示意图应按规定填制。需要施封的货物,按规定施封,并用直径 3.2 mm 的铁线将车门门鼻拧紧。需要插放货车标示牌的,应按规定插放。篷布不得遮盖车号和货车标示牌。

3.卸车作业

(1)检查车体状态。卸车前应检查车辆、篷布苫盖、货物装载状态,有无异味,施封是否完好。

(2)认真监卸。核对货物的件数、标记,以保证运单、货票和货物相一致。对集装箱货物应检查箱体,核对箱号和封印。严格按照《铁路装卸作业安全技术管理规则》及有关规定作业,合理使用货位,按规定堆码货物。发现货物有异状时,要及时按章处理。

(3)卸车后,应将车辆清扫干净,关好车门、车窗、阀、盖,检查卸后货物的安全距离,清理线路,将篷布按规定折叠整齐,送到指定地点存放。对托运人自备的货车装备物品和加固材料,应妥善保管。对必须洗刷除污的货车,如卸车站洗刷除污有困难,须凭分局调度命令向指定站回送。对回送洗刷除污的货车,卸车站应清扫干净,并在两侧车门外部及车内明显处粘贴"货车洗刷回送标签"各一张,货物如有撒漏,应在标签上注明,洗刷除污站应按规定要求洗刷除污后将标签撤除,并在车内两侧车门附近粘贴"洗刷工艺合格证"各一张。沿途零担车或分卸货车按规定需要洗刷除污时,由列车货运员或分卸站在"货车装载流单"或"整车分卸货票"上注明原装物品名及"需要洗刷除污"字样,由最终到站负责洗刷除污。未经洗刷除污的货车严禁排空或调配装车。

(4)填写有关记录。卸下的货物登记"卸货簿""集装箱到发登记簿"或具有相同内容的卸货卡片。在货票上注明卸车日期。

(二)铁路危险货物的装卸搬运作业相关规则

按照《铁路危险货物运输管理规则》的规定,铁路危险货物装卸搬运作业时应做到:

1.按规定配备车种

除有特殊规定外,危险货物限使用棚车(包括毒品专用车)装运,如棚车、毒品专用车不足,经发送铁路局批准在采取安全和防止污染措施的条件下,可以使用全钢敞车运输;爆炸品(爆炸品保险箱除外)、氯酸钠、氯酸钾、黄磷和铁桶包装的一级易燃液体应选用木底棚车装运,如使用铁底棚车,须经铁路局批准。使用木底棚车装运爆炸品,如危险货物品名表中未限定物品"停止制动作用"时应使用有防火板的木底棚车。

2.配备专业人员和专业防护用品以及检测仪器和作业工具

从事危险货物运输的货运、装卸人员都要经过专业知识培训,熟悉危险货物特性和有关规章,并保持人员的相对稳定。办理危险货物的车站和货车洗刷所应配备必要的劳动防护用品(包括处理意外事故需使用的供氧式呼吸防毒面具等)。经常运输放射性物品的车站和洗刷所应配备必要的检测仪器,装卸危险货物严禁使用照明灯。

3.做好作业前的准备工作

危险货物装卸前,应对车辆和仓库进行必要的通风和检查。车内、仓库内必须清扫干净。作业前货物员应向装卸工组详细说明货物的品名、性质,布置装卸作业安全注意事项和需准备的消防器材和安全防护用品。对车辆采取防溜、防护措施。作业时要轻拿轻放,堆码整齐稳固,防止倒塌,严禁倒放、卧装(钢瓶等特殊容器除外)。

4.严格按照规定作业

(1)爆炸品作业。开关车门、车窗不得使用铁撬棍、铁钩等铁质工具,必须使用时,应采取防火花涂层等防护措施。禁止使用可能发生火花的机具设备。照明应使用防爆灯具。作业时应轻拿轻放，不得摔碰、撞击、拖拉、翻滚。整体爆炸物品、抛射爆炸物品和燃烧爆炸物品的装载和堆码高度不得超过1.8米。车库内不得残留酸、碱、油脂等物质。发现跌落破损的货件不得装车，应另行放置，妥善处理。

（2）压缩气体和液化气体作业。作业时应使用抬架或搬运车，防止撞击、拖拉、摔落、翻滚，防止气瓶安全帽脱落及损坏瓶嘴。装卸机械工具应有防止产生火花的措施。气瓶装车时应平卧横放。装卸搬运时，气瓶阀不要对准人身。装卸搬运工具、工作服及手套不得沾有油脂。装卸有毒气体时，应配备防护用品，必要时使用供氧式防毒面具。

（3）易燃气体作业。装卸前应先通风，开关车门、车窗时不得用铁质工具猛力敲打，必须使用时应采取防止产生火花的防护措施。作业人员不得穿铁钉鞋。装卸搬运中，不得摔碰、撞击、拖拉、翻滚。装卸机械工具应有防止产生火花的措施。

（4）易燃固体、自燃物品和遇湿易燃物品作业。作业时不得摔碰、撞击、拖拉、摩擦、翻滚，防止容器破损。特别注意勿使黄磷脱水，引起自燃。装卸搬运机具应有防止产生火花的措施。雨雪天无防御设备时，不能装卸遇湿易燃物品。

（5）氧化剂和有机过氧化物作业。装车前车内应打扫干净，保持干燥，不得残留酸类和粉状可燃物。卸车前应先通风后作业。装卸搬运中不能摔碰、拖拉、翻滚、摩擦和剧烈震动。搬运工具上不得残留或沾有杂质。托盘和手推车尽量专用，装卸机应具有防止产生火花的防护装置。

（6）毒害品和感染性物品作业。装卸车前应先通风。装卸搬运时严禁肩扛、背负，要轻拿轻放，不得撞击、擦碰、翻滚，防止包装破损。装卸易燃毒害品时，机具应有防止产生火花的措施。作业时必须穿戴防护用品，严防皮肤破损处接触毒物。作业完毕及时清洁身体后方可进食。

（7）放射性物品作业。装卸前应先通风，装卸时尽量使用机械作业。严禁肩扛、背负、撞击、翻滚。作业时间应按《铁路危险货物运输管理规则》的要求控制。堆码不宜过高。应将辐射水平低的放射性包装件放在辐射水平高的包装件周围。皮肤有伤口者、孕妇、哺乳期妇女和有放射性工作禁忌证（如白细胞低于标准浓度等）者，不能参加放射性货物的作业。在搬运三级放射性包装件时应在搬运机械的适当位置安装屏蔽物或穿防护围裙，以减少人员受照剂量。装卸、搬运放射性矿石、矿砂时，作业场所应喷水防止飞尘，作业人员应穿戴工作服、工作鞋、口罩和手套。作业完毕应全身清洗。

（8）腐蚀品作业。应穿戴耐腐蚀的防护用品对易散发有毒蒸气或烟雾的腐蚀品装卸作业，还应备有防毒面具。卸车前先通风。货物堆码必须平稳牢固，严禁肩扛、背负、撞击、拖拉、翻滚。车内应保持清洁，不得留有稻草、木屑、煤炭、油脂、纸屑、碎布等可燃物。另外，装卸时如果在同一车内配装了数种危险货物，需由铁路分局批准。

(三)铁路集装箱的装卸搬运作业相关规则

根据《铁路集装箱运输规则》的相关规定，铁路集装箱装卸搬运作业应按照以下要求执行：

（1）集装箱的装箱由托运人负责，装箱时应码放稳固，装载均衡，不超载、不集重、不偏重、不偏载、不撞砸箱体，采取防止货物移动、滚动或开门时倒塌的措施，保证箱内货物和集装箱运输安全。敞顶箱装运易扬尘货物，应采取苫盖篷布或抑尘等环保措施。

（2）集装箱施封由托运人负责。托运的重集装箱应当施封（结构上无法施封的除外）。

通用集装箱施封时,确认左右箱门锁舌和把手入座后,在右侧箱门把手锁件施封孔处施一枚施封锁,其他类型集装箱根据实际情况采取适合的施封方法。托运的空集装箱可不施封,托运人须关闭箱门,确认左右箱门锁舌和把手入座。

(3)码放集装箱时,必须关闭箱门码放整齐,箱门朝向宜保持一致,多层码放时,角件对齐,不得超过限制堆码层数。

(4)装卸和搬运集装箱应使用集装箱装卸搬运机械,稳起轻放,防止剐蹭、冲撞集装箱和货车,集装箱装车时,不得采用在货车上焊接、钉固等损坏车辆的加固方式。

(5)集装箱装车前,必须清扫干净车地板,确认箱体、车体上无杂物。使用集装箱专用平车或共用平车时,装车前必须确认锁头齐全、状态良好,装车后必须确认锁头完全入位,箱门处的集装箱专用平车门挡或共用平车端板立起。

(6)集装箱装车时,应填制货车装载清单,记明箱号、车号等信息。需要使用货运票据封套时,应在货运票据封套的右上角加盖集装箱类型戳记并填记箱号,在"货物品名"栏内按《铁路货车统计规则》规定填记"箱主+箱型+重(空)+箱数",在"货物实际重量"栏内填记全车集装箱总重。

(7)集装箱装车和卸车时,应核对箱号,检查箱体和施封情况,使用特种货物箱和专用箱的,还应检查附属件。

(8)车站发现箱体和铭牌号码不一致的,不得继续使用。铁路箱由车站报铁路局集团公司货运部门。铁路局集团公司货运部门通知铁路箱产权单位处理,并将有关情况报总公司货运部。

(9)卸车后的交接。卸车货运员凭卸车清单向内勤货运员办理货票交接,签章。作业完成及时报告时间。铁路拼箱货物卸车作业完毕后要将拼箱货物取出,办理交接。发现问题及时编制目录。

任务实施

具体要求:根据本项目案例导入的描述以及铁路集装箱装卸搬运作业规则,梳理铁路集装箱装卸搬运作业流程(以托运人自备箱为例),并绘制流程图。

第一步:梳理铁路集装箱装卸作业流程

一、集装箱装车作业

1.装车前

(1)接车,对货位。检查车辆,抄录车辆信息,包括车种、车型、车号、车辆状态信息,填写准确。

(2)主持车前会。布置待装集装箱箱型、箱数、货位、到站、装载方法,需要使用的装卸设备工具,采取的防护措施及其他注意事项。设置防护信号,在来车方向左侧,距离不足20米时,设置在与警钟标相齐处。

(3)装车前检查。

①检查车辆。

②检查箱体,填制装车清单。对由发货人装载的集装箱,应逐批次、按箱检查箱门是否已关好、锁舌是否落槽,合格后在运单上批注货位号码。以运单为依据,检查标签是否与运单记载一致、集装箱号码是否与运单记载相符、铅封号码是否正确。检查铅封的加封是否符合技术要求。检查箱体是否受损,如有损坏,应编制集装箱破损记录,如损坏系由于发货人

过失所致,则要求发货人在破损记录上签字盖章,以划分责任。检查无误,填制装车清单,列明即将装车的集装箱箱型、箱号等详细信息。

③交接集装箱。

将装卸作业单交装卸工班,在待装箱前再次确认装箱号、施封情况。

2.装车时

(1)报告装车开始时间。

(2)持运单现场监装,督促装卸工班提高作业效率,爱护集装箱,注意人身安全,不能站车帮车内作业,起吊过程中防止施封锁被挂落。平车装载集装箱时,集装箱箱门相对。确认平车锁头种类,普通平车不能装载集装箱。

(3)处理作业中的问题。

3.装车后

(1)装车后检查。检查原货位和相邻货位,是否有遗漏。检查重车集装箱装载情况,确认装载是否均衡,车门关闭是否良好,是否按规定加固。收回监装卸作业牌,撤除防护信号,签认装车作业单。

(2)主持完工会。

(3)票据处理。报告作业完毕。填写集装箱到发登记簿。填写货车装载清单、货运票据,除一般内容的填写外,还应在装载清单上注明箱号,在货运票据上填写箱数总和,包括货重和箱体自重。

二、集装箱卸车作业

1.卸车前

(1)接收卸车计划。接车,对货位。准确掌握入线待卸的车种、车数,检查车辆,按顺序抄录车辆信息。

(2)主持车前会。布置待卸集装箱箱型、箱数、货位、需要使用的装卸工具,采取的防护措施,确认平车锁头种类,布置装卸工班按规定作业。设置防护信号,在来车方向左侧,距离不足20米时,设置在与警钟标相齐处。

(3)卸车前检查。检查车辆、核对货位、核对票据。

2.卸车时

(1)报告卸车开始时间。

(2)持运单现场监卸,督促装卸工班提高作业效率,爱护集装箱,注意人身安全,不能站车帮车内作业,起吊过程中防止施封锁被挂落。卸下的集装箱码放在指定货位,核对箱号,检查箱体。检查施封站名、号码。督促装卸工班注意堆码,上下层集装箱四角对齐,合理利用货位,集装箱到发分开、空重箱分开、铁路箱和自备箱分开,箱门朝向一致。

(3)处理作业中的问题。

3.卸车后

(1)卸车后检查。检查车辆,车内外无杂物,车体打扫干净。检查集装箱堆码,与线路堆放保持安全距离。收回监装卸作业牌,撤除防护信号,签认卸车作业单。

(2)主持完工会。

(3)做好票据交接。

(4)报告卸车作业完毕。

第二步：绘制铁路集装箱装卸作业流程图（图 6-1、图 6-2）

图 6-1 铁路集装箱装车作业流程图

装车前：
- 接车，对货位 → 检查车辆，抄录车辆信息
- 主持车前会 → 布置作业内容及注意事项 → 设置防护信号
- 装车前检查 → 检查车辆、检查箱体
- 核对封印，报告装车开始 → 填制装车清单 → 现场交箱

装车时：
- 监装 → 报告装车开始
- 监装指导作业
- 处理作业中的问题

装车后：
- 装车后检查 → 检查货位、检查装载情况、完成附属作业 → 撤除防护信号
- 主持完工会 → 报告装车完毕 → 签认装车作业单
- 票据处理 → 填写票据 → 票据交接

图 6-1 铁路集装箱装车作业流程图

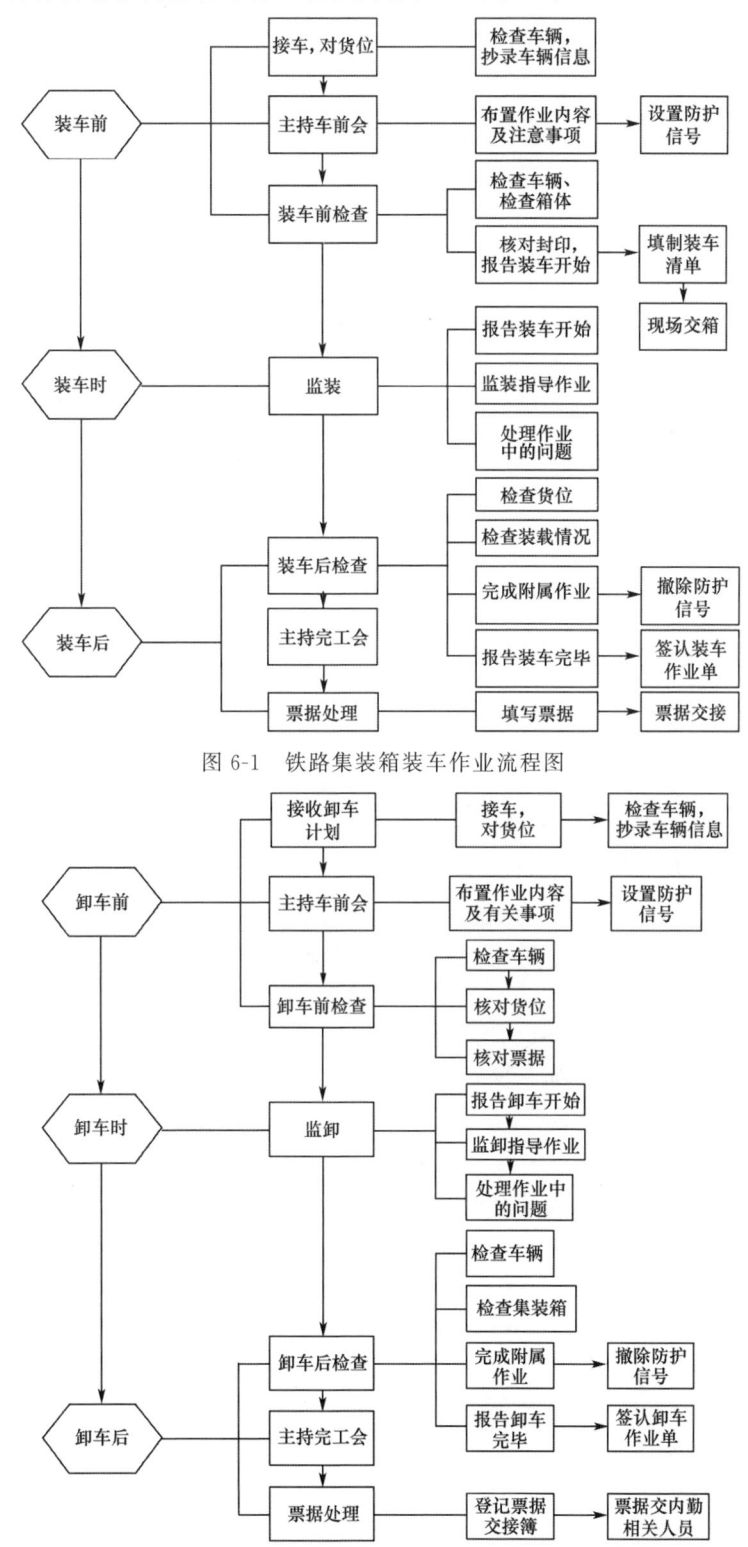

图 6-2 铁路集装箱卸车作业流程图

卸车前：
- 接收卸车计划 → 接车，对货位 → 检查车辆，抄录车辆信息
- 主持车前会 → 布置作业内容及有关事项 → 设置防护信号
- 卸车前检查 → 检查车辆、核对货位、核对票据

卸车时：
- 监卸 → 报告卸车开始
- 监卸指导作业
- 处理作业中的问题

卸车后：
- 卸车后检查 → 检查车辆、检查集装箱、完成附属作业 → 撤除防护信号
- 主持完工会 → 报告卸车完毕 → 签认卸车作业单
- 票据处理 → 登记票据交接簿 → 票据交内勤相关人员

图 6-2 铁路集装箱卸车作业流程图

任务评价

评价内容	评价标准	权重/%	得分
梳理铁路集装箱装卸作业相关知识	掌握铁路货物装卸作业规则的一般规定	30	
	熟悉铁路集装箱装卸作业规则的一般规定	10	
绘制铁路集装箱装卸作业流程图	流程图步骤完整,叙述准确	30	
	正确标注流程图中的各个作业项目内容	20	
	图形布局合理、美观	10	

任务二 拟定港站货物作业合同

任务描述

根据本项目案例导入的情境描述,起草一份集装箱港站作业合同。

知识链接

一、港站货物作业合同的法律特征

港站货物作业合同是指港站经营人在港站对运输货物进行装卸、搬运、储存、装拆集装箱等作业,作业委托人支付作业费用的合同。其中,利用自己所支配的港站作业设施为他方提供港站作业劳务服务的当事人为港站经营人,接受这种服务并支付价款的一方为作业委托人。

港站货物作业合同具有以下法律特征:

1. 港站货物作业合同的标的是港站货物作业劳务

港站货物作业合同是以作业劳务为标的,港站经营人提供作业劳务,作业委托人支付价款为基本内容的合同。

2. 港站货物作业合同不是典型合同

对于港站货物作业合同,《民法典》中并没有对其做出专门的规定,主要适用合同编通则及承揽合同进行调整,或者比照运输合同、仓储合同等典型合同的具体规定进行调整。

3. 港站货物作业合同是双务、有偿合同

在港站货物作业合同中,港站经营人负有完成作业并交付工作成果的义务,而作业委托人则负有支付报酬的义务,因此两者的义务是相互的。合同双方当事人互享权利、互负义务,主要权利与义务之间形成对价关系。

4. 港站货物作业合同是诺成合同

港站货物作业合同当事人双方一旦对合同主要条款形成合意,合同即告成立,不需要以劳务的做出为成立要件,经营人进行港站作业,只是对已生效的作业合同的履行。

5.港站货物作业合同为不要式合同

港站货物作业合同并不强制要求采用某种形式订立或作为生效要件。

二、港站货物作业合同的订立与内容

(一)港站货物作业合同的订立

港站货物作业合同应当按照公平的原则,在双方当事人对合同主要条款达成一致时,合同即告成立。

根据《民法典》的规定,当事人订立合同,可以采用书面形式、口头形式或者其他形式。口头形式在实际操作中容易产生纠纷,多有不便,因此实践中多数采用书面形式或信件、数据电文形式。采用合同书形式订立合同的,自双方当事人签字或者盖章时合同成立;在签字或者盖章之前,当事人一方已经履行主要义务,对方接受的,该合同成立。采用信件、数据电文等形式订立合同的,可以在合同成立之前要求签订确认书,签订确认书时合同成立。

(二)港站货物作业合同的内容

港站货物作业合同的内容由当事人约定形成,一般包括以下条款:①作业委托人、港站经营人和货物接收人名称;②作业项目;③货物名称、件数、重量、体积(长、宽、高);④作业费用及其结算方式;⑤货物交接的地点和时间;⑥包装方式;⑦识别标志;⑧运输工具名称、班次;⑨起运港(站、点)(以下统称起运港)和到达港(站、点)(以下统称到达港);⑩违约责任;⑪解决争议的方法。

需要注意的是,并不是以上所有内容都是必需的,有的条款的缺失可能造成作业合同当事人主要权利和义务不明,或对索赔诉讼造成影响的,是必须记载的,其余条款出于明确当事人权利和义务,为当事人利益考虑,应该记载,但如没有记载,也不会导致合同无效。

三、港站货物作业合同当事人的权利和义务

(一)作业委托人的权利和义务

1.作业委托人的权利

(1)确定收货人及要求改变收货人的权利。作业委托人有权在合同中约定收货人。港站经营人将货物交付货物接收人之前,作业委托人可以要求港站经营人将货物交给其他货物接收人,但应当赔偿港站经营人因此受到的损失。

(2)作业委托人有办理保价作业的权利。

(3)货物发生损坏、灭失时,作业委托人有索赔的权利。港站经营人应当按照货物的声明价值进行赔偿,但港站经营人证明货物的实际价值低于声明价值的,按照货物的实际价值赔偿。

2.作业委托人的义务

(1)办理及交付与货物有关的各种单证的义务。作业委托人应当及时办理港站、海关、检验、检疫、公安和其他货物运输和作业所需的各种手续,并将已办理各项手续的单证送交港站经营人。因作业委托人办理各项手续和有关单证不及时、不完备或者不正确,造成港站经营人损失的,作业委托人应当承担赔偿责任。

(2)按合同约定交付货物的义务。作业委托人向港站经营人交付货物的名称、件数、重量、体积、包装方式、识别标志,应当与作业合同的约定相符。笨重、长大货物作业,作业委托人应当声明货物的总件数、重量和体积(长、宽、高)以及每件货物的重量、长度和体积(长、宽、高)。对于有特殊保管要求的货物,作业委托人应当与港站经营人约定货物保管的特殊方式和条件。作业委托人未按照本条规定交付货物,进行声明造成港站经营人损失的,应当承担赔偿责任。作业合同约定港站经营人从第三方接收货物的,作业委托人应当保证第三方按照作业合同的约定交付货物。

(3)妥善包装义务。需要具备运输包装的作业货物,作业委托人应当保证货物的包装符合国家规定的包装标准;没有包装标准的,应当在保证作业安全和货物质量的原则下进行包装。需要随附备用包装的货物,作业委托人应当提供足够数量的备用包装。对于危险货物应该按照规定妥善包装。

(4)危险货物通知义务。对于危险货物应该在外包装上制作危险品标志和标签,并将其正式名称和危害性质以及必要时应当采取的预防措施书面通知港站经营人。

(5)承担由于货物原因引起的费用。因货物的性质或者携带虫害等情况,需要对库场或者货物进行检疫、洗刷、熏蒸、消毒的,应当由作业委托人或者货物接收人负责,并承担有关费用。

(6)作业委托人或收货人按时接收货物的义务。作业委托人或者货物接收人应当在约定或者规定的期限内交付或者接收货物。作业合同约定港站经营人将货物交付第三方的,作业委托人应当保证第三方按照作业合同的约定接收货物。

(7)支付作业费用及其他费用的义务。作业合同有约定的,作业费用的支付从约定,在没有约定的情况下,作业委托人应当预付作业费用。港站经营人向作业委托人或收货人要求上述费用时,必须出示清单和必要的凭证。

(二)港站经营人的权利和义务

1.港站经营人的权利

(1)危险货物的处理权。作业委托人未按照规定将危险货物通知港站经营人或者通知有误的,港站经营人可以在任何时间、任何地点根据情况需要停止作业、销毁货物或者使之不能为害,而不承担赔偿责任。作业委托人对港站经营人因作业此类货物所受到的损失,应当承担赔偿责任。港站经营人知道危险货物的性质并且已同意作业的,仍然可以在该项货物对港站设施、人员或者其他货物构成实际危险时,停止作业、销毁货物或者使之不能为害,而不承担赔偿责任。

(2)无人提取货物的处理权。货物接收人逾期不提取货物的,港站经营人应当每10天催提一次,满30天货物接收人不提取或者找不到货物接收人,港站经营人应当通知作业委托人,作业委托人在港站经营人发出通知后30天内负责处理该批货物。作业委托人未在前款规定期限内处理货物的,港站经营人可以按照有关规定将该批货物做无法交付货物处理。

(3)提存货物的权利。根据《民法典》第五百七十条的规定,有下列情形之一,难以履行债务的,债务人可以将标的物提存:①债权人无正当理由拒绝受领;②债权人下落不明;③债权人死亡未确定继承人、遗产管理人,或者丧失民事行为能力未确定监护人;④法律规定的其他情形。标的物不适于提存或者提存费用过高的,债务人依法可以拍卖或者变卖标的物,提存所得的价款。

港站经营人交付货物的情况符合上述条件时,港站经营人可以按规定将货物提存。

(4)留置作业货物的权利。根据《民法典》第七百八十三条关于承揽合同的规定,定作人未向承揽人支付报酬或者材料费等价款的,承揽人对完成的工作成果享有留置权或者有权拒绝交付,但是当事人另有约定的除外。

应当向港站经营人支付的作业费、速遣费和港站经营人为货物垫付的必要费用没有付清,又没有提供适当担保的,港站经营人可以留置相应的运输货物,但当事人另有约定的除外。

2.港站经营人的义务

(1)港站经营人应当按照作业合同的约定,根据作业货物的性质和状态,配备适合的机械、设备、工具、库场,并使之处于良好的状态。

(2)港站经营人应当按照作业合同的约定接收货物,港站经营人接收货物后应当签发用以确认接收货物的收据。

(3)港站经营人应当妥善地保管和照料作业货物。经对货物的表面状况检查,发现有变质、滋生病虫害或者其他损坏时,应当及时通知作业委托人或者货物接收人。

(4)在规定的时间内完成货物的装卸作业。港站经营人应当在约定期间或者在没有这种约定时在合理期间内完成货物作业。

(5)港站经营人应当按照作业合同的约定交付货物。

(6)港站经营人未能在约定期间或者合理期间内完成货物作业造成作业委托损失的,港站经营人应当承担赔偿责任。但港站经营人证明货物的损坏、灭失或者迟延交付是由于下列原因造成的除外:①不可抗力;②货物的自然属性和潜在缺陷;③货物的自然减量和合理损耗;④包装不符合要求;⑤包装完好但货物与港站经营人签发的收据记载内容不符;⑥作业委托人申报的货物重量不准确;⑦普通货物中夹带危险、流质、易腐货物;⑧作业委托人、货物接收人的其他过错。

四、集装箱港站作业合同

集装箱港站作业合同是指港站经营人受作业委托人的委托,负责将集装箱货物在港站完成装卸搬运等作业,并收取费用的合同。

集装箱作业与一般散装货物的作业有所不同,集装箱作业合同中当事人的责任也不同。除此之外,集装箱货物还可以单独签订装、拆箱合同。

(一)集装箱港站作业合同当事人的义务

1.作业委托人的义务

(1)集装箱港站作业应填制集装箱港站作业委托单。

(2)作业委托人委托作业货物的品名、性质、数量、体积、包装、规格应与委托单记载相符。委托作业的集装箱货物必须符合集装箱装卸运输的要求,其标志应明显清楚。由于申报不实给港站经营人、承运人造成损失的,作业委托人应当负责赔偿。

(3)支付作业费用及其他费用。作业合同有约定的,作业费用的支付从约定,在没有约定的情况下,作业委托人应当预付作业费用。港站经营人向作业委托人或收货人要求上述费用时,必须出示清单和必要的凭证。

2.港站经营人的义务

(1)港站经营人应使装卸机械及工具、集装箱场站设施处于良好的技术状况,确保集装箱装卸、搬运和堆存的安全。

(2)港站经营人在装卸搬运过程中应做到:稳起稳落、定位放箱,不得拖拉、碰撞;起吊集装箱要使用吊具,使用吊钩起吊时,必须四角同时起吊,起吊后,每条吊索与箱顶的水平夹角应大于45°;随时关好箱门。

(3)集装箱堆场应具备下列条件:地面平整、坚硬,能承受重箱的压力;有良好的排水条件;有必要的消防措施,足够的照明设施和通道;应备有装卸集装箱的机械、设备。

(4)集装箱作业的交接。集装箱交接时,应填写集装箱交接单。重箱交接时,双方需检查箱体、箱况并核对箱号无误后交接;空箱交接时,需检查箱体并核对箱号无误后交接。交接时应当做出记录并共同签字确认。发现箱体有下列情况之一的,应填制集装箱运输交接记录:①集装箱角配件损坏;②箱体变形严重,影响正常运输的;③箱壁破损,焊缝有裂纹,梁柱断裂,密封垫件破坏;④箱门、门锁破坏,无法开关;⑤集装箱箱号标志模糊不清。对上述情况未妥善处理前,不应装船发运。

(5)港站经营人的责任。港站经营人对集装箱货物的责任期间为装货港(卸货港)接受(卸下)集装箱货物时起至装上船(交付货物)时止,集装箱货物处于港站经营人掌管之下的期间。

港站经营人如发现集装箱货物有碍装卸搬运作业安全时,应采取必要处置措施,由此引起的经济损失,由责任者负责赔偿。在港站装卸搬运过程中,因港站经营人操作不当造成箱体损坏、封志破坏、箱内货物损坏、短缺,港站经营人应负赔偿责任。

(二)装、拆箱合同

装、拆箱合同是指装、拆箱人受托运人、承运人、收货人的委托,负责将集装箱货物装入箱内或从箱内搬出堆码并收取费用的合同。装、拆箱合同除双方当事人可以即时结清外,应当采用书面合同形式,并由委托方注明装、拆箱作业注意事项。委托装、拆作业的货物品名、性质、数量、重量、体积、包装、标志、规格必须与集装箱货物运单记载的内容相符。装、拆箱人对于集装箱货物应当承担如下责任:

1.确保集装箱适合装运货物

装箱人装箱前,应按规定认真检查箱体,不得使用不适合装运货物的集装箱。因对箱体检查不严导致货物损失的由装箱人负责。

2.填写有关单据

对有两个以上收货人或两种以上货物需要拼装一箱时,装箱人应填写集装箱货物装箱单。

3.装箱的作业要求

装箱人在装箱时要做到:

①货物堆码必须整齐、牢固,防止货物移动,货在开门时倒塌。

②性质互抵、互感的货物不得混装于同一箱内。

③要合理积载,大件不压小件,木箱不压纸箱,重货不压轻货,箭头朝上,力求箱底板及四壁受力均衡。

④集装箱受载不得超过其额定的重量。

4.拆箱人的特殊义务

整箱交付的集装箱货物需在卸货港拆箱的,必须有收货人参加。集装箱拆空后,由拆箱人负责清扫干净,并关好箱门。

5.装、拆箱人的赔偿责任

由于装箱不当,造成经济损失的,装箱人应负赔偿责任。装、拆箱时不得损坏集装箱及其部件,如有损坏则由装、拆箱人负责赔偿。装箱人装箱后负责施封,凡封志完整无误、箱体状况完好的重箱,拆封开箱后如发现货物损坏或短缺,由装箱人承担责任。

(三)集装箱装卸搬运作业注意事项

1.装卸前的一般注意事项

(1)必须遵守有关规则的规定。在装卸前必须掌握劳动安全、操作规程、公路法规以及有关危险货物的运输、保管等规则的内容,不能违反这些规则的规定。

(2)集装箱及有关装卸机械应做好充分的准备。集装箱的可拆部分的零部件,以及集装箱的箱门和角件等都必须处在正常状态下。集装箱的形状、尺寸、强度都要符合国际标准的要求。集装箱的装卸机械包括集装箱装卸桥、集装箱龙门吊、跨运车、叉式装卸车以及底盘车等,并包括以上各种机械的吊具,要保持在正常而且能安全操作的状态之下。

(3)要固定好集装箱的活动部件和附件。如集装箱的箱门、罐式集装箱的人孔盖、散货集装箱装货口盖以及其他各种闭锁装置等可活动部件和台架式集装箱两侧的立柱、敞顶集装箱上的箱顶弓梁等可拆式附件,在集装箱吊起、移动和搬运之前必须牢牢地固定在集装箱上。

(4)严格执行安全指示。对从事集装箱操作的人员,要给予必要的安全作业指示,操作人员必须严格执行安全指示。

2.集装箱着地时的注意事项

集装箱着地时,必须遵循以下相关规定:装卸集装箱时,不能使集装箱在着地时受到猛烈冲击,以免损坏箱内货物;集装箱在下降过程中不能突然停止,应平衡地着地,如不得不倾斜着地时,一端着地后,要特别注意另一端着地时不受冲击;在装卸全集装箱船时,由于舱内有箱格导柱,特别是在肉眼难以看清的情况下,集装箱必须慢慢地放下,以免与箱格导柱产生剧烈撞击。

3.集装箱搬运时的注意事项

集装箱搬运时,应当注意遵守以下规定:不准在地面上或其他集装箱上拖曳集装箱;不能用滚轮或圆棍棒移动集装箱;不能在摇摆状态下着地,或者拖曳、吊起集装箱;不能摇动将集装箱放置在吊索下方以外的地方;在普通货船等运输工具上装卸时,不能用钢丝绳挂在底角件上拖拉集装箱。

任务实施

具体要求:请依据所掌握的港站作业合同的法律特征、合同内容、当事人权利和义务等知识,起草一份集装箱港站作业合同范本,注意每个流程节点的知识点和程序要求。

第一步:熟悉集装箱港站作业合同的主要内容条款

1.集装箱港站作业合同的当事人

集装箱港站作业合同的当事人主要包括作业委托人和港站经营人。通常作业委托人为甲方,是指需要港站提供集装箱装卸、搬运、堆存等作业的船公司或货运公司;港站经营人为乙方,是提供港站作业服务的一方。在某些情况下,会有代理人身份出现的货代的介入,代表船方或者货主与港站经营人接洽,订立作业合同事宜,一般来说作业委托人仍为船方或货主,而非货代。

作为集装箱港站作业合同范本,可将乙方信息直接印制在合同文本上。

2.作业项目和作业地点

集装箱港站作业合同的作业项目主要是集装箱装卸作业,以及搬运作业、堆存保管及杂项作业等事宜。作业地点通常为特定的集装箱港站码头或货场。

为保证双方的权利,通常在作业项目中,约定作业效率和要求。例如,约定每箱普货查验掏箱装箱作业3小时内完成,由于港方原因造成船舶动态计划变更率和集装箱班轮脱班率均不超过2%、准班集装箱班轮直靠率达到90%以上、岸桥平均作业效率每小时28自然箱以上等。

这一条,可将港站能够提供的作业项目内容直接印制在合同文本上,签订合同时根据作业委托人的要求进行选择。

3.航线、班次、起运港、目的港信息

集装箱港站作业合同中,应约定集装箱班轮运输基本情况,包括航线、班次、起运港、目的港等信息。

4.集装箱规格、件数、重量等信息

集装箱可分为国际标准集装箱和非标准集装箱,箱型种类主要有干货集装箱、散货集装箱、液体货集装箱、冷藏箱集装箱以及专用集装箱。

此条款设计,可将港站能够服务的集装箱规格通过列表形式印制在文本上,也可以留白,根据甲方实际情况,约定填写。

5.作业费用及其结算方式

依据交通运输部《港口收费计费办法》,港站装卸作业费用属于实行市场调节价的费用类别,由港站经营人根据市场供求和竞争状况、生产经营成本和服务内容自主制定收费标准。港站经营人为船舶运输的货物及集装箱提供港站装卸等劳务性作业,向船方、货方或其代理人等综合计收港站作业包干费。集装箱在港站仓库、堆场堆存,或经港站经营人同意,在港站库场进行加工整理、抽样等,由港站经营人向货方或其代理人收取库场使用费。库场使用费的收费标准由港站经营人自主制定。

集装箱以箱(20英尺或40英尺)为计费单位。可折叠的空箱,4箱及4箱以下摞放在一起的,按1箱相应标准的重箱计费。另有规定的除外。

费用结算方式按照约定执行。

6.集装箱交接的地点和时间

目前集装箱运输中货物的交接地点有门(双方约定的地点)、集装箱堆场、船边、吊钩或集装箱货运站。按照实际情况,双方当事人在合同中约定。

7.双方的责任和义务

双方的责任和义务按照合同约定形成,主要包括:港航信息预报和确报要求、船舶及集装箱信息资料要求、装卸作业条件和要求、异常情况处理等。

8.违约归责

详细、明确地填写违约责任,剔除明显或潜在的违约责任的附加条件。

9.合同的有效期限,变更和解除合同的期限

科学填写时间,选择权威、公正的机构出具材料。

10.争议的解决方式

选择便利、公正的纠纷解决机关、方式和地域管辖。

11.签字、盖章方式

要求双方签字、盖章,并写明时间和地点。

第二步:合同文本设计

一、合同文本构成

合同文本由封面、主体、附录三部分构成。封面包括合同编号、合同名称、合同签约双方、签约时间。主体部分列明本合同全部条款。针对合同中某一条款相关的事项,不适合放在正文中的,可以作为附录部分放在合同最后。

二、条款分层

第一层为条,如第一条。

第二层为细分内容,如1.1。

第三层为细分内容的具体信息,如(1)。

如合同条文层次较多,可在条之前加一层章。

三、格式要求

1.页面格式与编码

(1)页面设置

页边距为上下2.5厘米、左右3.0厘米,标准字符间距,行间距为多倍。

(2)页码编辑

封面不设计页码。正文开始设置页码,页码起始数字为1,形式为普通阿拉伯数字,置于页面底端,居中。

2.字体与字号

(1)封面部分

合同编号为黑体、四号、文本左对齐。

空两行书写合同名称,仿宋字体,一号,加粗,居中。

空7~8行,余下内容用三号楷体字,与合同名称居中对齐。

(2)主体部分

段前空一行书写合同名称,黑体、二号、居中,段前、段后各24磅。

下书双方当事人基本信息,黑体,小三号,文本左对齐。

合同正文文本为宋体,小四号字,首行缩进2字符,行距为多倍行距。

(3)表格与说明

每张表格都应有表题,表题前后各空一行,采用宋体、小四号、加粗,置于表格上方居中位置。

表格中文字为宋体,五号,居中。

在表格正下方空一行书写表格说明,采用宋体、五号。

同一表格应尽量放在一页。

(4)结尾与落款

合同正文结束后,空两行,书写"以下无正文"字样,小四号,首行缩进两字符。

依据合同具体情况书写落款,采用宋体,小四号字,分别在页面两侧为双方当事人预留大致相等的签字(盖章)空间。

(5)附件、附录

合同结尾处需要加附件、附录的,应另起一页。

附件起始页书写"合同附件",上下各空一行,采用仿宋字体,二号,加粗,居中。

附件、附录需编号,形式为附件/附录+阿拉伯数字,附件编号采用仿宋体,三号,加粗,文本左对齐。

附件、附录标题为宋体,小三号,加粗,置于附件文本/表格上方正中位置。

任务评价

评价内容	评价标准	权重/%	得分
梳理港站货物作业合同的主要内容	掌握港站货物作业合同的法律特征	10	
	掌握港站货物作业合同的主要内容	30	
起草集装箱港站货物作业合同	合同条款内容全面,无缺项	30	
	合同条款内容表述准确,无歧义	20	
	合同文本版式设计合理,美观	10	

法条解析

《中华人民共和国民法典》

第七百八十三条 定作人未向承揽人支付报酬或者材料费等价款的,承揽人对完成的工作成果享有留置权或者有权拒绝交付,但是当事人另有约定的除外。

本条是对承揽人留置权和拒绝交付权的规定。定作人未向承揽人支付报酬或者材料费等价款的,构成违约行为。对此,承揽人享有两项权利:①留置权。承揽人可以留置定作物,并应当向定作人催告,给予合理的宽限期,宽限期届满仍未支付报酬或者材料费等价款的,可以拍卖或者变卖加工物,实现留置权。②拒绝交付权。承揽人拒绝交付工作成果,直至定作人支付报酬或者材料费等价款后交付,或者责令其承担违约责任。如果当事人在承揽合同中另有约定,则应当依照约定处理。

相较已废止的《中华人民共和国合同法》中第二百六十四条的规定,本法条新增了拒绝交付权。对于承揽人已完成工作但不便于行使留置权的,可通过拒绝交付的形式合法占有定作物,更有利于保障承揽人的利益。

《中华人民共和国民法典》

第七百八十七条 定作人在承揽人完成工作前可以随时解除合同,造成承揽人损失的,应当赔偿损失。

本条是对定作人任意解除权的规定。《民法典》规定的合同解除权有协商解除、约定解除和法定解除。在承揽合同中,定作人享有的是任意解除权,即在承揽合同成立后至承揽人完成承揽工作前,定作人随时可以行使任意解除权,解除承揽合同。

定作人行使任意解除权的要求:①定作人应在合同有效期间内提出解除合同,行使解除权,即在承揽合同成立后至承揽人完成定作工作之前。《民法典》这一法条,限制了定作人的任意解除权,将任意解除权的行使时间要求明确为在承揽人完成工作前。在承揽人完成工作后,定作人即不再享有任意解除权。②定作人行使解除权,应当通知承揽人,通知到达承揽人时,承揽合同解除。③定作人解除合同给承揽人造成损失的,应当承担全部损失的赔偿责任,包括已经完成的工作部分的报酬、支出的材料费、解除合同的实际损失。承揽合同解除后,双方各自负有返还义务。承揽人应当将已经完成的部分工作成果交付定作人,定作人提供材料有剩余的,返还定作人。定作人预先支付报酬的,在扣除已完成部分的报酬后,承揽人应当将剩余部分返还定作人。

项目小结

货物在流通过程中,需要经常进行装卸搬运相关的操作。港口、车站、机场和现代化物流中心是集中进行装卸搬运等作业的场所。装卸搬运相关法律关系主要包括作业委托人与装卸搬运人之间的合同关系以及国家对装卸搬运人的管理关系。目前我国规范装卸搬运组织和行为的专门法律尚未颁布,其相关规范主要散见于其他法律法规中。如《民法典》《海商法》《铁路法》《港口法》《道路货物运输及场站管理规定》《港口收费计费办法》等,都有相关内容。装卸搬运作业合同不是《民法典》中规定的典型合同,由合同编通则进行调整。由于装卸搬运与运输、仓储、配送活动紧密相关,所以也受到规范这些相关活动的法律、法规中与装卸搬运内容相关的条款的约束,比照承揽合同、运输合同、仓储合同等典型合同的具体规定进行调整。

思政园地

2018年习近平总书记在上海进行考察时强调,注重在细微处下功夫、见成效。

装卸搬运工作贯穿物流的整个环节,特别是现代化多式联运,如海洋、铁路与公路的多式联运过程中,集装箱作为最小运输单元,不同运输方式间集装箱的装卸搬运是一项非常复杂的工作,一旦出错,将会影响整个物流系统的后续环节,所以要求各项工作必须按照既定程序严格执行。

为装卸搬运工作过程制定严格的操作规范,可以在实际装卸搬运环节更有效地管理员工的行为,做到动作规范,无误操作。同时,要保证责任具体到人,划分清楚职责范围,当出现问题时要能及时解决,并制定必要的整改措施。集装箱拼箱、装箱与拆箱的环节也需要特别注意,特别是不同类型货物的拼箱。要详细了解货物属性、保管条件、操作要点等情况,合理安排装箱作业。拆箱时也是如此,要求认真仔细,合理安排。对于特殊货物,如化学物品、危险品、易燃易爆品等在装卸搬运过程中,更需认真仔细,严格遵守操作规范,否则容易造成重大安全事故,危及人民生命与财产安全。

物流从业人员在从事具体工作的过程中,要时刻保持严谨认真的工作态度,守好每段渠、耕好每方田。

能力测评

一、选择题(不定项)

1.承揽合同中,定作人的义务包括(　　)。

A.按照约定的期限支付报酬　　　　B.按照约定提供材料

C.监督检验　　　　　　　　　　　D.验收工作成果

2.承揽合同中,承揽人的义务包括(　　)。

A.按照定作人的要求完成工作,交付工作成果

B.对定作人提供的材料应当及时检验

C.接受定作人必要的监督检验

D.对完成的工作成果享有留置权或者有权拒绝交付

3.港站作业合同的法律特征不包括(　　)。

A.典型合同　　　　　　　　　　　B.双务、有偿合同

C.诺成合同　　　　　　　　　　　D.不要式合同

4.港站货物作业合同的形式主要有(　　)。

A.信件、数据电文等形式　　　　　B.书面形式

C.口头形式　　　　　　　　　　　D.实践形式

5.按照《铁路货物运输合同实施细则》的相关规定,由承运人组织装卸作业时,(　　)。

A.托运人应按照货物运输合同约定的时间和要求向承运人交付托运的货物

B.承运人应当按照货物运输合同约定的时间、数量、车种,拨调状态良好、清扫干净的货车

C.承运人及时接收货物并组织装车

D.承运人接收货物时,应对品名、件数、运输包装、标记及加固材料等进行检查

6.根据《铁路集装箱运输规则》的相关规定,下列说法错误的是(　　)。

A.集装箱施封应由托运人负责

B.装卸搬运集装箱应使用集装箱专用的装卸搬运机械

C.整箱货运输过程中,集装箱的装箱作业由铁路车站负责

D.车站发现箱体和铭牌号码不一致的,不得继续使用

7.港站货物作业合同的内容中,不是必需项的是(　　)。

A.作业委托人、港站经营人和货物接收人名称

B.作业项目

C.作业费用和结算方式

D.货物识别标志

8.货物虽然损坏、灭失或延迟交付,但港站经营人不承担损害赔偿责任的法定原因包括(　　)。

A.作业人未按照操作规范执行

B.货物接收人未按约定或者规定的期限接收货物

C.作业委托人未按照规定将危险货物通知港站经营人或者通知有误的

D.货物的自然减量和合理损耗

E. 普通货物中夹带危险、流质、易腐货物

9. 铁路货物装车时,必须核对并保证"三统一"。以下(　　)不是"三统一"的范围。

A. 运单　　　　　　　　　　B. 实际货物

C. 货票　　　　　　　　　　D. 包装

10. 装卸搬运作业中,承运人委托港站经营人组织装卸搬运,因装卸搬运人员过错造成货物毁损或灭失的,其损失应由(　　)。

A. 港站经营人承担赔偿责任

B. 承运人自行承担赔偿责任

C. 承运人先向托运人赔偿,再向场站经营人追偿

D. 承运人和场站经营人共同承担赔偿责任

二、案例分析

甲公司(物流公司)接受货主丁某委托,承运两个冷藏集装箱的冷冻鱼货自法属波利尼西亚的帕皮提至中国宁波,货物储藏温度为－35℃,并将新加坡至中国宁波区段的运输委托给乙公司(船公司)实际承运。乙公司的外代公司按照约定,在船舶到港前向码头公司提供了货运的集装箱船图及舱单信息。3月21日,上述两个集装箱运抵宁波港后,由码头公司进行卸船及堆存作业。3月25日,货主前往码头公司所属集装箱码头提货时发现,涉案两冷藏集装箱被错误地堆放在干货柜区,均未进行插电制冷,使箱内温度上升至－17℃左右,导致箱内货物无法满足原有销售需求而不得不变价销售处理。货主诉至法庭,甲公司被判令向货主支付赔偿款,甲公司后向乙公司提出追偿。乙公司亦被判令向甲公司支付赔偿款。随后,乙公司诉至法庭,要求码头公司和外代公司承担侵权损害的连带赔偿责任。

码头公司辩称:外代公司提供的船图 EDI,未按照标准在规定位置(第50行)标注货物冷藏信息,即没有温度设置要求,因此码头公司将其作为干货柜存放,不存在任何过错。

外代公司辩称:

1. 乙公司是涉案货物的实际承运人,向货主负责涉案货物在宁波港的卸货、堆存及保管。

2. 外代公司在本案的义务为按时将舱单和船图报文转发给码头公司,不存在核对义务。

思考:

本案例中,因集装箱卸船后操作不当致货物受损,应由谁承担过错责任?为什么?

拓展训练

根据本项目能力测评中的案例分析资料,学生以6人为一个小组,1人扮演甲公司,1人扮演乙公司,1人扮演码头公司,1人扮演货主丁某,1人扮演乙公司的外代公司,1人作为法官,就案例描述的冷藏集装箱进口业务活动,梳理整个流程的场景。分析整个过程中共包含几项合同法律关系,各自的当事人是谁,各自应当承担哪些责任与义务。小组模拟法庭,对案件进行模拟审判。

项目七
加工包装法律规范

知识思维导图

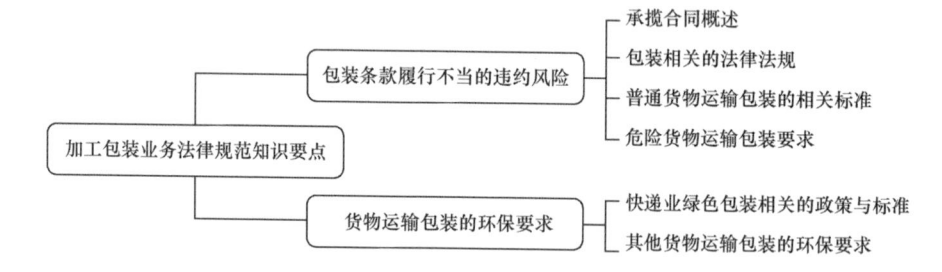

```
                                              ┌─ 承揽合同概述
                        ┌─ 包装条款履行不当的违约风险 ─┼─ 包装相关的法律法规
                        │                     ├─ 普通货物运输包装的相关标准
加工包装业务法律规范知识要点 ─┤                     └─ 危险货物运输包装要求
                        │                     
                        └─ 货物运输包装的环保要求 ─┬─ 快递业绿色包装相关的政策与标准
                                              └─ 其他货物运输包装的环保要求
```

知识目标

通过本项目的学习,学生掌握承揽合同的概念及主要内容;掌握包装相关的法律法规以及相应的重要条款;了解普通货物以及危险货物运输包装的基本要求;了解当前我国对运输包装的环保要求。

能力目标

通过本项目的学习,学生能够明确承揽合同各方的权利和义务,并会审查包装业务相关的承揽合同条款;能够对普通货物及危险货物运输包装的规范性做出判断;能够初步判别运输包装是否达到环保要求。

思政目标

通过本项目的学习,学生能够认识承揽合同双方诚信意识的重要性;能够对生态文明建设有更深入的认识,并建立从绿色包装的角度去实践,为生态文明建设做出自己的贡献的意识。

关键概念

承揽合同;包装法律;包装标准;绿色包装;包装环保要求

项目七　加工包装法律规范

案例导入

2019年4月20日,HN公司与明辉公司、全兴公司签订协议书,协议书约定:

一、HN公司磷酸二铵产品使用由明辉公司提供的"省农"牌商标,HN公司按照明辉公司要求组织生产并对产品质量负责,其合格产品全部由明辉公司和全兴公司包销,未经同意HN公司不得自行销售或委托第三方销售。

二、质量要求:含量64%(氮16%、磷48%),外观达到"××"同类产品的水平,其他内外指标达到国家标准。

三、交运方式:由HN公司代办铁路、海运运输到明辉公司和全兴公司指定的第一到站,运杂费由明辉公司、全兴公司承担。

四、包装标准,包装唛头由明辉公司提供,包装物计入出厂成本价中,不回收。协议还对价格、生产销售数量、付款方式、利润分配、违约责任等做了约定。

2020年2月20日,明辉公司与QM公司签订包装袋购销协议,协议约定鉴于明辉公司与HN公司合作生产、包销磷酸二铵的情况,就购买QM公司聚丙烯塑料编织袋,双方达成以下协议,其中对于包装袋规格及质量、外观标准要求如下:

规格及质量:(1)外袋:聚丙烯编织袋或改性塑料编织袋,规格55 cm×95 cm,重量:150±5克;(2)内袋:聚丙稀薄膜袋,规格58 cm×101 cm,重量:45±5克;(3)经纬密度:48×48/10 cm;(4)内、外包装袋不得使用再生料,填充母料不得超标;(5)其他指标按国家最新标准。

外观标准:外袋为黄色,内袋为无色透明,印刷字迹清楚。

价格及结算方式为:每个包装袋2.30元,QM公司向明辉公司开具发票,货到指定地点后,由HN公司进行验收,给QM公司开具入库单,明辉公司收到QM公司发票及入库单后一周内付清货款。

上述合同加盖了明辉公司和QM公司的印章。

明辉公司提交了QM公司的出库单6张,HN公司的入库单1张(复印件)。QM公司出库单上载明:收货单位为HN公司,时间为2020年8月25日至2020年12月31日,产品名称为省农磷酸二铵,出库单中还有规格、单位、数量的记载,并加盖有QM公司的印章。HN公司入库单载明:时间为2021年4月24日,材料名称为编织袋,规格55 cm×95 cm。明辉公司主张,明辉公司、HN公司以及QM公司之间履行了加工合同,HN公司按照合同约定对QM公司制作的外包装进行了验收。

明辉公司向法院提起诉讼,称由于QM公司所提供的外包装袋上印有冒用的QS质量安全标识,且外包装袋中部分改性塑料编织袋限用物质的含量超标,不符合编织袋环保要求。另外,明辉公司所销磷酸二铵,被市场监督管理部门查封扣押,明辉公司无法继续销售,直接造成货物降价损失及运费、仓储费等损失,共计4 950万元。因被告QM公司提供不合格外包装,第三人HN公司未尽到验收货物的责任,故请求判令QM公司、HN公司赔偿经济损失4 950万元。

被告QM公司辩称,本案所涉QS质量安全标识印刷在生产商HN公司一面的右下角,是由HN公司提供的印刷图样。QM公司按合同要求生产出包装袋后,将包装袋托运发货至HN公司，由HN公司验收合格后，与明辉公司结算。合同由明辉公司代表上述两公司与QM公司签订，HN公司对上述合同的签订过程均知情，也以提供印刷图样、验收货物等方式实际履行了上述合同。QM公司在履行合同中没有过错，明辉公司对QM公司的诉讼请求不成立。

第三人HN公司则辩称，HN公司不是本案承揽合同的当事人，对承揽合同不承担任何义务。明辉公司与QM公司签订承揽合同，负责包装袋的版式设计等并支付承揽费，QM公司按照明辉公司的要求生产和提供包装袋。虽然承揽合同将HN公司列为甲方，约定货到指定地点后由HN公司验收，但HN公司未在合同上签字、盖章，所有包装袋均由明辉公司直接送达HN公司，故承揽合同对HN公司没有约束力，明辉公司无权依据承揽合同诉请HN公司赔偿损失。本案承揽合同之外的买卖合同关系中，包装物是由明辉公司采购并提供，HN公司只负责清点包装物数量，无须对质量进行验收，因包装物不符合法律规定而产生的后果应由明辉公司承担。同时，承揽合同包装物是由明辉公司设计，即使按明辉公司主张，包装物的一面是由HN公司设计，HN公司也是将包装物的版式设计发给了明辉公司，明辉公司作为化肥销售企业明知不能使用QS质量安全标识，却将设计提供给QM公司印制，应当承担因此产生的法律后果。明辉公司没有证据证明HN公司向其提供的所有磷酸二铵均使用了QS质量安全标识，即使使用也只是其中的一小部分，除涉案的双面包装袋外，明辉公司还提供过多个版式的包装袋。包装袋使用QS质量安全标志，不是明辉公司降价销售的原因。

问题：

(1)本案中，明辉公司与QM公司是否构成承揽合同关系？承揽合同的当事人应分别承担何种义务？对本案中主要的事故原因进行分析，明晰各方责任，提出规避措施，并制定一份承揽合同。

(2)通过本案例，你认为在承揽包装业务过程中应注意哪些环保要求？

任务一　规避包装条款履行不当的违约风险

任务描述

根据本项目案例导入的情境描述，以及承揽合同的特征，分析明辉公司与QM公司是否构成承揽合同关系，并对当事人各方的权利和义务进行分析。同时，依据所掌握的包装相关规范要求，对本案中主要的事故原因进行分析，明晰承揽合同当事人以及各方责任，提出规避措施，并尝试制定一份承揽合同。

项目七　加工包装法律规范

> 知识链接

一、承揽合同概述

专业化分工使得人们意识到由擅长的专业人员或组织完成某些事情比自己完成更加经济，因此承揽合同关系也逐渐成了经济活动中普遍存在的一种关系，承揽合同也就成了人们日常生活中常见和使用普遍的合同之一。

（一）承揽合同的概念

《民法典》第七百七十条规定："承揽合同是承揽人按照定作人的要求完成工作，交付工作成果，定作人支付报酬的合同。承揽包括加工、定作、修理、复制、测试、检验等工作。"在现实生活中，改制物品、印刷、翻译、复印等也属于承揽活动。在物流业中，承揽主要体现为流通加工和包装。承揽合同的内容一般包括承揽的标的、数量、质量、报酬，承揽方式，材料的提供，履行期限，验收标准和方法等条款。

在承揽合同中，承揽人为完成工作并交付工作成果的一方，可以是一人，也可以是数人。在承揽人为数人时，他们为共同承揽人，如无相反的约定，共同承揽人对定作人负连带清偿责任。承揽合同中的定作人为接受工作成果并支付报酬的一方。在日常生活中，如果合同中没有以承揽人、定作人指称双方当事人，其法律性质也不会受到影响。

承揽合同属于双务、诺成、不要式、有偿合同，具有自身的特性。首先，承揽合同订立的目的是完成定作事项。因此，承揽合同的承揽人须依照定作人的要求完成一定的定作事项，最终向定作人交付按要求完成的工作成果。第二，承揽合同中的承揽标的较为特殊。承揽合同的承揽标的是为满足定作人的特殊要求而完成的，是不能通过市场直接购买的。第三，承揽关系中承揽人不得以定作人的名义为定作人获得有关的成果。在委托关系中，被委托人通常以委托人的名义与第三人订立合同；在承揽关系中，虽然定作人将自己的事务委托他人处理，但承揽人不得以定作人的名义与第三人订立合同，为定作人获得有关的成果，而是自己亲自完成有关工作。

（二）承揽合同的构成要素

承揽合同法律关系包括承揽合同法律关系主体、承揽合同法律关系客体、承揽合同法律关系内容三个要素。承揽合同法律关系主体是参加承揽合同法律关系，享有相应权利、承担相应义务的当事人，可以是自然人、法人、其他组织；承揽合同法律关系客体是指主体享有的权利和承担的义务所共同指向的对象，一般情况下法律关系的客体有物、给付关系、智力成果、人身利益、权利本身。承揽合同法律关系内容是指合同约定和法律规定的权利和义务。

（三）承揽合同的种类

承揽合同可以分为定作合同，加工合同，修理合同，测试、检验合同以及复制合同等。

1. 定作合同

定作合同是指承揽人用自己的材料和技术，按照定作人的要求为定作人定作成品，由定作人支付报酬的合同。

2. 加工合同

加工合同是承揽人以自己的技术力量，按照定作人的要求，用定作人提供的材料，为定作人加工成品,定作人支付报酬的合同。如定作人用自己的材料要求承揽人制造特定仪器、加工木材、制作服装等。定作合同与加工合同最主要的区别是提供材料的人不同。

3. 修理合同

修理合同是指承揽人按照定作人的要求为其修复损坏的物品,定作人为此支付报酬的合同。如生活中空调、汽车、冰箱、手机等的修理都会成立修理合同。

4. 测试、检验合同

测试、检验合同是指承揽人按照定作人的要求,以自己的技术和设备为定作人提出的特定事物的性能、问题等进行测试、检验,并得出结论,定作人支付报酬的合同。

5. 复制合同

复制合同是指承揽人按照定作人的要求,根据定作人的样品,为定作人重新制作类似成品,定作人支付报酬的合同。

(四)承揽合同当事人的权利和义务

在承揽合同的条款中,约定当事人的权利和义务,如果没有约定或约定不明确,应该按照《民法典》中承揽合同相关规定的当事人权利和义务来解决纠纷。《民法典》第十七章对于承揽合同当事人的权利和义务的规定主要有以下四个方面:

1. 承揽人的主要权利和义务

承揽人应当以自己的设备、技术和劳力,完成主要工作,但是当事人另有约定的除外。承揽人将其承揽的主要工作交由第三人完成的,应当就该第三人完成的工作成果向定作人负责;未经定作人同意的,定作人也可以解除合同。

承揽人可以将其承揽的辅助工作交由第三人完成。承揽人将其承揽的辅助工作交由第三人完成的,应当就该第三人完成的工作成果向定作人负责。

承揽人发现定作人提供的图纸或者技术要求不合理的,应当及时通知定作人。因定作人怠于答复等原因造成承揽人损失的,应当赔偿损失。

承揽人在工作期间,应当接受定作人必要的监督检验。定作人不得因监督检验妨碍承揽人的正常工作。

承揽人完成工作的,应当向定作人交付工作成果,并提交必要的技术资料和有关质量证明。定作人应当验收该工作成果。

承揽人应当妥善保管定作人提供的材料以及完成的工作成果,因保管不善造成毁损、灭失的,应当承担赔偿责任。

承揽人应当按照定作人的要求保守秘密,未经定作人许可,不得留存复制品或者技术资料。

共同承揽人对定作人承担连带责任,但是当事人另有约定的除外。

2. 定作人的主要权利和义务

定作人应当按照约定的期限支付报酬。对支付报酬的期限没有约定或者约定不明确,依据《民法典》第五百一十条的规定仍不能确定的,定作人应当在承揽人交付工作成果时支付;工作成果部分交付的,定作人应当相应支付。

定作人在承揽人完成工作前可以随时解除合同,造成承揽人损失的,应当赔偿损失。

3. 违约情况的处理

定作人中途变更承揽工作的要求,造成承揽人损失的,应当赔偿损失。

承揽工作需要定作人协助的,定作人有协助的义务。定作人不履行协助义务致使承揽工作不能完成的,承揽人可以催告定作人在合理期限内履行义务,并可以顺延履行期限;定作人逾期不履行的,承揽人可以解除合同。

承揽人交付的工作成果不符合质量要求的,定作人可以合理选择请求承揽人承担修理、重作、减少报酬、赔偿损失等违约责任。

定作人未向承揽人支付报酬或者材料费等价款的,承揽人对完成的工作成果享有留置权或者有权拒绝交付,但是当事人另有约定的除外。

4.其他情况的处理

承揽人提供材料的,应当按照约定选用材料,并接受定作人检验。

定作人提供材料的,应当按照约定提供材料。承揽人对定作人提供的材料应当及时检验,发现不符合约定的,应当及时通知定作人更换、补齐或者采取其他补救措施。承揽人不得擅自更换定作人提供的材料,不得更换不需要修理的零部件。

(五)签订承揽合同需要注意的问题

1.要慎重选择合同订立的形式

由于承揽合同是诺成、不要式合同,当事人有口头形式、书面形式和其他形式等多种形式的选择,但是与书面形式相比较,口头合同的证据力较差,在发生纠纷时较难证明合同关系的存在及合同中约定的相关内容,比较难以取证,导致双方责任无法辨清。而书面合同形式有较强的证据力,虽然订立书面合同的工作相对比较复杂,但通过书面文字可以更加明确地表达双方权利、义务,且使得双方对合同内容的肯定意思有了较为容易留存的证据。一旦发生纠纷,书面承揽合同也可以成为可信的书证,成为人民法院和仲裁机构正确裁决案件的重要根据,因此,当事人应尽量采取书面形式签订合同,虽说书面形式有可能会减少缔约的机会,但与可能引发违约而造成了损失,甚至不得不提起诉讼的后果相比,仍然是微不足道的。当然,对那些能够即时清结的承揽合同,比如少量的复印、修理、快速扩充等,自无订立书面合同的必要。

2.要重视报酬条款的订立

在承揽合同中,非常重要的条款之一就是报酬条款。其中关键的是对报酬支付的方式、时间的约定。报酬支付方式和时间对合同各方在合同履行过程中有较为重要的影响。从定作人角度来看,付款时间越晚,定作人的利益越大;但对于承揽人而言,时间越早越好。在报酬支付之前,定作人可以通过还未支付的报酬对承揽人有一定的约束和钳制,使得承揽人要想获得报酬就必须保证工作成果的质量,甚至根据要求提供后续服务。因此,承揽人往往希望合同订立后就能够马上付款。因此,基于双方的立场不同,通常采用分阶段或分期付款的方式,这样承揽人不至于在合同履行过程中陷于非常被动的境况。在签订承揽合同时,无论定作人还是承揽人,都把报酬条款作为双方谈判的重要内容。最终报酬条款的确定不仅仅取决于各方的谈判能力,更取决于双方的实力对比及市场因素。

(六)谨防承揽合同欺诈

在签订合同时,往往也承担着合同欺诈的风险。因此,在签订承揽合同时,当事人也要谨防合同欺诈行为的发生。通常要注意以下几点:

1.要对订立合同的另一方的主体资格和实际履约能力进行严格审查

如在相关权威机构查证企业、单位是否真实存在,是否合法进行登记并领取营业执照,认真核查对方营业执照副本、授权委托书、法定代表人身份证明书等资料的真实性和合法性;查明订立的承揽合同业务是否超过了企业经营范围。对于企业或单位授权签约的代表人,还要查明该代表人与企业之间是否存在真实的授权关系和充分的授权权限,审查授权委托书授权范围、授权期限。另外,还需要了解合同订立另一方的资信状况,包括综合经济状况,如注册资本、业务范围、生产经营能力,以及商誉、商业道德等内容的综合商业形象。

2. 对承揽合同中的条款逐一审阅,排除漏洞

合同条款需要尽量明确,对于不明确、含糊其辞的条款,或容易引起歧义的条款,要及时进行协商和更正。对于附加条款、配套的技术协议书或者设计图纸等,也属于合同的重要组成部分,也需要进行认真的审查,避免出现与合同主要条款或与口头协商不一致的情况。

3. 重视担保条件的设定

在签订承揽合同时,对于履约能力存在风险或者履约能力不易查清的企业、单位,可要求对方设置担保,以督促其履行合同。设置担保时应符合《中华人民共和国担保法》的相关规定。若对方没有如约履行合同,要注意在有效期限内向保证人主张权利。

4. 明确约定争议解决方式

在合同中,要明确约定由哪一方的管辖法院在何种情况下对争议进行介入,如双方发生争议由己方法院管辖,相对来说也更加有利于防止合同欺诈的出现。

二、包装相关的法律法规

包装是为了在流通过程中保护产品、方便储运、促进销售,而采用容器、材料及辅助物,利用一定的技术方法加以处理的操作活动。

商品包装根据其目的分为商业包装和工业包装,前者主要是为了方便零售和美化商品,因此又称为销售包装;后者主要是为了保护商品在流通过程中不受外力的作用或环境影响而损坏,同时便于运输与储存时的交接计数、堆码、搬运,以及合理积载,因此又称为运输包装。从物流的角度看,应该还有为方便使用而进行的包装。比如,在配送中心,可以对货物进行重新包装或分成小包装等。货物包装通常由货主负责。如今,它已成为物流经营者从事增值服务的一个重要内容。由于包装影响货物的保护以及有效利用运输工具,也影响仓储、运输的安全性以及使用的方便性,因此有关销售、运输、仓储的法律、法规及国际公约对货物的包装均有相应规定,技术上也要求包装执行一定的标准。

中国目前与包装有关的法律、法规正在陆续发布和实施,对规范商品包装的生产、销售和保护消费者的利益提供法律依据。目前,已颁布和实施的包装相关法律依据以及国家包装标准有多项,主要涉及领域包括:消费者利益保护、国际/国家/行业/地方标准、生产者责任、反不正当竞争、反欺诈、反假冒、进出口贸易、商品检验检疫、关税等。

目前,中国包装法律法规大部分主要针对商品包装,适用于物流包装的法律法规相对较少,专门针对商品包装物的法规只有《上海市商品包装物减量若干规定》等地方性规定。与包装有关的常用法律法规主要如下:

1.《中华人民共和国民法典》

《中华人民共和国民法典》第三编第九章买卖合同、第十九章运输合同及第二十二章仓储合同中,都对包装提出了相关的规定。买卖合同条款中,明确包装方式是买卖合同的内容之一。出卖人应当按照约定的包装方式交付标的物。对包装方式没有约定或者约定不明确的,应当按照通用的方式包装;没有通用方式的,应当采取足以保护标的物且有利于节约资源、保护生态环境的包装方式。托运人应当按照约定的方式包装货物。对包装方式没有约定或者约定不明确的,也适用上述条款。储存期内,因保管不善造成仓储物毁损、灭失的,保管人应当承担赔偿责任。因仓储物本身的自然性质、包装不符合约定或者超过有效储存期造成仓储物变质、损坏的,保管人不承担赔偿责任。

2.《中华人民共和国食品安全法》

《中华人民共和国食品安全法》第二条规定,用于食品的包装材料、容器、洗涤剂、消毒剂和用于食品生产经营的工具、设备(以下称食品相关产品)的生产经营,应当遵守本法第三十三条规定,食品生产经营应当符合食品安全标准,具有与生产经营的食品品种、数量相适应的食品原料处理和食品加工、包装、贮存等场所,保持该场所环境整洁,并与有毒、有害场所以及其他污染源保持规定的距离;直接入口的食品应当使用无毒、清洁的包装材料、餐具、饮具和容器;销售无包装的直接入口食品时,应当使用无毒、清洁的容器、售货工具和设备。第三十四条规定,禁止生产经营被包装材料、容器、运输工具等污染的食品、食品添加剂;禁止生产经营无标签的预包装食品、食品添加剂。

3.《中华人民共和国药品管理法》

《中华人民共和国药品管理法》中与包装有关的规定主要有:直接接触药品的包装材料和容器,应当符合药用要求,符合保障人体健康、安全的标准。对不合格的直接接触药品的包装材料和容器,由药品监督管理部门责令停止使用。药品包装应当适合药品质量的要求,方便储存、运输和医疗使用。发运中药材应当有包装。在每件包装上,应当注明品名、产地、日期、供货单位,并附有质量合格的标志。药品包装应当按照规定印有或者贴有标签并附有说明书。使用未经审评的直接接触药品的包装材料或者容器生产药品,或者销售该类药品的,没收违法生产、销售的药品和违法所得以及包装材料、容器,责令停产停业整顿,并处五十万元以上五百万元以下的罚款;情节严重的,吊销药品批准证明文件、药品生产许可证、药品经营许可证,对法定代表人、主要负责人、直接负责的主管人员和其他责任人员处二万元以上二十万元以下的罚款,十年直至终身禁止从事药品生产经营活动。除依法应当按照假药、劣药处罚的外,药品包装未按照规定印有、贴有标签或者附有说明书,标签、说明书未按照规定注明相关信息或者印有规定标志的,责令改正,给予警告;情节严重的,吊销药品注册证书。

4.《中华人民共和国产品质量法》

《中华人民共和国产品质量法》规定,产品质量应当符合在产品或者其包装上注明采用的产品标准,符合以产品说明、实物样品等方式表明的质量状况。产品或者其包装上的标识必须真实,并有产品质量检验合格证明。有中文标明的产品名称、生产厂厂名和厂址。根据产品的特点和使用要求,需要标明产品规格、等级、所含主要成分的名称和含量的,用中文相应予以标明;需要事先让消费者知晓的,应当在外包装上标明,或者预先向消费者提供有关资料。易碎、易燃、易爆、有毒、有腐蚀性、有放射性等危险物品以及储运中不能倒置和其他有特殊要求的产品,其包装质量必须符合相应要求,依照国家有关规定做出警示标志或者中文警示说明,标明储运注意事项。售出的产品不符合在产品或者其包装上注明采用的产品标准的,销售者应当负责修理、更换、退货;给购买产品的消费者造成损失的,销售者应当赔偿损失。

5.《中华人民共和国海商法》

《中华人民共和国海商法》第六十六条规定,托运人托运货物,应当妥善包装,并向承运人保证,货物装船时所提供的货物的品名、标志、包数或者件数、重量或者体积的正确性;由于包装不良或者上述资料不正确,对承运人造成损失的,托运人应当负赔偿责任。承运人依照前款规定享有的受偿权利,不影响其根据货物运输合同对托运人以外的人所承担的责任。

6.《中华人民共和国进出口商品检验法》

《中华人民共和国进出口商品检验法》第十七条规定,为出口危险货物生产包装容器的企业,必须申请商检机构进行包装容器的性能鉴定。生产出口危险货物的企业,必须申请商检机构进行包装容器的使用鉴定。使用未经鉴定合格的包装容器的危险货物,不准出口。

7.《中华人民共和国进出口商品检验法实施条例》

《中华人民共和国进出口商品检验法实施条例》进一步明确:出口危险货物包装容器的生产企业,应当向出入境检验检疫机构申请包装容器的性能鉴定。包装容器经出入境检验检疫机构鉴定合格并取得性能鉴定证书的,方可用于包装危险货物。出口危险货物的生产企业,应当向出入境检验检疫机构申请危险货物包装容器的使用鉴定。使用未经鉴定或者经鉴定不合格的包装容器的危险货物,不准出口。

8.《中华人民共和国进出境动植物检疫法》

《中华人民共和国进出境动植物检疫法》第二十二条规定,经检疫合格的动植物、动植物产品和其他检疫物,有改换包装或者原未拼装后来拼装的情形,货主或者其代理人应当重新报检。第二十六条规定,对过境植物、动植物产品和其他检疫物,口岸动植物检疫机关检查运输工具或者包装,经检疫合格的,准予过境;发现有本法第十八条规定的名录所列的病虫害的,做除害处理或者不准过境。第二十七条规定,动植物、动植物产品和其他检疫物过境期间,未经动植物检疫机关批准,不得开拆包装或者卸离运输工具。第四十一条规定,擅自开拆过境动植物、动植物产品或者其他检疫物的包装的,擅自将过境动植物、动植物产品或者其他检疫物卸离运输工具的,擅自抛弃过境动物的尸体、排泄物、铺垫材料或者其他废弃物的,由动植物检疫机关处以罚款。

9.《中华人民共和国进出境动植物检疫法实施条例》

《中华人民共和国进出境动植物检疫法实施条例》第十八条明确,动植物性包装物、铺垫材料进境时,货主或者其代理人应当及时向口岸动植物检疫机关申报;动植物检疫机关可以根据具体情况对申报物实施检疫。第二十二条明确,检疫人员对于动物产品应当现场检查有无腐败变质现象,容器、包装是否完好。符合要求的,允许卸离运输工具。发现散包、容器破裂的,由货主或者其代理人负责整理完好,方可卸离运输工具。根据情况,对运输工具的有关部位及装载动物产品的容器、外表包装、铺垫材料、被污染场地等进行消毒处理。需要实施实验室检疫的,按照规定采取样品。对易滋生植物害虫或者混藏杂草种子的动物产品,同时实施植物检疫。对动植物性包装物、铺垫材料应该检查是否携带病虫害、混藏杂草种子、沾带土壤,并按照规定采取样品。对其他检疫物应该检查包装是否完好及是否被病虫害污染。发现破损或者被病虫害污染时,做除害处理。第三十三条明确,待检出境植物、动植物产品和其他检疫物,应当数量齐全、包装完好、堆放整齐、唛头标记明显。第三十九条明确装载过境植物、动植物产品和其他检疫物的运输工具和包装物、装载容器必须完好。经口岸动植物检疫机关检查,发现运输工具或者包装物、装载容器有可能造成途中散漏的,承运人或者押运人应当按照口岸动植物检疫机关的要求,采取密封措施;无法采取密封措施的,不准过境。第六十条明确,对于擅自开拆过境动植物、动植物产品和其他检疫物的包装,或者擅自开拆、损毁动植物检疫封识或者标志的违法行为,由口岸动植物检疫机关处 3 000 元以上 3 万元以下的罚款。

10.《中华人民共和国清洁生产促进法》

《中华人民共和国清洁生产促进法》第二十条明确,产品和包装物的设计,应当考虑其在生命周期中对人类健康和环境的影响,优先选择无毒、无害、易于降解或者便于回收利用的方案。企业对产品的包装应当合理,包装的材质、结构和成本应当与内装产品的质量、规格和成本相适应,减少包装性废物的产生,不得进行过度包装。

11.《中华人民共和国反不正当竞争法》

《中华人民共和国反不正当竞争法》明确,经营者不得擅自使用与他人有一定影响的商品名称、包装、装潢等相同或者近似的标识,引人误认为是他人商品或者与他人存在特定联系。

12.《铁路货物运输合同实施细则》

《铁路货物运输合同实施细则》第八条明确,托运人应当承担的义务包括对需要包装的货物,应当按照国家包装标准或部包装标准(专业包装标准)进行包装,没有统一规定包装标准的,要根据货物性质,在保证货物运输安全的原则下进行包装,并按国家规定标明包装储运指示标志,笨重货物还应在每件货物包装上标明货物重量。第十九条明确,由于货物包装有缺陷,无法从外部发现,或未按国家规定在货物包装上标明包装储运指示标志的原因招致运输工具、设备或第三者的货物损坏,托运人按实际损失赔偿。

除以上包装相关法律法规外,包装相关的技术标准、市场准入制度也在逐渐完善。随着商品交易市场的日益繁荣及物流业的快速发展,包装产业将全面纳入法制化的建设轨道。

三、普通货物运输包装的相关标准

当前,对于普通货物的运输包装,在有国家标准的情况下,往往是按国家标准执行;在没有国家标准的情况下,如果行业有相应的行业标准,则按行业标准执行;如果既没有国家标准又没有相关行业标准,则按照双方约定的合同条款执行。

还有一些在货物销售、运输、仓储等方面的公约和惯例中也有对于包装的基本要求,例如《联合国国际货物销售合同公约》《2010 国际贸易术语解释通则》《危险品航空安全运输技术细则》《中国民用航空危险品运输管理规定》等。一些通用标准也对包装进行了规范(表 7-1)。其中最重要的标准是 GB/T 9174—2008《一般货物运输包装通用技术条件》。

表 7-1　　　　　　　　　　部分常见包装通用标准

序号	标准编号	标准名称	发布日期	实施日期
1	GB/T 4892—2021	硬质直方体运输包装尺寸系列	2021-03-09	2021-10-01
2	GB/T 4857.1—2019	包装 运输包装件基本试验 第 1 部分:试验时各部位的标示方法	2019-05-10	2019-12-01
3	GB/T 36911—2018	运输包装指南	2018-12-28	2019-07-01
4	GB/T 35774—2017	运输包装件性能测试规范	2017-12-29	2018-04-01

(续表)

序号	标准编号	标准名称	发布日期	实施日期
5	GB/T 14013—2017	移动通信设备 运输包装	2017-11-01	2018-05-01
6	GB/T 4857.15—2017	包装 运输包装件基本试验 第15部分:可控水平冲击试验方法	2017-10-14	2018-05-01
7	GB/T 4857.17—2017	包装 运输包装件基本试验 第17部分:编制性能试验大纲的通用规则	2017-07-12	2018-02-01
8	GB/T 5398—2016	大型运输包装件试验方法	2016-02-24	2016-05-15
9	GB/T 31550—2015	冷链运输包装用低温瓦楞纸箱	2015-05-15	2016-01-01
10	GB/T 26543—2011	活体动物航空运输包装通用要求	2011-06-16	2012-01-01
11	GB/T 26544—2011	水产品航空运输包装通用要求	2011-06-16	2012-01-01
12	GB 12463—2009	危险货物运输包装通用技术条件	2009-06-21	2010-05-01
13	GB/T 23862—2009	文物运输包装规范	2009-05-04	2009-12-01
14	GB/T 15219—2009	放射性物质运输包装质量保证	2009-03-13	2009-11-01
15	GB/T 22410—2008	包装 危险货物运输包装 塑料相容性试验	2008-10-10	2009-06-01
16	GB/T 15098—2008	危险货物运输包装类别划分方法	2008-08-04	2009-04-01
17	GB/T 9174—2008	一般货物运输包装通用技术条件	2008-07-18	2009-01-01
18	GB/T 4857.3—2008	包装 运输包装件基本试验 第3部分:静载荷堆码试验方法	2008-05-27	2009-01-01
19	GB/T 4857.4—2008	包装 运输包装件基本试验 第4部分:采用压力试验机进行的抗压和堆码试验方法	2008-05-27	2009-01-01
20	GB/T 4857.9—2008	包装 运输包装件基本试验 第9部分:喷淋试验方法	2008-05-27	2009-01-01
21	GB/T 6543—2008	运输包装用单瓦楞纸箱和双瓦楞纸箱	2008-04-01	2008-10-01
22	GB/T 16471—2008	运输包装件尺寸与质量界限	2008-02-01	2008-07-01
23	GB/T 4857.7—2005	包装 运输包装件基本试验 第7部分:正弦定频振动试验方法	2005-05-25	2005-11-01
24	GB/T 4857.2—2005	包装 运输包装件基本试验 第2部分:温湿度调节处理	2005-05-25	2005-11-01
25	GB/T 4857.10—2005	包装 运输包装件基本试验 第10部分:正弦变频振动试验方法	2005-05-25	2005-11-01
26	GB/T 4857.13—2005	包装 运输包装件基本试验 第13部分:低气压试验方法	2005-05-25	2005-11-01
27	GB/T 4857.11—2005	包装 运输包装件基本试验 第11部分:水平冲击试验方法	2005-05-25	2005-11-01

1.GB/T 9174—2008《一般货物运输包装通用技术条件》

GB/T 9174—2008《一般货物运输包装通用技术条件》由中华人民共和国国家质量监督检验检疫总局、中国国家标准化管理委员会发行。该标准规定了对一般货物运输包装(以下简称运输包装)的总要求、类型、技术要求和鉴定检查的性能试验,适用于铁路、公路、水运、航空所承运的一般货物运输包装,不包括危险货物、鲜活易腐货物的运输包装。标准的主要内容可分总体要求和具体要求两方面。

(1)运输包装的总体要求

①运输包装是以运输储存为主要目的的包装,应具有保障货物运输安全、便于装卸储运、加速交接点验等功能,还应符合科学、牢固、经济、美观的要求。

②运输包装应确保在正常的流通过程中,能抗御环境条件的影响而不发生破损、损坏等现象,保证安全、完整、迅速地将货物运至目的地。

③货物运输包装材料、辅助材料和容器,均应符合国内有关国家标准和行业标准的相关规定。无标准的材料和容器应经试验验证,其性能可以满足流通环境条件的要求。

(2)运输包装的具体要求

①运输包装应完整、成型。内装货物应均布装载、压缩体积、排摆整齐、衬垫适宜、内货固定、重心位置尽量居中靠下。

②根据货物的特性及搬运、装卸、运输、仓储等流通环境条件,应选用带有防护装置的包装,如防震、防盗、防雨、防潮、防锈、防霉、防尘等防护包装。

③运输包装盛装货物后,其封口应严密牢固,对体轻、件小、易丢失的货物应选用胶带封合、钉合或全黏合加胶带封口加固。

④根据货物的品名、体积、特性、质量、长度和运输方式的要求,选用钢带、塑料捆扎带等,进行二道、三道、十字、双十字、井字、双井字等形式的捆扎加固。捆扎带应搭接牢固、松紧适度、平整不扭,不少于2道。

⑤货物运输包装标志应根据内装货物性质和对货物储运的特殊要求,图形、文字在明显的部位标打。标志应正确、清晰、齐全、牢固。内货与标志一致。标志一般应印刷或标打,也允许拴挂或粘贴,标志在整个流通过程中应不褪色、不脱落。旧标志应抹除。对于质量在140 kg以下的包装件应便于人力作业;质量在140~1 500 kg的箱装货物应便于叉车作业,应在包装上标出货物重心位置;质量在1 500 kg以上的箱装货物,应便于吊车作业,应标出货物重心位置和起吊位置。根据不同运输方式,还应符合相应运输方式的有关规定。

⑥运输包装的种类。按运输部门的承运要求,货物的运输包装共分为8类,即箱类,桶类,袋类,裹包类,夹板、轴盘类,筐、篓类,坛类,局部包装及捆绑类。每一类包装按制作运输包装容器材料的不同,又可分为若干种。

⑦包装的技术要求。不同类型的包装应该按照对应的技术标准执行。

2.GB/T 36911—2018《运输包装指南》

由国家市场监督管理总局、中国国家标准化管理委员会发布的GB/T 36911—2018《运输包装指南》对运输包装的规范性提出了更全面的要求。

该标准提出,运输包装的设计需要考虑一切可以预想的运输、贮存和装卸等过程中的不利因素,能够从实际发生的各种影响下保护运输包装件不受损害。如果运输和仓储部门不能充分了解包装功能,即使原本是适合于安全运输的包装件,在储运过程中也极有可能因遭遇不恰当的处置,而不能确保运输包装件的安全。该标准主要适用于产品的运输包装。

(1)标准对运输包装的总体要求

①运输包装的选择和确定需尊重需方的要求以及运输和仓储部门对包装的限制事项。

②需根据内装物的特性和流通环境危害因素的种类及其强度选择恰当的包装方式和包装材料。

③宜使用绿色环保的包装材料,做到减量化、资源化和可回收化,优先使用可循环使用的包装材料及容器。

④包装方案的确定不仅需考虑包装成本,还需考虑装卸和运输费用、货损成本以及包装废弃物处理的成本等。

⑤包装件需根据安全运输要求采用恰当的装卸和固定方式。

⑥需要时可通过试验验证或对储运过程实施监测,评价运输包装件抵御流通过程中各种危害因素的能力,并不断改进,以达到运输包装件损失最小化的目的。

(2)标准对运输包装的具体要求

①包装方案的确定需要考虑内装物的特性、需方要求和限制事项、危害因素、内装物的防护等多个要素,并在总体要求的原则下根据实际制订。

②包装方式主要包括箱类包装、桶罐类包装、袋类包装、底盘包装、托盘包装以及盘卷包装、捆装、压缩打包、裸装等其他包装方式。

③包装方案的实施包含包装容器的设计与制作、内装物的准备、包装作业等工作。

④包装件的装载和固定应该符合相应的要求。如装载时需考虑不同包装件的兼容性,特别是内装物的性质。尽可能采用紧密装载,使包装件在运输时不会在运输工具内发生移动,否则需考虑对包装件进行固定。

⑤运输包装需要进行试验验证、监测与改进。需根据试验验证结果、监测数据、客户的反馈或投诉以及调查结果,不断对内装物、包装、流通环境进行改进,以达到运输包装件损失最小化的目的。

GB/T 36911—2018《运输包装指南》的实施进一步确保与流通过程有关的所有部门,包括生产者、需要者、包装部门和储运部门等都有责任交换为实现恰当的包装和安全的运输所需要的信息,相互协作,共同努力确保运输包装件的安全运输。

四、危险货物运输包装要求

对于危险货物的运输包装,前面提到的包装相关法律法规也有一些规定,如《中华人民共和国海商法》第六十八条规定:"托运人托运危险货物,应当依照有关海上危险货物运输的规定,妥善包装,作出危险品标志和标签,并将其正式名称和性质以及应当采取的预防危害措施书面通知承运人;托运人未通知或者通知有误的,承运人可以在任何时间、任何地点根据情况需要将货物卸下、销毁或者使之不能为害,而不负赔偿责任。托运人对承运人因运输此类货物所受到的损害,应当负赔偿责任。"《民法典》第八百二十八条规定:"托运人托运易燃、易爆、有毒、有腐蚀性、有放射性等危险物品的,应当按照国家有关危险物品运输的规定对危险物品妥善包装,做出危险物品标志和标签,并将有关危险物品的名称、性质和防范措施的书面材料提交承运人。"同时,在国家公布的相关包装标准中,也有对危险货物运输包装做出规范的标准,如 GB 28644.1—2012《危险货物例外数量及包装要求》、GB 28644.2—

2012《危险货物有限数量及包装要求》、GB/T 27865—2011《危险货物包装 包装、中型散装容器、大包装 GB/T 19001 的应用指南》、GB 19270—2009《水路运输危险货物包装检验安全规范》、GB 19269—2009《公路运输危险货物包装检验安全规范》、GB 19433—2009《空运危险货物包装检验安全规范》、GB 12463—2009《危险货物运输包装通用技术条件》等,其中最为重要的是 GB 12463—2009《危险货物运输包装通用技术条件》。

GB 12463—2009《危险货物运输包装通用技术条件》由中华人民共和国国家质量监督检验检疫总局、中国国家标准化管理委员会于 2009 年 6 月 21 日发布,2010 年 5 月 1 日正式实施。标准规定了危险货物运输包装(以下简称运输包装)的分类、基本要求、性能试验和检验方法、技术要求、类型和标记代号。本标准适用于盛装危险货物的运输包装。同时,标准不适用于:盛装放射性物质的运输包装、盛装压缩气体和液化气体的压力容器的运输包装、净质量超过 400 kg 的运输包装以及容积超过 450 L 的运输包装。危险货物运输包装是指根据危险货物的特性,按照有关标准和法规,专门设计制造的运输包装。标准明确,运输包装根据盛装内装物的危险程度,分为三个类别:Ⅰ类包装,适用内装危险性较大的货物;Ⅱ类包装,适用内装危险性中等的货物;Ⅲ类包装,适用内装危险性较小的货物。标准对危险货物运输包装主要有以下要求:

1.危险货物运输包装的基本要求

(1)运输包装应结构合理,并具有足够强度,防护性能好。材质、形式、规格、方法和内装货物重量应与所装危险货物的性质和用途相适应,便于装卸、运输和储存。

(2)运输包装应质量良好,其构造和封闭形式应能承受正常运输条件下的各种作业风险,不应因温度、湿度或压力的变化而发生任何渗(撒)漏,表面应清洁,不允许黏附有害的危险物质。

(3)运输包装与内装物直接接触部分,必要时应有内涂层或进行防护处理,运输包装材质不应与内装物发生化学反应而形成危险产物或导致削弱包装强度。

(4)内容器应予固定。如内容器易碎且盛装易撒漏货物,应使用与内装物性质相适应的衬垫材料或吸附材料衬垫妥实。

2.危险货物运输包装的具体要求

(1)盛装液体的容器,应能经受在正常运输条件下产生的内部压力。灌装时应留有足够的膨胀余量(预留容积),除另有规定外,并应保证在温度 55℃ 时,内装液体不致完全充满容器。

(2)运输包装封口应根据内装物性质采用严密封口、液密封口或气密封口。盛装需浸湿或加有稳定剂的物质时,其容器封闭形式应能有效地保证内装液体(水、溶剂和稳定剂)的百分比,在贮运期间保持在规定的范围以内。

(3)运输包装有降压装置时,其排气孔设计和安装应能防止内装物泄漏和外界杂质进入,排出的气体量不应造成危险和污染环境。

(4)复合包装的内容器和外包装应紧密贴合,外包装不应有擦伤内容器的凸出物。

(5)盛装爆炸品包装的附加要求包括:盛装液体爆炸品容器的封闭形式,应具有防止渗漏的双重保护。除内包装能充分防止爆炸品与金属物接触外,铁钉和其他没有防护涂料的金属部件不应穿透外包装。双重卷边接合的钢桶,金属桶或以金属做衬里的运输包装,应能防止爆炸物进入隙缝。钢桶或铝桶的封闭装置应配有合适的垫圈。包装内的爆炸物质和物

品,包括内容器,应衬垫妥实,在运输中不允许发生危险性移动。盛装有对外部电磁辐射敏感的电引发装置的爆炸物品,包装应具备防止所装物品受外部电磁辐射源影响的功能。

(6)包装容器的要求。包装容器基本结构应符合 GB/T 9174 的规定。危险货物运输包装主要类型有钢桶、铝桶、钢罐、胶合板桶、木琵琶桶、硬质纤维板桶、硬纸板桶、塑料桶、塑料罐、木箱、胶合板箱、再生木板箱、硬纸板箱、瓦楞纸箱、钙塑板箱、金属箱、塑料编织袋、纸袋、坛类、筐、篓类等。

3.危险货物运输包装的性能试验及检验

准备试验的运输包装件应处于待运状态。凡盛装固体的包装件,可采用与拟装货物物理特性(如质量、粒径等)近似的其他物品代替,凡盛装液体的包装件,可采用与拟装货物物理特性(如密度、黏度)近似的其他物品代替,一般可用水代替。盛装固体的包装应装至其容积的95%,盛装液体的包装应装至其容积的98%。纸质和硬质纤维板包装应根据流通环境条件需要按照 GB/T 4857.2 的规定,进行温、湿度预处理。塑料包装进行跌落试验前,应将试样和内装物的温度降至 $-18℃$ 及其以下。内装物为液体时,温度降低后仍应是液态,如需要可加入防冻剂。包装上的通气装置应用类似通气的封闭装置代替或将通气孔封闭。直接盛装危险货物的容器及封口、吸附、衬垫等防护材料在性能试验前,还应进行盛装拟装物一定时期(例如为期 6 个月)的相容性试验。

包装试验的方法主要包括堆码试验、跌落试验、气密试验、液压试验以及必要时可以根据流通环境条件或包装容器的需要,增加气候条件、机械强度等试验项目。

任务实施

具体要求:根据本项目案例导入的情境描述以及承揽合同的特征,分析明辉公司与 QM 公司是否构成承揽合同关系,并对当事人各方的权利和义务进行分析。同时,依据所掌握的包装相关规范要求,对本案中主要的事故原因进行分析,明晰承揽合同当事人以及各方责任,提出规避措施,并尝试制定一份承揽合同。

第一步:根据承揽合同的特征,分析承揽合同的当事人权利与义务

微课:作业委托人的权利和义务

明辉公司与 QM 公司于 2020 年 2 月 20 日签订包装袋购销协议,约定购买QM 公司聚丙烯塑料编织袋,该合同虽名为包装袋购销协议,但 QM 公司按照明辉公司的要求生产包装袋,并按照合同约定交付工作成果,明辉公司给付报酬,符合承揽合同的特征。因此,明辉公司与 QM 公司之间应认定为承揽合同关系。

根据《民法典》第五百零九条,当事人应当按照约定全面履行自己的义务。当事人应当遵循诚信原则,根据合同的性质、目的和交易习惯履行通知、协助、保密等义务。承揽合同的内容一般包括承揽的标的、数量、质量、报酬,承揽方式,材料的提供,履行期限,验收标准和方法等条款。在这些条款中,约定当事人的权利和义务,如果没有约定或约定不明确,应该按照《民法典》有关承揽合同规定的当事人的权利和义务来解决纠纷。

第二步:分小组对案情进行讨论,并形成各自意见

1.明辉公司与 HN 公司、全兴公司于 2019 年 1 月 27 日签订的协议书约定,三方共同合作生产、包销 HN 公司所产磷酸二铵,包装唛头由明辉公司提供。明辉公司、HN 公司和全兴公司于 2020 年 6 月 5 日签订的会议纪要载明,三方同意磷酸二铵的包装唛头双面印刷,一面印明辉公司"SN"牌商标,一面印 HN 公司"HH"商标。虽然该会议纪要为复印件 HN

公司不予认可,但是全兴公司出具证明印证了2020年6月3日三方曾在HN公司就磷酸二铵的生产和销售问题举行过会议,以及会议纪要的内容。因此,对于2020年6月5日会议纪要的真实性,应予以认定。

2.从提交的证据能够看出,虽然三方所签订的合作协议约定包装唛头由明辉公司提供,但是在实际履行过程中,HN公司与明辉公司共同设计了磷酸二铵的外包装袋,并且包装袋上印有HN公司信息的一面,即加了QS质量安全标志的一面是由HN公司设计的,应予以认定。HN公司辩称明辉公司提供的包装袋印有QS质量安全标志,责任不在HN公司,以及共同设计不等于QS质量安全标志是HN公司单独设计的辩称理由,与事实不符。

3.任何企业未取得生产许可证不得生产实行生产许可证制度管理的产品,任何单位和个人不得销售或者在经营活动中使用未取得生产许可证的产品,磷酸二铵并不在国家许可管理目录内,因此,生产和销售磷酸二铵的企业均不能使用QS质量安全标志。HN公司作为生产磷酸二铵的企业,应当知道磷酸二铵的包装袋上不能印QS质量安全标志,但在包装袋有其信息的一面却设计使用了QS质量安全标志。因此,对HN公司设计的包装袋版面中印了QS质量安全标志,明辉公司在销售其产品的过程中被有关部门查处,影响销售造成的损失,HN公司应承担主要过错责任。

4.明辉公司作为销售方,对于磷酸二铵的外包装袋亦具有审查义务,应及时发现包装袋上印刷了不应使用的QS质量安全标志,并采取相关措施,减少损失的发生。因此,明辉公司对印刷了QS质量安全标志的包装袋而给其造成的损失,亦应承担相应的责任。

第三步:小组分享、交流,并形成结论

根据《民法典》第五百零九条"当事人应当按照约定全面履行自己的义务。当事人应当遵循诚信原则,根据合同的性质、目的和交易习惯履行通知、协助、保密等义务。当事人在履行合同过程中,应当避免浪费资源、污染环境和破坏生态",第五百七十七条"当事人一方不履行合同义务或者履行合同义务不符合约定的,应当承担继续履行、采取补救措施或者赔偿损失等违约责任",第五百八十四条"当事人一方不履行合同义务或者履行合同义务不符合约定,造成对方损失的,损失赔偿额应当相当于因违约所造成的损失,包括合同履行后可以获得的利益;但是,不得超过违约一方订立合同时预见到或者应当预见到的因违约可能造成的损失",第三人HN公司应承担本次事故的经济损失,按照约定的时间支付相应金额的损失。

第四步:分析案例,拟定承揽合同

1.要规避以上类似事故风险,需要注意两点:

(1)在签订合同时,应注重书面合同的订立,并认真审查书面合同条款。对于运输合同中的包装条款,应明确包装规范和要求,并对可能存在的问题和争议提出双方认同的合理建议。

(2)在委托他人进行包装作业时,应该对包装作业技术、规范和质量提出具体的要求,对对方履行的实际成果进行检验和审核,以保障对方作业符合运输包装技术规范和标准,避免由于包装引起的事故风险。

2.拟定承揽合同(可参照二维码中的承揽合同范本)。

承揽合同范本

物流法规

任务评价

评价内容	评价标准	权重/%	得分
基础知识	掌握承揽合同双方的权利与义务	30	
	掌握运输包装的基本要求	30	
当事人责任分析	主要责任归属基本正确	20	
承揽合同的制定	承揽合同条款清晰、内容完整	20	

任务二　厘清货物运输包装的环保要求

任务描述

在本项目案例导入中,由于包装材料使用不当,违反包装相关环保要求,导致造成双方发生纠纷与损失。因此,在物流作业过程中,要如何做才能够避免使用不合理包装,避免对环境造成危害?对于运输包装,又有哪些环保要求呢?

知识链接

绿色物流是指在物流过程中抑制物流对环境造成危害的同时,实现对物流环境的净化,使物流资源得到最充分利用。其中,包装作为一项重要的物流活动,国家对其环保的要求也在逐渐提升和规范。2015年1月1日开始实施的《中华人民共和国环境保护法》为保护和改善环境,防治污染和其他公害,保障公众健康,推进生态文明建设,促进经济社会可持续发展起到了重要作用。随后,与物流包装相关的政策、标准及指导意见也相继出台。

一、快递业绿色包装相关的政策与标准

随着电子商务在我国的迅猛发展,快递行业包装的环保问题越来越凸显。我国快递业发展迅猛,但总量庞大、种类繁多的快递业包装及其带来的环境问题也引起社会高度关注。因此,我国在快递包装上出台了一系列标准,涉及快递封套、包装袋、包装箱、生物降解胶带、电子运单等诸多方面,为支撑快递业绿色发展发挥了积极作用。

1.《推进快递业绿色包装工作实施方案》对包装环保性的要求

2016年,国家邮政局出台《推进快递业绿色包装工作实施方案》(以下简称《实施方案》),谋划快递业绿色包装工作,提高快件包装领域资源利用效率,降低包装耗用量,减少环境污染。《国务院关于促进快递业发展的若干意见》中将"绿色节能"作为快递业发展目标之一。国家邮政局在此基础上制定的《实施方案》,对节约资源、保护环境和促进快递业可持续发展具有重大意义,其对包装提出的环保要求主要有以下几个方面:

(1)快递业包装要做到依法生产、节约使用、充分回收、有效再利用,实现"低污染、低消

耗、低排放,高效能、高效率、高效益"的绿色发展。为实现上述目标,《实施方案》部署了推进快递业包装法治化管理、加快快递业包装绿色化发展、鼓励快递业包装减量化处理、探索快递业包装可循环使用、实施快递业绿色包装试点示范工程五大重点任务,并将其细化为强化快递业包装日常监管、制定和修订快递业包装国家标准和行业标准等12项具体任务。

(2)绿色包装的实现离不开科技的创新和应用。《实施方案》提出,"十三五"期间,快递业电子运单使用率年均提高5%,大幅降低面单纸张耗材用量。符合标准要求的环保箱、环保袋和环保胶带使用率大幅上升,并推广使用中转箱、笼车等设备,进一步减少编织袋和胶带的使用量。

(3)鼓励企业探索简约包装,减少二次包装。在邮政企业和若干家快递企业开展简约包装试点,鼓励试点企业在条件成熟时制定简约包装的企业标准并在业内推广。充分发挥大数据作用,推动企业发展包装定制化、仓配一体化、运输标准化服务,在重点领域和关键环节,大幅度减少不必要的二次包装。

(4)推动将快件包装物纳入资源回收政策支持范畴,积极配合有关部门和地方开展快件包装分类回收利用试点,鼓励企业重复利用塑料箱、纸箱和编织袋等封装容器,提升包装物品再利用率。

2.《快递业绿色包装指南(试行)》对包装的要求

2018年,国家邮政局制定并发布了《快递业绿色包装指南(试行)》(以下简称《指南》),规定了行业绿色包装工作的目标,即快递业绿色包装坚持标准化、减量化和可循环的工作目标,加强与上下游协同,逐步实现包装材料的减量化和再利用。

(1)绿色包装的总体要求

经营快递业务的企业应当按照规定使用环保包装材料。在不影响快件寄递安全的前提下,逐步选择低克重、高强度的包装材料,设计和使用规格统一的包装或缓冲物;坚持规范作业生产,避免违规分拣操作;探索开发使用循环包装信息系统和回收装备。

(2)绿色包装的具体操作要求

①企业在采购和使用塑料包装时,可加入全生物降解塑料考察因素,逐步提高符合标准的塑料包装袋的采购比例,建立绿色包装应用的推动机制,主动为用户提供绿色包装选项,并建立相应的激励机制以推动绿色包装应用。同时宜优先采购采用水性印刷工艺生产的包装物料,或者由具有绿色认证资质的企业生产的包装物料,使用封装胶带时应符合有关标准要求。

②在减量化操作方面,要积极探索使用循环快递箱、共享快递盒等新型快递容器,逐步减少包装耗材用量,并对使用缓冲填充物、包装物品印刷提出要求。企业寄递协议客户的标准产品时,要加强与上游电子商务企业或生产企业的协同,积极向协议客户建议使用简约包装,逐步减少二次包装。

③在可循环操作方面,要积极推行在分拨中心和营业网点配备标志清晰的快递包装回收容器,建立相应的工作机制和业务流程,推进包装物回收再利用。要逐步推广使用可循环快件总包,避免使用一次性塑料编织袋。快件总包使用的材质、规格等宜符合快递行业相关标准,循环使用次数不低于20次。

3.《关于加强快递绿色包装标准化工作的指导意见》对绿色包装标准化的要求

随着快递业转型发展,与交通运输业、制造业等深度融合,在快递绿色包装新材料、新技术、新产品，以及快递包装一体化运作等方面，还需要加快补齐一批急需标准。2020年，市场监管总局、发展改革委、科技部、工业和信息化部、生态环境部、住房城乡建设部、商务部、邮政局等八大部门联合印发《关于加强快递绿色包装标准化工作的指导意见》（以下简称《指导意见》），对未来三年我国快递绿色包装标准化工作做出全面部署。其中，《指导意见》围绕快递包装绿色化、减量化、可循环三大目标，主要着力解决四方面的问题：

①升级快递绿色包装标准体系。力争用三年时间，建立覆盖产品、评价、管理、安全各类别，以及研发、设计、生产、使用、回收处理各环节的快递绿色包装标准体系框架。

②补齐重点领域标准短板。针对新材料应用、快递包装产业上下游衔接、快递包装回收体系建设等方面存在的标准短板，加快推出一批重要标准，支撑快递包装源头治理，提高快递包装利用效率。

③推动标准有效实施。从政府和市场两方面入手，一方面鼓励相关部门在制定法律政策时引用快递绿色包装标准，加强部门协作，将实施情况纳入快递、电商等行业监管；另一方面鼓励电商经营者、快递企业采购符合绿色标准的快递包装产品等。

④提升标准国际化水平。加强国际交流合作，总结我国快递包装成功经验和做法，积极参与包装、环境管理等领域的国际标准化活动，推动制定相关国际标准，分享中国经验。

另外，《指导意见》还将采取配套措施推进实施，如编制快递绿色包装标准体系建设方案，启动快速程序支持标准立项和发布，联合相关部门开展标准实施效果评估，不断完善相互衔接、协同高效的标准实施监督机制。

《指导意见》从顶层、全产业链的高度进行设计，以快递绿色包装标准体系为切入点，将对产业链上下游绿色发展形成联动。

二、其他货物运输包装的环保要求

除快递行业的货物包装环保要求外，普通货物的运输包装环保要求也在一些物流相关标准文件中被提及。如GB/T 35973—2018《集装箱环保技术要求》对集装箱及内装货物的包装环保技术提出了相关的要求。GB/T 36911—2018《运输包装指南》提出，宜使用绿色环保的包装材料，做到减量化、资源化和可回收化，优先使用可循环使用的包装材料及容器。

《中华人民共和国固体废物污染环境防治法》对包装的环保性提出了以下要求：

（1）县级以上地方人民政府有关部门应当加强产品生产和流通过程管理，避免过度包装，组织净菜上市，减少生活垃圾的产生量。

（2）产生秸秆、废弃农用薄膜、农药包装废弃物等农业固体废物的单位和其他生产经营者，应当采取回收利用和其他防止污染环境的措施。

（3）产品和包装物的设计、制造，应当遵守国家有关清洁生产的规定。国务院标准化主管部门应当根据国家经济和技术条件、固体废物污染环境防治状况以及产品的技术要求，组织制定有关标准，防止过度包装造成环境污染。

（4）生产经营者应当遵守限制商品过度包装的强制性标准，避免过度包装。县级以上地方人民政府市场监督管理部门和有关部门应当按照各自职责，加强对过度包装的监督管理。

（5）生产、销售、进口依法被列入强制回收目录的产品和包装物的企业，应当按照国家有关规定对该产品和包装物进行回收。

（6）电子商务、快递、外卖等行业应当优先采用可重复使用、易回收利用的包装物，优化物品包装,减少包装物的使用,并积极回收利用包装物。县级以上地方人民政府商务、邮政等主管部门应当加强监督管理。

(7)国家鼓励和引导消费者使用绿色包装和减量包装。

(8)对危险废物的容器和包装物以及收集、贮存、运输、利用、处置危险废物的设施、场所,应当按照规定设置危险废物识别标志。

(9)禁止未经消除污染处理,将收集、贮存、运输、处置危险废物的场所、设施、设备和容器、包装物及其他物品转作他用。

任务实施

具体要求:在本项目案例导入中,由于包装材料使用不当,违反包装相关环保要求,导致造成双方发生纠纷与损失。因此,首先要了解编织袋包装环保要求相关国家标准,并思考在物流作业过程中,要如何做才能够避免不合理使用材料包装,避免对环境造成危害。除此之外,梳理运输包装相关的环保要求。

第一步:分析案例中包装相关环保要求的国家标准

通过分析案例内容,该产品包装违反环保要求的是使用改性塑料制作的编织袋外包装。根据中华人民共和国国家质量监督检验检疫总局、中国国家标准化管理委员会发布的 GB/T 31331—2014《改性塑料的环保要求和标识》,使用改性塑料制作的编织袋在用料上应该不超过该项标准规定的合理范围。

第二步:梳理绿色包装相关要求

根据上述知识链接,梳理出运输包装要求中,对于绿色包装的具体操作要求,尤其是对于包装材料的选用和过度包装的相关规定,进行总结归纳。

第三步:思考和讨论规避类似问题的措施

根据第一步总结的相关条款和规定,进行小组讨论,提出相关措施,形成每个小组的方案,以规避包装污染风险及过度包装引起的不良后果。

第四步:展开分享与交流

围绕包装的环保性要求,提出可行性的建议。

任务评价

评价内容	评价标准	权重/%	得分
基础知识	普通货物的绿色包装要求	20	
	提升货物包装环保性的可行措施	20	
风险规避	全面性和准确性	30	
可行性建议	创新性和可操作性	30	

法条解析

原《合同法》条文与《民法典》合同编部分对照和变化解析见表 7-2。

表 7-2　原《合同法》条文与《民法典》合同编部分对照和变化解析

原《合同法》条文	《民法典》合同编	解析
原《合同法》第一条：为了保护合同当事人的合法权益，维护社会经济秩序，促进社会主义现代化建设，制定本法	《民法典》第一条：为了保护民事主体的合法权益，调整民事关系，维护社会和经济秩序，适应中国特色社会主义发展要求，弘扬社会主义核心价值观，根据宪法，制定本法。 第四百六十三条：本编调整因合同产生的民事关系。	原《合同法》第一条并入《民法典》第一条。《民法典》第四百六十三条是对民法典合同编调整的对象的规定
原《合同法》第二条：本法所称合同是平等主体的自然人、法人、其他组织之间设立、变更、终止民事权利义务关系的协议。 婚姻、收养、监护等有关身份关系的协议，适用其他法律的规定	《民法典》第四百六十四条：合同是民事主体之间设立、变更、终止民事法律关系的协议。 婚姻、收养、监护等有关身份关系的协议，适用有关该身份关系的法律规定；没有规定的，可以根据其性质参照适用本编规定	合同定义进行了调整，与《民法典》总则相适应，新增婚姻、收养、监护等有关身份关系的协议，其他法律没有规定的，可以根据其性质参照适用本编规定
原《合同法》第八条：依法成立的合同，对当事人具有法律约束力。当事人应当按照约定履行自己的义务，不得擅自变更或者解除合同	《民法典》第四百六十五条：依法成立的合同，受法律保护。 依法成立的合同，仅对当事人具有法律约束力，但是法律另有规定的除外	本条是对依法成立的合同效力的规定。《民法典》强调了合法合同受法律保护以及明确了合同的相对性原则
原《合同法》第一百二十五条：当事人对合同条款的理解有争议的，应当按照合同所使用的词句、合同的有关条款、合同的目的、交易习惯以及诚实信用原则，确定该条款的真实意思。 合同文本采用两种以上文字订立并约定具有同等效力的，对各文本使用的词句推定具有相同含义。各文本使用的词句不一致的，应当根据合同的目的予以解释	《民法典》第四百六十六条：当事人对合同条款的理解有争议的，应当依据本法第一百四十二条第一款的规定，确定争议条款的含义。 合同文本采用两种以上文字订立并约定具有同等效力的，对各文本使用的词句推定具有相同含义。各文本使用的词句不一致的，应当根据合同的相关条款、性质、目的以及诚信原则等予以解释。 第一百四十二条第一款：有相对人的意思表示的解释，应当按照所使用的词句，结合相关条款、行为的性质和目的、习惯以及诚信原则，确定意思表示的含义	本条是关于合同条款发生争议或者词句不一致的解释的规定。 合同的条款应当是当事人意思表示一致达成的协议，但在实践中由于种种原因会对某些条款的含义发生争议。对发生争议的条款应当本着什么原则进行解释才能符合当事人真实的意思表示？原《合同法》对这个问题专门做了规定。 《民法典》对合同条款的解释规则沿用了原《民法总则》的规定。合同文本的不一致的处理规则发生改变，有目的解释修改为与合同解释规则一致。 合同的条款由语言文字构成。解释合同必须先从词句的含义入手。一些词句在不同的场合可能表达出不同的含义，所以应当探究当事人订立合同时的真实意思

项目小结

承揽合同关系是经济活动中普遍存在的一种关系,承揽合同是人们在日常生活中常见和使用普遍的合同之一。在承揽合同中,承揽人为完成工作并交付工作成果的一方,可以是一人,也可以是数人。在承揽人为数人时,他们为共同承揽人,如无相反的约定,共同承揽人对定作人负连带清偿责任。承揽合同中的定作人为接受工作成果并支付报酬的一方。在签订合同时,往往也承担着合同欺诈的风险。因此,在签订承揽合同时,也要谨防合同欺诈行为的发生。

目前我国没有专门针对包装的法律法规,但涉及包装要求的法律法规较多,其中主要包括《中华人民共和国民法典》《中华人民共和国海商法》《中华人民共和国产品质量法》《中华人民共和国进出口商品检验法》《铁路货物运输合同实施细则》等,除此之外还有《中华人民共和国食品安全法》《中华人民共和国药品管理法》《中华人民共和国进出口商品检验法实施条例》《中华人民共和国进出境动植物检疫法》《中华人民共和国进出境动植物检疫法实施条例》《中华人民共和国清洁生产促进法》等法律法规对运输包装的规范性有所涉及。

除此之外,一些在货物销售、运输、仓储等方面的公约和惯例也有对包装的基本要求,也不乏一些通用标准对包装进行了规范。其中主要有 GB/T 36911—2018《运输包装指南》、GB/T 9174—2008《一般货物运输包装通用技术条件》、GB 12463—2009《危险货物运输包装通用技术条件》、GB/T 16471—2008《运输包装件尺寸与质量界限》等。

包装相关法律法规、政策、规章制度及标准还对包装的环保性提出了相关要求,如《推进快递业绿色包装工作实施方案》、《快递业绿色包装指南(试行)》、《关于加强快递绿色包装标准化工作的指导意见》、GB/T 36911—2018《运输包装指南》以及《中华人民共和国固体废物污染环境防治法》等。

思政园地

我国快递业务量连续多年位居第一,2019年全国快递业务量突破630亿件。伴随快递业的高速发展,快递包装物的使用量同步增长。经初步估算,我国快递业每年消耗的纸类废弃物超过900万吨、塑料废弃物约180万吨,并呈快速增长趋势,包装废弃物对环境造成的影响不容忽视。

要实现快递包装的绿色化、减量化和可循环,还需要标准予以支撑。2019年10月,市场监管总局会同发展改革委、邮政局等部门,成立了快递绿色包装标准化联合工作组,深入推进快递绿色包装标准化工作。为加快推进快递绿色包装标准化工作,妥善处理快递包装污染问题,2020年7月,由市场监管总局、发展改革委、科技部、工业和信息化部、生态环境部、住房城乡建设部、商务部、国家邮政局等八部门联合印发了《关于加强快递绿色包装标准化工作的指导意见》(以下简称《指导意见》)。

以建立与绿色发展理念相适应、严格有约束力的快递绿色包装标准体系,完善标准与法律政策体系间相互衔接、协同高效的标准实施监督机制,推动快递包装"绿色革命",全面支撑快递业绿色发展为指导思想,《指导意见》提出了未来三年我国快递绿色包装标准优化、研制、实施及国际化等方面的工作目标,要求在2022年底前,制定实施快递包装材料无害化强制性国家标准,基本建立覆盖全面、重点突出、结构合理的快递绿色包装标准体系。

《指导意见》以政府引导、企业主体、创新驱动和产业协同为基本原则,强调政府在推进快递绿色包装标准体系升级、调动企业实施快递绿色包装标准积极性中的支撑和激励作用;明确企业实施快递绿色包装标准的主体责任,借助政府监管、行业自律、市场竞争等手段,提升包装绿色化水平;围绕快递绿色包装材料研发、设计、生产、使用和回收处理等关键环节,以科技创新带动标准创新,促进快递包装绿色升级;打通快递上下游产业链,推进快递包装体系化、系统化和成套化。

能力测评

一、选择题(不定项)

1.在进行包装的过程中必须按照相应的法律规范要求进行,不得随意变更。这指的是包装法律规范的(　　)。

　　A.标准性　　　　B.技术性　　　　C.分散性　　　　D.强制性

2.普通货物包装应遵循的基本原则不包括(　　)。

　　A.安全原则　　　B.绿色原则　　　C.效率原则　　　D.经济原则

3.根据《中华人民共和国海商法》的规定,承运人无须举证的免责情形为(　　)。

　　A.天灾,海上危险或意外事故　　　　B.货物的自然特性或固有缺陷

　　C.火灾　　　　　　　　　　　　　　D.货物包装不良或标志欠缺、不清

4.在承揽合同中,法律对共同承揽人的责任做了规定。关于共同承揽人的责任,下列说法正确的是(　　)。

　　A.共同承揽人分别对定作人承担责任

　　B.共同承揽人对定作人承担连带责任

　　C.共同承揽人对定作人承担连带责任,但当事人另有约定的除外

　　D.共同承揽人对定作人承担连带责任,当事人的约定不产生法律上的效力

5.小李的自行车坏了,送往小王处修理。小王按期修好,修理费50元。但小李取车时不愿支付修理费,于是小王拒绝交付自行车。关于该案下列说法正确的是(　　)。

　　A.小王有权拒绝交付自行车　　　　　B.小王无权拒绝交付自行车

　　C.在本案中,小王可以随时解除合同　　D.在本案中,小李无权随时解除合同

6.关于承揽合同,下列说法错误的是(　　)。

　　A.定作人提供材料的,应当按照约定提供材料

　　B.承揽工作需要定作人协助的,定作人有协助的义务。定作人未履行协助义务的,承揽人不能解除合同

　　C.定作人中途变更承揽工作要求,造成承揽人损失的,应当赔偿损失

　　D.支付报酬是定作人的主要义务,定作人应当按照约定的期限支付报酬

7.以下(　　)是托运人托运易燃、易爆、有毒、有腐蚀性、有放射性等危险物的义务。

　　A.对危险物妥善包装

　　B.做出危险物标志和标签

C.提交给承运人有关危险物的名称、性质和防范措施的书面材料
D.派人押运

8.在物流活动中,属于常见的承揽合同的有(　　)。
A.加工合同　　　B.购销合同　　　C.定作合同　　　D.修理合同

9.关于承揽合同中承揽人的主要权利,下列说法正确的有(　　)。
A.承揽人可以随时解除承揽合同
B.承揽工作需要定作人协助的,定作人有协助的义务。定作人不履行协助义务致使承揽工作不能完成的,承揽人可以催告定作人在合理期限内履行义务,并可以顺延履行期限,定作人逾期不履行的,承揽人可以解除合同
C.定作人可以随时解除合同
D.定作人未向承揽人支付报酬或者材料费等价款的,承揽人对完成的工作成果享有留置权,但当事人另有约定的除外

10.环保包装主要体现在(　　)。
A.包装材料的节约　　　　　　　B.包装材料回收和再生率提高
C.包装能源的节约　　　　　　　D.包装材料销毁便易

二、案例分析

1.长江物流服务公司为佳佳制衣厂的服装出口提供长期国际综合物流服务,即由长江物流服务公司进行服装包装、安排国际联运以及到货配送。2021年6月,长江物流服务公司对包括佳佳制衣厂等在内的六家货方提供服务,而将其货物同船承运,其中提单号为WH2000601—WH2000609的货物为佳佳制衣厂的服装,当载货船驶离上海港后不久与他船相撞,载货船受创严重,船舶进水,致使提单号为WH201601—WH2000609的货物遭水浸。经查,货物受损原因为船舶进水,船上集装箱封闭不严。

思考:佳佳制衣厂的货物损失应该由谁来承担?为什么?

2.甲为农副产品进出口公司,乙为综合物流服务商。2021年7月,甲有黄麻出口至印度,甲将包装完好的货物交付给乙,乙为甲提供仓储、运输等服务。黄麻为易燃物,储存和运输的处所温度都不得超过常温。甲因听说乙已多次承运过黄麻,即未就此情况通知乙,也未在货物外包装上做出警示标志。2021年8月9日,乙将货物运至其仓储中心,准备联运。因仓库储物拥挤,室温高达15 ℃,8月11日,货物突然起火,因救助不及时,致使货物损失严重。据查,起火原因为仓库温度过高导致货物自燃。双方就此发生争议。

思考:甲公司的损失应该由谁来承担?为什么?

拓展训练

请在课余时间,在教师的指导下,在相关法律网站上查找《民法典》中承揽合同的相关内容,将其与《合同法》(已废止)进行逐条对比分析,并思考变更的主要原因。请各个小组组长进行组织和记录。

第三篇

综合运营篇

项目八 物流信息管理法律规范

知识思维导图

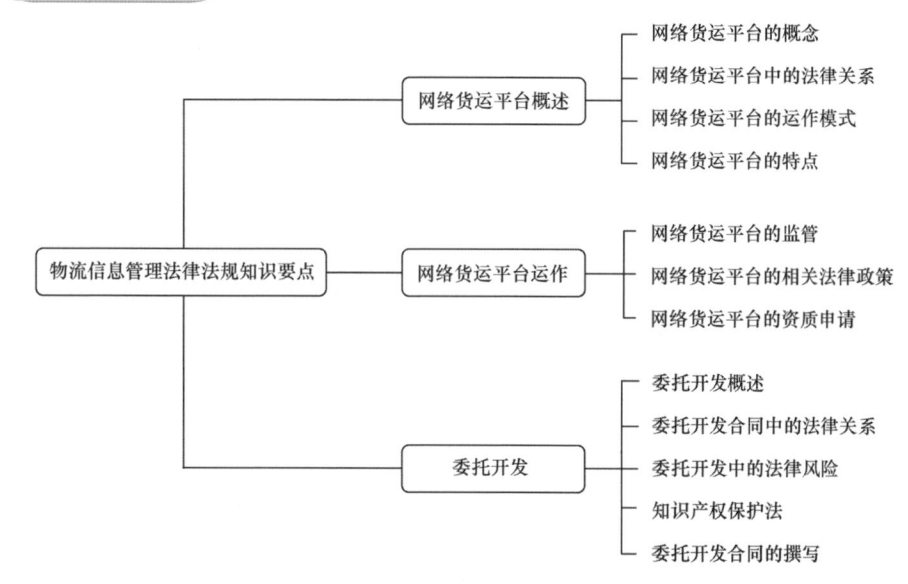

- 物流信息管理法律法规知识要点
  - 网络货运平台概述
    - 网络货运平台的概念
    - 网络货运平台中的法律关系
    - 网络货运平台的运作模式
    - 网络货运平台的特点
  - 网络货运平台运作
    - 网络货运平台的监管
    - 网络货运平台的相关法律政策
    - 网络货运平台的资质申请
  - 委托开发
    - 委托开发概述
    - 委托开发合同中的法律关系
    - 委托开发中的法律风险
    - 知识产权保护法
    - 委托开发合同的撰写

知识目标

通过本项目的学习,学生掌握网络货运平台的概念和运作模式;理解网络货运平台中的法律关系;掌握网络货运平台的申请流程;掌握委托开发的概念;理解委托开发合同的法律关系;能够撰写委托开发合同。

能力目标

通过本项目的学习,学生能够申请网络货运平台,撰写委托开发合同;为相关物流企业解决和处理网络货运中的纠纷和争议提供帮助,同时能够防范委托开发中的法律风险。

思政目标

通过本项目的学习,培养学生立良法、促善治的价值观,把维护人民权益、增进人民福祉、维护法律的公平正义作为自己的崇高理想。

物流法规

> **关键概念**
>
> 网络货运平台；线上服务能力；委托开发；知识产权

> **案例导入**
>
> 2021年9月，杨某通过网络货运平台以自己的名义发布托运订单，习某接单承运。二者签订了货物运输协议，协议对运输货物的重量、货物名称、运费、付款时间、装货地、卸货地等均有明确的约定，协议中亦载明发货人为杨某。但协议中却没有明确付款人，杨某只是和习某在微信协商，运费由李某付给习某；习某在完成运输任务后找李某要运输费用，被李某拒绝。杨某又称其是给收货人张某寻找运输车辆，由张某承担运费。而张某称自己只是收货人，和习某并没有签订运输合同，也拒绝付款。习某在不知道货主是谁又结不到运输费用的情况下，将杨某、李某、张某三人告上法院。
>
> 根据《网络平台道路货物运输经营管理暂行办法》，网络货运平台经营者为运输合同的承运人，而在本案中，杨某和习某虽然是通过网络货运平台达成运输协议，但平台仅仅起到了中介作用。杨某并没有和网络货运平台达成运输合同，而是和实际承运人习某达成协议，并且协议不完整，没有明确货主和付款人。这就导致了本案后来运输费用互相推诿的发生。
>
> 因此，若要在网络货运平台上从事网络货运，就需要找正规的平台，才能保障自身的合法权益。
>
> 问题：
> 1.网络货运平台资质申请需要哪些步骤？
> 2.如何撰写委托合同以防范可能的风险？

任务一　申请网络货运平台资质

> **任务描述**
>
> 根据《网络平台道路货物运输经营管理暂行办法》和《网络平台道路货物运输经营服务指南》等相关政策文件，申请网络货运平台资质。

> **知识链接**

一、网络货运平台概述

（一）网络货运平台的概念

网络货运是近年来在道路货运无车承运人的基础上发展而来的新概念，目前尚无相关国家标准。交通运输部、国家税务总局2019年印发的《网络平台道路货物运输经营管理暂行办法》第二条规定:"本办法所称网络货运经营,是指经营者依托互联网平台整合配置运输资源,以承运人身份与托运人签订运输合同,委托实际承运人完成道路货物运输,承担承运人责任的道路货物运输经营活动。网络货运经营不包括仅为托运人和实际承运人提供信息中介和交易撮合等服务的行为。"因此,网络货运是网络平台道路货物运输经营,是网络货运经营者承担承运人的责任和义务,是全程运输风险的第一责任人。

网络货运平台是连接货主、驾驶员的平台,通过互联网形式实现运输过程真实、公平、公正、合法。货主可以通过平台发布运单,驾驶员可以通过平台承接运单,并且所有的运输环节可监控,平台还需要与省部级监测部门对接,保障运单的真实,业务合规。

(二)网络货运平台中的法律关系

法律关系一般是由法律关系的主体、法律关系的客体以及法律关系的内容三个要素构成,而网络货运比传统货物运输多了网络平台经营者这一法律关系的主体,其法律关系比传统货物运输法律关系复杂,包含了两种法律关系。

1. 托运人与网络货运平台经营者之间的法律关系

托运人即货主,是货物运输的需求者。托运人与网络货运平台经营者签订运输合同,网络货运平台签发运单,托运人向网络货运经营者支付运费,网络货运经营者向其提供运输服务。因此托运人和网络货运平台经营者是法律关系的主体,运输业务是法律关系的客体,托运人和网络货运平台经营者的权利和义务关系是法律关系的内容。

作为法律关系主体,网络货运平台经营者是运输合同关系中的承运人,而不是中间人。作为网络货运的承运人,需具备道路运输经营许可证,经营范围为网络货运。网络货运平台经营者承担承运人责任,以承运人身份与托运人签订运输合同,承担着将货物运到约定地点并交付的责任,因此,网络货运平台经营者直接向托运人负责,承担全程运输责任,而不是由实际承运人直接承担运输责任。

2. 网络货运平台经营者与实际承运人之间的法律关系

实际承运人,根据《网络平台道路货物运输经营管理暂行办法》第二条的解释,是指接受网络货运经营者委托,使用符合条件的载货汽车和驾驶员,实际从事道路货物运输的经营者。因此,网络货运平台经营者与实际承运人之间不是中介合同关系,而是委托合同关系。

网络货运经营者与托运人达成运输合同之后,就该票货物同时与实际承运人达成运输合同,向实际承运人支付运费,实际承运人实际提供道路运输服务;托运人直接向实际承运人交付托运货物,实际承运人运送托运货物并将其交付收货人。

网络货运平台经营者与实际承运人是法律关系的主体,同时,实际承运人需要完成运输任务并最终将货物交付收货人,因此,可以认为收货人也是法律关系的主体,运输及交付业务是法律关系的客体,网络货运平台经营者与实际承运人及收货人之间的权利和义务关系是法律关系的内容。

(三)网络货运平台的运作模式

网络货运市场其实隶属于道路运输市场,主要业务类型有快递物流、快运零担和整车物流。快递物流主要服务的客户群体是消费者,以消费品为主;快运零担的服务群体是小的企业客户;整车物流主要服务的是大中型生产制造企业,但整车物流集中度较低,是非常分散的行业。

网络货运平台是一个集托运人、实际承运人、收货人、监管机构、服务机构于一体的综合服务平台,网络货运平台是连接托运人和承运人的双边市场,托运人和承运人在平台上进行交易,同时还受到省级检测中心、国家税务总局等监管机构的监督,并与多种服务机构合作。网络货运平台的结构如图 8-1 所示。

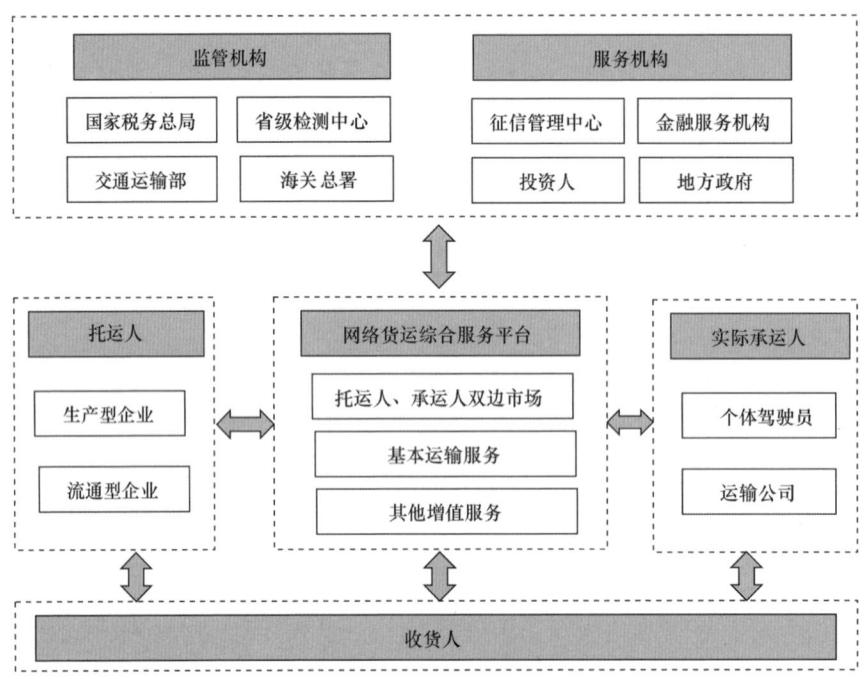

图 8-1 网络货运平台的结构

网络货运平台替代了原来中间商的环节。无论是传统货运的运作模式还是网络货运平台的运作模式,向客户交付的产品仍然是承运服务,交付的产品没有发生任何变化。在此过程中,网络货运平台需要承担货物的安全运输,做好整个运营的管理体系。客户端的连接方式发生了变化,运力端的组织、管理、结算方式发生了变化。其本质是依托物联网、大数据、云计算等技术优化传统物流企业的管理和经营方式。

(四)网络货运平台的特点

和传统货运相比,网络货运平台有如下特点:

1. 运营电子化

在网络货运平台中,经营者、托运人、实际承运人的交易以及监管和服务运作都是通过平台进行电子化运营,包括电子签约、电子下单和发单、电子签收、电子支付、电子监管等操作。

2. 资源集中化

传统货运面临的一个很大难题是货主和驾驶员比较分散,很难有效对接。而在网络货运平台中,货主和驾驶员都被纳入平台,实现了货运资源的优化整合,货物信息和车辆信息都可以通过平台传递出去,以最快的速度找到合适的承载车辆和货主。

3. 服务透明化

传统货运服务不透明,容易产生各种纠纷。在网络货运平台中,各种服务都公开透明,货主需求、驾驶员信息、车辆信息、签署信息、运输过程、收货信息、缴税信息等都可以在平台中查询,避免了因信息不透明而产生的各种纠纷。

4. 监管规范化

网络货运平台与省级检测中心联网,相关业务受到国家税务总局、省级检测中心、交通运输部及海关总署的监督,确保网络货运平台业务合法合规。

(二)网络货运平台的监管

《网络平台道路货物运输经营管理暂行办法》第二十三条规定:"省级交通运输主管部门应按照相关技术规范的要求建立和完善省级网络货运信息监测系统,实现与网络货运经营者信息平台的有效对接;应定期将监测数据上传至交通运输部网络货运信息交互系统,并及时传递给同级税务部门;应利用省级网络货运信息监测系统对网络货运经营者经营行为进行信息化监测,并建立信息通报制度,指导辖区内负有道路运输监督管理职责的机构基于网络货运经营者的信用等级和风险类型,实行差异化监管。"网络货运平台需要接入省级网络货运信息监测系统,定期上传监测数据,并受其监管。

1. 省级网络货运信息监测系统的结构

根据交通运输部办公厅印发的《省级网络货运信息监测系统建设指南》,省级网络货运信息监测系统应与网络货运经营者信息平台、部交互系统实现对接和数据传输,对接省级道路运政管理信息系统、全国道路货运车辆公共监管与服务平台,并建立与税务、保险等部门的信息共享机制,包括但不限于数据交换、信息服务、运行监测、行业监管等。省级监测系统总体架构如图8-2所示。

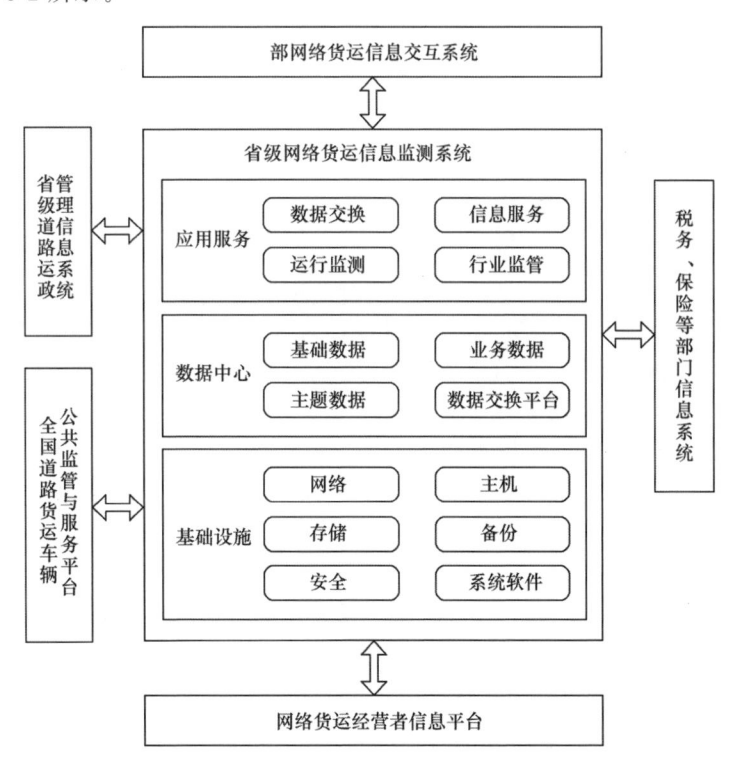

图 8-2 省级监测系统总体架构

2. 省级网络货运信息监测系统的功能

省级网络货运信息监测系统需要建设的功能包括数据交换、信息服务、运行监测、行业监管等模块，如图 8-3 所示。

图 8-3 省级网络货运信息监测系统功能框架

三、网络货运平台的相关法律政策

网络货运平台的相关立法工作还不完善，国家相关部门对无车承运和互联网物流平台出台了一些管理办法，而对于网络货运平台目前仅有《网络平台道路货物运输经营管理暂行办法》《网络平台道路货物运输经营服务指南》《省级网络货运信息监测系统建设指南》《部网络货运信息交互系统接入指南》。

1. 关于无车承运和互联网物流平台的政策

2016 年 8 月，交通运输部办公厅印发的《关于推进改革试点加快无车承运物流创新发展的意见》指出，推进无车承运人发展、促进物流业"降本增效"，无车承运试点工作在全国范围内正式展开。

2018 年 1 月国家税务总局印发的《关于开展互联网物流平台企业代开增值税专用发票试点工作的通知》（现已废止）给出了互联网物流平台代开小规模纳税人增值税专用发票的办法，解决了个人驾驶员无法开增值税专用发票的问题。

2.《网络平台道路货物运输经营管理暂行办法》

2019 年 9 月，《网络平台道路货物运输经营管理暂行办法》出台，标志着无车承运人试点工作正式结束，网络货运平台来临。

(1)《网络平台道路货物运输经营管理暂行办法》的目的。《网络平台道路货物运输经营管理暂行办法》第一条规定:"为促进道路货物运输业与互联网融合发展,规范网络平台道路货物运输经营活动,维护道路货物运输市场秩序,保护网络平台道路货物运输经营各方当事人的合法权益,根据《中华人民共和国道路运输条例》及有关法律法规规章的规定和国务院关于促进平台经济规范健康发展的决策部署,制定本办法。"

(2)《网络平台道路货物运输经营管理暂行办法》对网络货运经营和实际承运人进行了定义。如前所述,《网络平台道路货物运输经营管理暂行办法》第二条规定:"本办法所称网络货运经营,是指经营者依托互联网平台整合配置运输资源,以承运人身份与托运人签订运输合同,委托实际承运人完成道路货物运输,承担承运人责任的道路货物运输经营活动。网络货运经营不包括仅为托运人和实际承运人提供信息中介和交易撮合等服务的行为。实际承运人,是指接受网络货运经营者委托,使用符合条件的载货汽车和驾驶员,实际从事道路货物运输的经营者。"

(3)《网络平台道路货物运输经营管理暂行办法》第二章对网络货运平台的经营管理进行了规定,对网络货运经营者有关承运车辆及驾驶员资质审核、货物装载及运输过程管控、信息记录保存及运单数据传输、税收缴纳、网络和信息安全,货车驾驶员及货主权益保护、投诉举报、服务质量及评价管理等做了系统规定,合理界定了平台责任,规范平台经营行为。

(4)《网络平台道路货物运输经营管理暂行办法》第三章对监督检查进行了规定,明确了各级交通运输管理部门对网络货运运输安全、权益保护和服务质量等有关管理工作的职责,以及税务部门对网络货运经营者的税收征管工作职责;建立了网络货运运行监测管理制度及经营者信用评价机制,完善了信息共享及违法行为查处工作机制,充分利用行政处罚、联合惩戒、行业自律等手段,构建多元共治的监管格局。

(5)根据《网络平台道路货物运输经营管理暂行办法》的规定,网络货运平台经营还需遵守《中华人民共和国电子商务法》《中华人民共和国行政许可法》《中华人民共和国行政处罚法》《公路安全保护条例》《中华人民共和国道路运输条例》《道路货物运输及站场管理规定》《道路危险货物运输管理规定》《中华人民共和国税收征收管理法实施细则》等相关法律法规的要求。

3.三个指南

为贯彻落实《网络平台道路货物运输经营管理暂行办法》有关要求,推动网络平台货运健康规范发展,提升服务能力和服务质量,2019年9月交通运输部办公厅印发了《网络平台道路货物运输经营服务指南》《省级网络货运信息监测系统建设指南》《部网络货运信息交互系统接入指南》。

(1)《网络平台道路货物运输经营服务指南》从网络平台服务功能、网络平台服务流程及要求和安全及风险管控要求三个方面进行了规定,为网络平台道路货物运输经营提供了具体运营指南。

(2)《省级网络货运信息监测系统建设指南》对省级网络货运信息监测系统进行了规定,为省级网络货运信息监测系统与网络货运经营者平台的对接和数据传输提供了建设指南。

(3)《部网络货运信息交互系统接入指南》为省级网络货运信息监测系统与部网络货运信息交互系统对接提出了具体要求。

此外,2019年12月国家税务总局印发的《关于开展网络平台道路货物运输企业代开增值税专用发票试点工作的通知》规定,办理税务登记(包括临时税务登记)的平台须取得"网络货运"资质。

任务实施

具体要求:依据所掌握的网络货运平台运作模式等知识,根据《网络平台道路货物运输经营管理暂行办法》《网络平台道路货物运输经营服务指南》等相关法律法规,以网络货运平台经营者的身份,进行网络货运平台资质的申请,并注意每个步骤的顺序和要求。

第一步:线上服务能力认定申请

申请人应当将网络货运平台接入省级网络货运公共服务平台,并向企业注册地市、县负有道路运输监管职责的机构提交线上服务能力材料。网络货运经营者线上服务能力应包括以下条件:

(1)获得中华人民共和国增值电信业务经营许可证(公司名称与网络货运经营申请人名称一致)。

(2)符合国家关于信息系统安全等级保护的要求(到当地公安部门对实施等级保护系统的备案进行申请,取得公安部门核准颁发的"信息系统安全等级保护备案证明",要求三级及以上,单位名称与网络货运经营申请人名称一致)。

(3)拥有网络货运平台系统,将网络平台按照要求接入省级网络货运信息监测系统,并提供证明材料。

(4)网络货运平台系统服务功能应符合《网络平台道路货物运输经营服务指南》的要求。网络货运平台系统服务八大功能要求如下:

①信息发布。网络货运经营者依托网络平台为托运人、实际承运人提供真实、有效的货源及运力信息,并对货源及车源信息进行管理,包括但不限于信息发布、筛选、修改、推送、撤回等功能。

②线上交易。网络货运经营者应通过网络平台在线组织运力,进行货源、运力资源的有效整合,实现信息精准配置,生成电子运单,完成线上交易。

③全程监控。网络平台应自行或者使用第三方平台对运输地点、轨迹、状态进行动态监控,具备对装货、卸货、结算等进行有效管控的功能和物流信息全流程跟踪、记录、存储、分析能力;应记录含有时间和地理位置信息的实时行驶轨迹数据;宜实时展示实际承运驾驶员、车辆运输轨迹,并实现实际承运人相关资格证件到期预警提示、违规行为报警等功能。

④金融支付。网络平台应具备核销对账、交易明细查询、生成资金流水单等功能,宜具备在线支付功能。

⑤咨询投诉。网络平台应具备咨询、举报投诉、结果反馈等功能。

⑥在线评价。网络平台应具备对托运、实际承运人进行信用打分及评级的功能。

⑦查询统计。网络平台应具备信息查询功能,包括运单、资金流水、运输轨迹、信用记录、投诉处理等信息分类分户查询以及数据统计分析的功能。

⑧数据调取。网络平台应具备交通运输、税务等相关部门依法调取数据的条件。

各市、县负有道路运输监管职责的机构受理线上服务能力材料后,按要求上报至省级交通运输主管部门。省级交通运输主管部门应对县级交通运输主管部门提交的网络货运申请者相关信息进行线上服务能力认定,认定合格的,开具线上服务能力认定结果或在省级交通运输主管部门官网公示。

线上服务能力认定结果如下所示：

线上服务能力认定结果

＿＿＿＿＿（企业名称）于＿＿＿＿年＿＿＿月＿＿＿日，经＿＿＿＿（县级交通运输主管部门名称）向＿＿＿＿（省级交通运输主管部门名称）提出网络货运经营线上服务能力认定申请。经联调测试，申请单位已按照《部网络货运经营信息交互系统接入指南》的要求，完成网络平台接入省级网络货运信息监测系统。经核查，申请单位已取得增值电信业务许可证、＿＿＿＿级信息系统安全等级保护备案证明。网络平台具备信息发布、线上交易、全程监控、金融支付、咨询投诉、在线评价、查询统计、数据调取等功能，符合《网络平台道路货物运输经营管理暂行办法》《网络平台道路货物运输经营服务指南》及相关规定，具备线上服务能力。

第二步：行政许可申请

获得线上服务能力认定的申请人，方可申领道路运输经营许可证，申请人应向所在地市、县负有道路运输监管职责的机构提出申请，并提交以下材料：

(1)网络平台道路货物运输经营申请表。

(2)负责人身份证明，经办人的身份证明和委托书。

(3)安全生产管理制度文本，包括安全生产责任制度、安全生产业务操作规程、驾驶员和车辆资质登记查验制度、托运人身份查验登记制度等。

(4)相应的安全生产管理部门或者配备专职安全管理人员任命文件。

(5)线上服务能力认定结果。

(6)法律、法规规定的其他材料。

第三步：经营许可发放

各市、县负有道路运输监管职责的机构对网络货运经营申请予以受理的，应当做出许可或者不予许可的决定。对符合法定条件的网络货运申请做出准予行政许可决定的，应当出具《道路货物运输经营行政许可决定书》，向被许可人颁发道路运输经营许可证，在道路运输经营许可证经营范围栏目中注明"网络货运"；对网络货运经营不予许可的，应当向申请人出具《不予交通行政许可决定书》。

任务评价

评价内容	评价标准	权重/%	得分
基础知识	掌握网络货运平台的概念	10	
	理解网络货运平台中的法律关系	20	
	掌握网络货运平台的运作模式	10	
	掌握网络货运平台的特点	10	
基础知识	了解网络货运平台的监管	10	
	了解网络货运平台的相关政策	10	
任务能力	掌握网络货运平台资质申请流程	30	

任务二　防范委托开发过程中的法律风险

任务描述

根据《民法典》和知识产权保护相关法律法规等文件资料，理解委托开发过程中的法律风险，撰写委托开发合同以防范相关法律风险。

知识链接

一、委托开发概述

（一）委托开发的概念

委托开发是指利用外部专业公司来实现产品的开发。企业应当事前在调查研究的基础上，向委托开发的单位提出开发任务书，明确委托开发的目标、范围和总的功能需求。在开发过程中，企业派出精通管理业务的人员参与开发方案的研究，监督控制工作的进展，以保证工作的质量。

（二）委托开发合同

1.委托开发合同的概念

《民法典》第九百一十九条规定："委托开发合同是委托人和受托人约定，由受托人处理委托人事务的合同。"

2.委托开发合同的特点

（1）委托开发合同的标的必须是双方当事人尚未掌握的技术成果。委托开发合同的委托方通过研究开发方的研究开发，最终获得以图纸、产品设计等为载体的技术成果，且此技术成果在订立合同时双方当事人尚未掌握。

（2）委托开发合同的委托方一般应当承担技术开发的风险。通常情况下，合同双方会在合同中约定：委托人不仅有义务向研究开发方提供经费、支付报酬，还应该承担因现有科技发展水平等客观原因造成的技术开发失败的风险。

（3）委托开发合同的研究开发方工作具有独立性。委托开发合同的研究开发方以自己的名义、技术、劳务独立进行研究开发工作。委托方所提出的技术、经济要求规定了研究开发方的主要工作方向，但不能以此限制研究开发方的独立性。

（三）委托开发与合作开发和技术转让的关系

1.合作开发

《民法典》第八百五十一条规定："技术开发合同是当事人之间就新技术、新产品、新工艺、新品种或者新材料及其系统的研究开发所订立的合同。技术开发合同包括委托开发合同和合作开发合同。"第八百五十二条规定："委托开发合同的委托人应当按照约定支付研究开发经费和报酬，提供技术资料，提出研究开发要求，完成协作事项，接受研究开发成果。"第八百五十五条规定:"合作开发合同的当事人应当按照约定进行投资,包括以技术进行投资,分工参与研究开发工作,协作配合研究开发工作。"

由此可见,委托开发与合作开发的开发方式不同,委托开发的委托方提供研究开发经费和报酬,研究开发工作由受托人独立完成;而合作开发合同的双方当事人共同参加研究开发工作。委托开发与合作开发的研究开发成果归属也不同,合作开发,当事人订立合同的目的是相同的,即取得研究开发成果,因而研究开发取得的成果是共有的;而委托开发,研究开发成果归委托人所有。

2.技术转让

技术转让是指出让方将一定技术成果的所有权或使用权移转给受让方,而受让方须支付约定价金或使用费。根据《技术合同认定规则》,技术转让合同的标的是当事人订立合同时已经掌握的技术成果,包括发明创造专利、技术秘密及其他知识产权成果。而委托开发的技术成果是签订合同时当事双方尚未掌握的成果。

二、委托开发合同中的法律关系

委托开发合同是技术合同的一种,双方当事人即委托人和研究开发人,是委托开发合同中法律关系的主体,委托开发项目是法律关系的客体,双方的权利和义务关系是法律关系的内容。

根据《民法典》第八百五十二条和第八百五十三条的规定,委托开发合同中的委托人和研究开发人的主要义务如下:

1.委托开发合同中委托人的义务

(1)委托人应当按照约定支付研究开发经费和报酬。研究开发经费是完成研究开发工作的成本,除当事人另有约定外,委托人应当承担全部研究开发经费。按照合同约定,研究开发经费可以在研究开发工作开始前一次支付,也可以分期支付。

(2)委托人应当按照约定,提供技术资料,提出研究开发要求,完成协作事项。委托开发合同的研究开发人是按照委托人的要求进行研究开发工作的,委托人向研究开发人提出明确的研究开发要求,提供必要的完备技术资料、原始数据和完成应协作的事项,是研究开发人完成研究开发工作的必要条件。

(3)委托人应当按照约定接受研究开发成果。委托人应按照合同约定的期限接受研究开发成果,并及时依约对成果进行鉴定和验收。

2.委托开发合同中研究开发人的义务

(1)研究开发人应当按照约定制订和实施研究开发计划。研究开发人应当按照约定要求制订合理的开发计划并付诸实施,未经委托人同意,研究开发人不得将研究开发的主要工作交给第三人完成。

(2)研究开发人应当合理使用研究开发经费,按期完成研究开发工作。研究开发人应当根据费用预算合理使用研究开发经费,确保研究开发工作能够按期完成。

(3)完成研究开发工作后应当按时交付研究开发成果,并帮助委托人掌握研究开发成果。在交付技术成果后,研究开发人应当履行后续的义务,向委托人提供技术资料,必要的技术指导和帮助,以使委托人掌握该技术成果,并应按约定保守技术秘密。

研究开发的技术成果归属：

(1)委托开发完成的发明创造,除当事人另有约定的外,申请专利的权利属于研究开发人。

(2)研究开发人转让专利申请权的,委托人享有以同等条件优先受让该专利申请权的权利。

(3)研究开发人取得专利权的,委托人有权免费使用该专利。

(4)委托开发完成的非专利的技术秘密成果的使用权、转让权及利益分配办法,由当事人约定确定。

(5)当事人没有约定,依照习惯不能确定的,各方均有使用和转让的权利,但研究开发人不得在向委托人交付研究开发成果之前,将研究开发成果转让给第三人。

三、委托开发中的法律风险

在委托开发过程中,双方当事人都承担相关义务,享受相关权利,应该签订委托开发合同,以防范可能出现的法律风险。

《民法典》对委托合同进行了相关规定。根据规定,在委托开发过程中可能出现以下法律风险：

1.费用支付的风险

《民法典》第九百二十一条规定："委托人应当预付处理委托事务的费用。受托人为处理委托事务垫付的必要费用,委托人应当偿还该费用并支付利息。"因此,在委托开发过程中,可能出现委托人少支付或者延迟支付研发费用和报酬,研究开发人垫付费用,委托人拒绝偿还并支付利息的风险。

2.变更委托指示或要求的风险

《民法典》第九百二十二条规定："受托人应当按照委托人的指示处理委托事务。需要变更委托人指示的,应当经委托人同意；因情况紧急,难以和委托人取得联系的,受托人应当妥善处理委托事务,但是事后应当将该情况及时报告委托人。"因此,在委托开发过程中,受托人可能会出现未经委托人同意而变更委托指示或要求的情况,导致纠纷的出现。

3.转委托的风险

《民法典》第九百二十三条规定："受托人应当亲自处理委托事务。经委托人同意,受托人可以转委托。转委托经同意或者追认的,委托人可以就委托事务直接指示转委托的第三人,受托人仅就第三人的选任及其对第三人的指示承担责任。转委托未经同意或者追认的,受托人应当对转委托的第三人的行为承担责任；但是,在紧急情况下受托人为了维护委托人的利益需要转委托第三人的除外。"因此,在委托开发过程中,受托人可能会出现未经委托人同意而转委托,由此可能带来权利和义务的不清晰,导致纠纷的出现。

4.未及时提供资料和未按时接受开发成果的风险

根据《民法典》第八百五十二条,在委托开发过程中,委托人未及时提供资料,未按要求提供协助,可能会导致研究开发缓慢或者中断,研发成果无法完成的情况。此外,委托人若不及时接受研发成果,也会导致委托开发合同不能履行完成。

5.未按期完成研发或者未提供技术的风险

《民法典》第八百五十三条规定："委托开发合同的研究开发人应当按照约定制定和实施

研究开发计划,合理使用研究开发经费,按期完成研究开发工作,交付研究开发成果,提供有关的技术资料和必要的技术指导,帮助委托人掌握研究开发成果。"因此,在委托开发过程中,研究开发人未按约定制订研发计划,不合理使用经费或者挪用经费,都可能导致研究开发成果无法按时完成。研究开发完成后,研究开发人未按要求提供必要资料和指导,可能会导致委托人无法正常掌握研究开发成果。

6.其他风险

此外,根据《民法典》及其他相关法律法规,在委托开发过程中,还可能出现双方当事人未尽到保密义务,出现研发项目泄密的情况;合同中关于技术研发成果归属约定不清,导致研发成果的使用权、转让权和利益分配不明的风险等。

四、知识产权保护法

知识产权也称知识所属权,指权利人对其智力劳动所创作的成果和经营活动中的标记、信誉所依法享有的专有权利。

根据1967年7月14日世界知识产权组织发布的《建立世界知识产权组织公约》第二条第八款的规定,知识产权包括:(1)关于文学、艺术和科学作品的权利;(2)关于表演艺术家的演出、录音和广播的权利;(3)关于人们努力在一切领域的发明的权利;(4)关于科学发现的权利;(5)关于工业品式样的权利;(6)关于商标、服务商标、厂商名称和标记的权利;(7)关于制止不正当竞争的权利;(8)在工业、科学、文学或艺术领域里一切其他来自知识活动的权利。

在经济全球化的背景下,知识产权制度发展迅速,不断变革和创新,知识产权在世界各国普遍获得确认和保护。2005年中国成立了国家知识产权战略制定工作领导小组,正式启动了国家知识产权战略制定工作,知识产权的立法工作也在不断深入。

知识产权法是指因调整知识产权的归属、行使、管理和保护等活动中产生的社会关系的法律规范的总称。我国目前知识产权法律主要有《中华人民共和国著作权法》《中华人民共和国商标法》《中华人民共和国专利法》,以及一些行政法规、地方性法规和行政规章。同时,我国还加入了一些知识产权保护的国际公约。

1.《中华人民共和国著作权法》

《中华人民共和国著作权法》(以下简称《著作权法》)是为保护文学、艺术和科学作品作者的著作权,以及与著作权有关的权益,鼓励有益于社会主义精神文明、物质文明建设的作品的创作和传播,促进社会主义文化和科学事业的发展与繁荣,而制定的国家法律。

《著作权法》是有关获得、行使和保护著作权以及与著作权有关权益的法律,从著作权,著作权许可使用和转让合同,与著作权有关的权利,著作权和与著作权有关的权利的保护等几个方面进行了规定。著作权是法律赋予作者因创作文学、艺术和科学作品而享有的专有权利。《著作权法》施行以来,对保护著作权人的权益,激发其创作积极性,促进经济、科技的发展和文化、艺术的繁荣,发挥了积极作用。

2.《中华人民共和国商标法》

《中华人民共和国商标法》(以下简称《商标法》)是为了加强商标管理,保护商标专用权,促使生产、经营者保证商品和服务质量,维护商标信誉,以保障消费者和生产、经营者的利益,促进社会主义市场经济的发展而制定的国家法律。

《商标法》从商标注册的申请,商标注册的审查和核准,注册商标的续展、变更、转让和使用许可,注册商标的无效宣告,商标使用的管理,注册商标专用权的保护等几个方面对商标权进行了规定。

3.《中华人民共和国专利法》

《中华人民共和国专利法》(以下简称《专利法》)是为了保护专利权人的合法权益,鼓励发明创造,推动发明创造的应用,提高创新能力,促进科学技术进步和经济社会发展而制定的国家法律。

《专利法》从授予专利权的条件,专利的申请,专利申请的审查和批准,专利权的期限、终止和无效,专利实施的特别许可,专利权的保护等几个方面对专利权进行了规定。

4.其他法规、规章和国际公约

除了上述三部法律外,我国知识产权行政法规主要有《中华人民共和国著作权法实施条例》《计算机软件保护条例》《中华人民共和国专利法实施细则》《中华人民共和国商标法实施条例》《中华人民共和国知识产权海关保护条例》《中华人民共和国植物新品种保护条例》《集成电路布图设计保护条例》等。

此外,我国知识产权保护还有行政规章以及一些地方性法规,如《关于禁止侵犯商业秘密行为的若干规定(修正)》等。

我国在加强国内立法的同时,还加强了与世界各国在知识产权领域的交往与合作,并借鉴了相关国外知识产权立法的精神。我国加入的知识产权保护的国际公约有:《与贸易有关的知识产权协定》《保护工业产权巴黎公约》《保护文学和艺术作品伯尔尼公约》《世界版权公约》《商标国际注册马德里协定》《专利合作条约》等。其中,《与贸易有关的知识产权协定》被认为是当前世界范围内知识产权保护领域中涉及面广、保护水平高、保护力度大、制约力强的国际公约,对中国有关知识产权法律的修改起到了重要作用。

任务实施

具体要求:依据所掌握的委托开发中的法律风险等知识,结合相关知识产权保护法律法规,撰写委托开发合同,要求合同内容完整,并能起到防范委托开发中的法律风险的作用。

第一步:确定项目名称并立项

(1)确定委托开发项目名称。项目名称应简明、准确,并与项目内容相一致。

(2)确定委托开发项目的目标,即研究开发方要完成的技术成果。该技术成果应当是双方尚未掌握的,且未被他人公开,具有一定的新颖性和技术价值,避免对现有技术或设计重复研发,从而导致技术成果价值不高,造成资源浪费。

(3)确定技术成果的完成形式,比如技术报告、产品设计、专利等。

(4)确定技术成果应达到的技术水平和具体指标。

第二步:确定研究开发计划

研究开发方在约定时间内完成研究开发计划的拟订,并提交给委托方,委托方有权提出补充和修改意见。

研究开发计划应按照委托方的要求来拟订,详细具体,明确每一阶段应完成的研究内容和达到的目标。研究开发计划应包括如下内容:

(1)本项目现有的技术基础和存在的主要问题。

(2)本项目的总体目标。
(3)本项目的进度计划,每一阶段的具体任务和目标。
(4)本项目采用的研究方法、技术路线等。
(5)本项目应达到的技术水平和产生的经济、社会效益。

第三步:确定研究开发经费及支付方式
(1)确定本项目研究开发经费和报酬的总额,确定经费是包干制度还是实报实销制度。
(2)确定研究开发经费和报酬的支付方式和期限。一次性支付需要确定期限,分批次支付需要确定期限和每批次支付数额。
(3)确定研究开发经费的使用途径和方向,确定委托方对经费的监管方法。

第四步:确定委托方提供的技术资料
(1)确定委托方在约定的时间内向研究开发方提供的技术资料和数据。
(2)确定研究开发方对收到的技术资料和数据的保密义务。

第五步:确定利用研究开发经费购置的设备、器材等的财产权属
(1)确定利用研究开发经费购置的设备、器材等归委托方所有的材料清单。
(2)确定利用研究开发经费购置的设备、器材等归研究开发方所有的材料清单。

第六步:确定委托开发合同的履行和验收
(1)确定委托开发合同的履行期限、地点和履行方式。
(2)确定委托开发合同的验收标准,即技术成果要达到的技术指标和参数,以及实现的经济和社会效益。
(3)确定委托开发合同的验收方式是由委托方验收还是第三方验收,以及验收费用的承担者。

第七步:确定技术成果的归属和使用权
(1)确定技术成果中发明创造的专利申请权归属,没有约定的,一般专利申请权归属研究开发方。
(2)研究开发人取得专利权的,委托人有权免费使用该专利;研究开发人转让专利申请权的,委托人享有以同等条件优先受让该专利申请权的权利。
(3)确定委托开发完成的非专利的技术秘密成果的使用权、转让权及利益分配办法。
(4)确定研究开发成果中的发明权、发现权、取得国家荣誉和奖励的权利,归属于研究开发方。

第八步:确定双方应承担的风险责任和违约责任
(1)确定委托开发中由委托方承担的风险责任。
(2)确定委托开发中由研究开发方承担的风险责任。
(3)确定委托开发中由双方共同承担的风险责任,并确定双方承担的比例。
(4)确定委托方的违约条款及应承担的责任;委托方的违约条款一般有延迟支付研发经费或报酬,未提供约定的技术资料和数据,不按时接受研发成果等。
(5)确定研究开发方的违约条款及应承担的责任;研究开发方的违约条款一般有研发停滞、延误,未按计划实施研发工作,挪用研发经费等。
(6)确定合同履行过程中出现争议的解决办法。

任务评价

评价内容	评价标准	权重/%	得分
基础知识	掌握委托开发的概念	10	
	理解委托开发合同中的法律关系	20	
	掌握委托开发中的法律风险	20	
	了解知识产权保护的相关法律	10	
任务能力	掌握委托开发合同的撰写步骤	40	

法条解析

《网络平台道路货物运输经营管理暂行办法》

第十七条 网络货运经营者应当建立健全交易规则和服务协议，明确实际承运人及其车辆及驾驶员进入和退出平台，托运人及实际承运人权益保护等规定，建立对实际承运人的服务评价体系，公示服务评价结果。

本条是关于网络货运平台交易规则和进退机制等的规定。

本条款中明确规定，网络货运平台要建立健全交易规则和服务协议，明确进退机制，建立服务评价体系，并公示服务评价结果。因此网络货运平台经营者应该明确相关服务规则，规范运营。服务规则一经确立，不得随意更改，网络货运平台相关参与方均应遵守规则，并接受监督。本条款合理界定了平台责任，规范了平台经营行为，使网络货运平台的运营安全更有保障、权益得到维护、服务质量得以提高。

项目小结

网络货运平台是指经营者依托互联网平台整合配置运输资源，以承运人身份与托运人签订运输合同，委托实际承运人完成道路货物运输，承担承运人责任的道路货物运输经营活动。其具有运营电子化、资源集中化、服务透明化和监管规范化的特点。网络货运平台经营者是运输合同关系中的承运人，而不是中间人，承担全程运输责任。网络货运平台需要获得中华人民共和国增值电信业务经营许可证、信息系统安全等级保护备案证明（要求三级及以上），拥有网络货运平台系统并具备信息发布、线上交易、全程监控、金融支付、咨询投诉、在线评价、查询统计、数据调取八大功能，平台按照要求接入省级网络货运信息监测系统等，才能获得线上服务能力认定，进而申请行政许可，获得道路运输经营许可证，便可以从事网络货运平台经营。

委托合同是委托人和受托人约定，由受托人处理委托人事务的合同。委托开发合同是技术合同的一种，双方当事人即委托人和研究开发人，是委托开发合同中法律关系的主体，委托开发项目是法律关系的客体，双方的权利和义务关系是法律关系的内容。在委托开发过程中存在相关法律风险，因此在撰写委托开发合同时需要对法律风险加以防范。

项目八　物流信息管理法律规范

思政园地

2019年,国务院办公厅印发了《关于促进平台经济规范健康发展的指导意见》,明确提出互联网平台经济是生产力新的组织方式,是经济发展新动能,要创新监管理念和方式,探索适应新业态特点、有利于公平竞争的监管办法,鼓励发展平台经济新业态。网络货运平台正是互联网经济与物流行业有机结合的产物,是互联网平台经济在物流行业的典型代表,发展网络货运平台,对传统物流产业转型,寻找物流行业新的增长点具有重要的意义。

开展物流法律法规教学,使学生熟悉网络货运平台相关法规,掌握网络货运平台最新政策,推动网络货运平台的发展,是贯彻落实党中央、国务院决策部署、促进平台经济规范健康发展的重要举措,也是贯彻落实党中央、国务院关于"互联网＋"高效物流的重要指示精神的体现。

能力测评

一、选择题(不定项)

1. 在网络货运经营中,全程运输风险的第一责任人是(　　)。
   A. 托运人　　　　B. 实际承运人　　　C. 网络货运经营者　　D. 个体驾驶员

2. 网络货运经营中的托运人有(　　)。
   A. 生产型企业　　B. 流通型企业　　　C. 第三方物流企业　　D. 个体驾驶员

3. 网络货运经营中的实际承运人有(　　)。
   A. 生产型企业　　B. 流通型企业　　　C. 第三方物流企业　　D. 个体驾驶员

4. 网络货运经营受到(　　)监管。
   A. 国家税务总局　B. 省级检测中心　　C. 交通运输部　　　　D. 海关总署

5. 网络货运经营的特点有(　　)。
   A. 运营电子化　　B. 资源集中化　　　C. 服务透明化　　　　D. 监管规范化

6. 在与货主订立的运输合同中,网络货运经营者担任的角色是(　　)。
   A. 托运人　　　　B. 承运人　　　　　C. 实际承运人　　　　D. 中介

7. 线上服务能力认定需要具备的条件有(　　)。
   A. 获得中华人民共和国增值电信业务经营许可证
   B. 取得信息系统安全等级保护备案证明(三级及以上)
   C. 拥有网络货运平台系统
   D. 网络货运平台系统接入省级网络货运信息监测系统

8. 网络货运平台系统必备的服务功能有(　　)。
   A. 信息发布　　　B. 线上交易　　　　C. 调解纠纷　　　　　D. 在线评价

9. 委托开发合同的特点有(　　)。
   A. 合同标的是双方当事人尚未掌握的技术成果
   B. 技术开发的风险由研究开发方承担
   C. 研究开发方工作具有独立性
   D. 技术成果的专利申请权属于研究开发方

10.我国知识产权保护法律有（　　）。
A.《中华人民共和国著作权法》
B.《中华人民共和国商标法》
C.《中华人民共和国专利法》
D.《中华人民共和国民法典》

二、案例分析

2019年8月3日下午14时，原告郑某接到某货运平台单号为101562424326的订单，为被告王某提供运输服务，其中订单信息中载明额外需求为搬运（平台定价），搬运清单中显示大件物品数量为3件，订单备注为"是一个小食品店，需要整个拆装，一个门头，两个展示柜冰箱，一个空调，一个水池，一个遮阳伞和少量灯饰"。郑某接单后，前往被告经营的食品店对需搬运的物品进行拆卸。在拆卸遮阳伞时，原告郑某自梯子上跌落受伤。事故发生后，郑某于当天入市医院住院治疗14天，出院诊断显示：1.右胫腓骨骨折；2.高血压病2级。2020年6月9日，郑某入市医院住院治疗9天，自行支出医疗费55 020.38元。2020年10月23日，某司法医学鉴定中心出具司法鉴定意见书，其中鉴定意见载明"1.被鉴定人郑某右侧胫腓骨下段粉碎性骨折致右侧踝关节活动功能丧失63%，已构成十级伤残。2.被鉴定人郑某误工期180日、护理期60日、营养期60日"。郑某与王某协商赔偿医疗费用未果，遂将其告上法院。

思考：

1.本案中，运输合同的托运人、承运人和实际承运人分别是谁？

2.本案中，王某和郑某是否存在劳务关系？

拓展训练

利用课余时间，在教师的指导下，在相关法律网站上查找关于网络货运或者委托开发的案例，以小组形式展开讨论，将讨论结果与判决结果对照，找出差距，并做好讨论结果的记录。

项目九 电子商务法律规范

知识思维导图

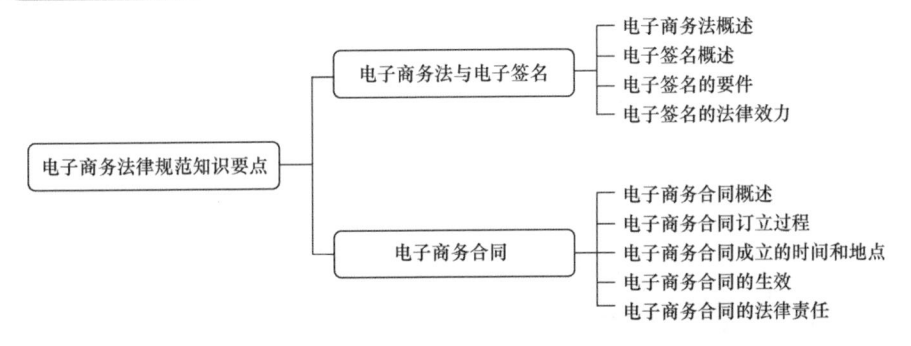

- 电子商务法律规范知识要点
  - 电子商务法与电子签名
    - 电子商务法概述
    - 电子签名概述
    - 电子签名的要件
    - 电子签名的法律效力
  - 电子商务合同
    - 电子商务合同概述
    - 电子商务合同订立过程
    - 电子商务合同成立的时间和地点
    - 电子商务合同的生效
    - 电子商务合同的法律责任

知识目标

通过本项目的学习,学生能够对电子商务法的概念、特征进行描述;能够明确电子商务法的调整范围;能够撰写电子商务合同;能够确定电子商务合同订立过程中的法律责任。

能力目标

通过本项目的学习,学生能够制作自己的电子签名,能够获取电子签名的合法证据,能够熟练查询相关电子商务法律法规,并能够进行整合比较;能够确定电子签名的合法性与有效性;能够辨析电子商务合同的效力;能够合理有效地实现电子商务合同的合法权益。

思政目标

通过本项目的学习,学生能够贴近电子签名、贴近《电子签名法》的实践,学生对《电子签名法》能够广泛贯彻实施。

关键概念

电子签名;数据电文;电子交易;电子商务合同

物流法规

案例导入

2021年7月5日上午，育才双语学校通过浏览瑞特家具厂的网站，发现瑞特家具厂生产销售办公家具，于是通过网站发出购买请求，信息如下：

(1)需要办公用电脑桌、椅80套，并附图说明家具的样式、规格大小、颜色等信息。

(2)在2021年8月20日之前将订购的家具送至育才双语学校。

(3)家具总价5万元人民币。

当天下午4时30分16秒，瑞特家具厂网站通过电子邮件进行确认，发给育才双语学校电子商务合同，但双方均未签署任何书面文件。2021年8月18日，瑞特家具厂将上述家具送至育才双语学校，但学校已于7月17日以4.8万元的价格购买了另一家具厂生产的家具，并以双方未签署书面合同为由拒收。双方协商不成，8月25日，瑞特家具厂将育才双语学校起诉至法院。庭审中，双方对通过网站平台洽谈物品买卖、寄发电子商务合同等事项均无异议。

问题：

(1)育才双语学校和瑞特家具厂之间通过电子商务形式签订的合同，如何实现数据文件的电子签名？

(2)为了保证电子商务合同的效力，减少争议，双方怎样签订该电子商务合同，才能保障当事人的合法权益？合同履行时当事人可以采取哪些补救措施？

任务一　制作个人的电子签名

任务描述

根据本项目案例导入的情境描述，作为瑞特家具厂的法律顾问，分析双方以电子邮件签订合同的行为的合法性，找到相关法律依据，并为自己制作个人的电子签名。

知识链接

一、电子商务法概述

电子商务是指通过互联网等信息网络销售商品或提供服务的经营活动。我国自1994年开始出现电子商务模式，从此激发了市场活力，现如今发展到了以大数据、云计算、区块链和人工智能为代表的电商新时代。电子商务与传统的商务模式相比，具有交易网络化、虚拟化、全球化、透明化、互动性、即时性及成本低等特征，特别是跨境电商、农村电商、移动电商的发展，使得许多传统法律的规则不适用于调整电子商务活动法律关系。为了保障电子商务各方主体的合法权益，规范电子商务行为，维护市场秩序，促进电子商务持续健康发展，2018年8月31日，中华人民共和国第十三届全国人民代表大会常务委员会第五次会议通过了《中华人民共和国电子商务法》(以下简称《电子商务法》),自2019年1月1日起施行。《电子商务法》是我国电商领域首部综合性法律,使电子商务活动有法可依。

(一)电子商务法的概念

电子商务已成为社会经济发展新动能,为确保电子商务的健康发展,就必须以健全的法律为基础和前提。电子商务法是调整政府、企业和个人以数据电文为交易手段,通过信息网络所产生的,因交易形式所引起的各种商事交易关系,以及与这种商事交易关系密切相关的社会关系、政府管理关系的法律规范的总称。电子商务法有广义和狭义之分。广义的电子商务法包括所有调整以数据电文方式进行商务活动的法律规范,其内容涉及广泛,将调整以电子商务为交易形式和以电子信息为交易内容的规范都包括在内。狭义的电子商务法则对应于狭义的电子商务,是指调整以数据电文为交易手段引起的商事关系的法律规范体系,即作为部门法意义上的电子商务法,包括以电子商务法命名的法律、法规,以及其他所有现行制定法中有关电子商务的法律法规,如《民法典》中关于数据电文的规定、《中华人民共和国刑法》中关于计算机犯罪的规定等。

(二)电子商务法的调整对象

电子商务法的基础是电子商务活动,这些商务活动通过互联网进行,其传导介质、交易手段和交易环境有了特殊性,就要求电子商务法不仅要调整交易形式,还要调整交易本身和交易引起的特殊法律问题,如在线货物买卖交易、在线信息产品交易、在线服务、在线特殊交易,以及由此引起的法律问题。因此,电子商务法的调整对象是电子商务交易活动中发生的各种社会关系,而这类社会关系是在广泛采用新型信息技术并将这些技术应用到商业领域后形成的特殊的社会关系,它交叉存在于虚拟社会和实体社会之间,有别于实体社会中的各种社会关系。

(三)电子商务法的特征

电子商务法具有开放性、技术性、程序性、复合性等特征。

1.开放性

电子商务法是关于以数据电文进行意思表示的法律制度,而数据电文在形式上是多样化的,并且还在不断发展。因此,必须以开放的态度对待任何技术手段与信息媒介,设立开放型的规范,让所有有利于电子商务发展的设想和技术都能容纳进来。

2.技术性

许多法律规范都是直接或间接地由技术规范演变而来的,如电子签名技术、数字签名技术等,相关法律规范的规定,对当事人之间权利、义务的调整,都有极其重要的影响和作用。

3.程序性

电子商务法一般不直接涉及交易的具体内容,它所调整的是当事人之间因交易形式的使用而引起的权利和义务关系,即有关数据电文是否有效、是否归属于某人;电子签名是否有效、是否与交易的性质相适应;认证机构的资格如何,它在证书的颁发与管理中应承担哪些责任等问题。

4.复合性

电子商务交易关系的复合性源于其技术手段上的复杂性和依赖性。它通常表现为当事人必须在第三方的协助下完成交易活动。比如在合同订立中,需要有网络服务商提供接入服务,需要有认证机构提供数字证书等。

(四)《电子商务法》的基本原则

1. 平等原则

《电子商务法》第四条规定:"国家平等对待线上线下商务活动,促进线上线下融合发展,各级人民政府和有关部门不得采取歧视性的政策措施,不得滥用行政权力排除、限制市场竞争。"

2. 自愿、平等、公平、诚信原则

《电子商务法》第三条规定:"国家鼓励发展电子商务新业态,创新商业模式,促进电子商务技术研发和推广应用,推进电子商务诚信体系建设,营造有利于电子商务创新发展的市场环境,充分发挥电子商务在推动高质量发展、满足人民日益增长的美好生活需要、构建开放型经济方面的重要作用。"第五条规定:"电子商务经营者从事经营活动,应当遵循自愿、平等、公平、诚信的原则,遵守法律和商业道德,公平参与市场竞争,履行消费者权益保护、环境保护、知识产权保护、网络安全与个人信息保护等方面的义务,承担产品和服务质量责任,接受政府和社会的监督。"

3. 协同管理原则

《电子商务法》第六条规定:"国务院有关部门按照职责分工负责电子商务发展促进、监督管理等工作。县级以上地方各级人民政府可以根据本行政区域的实际情况,确定本行政区域内电子商务的部门职责划分。"第七条规定:"国家建立符合电子商务特点的协同管理体系,推动形成有关部门、电子商务行业组织、电子商务经营者、消费者等共同参与的电子商务市场治理体系。"

4. 自律原则

《电子商务法》第八条规定:"电子商务行业组织按照本组织章程开展行业自律,建立健全行业规范,推动行业诚信建设,监督、引导本行业经营者公平参与市场竞争。"

二、电子签名概述

《中华人民共和国电子签名法》(以下简称《电子签名法》)于 2004 年 8 月 28 日第十届全国人民代表大会常务委员会第十一次会议通过,自 2005 年 4 月 1 日起施行。后根据 2015 年 4 月 24 日第十二届全国人民代表大会常务委员会第十四次会议第一次修正,根据 2019 年 4 月 23 日第十三届全国人民代表大会常务委员会第十次会议第二次修正。

(一)电子签名的概念

根据《电子签名法》的规定,电子签名是指数据电文中以电子形式所含、所附用于识别签名人身份并表明签名人认可其中内容的数据。数据电文是指以电子、光学、磁或者类似手段生成、发送、接收或者储存的信息。

电子签名包含以下内容:

(1)电子签名是以电子形式出现的数据。

(2)电子签名是附着于数据电文的。电子签名可以是数据电文的一个组成部分,也可以是数据电文的附属,与数据电文具有某种逻辑关系,能够使数据电文与电子签名相联系。

(3)电子签名必须能够识别签名人身份并表明签名人认可与电子签名相联系的数据电

文的内容。

电子签名类似于手写签名或印章,从某种意义上可以说它是电子印章,利用技术手段使其具备与手写签名相同的功能。

电子签名具有法律效力就必须具备传统的手写签名的功能:一是能表明文件的来源,即识别签名人;二是表明签名人对文件内容的确认;三是能够构成签名人对文件内容正确性和完整性负责的根据。

电子签名具有多种形式。例如,附着于电子文件的手写签名的数字化图像,包括采用生物笔迹辨别法形成的图像;向收件人发出证实发送人身份的密码、计算机口令;采用特定生物技术识别工具,如指纹或虹膜等。无论采用什么样的技术手段,只要符合法律规定的要件,就是《电子签名法》所称的电子签名。

电子签名与传统签名在功能上有等同之处,但它们之间的差异也是很明显的:

(1)电子签名一般是在线签署的,是一种远距离的认证方式。

(2)电子签名本身是一种数据,它很难像纸面签名一样提交原件。

(3)大多数人只有一种手书签名样式,但一个人可能同时拥有许多电子签名。

(4)传统手书签名可凭视觉比较,而电子签名一般需要计算机系统进行鉴别。

(二)电子签名的要件

电子签名同时符合下列条件的,才视为可靠的电子签名。

1.电子签名制作数据用于电子签名时,属于电子签名人专有

电子签名制作数据是指在电子签名过程中使用的,将电子签名与电子签名人可靠地联系起来的字符、编码等数据。它是电子签名人在签名过程中掌握的核心数据。唯有通过电子签名制作数据的归属判断,才能确定电子签名与电子签名人之间的同一性和准确性。因此,一旦电子签名制作数据被他人占有,则依赖于该电子签名制作数据而生成的电子签名有可能与电子签名人的意愿不符,显然不能视为可靠的电子签名。

2.签署时电子签名制作数据仅由电子签名人控制

这一项规定是对电子签名过程中电子签名制作数据归谁控制的要求。这里所规定的控制是指一种实质上的控制,即基于电子签名人的自由意志而对电子签名制作数据的控制。在电子签名人实施电子签名行为的过程中,无论是电子签名人自己实施签名行为,还是委托他人代为实施签名行为,只要电子签名人拥有实质上的控制权,则其所实施的签名行为,就满足《电子签名法》的要求。

3.签署后对电子签名的任何改动能够被发现

采用电子签名技术的签名人签署后,对方当事人可以通过一定的技术手段来验证其所收到的数据电文是否由发件人发出,发件人的电子签名有没有被改动。倘若能够发现发件人的电子签名签署后曾经被他人更改,则该项签名不能满足《电子签名法》的要求,不能成为一项可靠的电子签名。

4.签署后对数据电文内容和形式的任何改动能够被发现

电子签名的一项重要功能在于表明签名人认可数据电文的内容,而要实现这一功能,就必须要求电子签名在技术手段上能够保证经签名人签署后的数据电文不被他人篡改。否则,电子签名人依据一定的技术手段实施电子签名,签署后的数据电文被他人篡改而不能被发现,此时出现的法律纠纷将无法依据《电子签名法》予以解决,电子签名人的合法权益难以得到有效保护。因此,要符合《电子签名法》规定的可靠的电子签名的要求,就必须保证电子签名签署后,对数据电文内容和形式的任何改动都能够被发现。

法律同时赋予当事人协商选择权,即当事人也可以选择使用符合其约定的可靠条件的电子签名。尽管法律规定了可靠的电子签名应当具备的条件,但并没有对达成上述法定条件的电子签名所需采取的技术做出统一规定。当事人在从事电子商务或者其他活动中所约定采用的电子签名技术如能够满足当事人对保障交易安全性的需求,《电子签名法》同样承认其法律效力并予以保护。

电子签名人应当妥善保管电子签名制作数据。电子签名人知悉电子签名制作数据已经失密或者可能已经失密时,应当及时告知有关各方,并终止使用该电子签名制作数据。

(三)电子签名的法律效力

《电子签名法》第十四条规定:"可靠的电子签名与手写签名或者盖章具有同等的法律效力。"

电子签名、数据电文的应用需要借助一定的技术手段,物质条件会限制一部分民众使用这种交易方式。《电子签名法》规定了下列文书不适用电子签名:

(1)涉及婚姻、收养、继承等人身关系的。
(2)涉及停止供水、供热、供气、供电等公用事业服务的。
(3)法律、行政法规规定的不适用电子文书的其他情形。

任务实施

具体要求:依据所掌握的电子商务法律的知识,根据本项目案例导入所述情境,作为瑞特家具厂的法律顾问,请解释采用数据电文形式订立合同的法律依据;采用数据电文形式订立合同的注意事项;采用数据电文的收讫确认方式;采用数据电文形式如何制作电子签名。

第一步:确认采用数据电文形式订立合同的法律依据

数据电文,是指以电子、光学、磁或者类似手段生成、发送、接收或者储存的信息。根据规定,数据电文的概念包括两层意思:一是数据电文使用的是电子、光学、磁技术或者其他具有类似功用的技术;二是数据电文的实质是各种形式的信息。

第二步:订立数据电文合同的注意事项

交易各方采用电子邮件、网上交流等方式订立合同,应当遵守《民法典》《电子签名法》的有关规定,注意下列事项:与数据电文确认收讫有关的事项;以数据电文形式发送的要约的撤回、撤销和失效以及承诺的撤回;自动交易系统形成的文件的法律效力;价款的支付,标的物和有关单据、凭证的交付;管辖法院或仲裁机构的选择,准据法的确定;法律、法规规定的其他事项。

第三步:确定数据电文的收讫确认形式

法律、行政法规规定或者当事人约定数据电文需要确认收讫的,应当确认收讫。发件人收到收件人的收讫确认时,数据电文视为已经收到。

1.确认收讫类似于邮政系统中的回执制度。确认收讫有两种情形:一种是强制性确认收讫,即法律、行政法规规定数据电文须经确认收讫。这种情形最有可能发生于电子政务活动中,立法者出于某种考虑,要求确认收讫。另一种是当事人约定数据电文须经确认收讫。

在这种情形中,还包括发件人要求确认收讫的情况。发件人可以在发送数据电文之时或之前提出该要求,也可以通过数据电文本身提出该要求。除了上述情形外,确认收讫不是数据电文产生法律效力的要件。

2.确认收讫可以有许多方式。如果发件人与收件人约定必须采用某种特定形式或方法确认收讫,或发件人单方面要求如此,则收件人应以该方式确认收讫。如果未约定特定方式,则收件人可以通过任何一种方式确认收讫,包括由其信息系统自动发出确认收讫函,只要该方式能明确表示该数据电文已经收到。有时发件人要求得到一项确认收讫,但并未明确表示在收到确认收讫之前,该数据电文无效。如果在约定的时间内,未收到确认收讫,或者在没有约定时间的情况下,经过一段合理时间仍未收到确认收讫,发件人可以向收件人发出通知,说明并未收到确认收讫,并确定必须收到该项确认的合理时限。在该时限内仍未收到该项确认的,发件人可以通知收件人,将该数据电文视为从未发送。通过这样的处理,可以使法律关系趋于明确、稳定的状态。

3.对于必须经过确认收讫的,在收到确认收讫之前,数据电文可视为从未发送。发件人收到确认收讫的,可以推定有关数据电文已经由收件人收到。但这并不表明收件人收到的信息与发件人发送的信息相符,也不能将确认收讫理解为收件人对发件人做出的承诺。确认收讫是否可以视为承诺,要以该确认收讫的具体内容而定。

第四步:制作电子签名

电子签名制作流程如下:

1.注册账号。打开电子签名制作网站,单击"注册"并填写相关信息。

2.实名认证。

(1)个人用户可通过芝麻认证、腾讯云认证、人工审核认证三种方式进行实名认证。

(2)企业用户认证需按照提示提交相应的资料,流程包括填写企业信息、完善管理人信息、银行打款、完成认证四个步骤。

3.等待审核。

(1)个人用户选择芝麻认证、腾讯云认证的,可立即获知审核结果;如果选择人工审核认证,则需等待系统审核,1~2个工作日会出结果。

(2)企业用户提交认证信息后需等待审核结果,1~2个工作日会出结果。

电子签名制作注意事项包括:

1.实名认证:

(1)个人用户实名认证。采用芝麻认证、腾讯云认证方式时,需注意:刷脸认证过程中,请保证光线充足,录制视频时在安静的环境下进行;不要佩戴帽子、眼镜等影响人脸识别的物品,也不要用头发、手遮挡面部。采用人工审核认证方式,需注意:审核结果需要1~2天,请耐心等候;上传的身份证照片,身份证上的头像及所有信息均须清晰可见,持证人需免冠,五官清晰;支持.jpg、.jpeg、.png格式,大小不超过20 MB。

(2)企业用户实名认证。提交认证材料过程中,需注意:企业管理人身份分为"法定代表人或非法定代表人",其需要提交的资料也不相同。因此,为了确保实名认证过程的顺利进行,建议提前准备好相应资料。

2.电子签名制作:

个人用户完成实名认证后,会获得系统默认的电子签名,用户可使用该电子签名在线签署电子合同。同时,用户也可制作个性手写签名,并将手写签名设置为默认签名。手写电子签名制作流程:进入个人中心,单击"账号管理"→"我的签章",再单击右上角的"添加"按钮,即可在手机上制作手写签名。

企业用户完成实名认证后,需上传企业电子公章,才能进行正常的合同签署操作。企业电子公章(电子签名)制作流程:进入企业中心,单击"账号管理"→"我的签章",再单击右上角的"添加"按钮,按照要求上传签章等待审核即可。

任务评价

评价内容	评价标准	权重/%	得分
基础知识	掌握数据电文的范围	10	
	掌握《电子签名法》的适用范围	10	
	掌握电子签名的法律要件	20	
应用能力	数据电文的收讫确认	20	
电子签名制作	制作个人电子签名	20	
	制作企业电子签名	20	

任务二　签署物流电子商务服务合同

任务描述

根据本项目案例导入的情境描述,作为瑞特家具厂的法律顾问,请你帮助瑞特家具厂草拟一份电子商务合同;模拟合同签订过程,通过"法大大"或其他电子商务平台模拟要约发出,做出反要约,做出承诺;分析合同订立的时间和地点;分析合同的效力与责任。

知识链接

一、电子商务合同概述

电子商务合同又称电子合同,是双方或多方当事人之间通过电子信息网络以电子的形式达成的设立、变更、终止财产性民事权利和义务关系的协议。

电子商务合同与纸质合同具有相同法律地位。《民法典》规定当事人订立合同,可以采用书面形式、口头形式或者其他形式。书面形式是合同书、信件、电报、电传、传真等可以有形地表现所载内容的形式。以电子数据交换、电子邮件等方式能够有形地表现所载内容,并可以随时调取查用的数据电文,视为书面形式。

二、电子商务合同的订立程序

电子商务合同是合同的一种特殊形式,电子商务合同的订立必然遵循合同订立的基本程序——要约和承诺。电子商务合同是以数据电文的方式订立的,其意思表示通过数据电文传送和储存,因此,电子商务合同订立过程中要约与承诺的生效、撤回和撤销又有一定的特殊性。

(一)电子商务合同中的要约

1.要约的一般规定

要约是希望和他人订立合同的意思表示,且该意思表示应当符合几个要件:内容具体确定;要表明经受要约人承诺,要约人即受该意思表示约束;要约必须向受要约人发出。符合要约构成要件的意思表示,就会对要约人产生特定的效力,要约到达受要约人时生效。

2.电子商务合同订立过程中的要约

在电子商务合同订立过程中,要约和要约邀请的区分可从网络广告和在线交易两个方面进行分析,在线交易又因标的物为实物或计算机信息的不同而性质不同。

(1)网络广告。网络广告发布者通过网站发布广告或者其他网页广告,通过电子邮件等途径寄送商品信息,在发布时可以在广告中特别声明为要约或者要约邀请。评价其是否是要约或要约邀请仍以要约要件为依据。

(2)在线交易。在线交易的模式有通过访问网页进行交易和通过第三方交易平台进行交易。第三方交易平台有商家之间的 B2B 平台和个人之间的 C2C 平台等。

B2C 网页实物交易,网页展示实物图片行为属于要约邀请。在这种交易模式中,明码标价的网页商品展示类似于商店标有价格的商品陈列。但网页上展示的是商品图片,存在多人同时单击同一商品购买的可能性,存在商品售罄或者同一商品被"卖出"数次的危险。因此,认定网页展示实物图片行为属于要约邀请。

B2C 网页计算机信息展示属于要约。计算机信息可以无限复制、随时下载,不存在售罄的情况,所以认定在网页上展示计算机信息并标明数量和价格的行为为要约。

B2B 和 C2C 第三方交易平台展示商品销售行为属于要约。第三方交易平台都建立了严谨的交易程序,为交易双方提供了充分的交流机会。卖方向交易平台提交货物时,应填写准确的商品数量及货物信息,不存在售罄的情况;买卖双方交易的每个步骤都在交易平台程序确认后进行,不存在一物多售的问题。所以,在第三方交易平台展示商品进行销售的行为认定为要约。

3.要约的撤回与撤销

要约的撤回是指要约人在发出要约以后,未到达受要约人之前,要约人有权宣告取消要约。要求撤回要约的通知应当和要约同时到达或者先于到达受要约人。要约生效后,要约人失去了撤回的权利,要约被承诺后,要约和受要约人均不得擅自撤销要约。

在电子商务活动中,数据电文在信息系统之间的传递几乎是同步进行的,要约的撤回变得很难实现。在网络拥挤或服务器故障的情况下,数据电文可能延迟到达,使得撤回要约的通知可能更早地到达受要约人,法律承认要约人撤回要约的权利。在线交易中,如果要约以电子邮件的方式发出,那么在受要约人回复之前是可以撤销要约的;如果当事人通过即时通信工具在网上协商,要约人在受要约人做出承诺前可以撤销要约;如果当事人采用电子自动交易系统从事电子商务,承诺由交易系统自动回复,则要约人很难有机会撤销要约。

(二)电子商务合同中的承诺

1.承诺的一般规定

承诺是指接受要约人同意要约的意思表示。承诺一旦生效,合同即告成立。有效的承诺须具备相应构成要件。承诺必须由受要约人做出;承诺的内容必须与要约的内容相一致;承诺必须在要约有效期限内提出。

2.承诺的撤回

承诺也可撤回,承诺的撤回是指受要约人在承诺生效之前取消承诺行为。撤回承诺的通知应当在承诺通知到达要约人之前或者与承诺通知同时到达要约人。电子商务合同关于要约撤回的规则同样适用于承诺的撤回。以数据电文发出的承诺可以撤回。在电子商务活动中,数据电文的传输可能遇到网络故障、信箱拥挤、停电断电、信息系统感染病毒等情况,因此受要约人撤回以数据电文形式发出的承诺的情形是存在的。

三、电子商务合同的成立时间、地点、条件

(一)电子商务合同的成立时间

当事人采用信件、数据电文等形式订立合同要求签订确认书的,签订确认书时合同成立。

当事人一方通过互联网等信息网络发布的商品或者服务信息符合要约条件的,对方选择该商品或者服务并提交订单成功时合同成立,但是当事人另有约定的除外。

(二)电子商务合同的成立地点

采用数据电文形式订立合同的,收件人的主营业地为合同成立的地点;没有主营业地的,其住所地为合同成立的地点。当事人另有约定的,按照其约定。

(三)电子商务合同成立具备的基本条件

电子商务合同成立需要具备两个基本条件:当事人一方通过互联网等信息网络发布的商品或者服务信息应符合要约条件;相对方选择该商品或者服务并提交订单成功。当事人通过信息网络发布的商品或者服务信息符合要约条件的,相对方可以直接做出承诺达成交易,订单一旦提交成功,合同即成立,订单提交成功的时间即为合同成立的时间。

承诺生效的地点为合同成立的地点。采用数据电文形式订立合同的,收件人的主营业地为合同成立的地点;没有主营业地的,其住所地为合同成立的地点。当事人另有约定的,按照其约定。

对于以数据电文形式订立合同的成立地点,难以按照承诺生效的地点为合同成立地点的一般规则予以认定。收件人是指要约人,即收到承诺的人,如果收件人是自然人,没有主营业地,则自然人的住所地为合同成立的地点;如果收件人是法人,则以法人的主要办事机构所在地为合同成立的地点。

四、电子商务合同的生效

电子商务合同当事人使用自动信息系统订立或者履行合同的行为对使用该系统的当事人具有法律效力。已经成立的电子商务合同,只有具备法律规定的条件才能发生法律效力。这些条件就是电子商务合同有效的要件。根据《民法典》第一百四十三条和第五百零二条的规定,电子商务合同的生效要符合以下条件:

1. 当事人具有相应的民事行为能力

民事行为能力是民事主体以自己的行为设定民事权利和义务的资格,行为人所实施的民事法律行为应当与其行为能力相匹配。在电子商务中,推定当事人具有相应的民事行为能力,但是,有相反证据足以推翻的除外。

2. 意思表示真实

订约当事人双方的意思表示一致,合同即可成立,但只有当事人的意思表示是真实的,合同才能生效。意思表示真实是指行为人意思表示自由的情形下,外在表现与内在意志是一致的。在电子商务合同中,电子意思表示是否真实,同样也是判断电子商务合同是否有效的一个核心要件。电子意思表示真实是指利用资讯处理系统或者计算机而为真实意思表示的情形。电子意思表示的形式是多种多样的,包括但不限于电话、电报、电传、传真、电邮、EDI、互联网数据等。

3. 不违反法律、行政法规的强制性规定,不违背公序良俗

凡属于违反法律、行政法规的强制性规定,违背公序良俗的合同,应当认定其无效。

4. 合同必须具备法律所要求的形式

法律对数据电文合同给予了书面合同的地位,无论意思表示方式是采用电子的、光学的,还是未来可能出现的其他新方式,一旦满足了功能上的要求,就等同于法律上的书面合同文件,并承认其效力。

五、电子商务合同的法律责任

(一)违约责任的归责原则

电子商务合同违约责任的归责原则是指基于合法的归责事由而确定责任成立的法律原则。违约行为违反的是电子商务合同当事人间的约定义务,违约责任以严格责任原则为一般原则,以过错责任为补充,严格责任实行举证责任倒置,即由违约人证明其违约行为存在免责事由。

(二)免责事由

合同违约的免责事由包括不可抗力、约定免责、债权人过错和法律的特殊规定等。电子商务环境中不可避免地存在网络故障、病毒感染、黑客攻击等问题,这些因素是否构成不可抗力要依具体情况来考察。

不可抗力是指不能预见、不能避免并且不能克服的客观情况。当不可抗力致使物品灭失或者不能给付时,债务人可被免责;当不可抗力致使合同部分不能履行或迟延履行时,则免除部分责任或延迟履行责任。在电子商务环境中,下列情形可认定为不可抗力:

1. 文件感染病毒

为了防止文件感染病毒,需要许可方采取合理与必要的措施防止文件遭受攻击,如在给自己的信息系统安装了符合标准且业界认可的安全设施、防火墙,安全人员尽职尽责的情形下,仍感染病毒,造成合同无法履行,应认定为不可抗力,许可方因此不能履行合同的,可以免责。这并不排除许可方返还对方价款的义务。

2. 非自己原因造成的网络传输中断

网络传输中断可因传输线路的物理损害引起。引起网络传输中断的情况还有很多,如自然灾害、病毒感染或攻击等,当事人对此无法预见和控制,应属不可抗力。

3. 非自己原因造成的电子错误

电子错误源于技术原因而非当事人的意思表示。例如,消费者通过网络支付平台向商家付款,但由于信息系统的错误未能将价款转移到商家账户。

(三)电子商务合同违约救济

按照《民法典》的规定,当事人一方不履行合同义务或者履行合同义务不符合约定的,应当承担继续履行、采取补救措施或者赔偿损失等违约责任。对于电子商务合同来说,具体包括:

1. 继续履行

继续履行是违约方不履行合同债务或履行合同债务不符合约定时,由法院强制违约方按照合同的规定继续履行的责任方式。对于电子商务合同中的信息产品而言,继续履行具有重要的现实意义:

(1)信息产品本身的可复制性使得它不易灭失,违约方在违约后仍然有条件继续履行。

(2)信息产品多数具有较高的技术含量,其使用需要相关软件、硬件配套设施的投入,如果守约方另寻其他代替产品,显然成本很高。

(3)对于信息访问合同而言,被许可方的目的就是获得有关信息,只要不是因为信息内容而违约,进行实际履行对当事人双方都是最容易实现的。

(4)信息产品销售、许可与服务是浑然一体的,这使得信息产品合同当事人的权利和义务比其他合同更复杂,涉及当事人的多种利益,实际履行有利于减少当事人尤其是接受方的利益损失。

2. 采取补救措施

根据《民法典》第五百八十二条的规定,履行不符合约定的,应当按照当事人的约定承担违约责任。对违约责任没有约定或者约定不明确的,根据有关法律规定仍不能确定的,受损害方根据标的的性质以及损失的大小,可以合理选择要求对方承担修理、重作、更换、退货、减少价款或者报酬等违约责任。

3. 赔偿损失

当事人一方不履行合同或者履行合同不符合约定,造成对方损失的,损失赔偿应当相当于因违约所造成的损失,包括合同履行后可以获得的利益;但是,不得超过违约一方订立合同时预见到或者应当预见到的因违约可能造成的损失。

赔偿损失责任的构成要件包括:①有违约行为;②违约行为造成了对方的损失;③违约行为与对方损失之间有因果关系;④无免责事由。

项目九 电子商务法律规范

任务实施

具体要求：依据所掌握的电子商务合同知识,帮助瑞特家具厂草拟电子商务合同;借鉴网络平台模拟电子商务合同签订的过程,分析该电子商务合同订立过程中的要约与承诺的效力;分析电子商务合同成立的时间、地点和效力;分析可采取的补救措施。

第一步：草拟电子商务合同

《民法典》规定当事人订立合同,可以采用书面形式、口头形式或者其他形式。书面形式是合同书、信件、电报、电传、传真等可以有形地表现所载内容的形式。以电子数据交换、电子邮件等方式能够有形地表现所载内容,并可随时调取查用的数据电文,视为书面形式。

合同的内容由当事人约定,一般包括下列条款：

(1)当事人的姓名或者名称和住所；
(2)标的；
(3)数量；
(4)质量；
(5)价款或者报酬；
(6)履行期限、地点和方式；
(7)违约责任；
(8)解决争议的方法。

知识拓展：拟定电子商务合同的注意事项

第二步：两两相对进行电子商务合同签订过程

1.通过"法大大"网络平台(或其他电子签名平台)进行实名认证。
2.通过"法大大"网络平台(或其他电子签名平台)向对方发出要约。

第三步：接受要约,对要约进行分析,并发出反要约

1.通过"法大大"网络平台接受要约,分析要约是否符合要约要件。
2.通过"法大大"网络平台向对方发出反要约。

第四步：做出承诺

通过"法大大"网络平台向对方做出承诺,签订电子商务合同。

承诺的内容应当与要约的内容一致。受要约人对要约的内容做出实质性变更的,为新要约。有关合同标的、数量、质量、价款或者报酬、履行期限、履行地点和方式、违约责任和解决争议方法等的变更,是对要约内容的实质性变更。承诺的内容必须与要约的内容一致,不得做更改,否则视为新的要约。若承诺虽然在形式上对要约内容有变更,但实质上并没有变更的,仍然可以认为与要约一致,承诺仍为有效。

承诺对要约的内容做出非实质性变更的,除要约人及时表示反对或者要约表明承诺不得对要约的内容做出任何变更外,该承诺有效,合同的内容以承诺的内容为准。

第五步：电子商务合同成立时间、地点分析

1.电子商务合同成立的时间

当事人采用信件、数据电文等形式订立合同要求签订确认书的,签订确认书时合同成立。

当事人一方通过互联网等信息网络发布的商品或者服务信息符合要约条件的,对方选择该商品或者服务并提交订单成功时合同成立,但是当事人另有约定的除外。

197

2.电子商务合同成立的地点

承诺生效的地点为合同成立的地点。

采用数据电文形式订立合同的,收件人的主营业地为合同成立的地点;没有主营业地的,其住所地为合同成立的地点。当事人另有约定的,按照其约定。

当事人采用合同书形式订立合同的,最后签名、盖章或者按指印的地点为合同成立的地点,但是当事人另有约定的除外。

第六步:根据案例,分析可采用的救济措施

当事人一方不履行合同义务或者履行合同义务不符合约定的,应当承担继续履行、采取补救措施或者赔偿损失等违约责任。电子商务合同的违约救济具体包括:继续履行;采取其他补救措施;停止使用;中止访问;赔偿损失。

任务评价

评价内容	评价标准	权重/%	得分
基础知识	掌握电子商务合同订立内容	10	
	掌握电子商务合同订立形式	10	
	掌握通过"法大大"等网络平台发出电子商务合同的要约、承诺要件	20	
应用能力	分析电子商务合同的效力	20	
合同违约救济	违约救济的方式	20	
	解决争议的途径	20	

法条解析

《中华人民共和国电子签名法》

第五条 符合下列条件的数据电文,视为满足法律、法规规定的原件形式要求:

(一)能够有效地表现所载内容并可供随时调取查用;

(二)能够可靠地保证自最终形成时起,内容保持完整、未被更改。但是,在数据电文上增加背书以及数据交换、储存和显示过程中发生的形式变化不影响数据电文的完整性。

本条是关于数据电文符合法定原件形式要求的规定。

一、原件形式要求,主要是在诉讼法中提出的。《中华人民共和国民事诉讼法》第七十条规定:"书证应当提交原件。物证应当提交原物。提交原件或者原物确有困难的,可以提交复制品、照片、副本、节录本。"此外,原件还与物权凭证和流通票据有关,因为原件的独一无二特性对这种单据特别重要。涉及原件要求的文件还有贸易文件,如重量证书、农产品证书、质量或数量证书、检查报告、保险证书等。原件形式要求构成电子商务合同的一个主要障碍。通常意义上的原件是指信息首次固定于其上的媒介物。如果这样界定原件,则数据电文几乎没有什么原件,因为数据电文的收件人所收到的总是原件的拷贝,而不是载有原始信息的那张软盘、光盘之类的媒介物。

解决这个问题,需要依靠功能等同分析方法。交易文件以原件形式传递,能更有效地保证信息的完整性,使其他当事人对其内容具有信心。因为使用纸张时,要求原件形式可以减少被改动的可能,而如果是复印件,则难以发现是否被改动。如果数据电文能保证同等程度的完整性，能够有效地表现所载内容并可供随时调取查用，那么可以认为该数据电文满足法律、法规规定的原件形式要求。

二、本条第二项明确了完整性的标准：能够可靠地保证自最终形成时起，内容保持完整、未被更改。应注意的是，这只是一个比较简单的标准。在具体应用时，应采取灵活的态度来评估是否能"可靠"地保证完整性。例如，要考虑该内容是出于什么目的生成的，该交易的标的额以及其他有关情况等。对于一笔标的上亿元的交易来说，所要求的可靠性当然应比在网上购买一件小玩具所要求的可靠性高得多。因为可靠性的判定需要根据个案的不同情况来具体确定，很难通过一般性的规则做出整齐划一的规定。因此，在适用这个标准时，应当具有适当的灵活性。

三、完整性要求内容保持完整、未被更改。但是，应当将数据电文上增加背书以及数据交换、储存和显示过程中发生的形式变化，与其他改动区别开。只要一份数据电文的内容保持完整，未被改动，对该数据电文做必要的添加并不影响其原件性质。例如，转让票据或者海运提单时在该票据或者提单上做背书，并不影响其原件性质。除了这种由交易方所做的添加外，还有一些形式变化是由数据传输的技术特点决定的。例如，通过互联网传输数据时，根据互联网协议，需要将一份数据电文进行解码、压缩或者转换等一系列作业，然后传输到指定的信息系统。这些都是信息系统自动进行的，是这种传输方式的一个内在特点，它当然会引起数据的形式变化，但是只要不改变数据的本来内容，我们就不认为其改变了数据电文的完整性。另外一个明显的例子是，假设一份数据电文是利用 WORD 文字处理软件编辑的 .doc 文档，当它在 WPS 系统中显示时，其形式（如字体、字号、页面设置等）可能会发生变化，但这些变化并不影响该文档内容的完整性。

项目小结

电子商务是指通过互联网等信息网络销售商品或提供服务的经营活动。电子商务法是保障电子商务各方主体的合法权益，规范电子商务行为，维护市场秩序，促进电子商务持续健康发展的综合性法律。电子签名为电子商务的发展提供安全保障，助力电子商务合同签订，助力电子商务经营活动。电子商务合同是合同的一种特殊形式，遵循着合同的一般原理，但又有其特殊交易形式。电子商务合同订立过程是要约、承诺的过程，其中有着要约撤回与撤销、承诺的迟到与迟延、承诺的撤回与撤销的规定；也有要约的效力、承诺的效力等问题。电子商务合同订立后是否生效，还要看是否符合合同生效要件，当事人对于不履行合同或者履行合同义务不符合约定的还要承担违约责任。

思政园地

党的十八大以来，党中央、国务院高度重视电子商务发展。习近平总书记指出，信息技术成为率先渗透到经济社会生活各领域的先导技术，将促进以物质生产、物质服务为主的经济发展模式向以信息生产、信息服务为主的经济发展模式转变，世界正在进入以信息产业为主导的新经济发展时期。李克强总理多次做出重要批示指示，要求促进电子商务加速发展，培育经济新动力，打造经济新的"发动机"。

我国电子商务快速发展得益于技术快速进步,得益于市场主体大胆创新,也得益于政府服务的不断优化,法律制度的不断健全与完善。要从制度环境、强化示范引领、拓展国际空间、公共服务等方面促使电商健康快速发展。

习近平主席在中国—中东欧国家领导人峰会上提出"推动建立中国—中东欧国家电子商务合作对话机制"的倡议。为积极落实领导人峰会成果,中国—中东欧国家"丝路电商"发展高峰论坛在宁波举办,中方与阿尔巴尼亚、匈牙利、黑山、塞尔维亚、斯洛文尼亚等5个有意愿的中东欧国家在现场共同启动了中国—中东欧国家电子商务合作对话机制。该机制秉持开放、自愿、共享原则,为中国与中东欧国家加强电子商务领域交流合作搭建平台,各方将共同探索互利共赢的合作新模式,共享数字经济发展红利。

2021"丝路电商"合作(西安)圆桌会在第五届丝博会期间举办。电子商务是共建"一带一路"的重要内容,"丝路电商"是双边经贸合作的新渠道和新引擎,中国将与各国一起,进一步激发电子商务创新活力,共同探索互利共赢的合作新模式,为全球经济复苏增添新动能,共同谱写"丝路电商"的华彩新乐章,拓展国际电商空间。

电子商务助力脱贫攻坚战,在农业技术推广、市场信息服务、数据服务等方面取得了显著成效,为农民生产、生活、教育、医疗、养老等提供内容丰富、快捷高效的数据信息服务,为乡村振兴提供了新的内生动力,也为乡村振兴注入了新活力。农村电子商务帮农特产品打开销路。电商直播带货给农产品销售带来发展新机遇,开辟助农就业的新途径,成为农民增收致富奔小康的"新农具"。农村电子商务夯实了乡村振兴数字化的地基,帮助贯通乡村社会基层治理的"最后一米",展现出巨大潜力。全面实施乡村振兴战略,让农业成为有奔头的产业,让农民成为有吸引力的职业,让农村成为安居乐业的家园,必须举全党、全社会之力,极大调动起亿万农民的积极性、主动性、创造性,提升亿万农民的荣誉感、获得感、幸福感。

以上的种种活动表明,国家重视电子商务,电子商务的发展更需要法律的指引和保障。(SB/T 11227—2021)《电子商务企业诚信档案评价规范》于2021年5月1日起正式实施,将指导电子商务企业加强信用建设,补齐信用短板,完善诚信档案信息,为电子商务健康发展保驾护航。

能力测评

一、选择题(不定项)

1.下列各项不适合使用电子签名的是( )。

A.涉及婚姻、收养、继承等人身关系的　　B.涉及土地、房屋等不动产权益转让的

C.货物买卖合同　　D.电子商务合同

2.《电子签名法》规定( )和手写签名或盖章具有同等的法律效力。

A.登录密码　　B.网上交易

C.电子签名　　D.交易信息

3.关于数据电文的法律效力,确立的是非歧视原则,即不得仅仅以某项信息采取数据电文形式为理由,而否定其( )。

A.法律效力　　B.有效性　　C.经营资格　　D.可执行力

4.要约邀请是(　　)。
　A.以EDI方式订立的合同　　　　　B.希望他人以电子邮件方式订立合同
　C.希望他人与自己订立合同　　　　D.希望他人向自己发出要约的意思表示
5.一项数据电文,在符合(　　)条件时,应当视为满足法律、行政法规规定的原件形式要求。
　A.自最终形成之时起,其完整性即有可靠保证
　B.能够有形地表现所载内容
　C.可以在数据电文上增加背书记载
　D.可以在正常的交换、储存和显示过程中发生改变
6.在审查数据电文的证据效力时,应当考虑的因素有(　　)。
　A.生成、储存或者传递数据电文的方法的可靠性
　B.保持信息完整性的方法的可靠性
　C.用以鉴别发件人的方法
　D.采用的技术是否先进
7.认证机构就是承担(　　)的服务机构。
　A.安全电子交易认证　　　　　　　B.签发数字证书
　C.确认用户身份　　　　　　　　　D.提供商务信息
8.采用数字签名和加密技术相结合的方法,可以很好地解决信息传输过程中的(　　)等问题。
　A.完整性　　　B.功能性　　　C.有效性　　　D.防抵赖性
9.认证机构的主要职责是(　　)。
　A.使用可信赖的系统以行使其职责,并披露相关信息
　B.依照认证业务操作规范颁发证书
　C.在收到申请人或其代表人的申请后暂停证书
　D.适用过错责任原则
10.在订立电子合同的情况下经营者应当向消费者告知(　　)。
　A.订立合同的各项步骤
　B.合同订立后是否存档备案以及是否可以查阅
　C.服务供应商设立的地址
　D.修正人为错误的方法

二、案例分析

果丰农场于2020年6月16日在电子商务平台A上展示了水果的图片及价格。孙先生在浏览A平台的网页时,看到了果丰农场展示的水果及价格,显示杨梅8元/千克,于是通过平台点击立即购买,输入购买数量50千克,并填写了收货地址等信息。果丰农场当日收到订单后及时组织采摘、装箱、打包、发运,快递公司于6月20日将杨梅运至孙先生家中。此时,杨梅已经降价至5元/千克,孙先生遂要求果丰农场按5元/千克销售,果丰农场拒绝变更价格,孙先生也拒不收货,造成50千克杨梅全部腐烂变质。果丰农场遂通过法律途径要求孙先生赔偿杨梅腐烂变质的全部经济损失。

思考：

(1)孙先生通过电子商务平台 A 订购杨梅 50 千克,是否构成承诺?

(2)果丰农场与孙先生的购销合同是否成立?

拓展训练

请利用课余时间,在相关网站上查找电子签名平台,查找实践中所使用的电子签名方法,写出电子签名的流程,讨论电子签名平台的底层逻辑关系及法律依据,并由各组长做好讨论结果的记录。

项目十
物流业务保险合同法律规范

知识思维导图

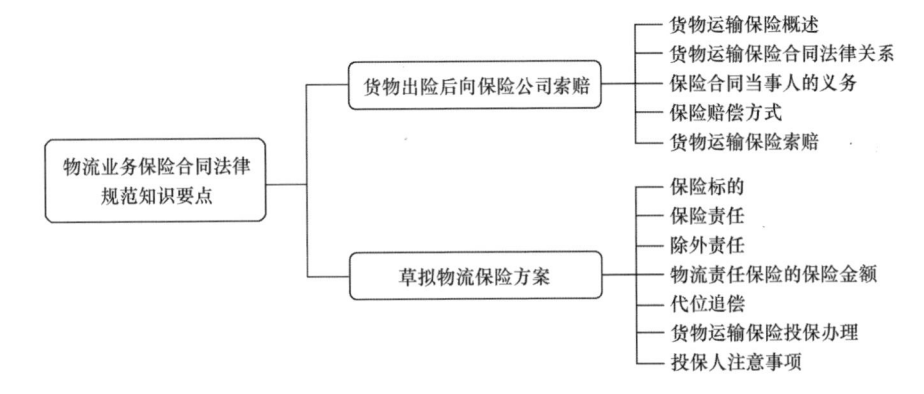

```
                                    ┌── 货物运输保险概述
                                    ├── 货物运输保险合同法律关系
                    ┌─ 货物出险后向保险公司索赔 ──┼── 保险合同当事人的义务
                    │                           ├── 保险赔偿方式
                    │                           └── 货物运输保险索赔
物流业务保险合同法律 ──┤
规范知识要点         │                           ┌── 保险标的
                    │                           ├── 保险责任
                    │                           ├── 除外责任
                    └─ 草拟物流保险方案 ─────────┼── 物流责任保险的保险金额
                                                ├── 代位追偿
                                                ├── 货物运输保险投保办理
                                                └── 投保人注意事项
```

知识目标

通过本项目的学习,学生能够了解货物运输保险各主体;掌握货物运输保险索赔程序;理解货物运输保险的投保程序;掌握物流保险方案的内容。

能力目标

通过本项目的学习,学生能够掌握运用所学法律知识,解读索赔等物流保险纠纷中涉及法律问题的能力;能够草拟物流保险方案。

思政目标

本项目的学习,可以培养学生的责任担当意识,使其领悟保险在国民经济建设中发挥的巨大作用,引导学生对学科前沿问题进行探索,树立文化自信、行业自信。

关键概念

货物运输保险;货运险投保程序;保险索赔步骤;物流保险方案;代位求偿权

物流法规

案例导入

深圳某物流公司新疆分公司(乙方)为北京某风力发电机组整机制造商(甲方)提供一年内风叶、发电机、机舱、配电柜、塔筒、风机等物品的运输任务。乙方与某保险公司于2020年11月签订了为期一年的保险合作协议,2021年9月11日,乙方在将货物运至哈密某项目现场途中,由于道路不实、风大发生侧翻事故,致使所运货物发生严重毁坏。发生事故后,乙方运输业务员李某第一时间保护现场,采取必要合理的施救措施避免损失的扩大,并告知甲方安全负责人。

问题:

1. 李某应该如何准备有关索赔的资料,并办理保险索赔程序?
2. 预计2022年乙方全年运输量为500台套,总体保额为30亿元左右,乙方如何根据自身的业务情况,选择一家保险公司为其提供保险方案?

任务一　办理货物出险后向保险公司索赔的手续

任务描述

根据本项目案例导入的情境描述,乙方运输业务员李某应在现场及时通知交警或相关行政管理部门,并向承保的保险公司报案,保护好现场等待保险公司进行现场查勘,出险后尽快将现场损失照片发给甲方安全负责人,现场处理完后根据维修厂家确定的维修方案或其他方案完成维修,准备保险理赔资料。

知识链接

一、货物运输保险概述

货物运输保险(以下简称货运险)是以各种被运输货物及其有关利益作为保险标的,保险人按照合同对于在运输过程中可能遭受的各种自然灾害或意外事故所造成的损失承担赔偿责任的保险。货运险是财产险的主要险种。根据运输方式的不同,货运险包括海洋运输货运险、公路运输货运险、国内水路运输货运险、铁路运输货运险和航空运输货运险。货运险的保险标的是被运输货物及其有关利益,保险利益是指投保人或者被保险人对保险标的具有的法律上承认的利益;保险事故发生时,被保险人对保险标的不具有保险利益的,不得向保险人请求赔偿保险金。

二、货物运输保险合同法律关系

(一)保险合同主体

1. 保险人

保险人又称承保人。《中华人民共和国保险法》(以下简称《保险法》)第十条规定:"保险人是指与投保人订立保险合同,并按照合同约定承担赔偿或者给付保险金责任的保险公司。"

2. 投保人

投保人又称要保人,是保险合同的另一方当事人,是指与保险人订立保险合同,并按照合同约定负有支付保险费义务的人。在实践中,投保人可以是公民个人、法人或者其他组织。投保人可以是为自己的利益与保险人订立保险合同,也可以是为他人的利益与保险人订立保险合同。

3. 被保险人

被保险人是在保险合同中直接享受保险保障的当事人。货物运输保险中被保险人可以是托运人、收货人及其货运代理人、承运人。投保人可以同时就是被保险人,也可以分别为不同的民事主体。货物运输保险的被保险人同一般财产保险有不同之处,就是货物在运输过程中处于流动状态,货物的所有权可以根据贸易合同的规定转移。

4. 受益人

受益人又称保险金受领人,是指被保险人或投保人在保险合同中约定于保险事故发生时,享有保险赔偿金请求权的人。通常受益人即为投保人或被保险人本人。承保的运输货物在运输保险期限内可能会经过多次转卖,因此最终保险合同受益人不是保险单注明的被保险人,而是保单持有人。

(二) 保险合同客体

保险合同客体是指在民事法律关系中主体享有权利和履行义务时共同指向的对象。保险合同客体在一般合同中称标的,即成果物、行为、智力成果等。保险合同虽属民事法律关系范畴,但它的客体不是保险标的本身,而是投保人对保险标的所具有的法律上承认的利益,即保险利益。

(三) 保险合同主要内容

关于保险合同的内容在《保险法》第十八条做出了规定。保险合同应当包括下列事项:保险人的名称和住所;投保人、被保险人的姓名或者名称、住所,以及人身保险的受益人的姓名或者名称、住所;保险标的;保险责任和责任免除;保险期间和保险责任开始时间;保险金额;保险费以及支付办法;保险金赔偿或者给付办法;违约责任和争议处理;订立合同的年、月、日。以下对部分内容进行介绍。

1. 保险金额

保险金额是指保险人承担赔偿或者给付保险金责任的最高限额。保险金额由保险人与被保险人约定。保险金额不得超过保险价值;超过保险价值的,超过部分无效。保险人与被保险人未约定保险价值的,保险价值依照下列规定计算:

(1) 货物的保险价值。货物的保险价值是保险责任开始时,货物在起运地的发票价格或者非贸易商品在起运地的实际价值以及运费和保险费的总和。

(2) 运费的保险价值。运费的保险价值是保险责任开始时承运人应收运费总额和保险费的总和。

(3) 其他保险标的保险价值。其他保险标的保险价值是保险责任开始时保险标的的实际价值和保险费的总和。

2. 保险费

保险费是被保险人按保险金额的比例付给保险人的费用。缴纳保险费是被保险人应尽的法定义务。

3. 责任起讫

责任起讫就是货物保险人的保险责任期间,是对保险人责任的一种限制。保险责任自签发保险凭证和保险货物离起运地发货人的最后一个仓库或储存处所时起,至该保险凭证上注明的目的地的收货人在当地的第一个仓库或储存处所时终止。但保险货物运抵目的地后,如果收货人未及时提货,则保险责任的终止期最多延长至以收货人接到到货通知单后的十五天为限(以邮戳日期为准)。

(1)保险责任的开始。货物须"运离"保险单所载明起运地仓库或储存处所开始运输,保险责任才开始。因此,在起运地装车过程中发生的损失,在包装车间包装货物过程中发生的损失,皆不属于保险人的责任。

(2)保险责任的终止。在正常运输情况下,保险合同约定保险责任终止有三种情形:①被保险货物运达保险单所载目的地收货人的最后仓库或储存处所;②被保险货物运达被保险人用作分配、分派的其他储存处所;③如未运抵上述仓库或储存处所,则以被保险货物运抵最后卸载的车站满六十天为止。

三、保险合同当事人的义务

(一)投保人、被保险人的义务

投保人、被保险人如果未履行相关义务,保险人有权拒绝赔偿由此造成的全部或部分损失。投保人、被保险人应履行的主要义务如下:

(1)如实告知义务。投保人、被保险人应如实回答保险人就保险标的或者投保人、被保险人的有关情况提出的询问。

(2)缴纳保险费的义务。投保人在保险人签发保险单(凭证)的同时,应一次缴清或按约定分期付清保险费。若投保人未按照约定交付保险费,保险费交付前发生的保险事故,保险人不承担赔偿责任。

(3)遵守安全运输规定的义务。投保人、被保险人应当严格遵守国家及交通运输部门关于安全运输的各项规定,还应当接受并协助保险人对保险货物进行的查验防损工作。货物包装必须符合国家和主管部门规定的标准。没有规定的,投保人可按承运部门有关包装质量的标准执行。

(4)及时通知和迅速施救的义务。货物如果发生保险责任范围内的损失,投保人或被保险人获悉后,应迅速采取施救和保护措施并立即通知承保公司,申请检验。

(5)提供灾害事故原因、损失情况的义务。货物发生保险责任范围内的损失,被保险人应以书面形式向保险人提出索赔,并提供索赔单证。

(6)第三者责任人提出索赔的义务。保险货物发生保险责任范围内的损失,如果根据法律或有关规定,应当由承运人或其他第三者责任人赔偿一部分或全部损失,被保险人应首先向承运人或其他第三者责任人提出书面索赔,直至诉讼。如果被保险人要求保险人先予赔偿,保险人可以先予赔偿。

(7)保护损余物资的义务。投保人或被保险人要采取必要的措施,对未受损的货物予以保护。对于损余物资,被保险人应当及时地进行必要的善后处理,如打捞落水货物,进行水渍货物的翻晒,损余货物的分类、整理等。

(二)保险人的义务

对保险人而言,其义务主要表现为:
(1)给付保险赔偿金或保险金。
(2)支付其他合理、必要的费用,主要包括:
①为防止或者减少保险标的损失所支付的合理、必要费用,如施救费用、整理费用等。
②为查明和确定保险事故的性质、原因和保险标的的损失程度所支付的合理、必要的费用。
③诉讼费或者仲裁费以及其他必要、合理的费用。
(3)说明义务。

四、保险赔偿方式

保险赔偿方式主要有以下几种:

(一)比例赔偿方式

采用这种赔偿方式时,保险赔偿金额的计算公式为

$$保险赔偿金额 = 保险金额 / 标的损失时的实际价值 \times 损失金额$$

例如,某保险标的的实际价值为 100 万元,约定的投保金额为 60 万元。保险事故发生后,该标的的实际损失为 60 万元,则保险赔偿金额为

$$\frac{60}{100} \times 60 = 36(万元)$$

这种比例赔偿方式一般适用于不足额保险。

(二)第一损失赔偿方式

这种赔偿方式又称第一危险赔偿方式或第一责任赔偿方式。它是指保险人在承保时把标的的损失或责任分为两部分:第一部分为小于或等于保险金额的损失或责任;第二部分为大于保险金额的损失或责任。按照这种赔偿方式,保险人仅对第一部分的损失或责任承担赔偿义务,第二部分的损失或责任不在承保责任范围之内,应由被保险人自负。

(三)定值保险赔偿方式

定值保险是按保险双方约定的价值承保,当保险标的发生保险事故时,如果标的全部损失,保险人就按保险金额(约定价值)全部赔偿,而不考虑该标的的实际市价如何;如果标的部分损失,则先确定受损程度,然后保险人按损失程度在保险金额限度内赔付。这种赔偿方式一般适用于海运货物保险,或适用于名贵字画等贵重物品的特约保险。

(四)限额责任赔偿方式

这种赔偿方式也称固定责任赔偿方式,是指保险人对在合同约定限度内的损失负赔偿责任的一种赔偿计算方法。按照这种赔偿方式,保险人在承保时对被保险人遭受的损失规定一个限额,损失的赔偿与否和这一限额有关。

绝对免赔额(率)和相对免赔额(率)经常适用于海运货物保险。如果保险合同中规定了绝对免赔额(率),若标的的损失没有超过免赔额(率),其损失由被保险人自负;若标的的损失超过了免赔额(率),保险人只承担实际损失与免赔额(率)之差。如果保险合同中规定了相对免赔额(率),当标的的损失没有超过免赔额(率)时,其损失由被保险人自己承担;当标的的损失超过了免赔额(率)时,保险人则连同免赔额(率)在内的损失都给予赔偿。

五、货物运输保险索赔

(一)保险索赔的概念

保险索赔是指被保险人或受益人在保险标的因保险事故发生造成财产损失或人身死亡,或依照保险合同的约定,一定的法律事实出现时,请求保险人赔偿损失或给付保险金的意思表示。

(二)货物运输保险索赔的原则

1.以合同为依据原则

货物运输事故发生后,是否属于保险责任范围、是否在保险期内、保险赔偿金额的多少、免赔额的确定、被保险人自负责任等均依据保险合同条款确定。

2.合理原则

货物保险人在处理保险理赔时,要以保险合同为依据。

(三)保险索赔的步骤

当发生了保险合同约定的保险事故后,被保险人应按照下述步骤办理索赔:

1.通知保险公司

当获悉或发现被保险的货物已遭受损失后,被保险人应将保险事故发生的时间、地点、原因及造成的损失情况及保险单证号码、保险标的、保险险种和险别、保险期限等事项,以最快的方式通知保险公司。如果保险标的在异地出险受损,被保险人应向原保险公司及其在出险当地的分支机构或代理人报案。在保险公司抵达出险现场之前,被保险人应采取必要的抢救措施,并对受损的保险标的进行必要的整理。

2.接受保险公司的检验

被保险人应接受保险公司或其委托的其他人员(如保险代理人、检验机关)在出险现场检验受损的保险标的,并提供各种方便,以保证保险公司及时准确地查明事故原因,确认损害程度和损失数额。

3.提出索赔申请并提供索赔单证

被保险人应根据有关法律规定和保险合同,向保险公司提出索赔申请并提供相应的索赔单证。具体包括:

(1)构成保险合同的全套单据。构成保险合同的全套单据包括:投保单、正本保单、批单与保险协议等。注意应在相应位置盖章、背书。还应仔细检查单证上每一项信息是否与受损货物信息相符。

(2)全套贸易单据。全套贸易单据包括:货物发票、贸易/购销合同、装车单、入库单等。它们是了解货物情况以及计算损失的依据。

(3)全套运输单据。全套运输单据包括运单、货物运输合同、单次或年度运输协议等。运单是托运人与承运人之间运输合同成立的证明,也是保险人在代位追偿时主张权利的依据。

(4)货损货差证明。根据运输方式及损失形态的不同,这些证明可以是理货记录、车库交接证明、卸货记录等,或者其他责任方、权威第三方出具的证明或报告。这些证明一方面可作为货损货差证据,证明损失并协助判定保险责任,另一方面可作为责任方管货不当的追偿证据。如发生重大事故,可能还会有政府部门(如消防部门)的事故鉴定报告、有关传媒报道、公安机关的立案证明、交通事故认定书、专家意见等。

(5)查勘或检验报告。该报告可以由保险人或公估人、商检机构出具。除了证明损失的存在外,查勘或检验报告对损失原因要进行分析并附上反映检验结果的照片,且对损失金额要有明确计算。

(6)照片。未进行现场检验时,被保险人或者收货人应自行对受损货物进行拍照,包括对承运车辆拍照,对受损货物的全貌、标记和受损部位进行特写拍照,对受损货物的内外包装进行拍照,对完好货物进行拍照,以便进行对比。

(7)损失清单及索赔函。损失清单应列明损失理由和损失金额的计算方式。索赔函的内容应包括被保险人对本案最终赔偿金额的确定及其账户信息,以便划款。

(8)其他。在遇有下列情况时,被保险人或索赔人还应提供以下单证:冷藏箱运输应提供集装箱温度记录表;涉及恶劣天气的,应提供相应气象证明;涉及索赔费用的,应提供施救费用清单及相关证明材料。

4.领取保险赔款

接到领取保险赔款通知后,被保险人应尽快领取保险赔款,部分赔款超出三个月不领,保险公司视为放弃领取。

(四)向保险公司索赔应注意的事项

通常情况下,索赔人(投保人、被保险人或受益人)到保险公司索赔应注意以下几点:

1.注意报案的时效和方式

索赔人应在知道保险事故发生之日起十日内以书面形式通知保险公司。特殊情况下可采取电话、传真或其他方式先备案,然后再正式办理报案手续。

2.积极配合,主动提供详细材料

根据不同险种的要求,索赔人应按条款规定准备好所需的证明、文件及原始资料等。

3.认清责任、维护权益、及时结案

保险公司收到理赔申请书及有关资料后,将及时核定。属于保险责任的,保险公司与索赔人达成保险金额给付协议,并在签订给付协议十日后,履行给付(赔偿)义务;如果不属于保险责任,保险公司则给索赔人发拒赔通知书。

任务实施

具体要求:依据所掌握的货物运输保险合同的知识,货物索赔程序,就本项目案例导入所述情境,以乙公司的运输业务员的身份,准备索赔单证,分步完成索赔流程,注意报案及索赔的时效性。

第一步:保护现场,采取必要合理的施救措施以免损失的扩大,并尽快通知相关单位

(1)现场及时通知交警或相关行政管理部门(提示:保险公司是根据交警的责任划分赔付损失的,即只赔付有责任部分的损失,无责部分应由有责方赔付)。

(2)现场及时向保险公司报案并通知承保货物保险的保险公司,保护好现场等待保险公司进行现场查勘。

(3)出险后尽快将现场损失照片发给甲方安全负责人,以便甲方将损失照片发给货物厂家做损失分析并提出事故处理意见。

(4)现场处理完后根据维修厂家确定的维修方案或其他方案尽快配合厂家完成维修或其他处理建议。

第二步:准备保险理赔资料,尽快恢复生产

需准备的保险理赔资料如下:

(1)出险通知书(加盖被保险人公章)。当发生保险事故或保险责任范围内的损失时,无论货物运抵目的地以前出险还是货物运抵目的地以后出险,被保险人、收货人一经获悉或发现保险货物受损,应立即通知保险人。填写出险通知书是保险索赔的第一项程序。在船舶保险中,如事故发生在国外,还应通知距离最近的保险代理人。

在"出险情况、主要原因及施救经过"中应准确描述事故发生的时间、地点、详细经过,造成的标的损害程度、数量等,对于获得事故信息的来源也应予以明确。结合消防、公安、气象等部门的调查报告或证明资料,分析事故产生的直接原因。施救的经过和结果要表述清楚。

_____财产保险股份有限公司××分公司

出险通知书

被保险人			
保险单号		保险标的	
保险金额		保险期限	
出险地点		出现日期	
出险情况、主要原因及施救经过:			
损失估计:			
赔偿接受人: 开户名称: 开户银行: 银行账号: 联系人及电话:		被保险人: 年　月　日	

出险通知书由被保险人于出险后填写,经签章后送保险公司。

(2)索赔函(加盖投保人公章、被保险人公章)。索赔函的结构一般有标题、受函者、正文、附件、签署。标题的形式比较灵活,简明扼要;受函者为受理索赔者的全称;正文包括缘起(提出引起争议的合同及其争议的原因)、索赔理由(具体指出合同项下事故的损失事实及根据)、索赔要求及意见(根据合同及有关商法、惯例,提出赔偿的意见或其他权利);附件包括有关的说明材料,如损失清单;签署部分要写明索赔者所在地和全称及致函的日期。

索赔函

_____财产保险股份有限公司××分公司:

我单位(本人)向贵公司投保的_____险已出险,经过本次事故进行清点,损失共计_____(大写:人民币_____),现依据保险合同约定特向贵公司提出索赔:

保险单号:

被保险人:

出险时间:_____年_____月_____日_____时

出险地点:

出险原因:

损失项目及金额:(后附损失清单)

被保险人(签章):

_____年_____月_____日

(3)出险货物保险单正本原件和保险费发票复印件。

(4)交警部门出具的事故责任认定书(因交通事故造成货物受损时提供。提示:请注意事故责任认定书中出险时间、车号、驾驶员姓名、驾证号等信息是否填写正确)。

(5)和甲方签的合同复印件并加盖投保人公章,厂家发货清单(甲方下的运单,每车一个)复印件并加盖投保人公章。

(6)损失货物原始发票或购置合同,损失货物维修方案、维修清单、维修发票、损失鉴定报告;报废货物须有采购合同或货物购置发票、厂家鉴定报告(须盖公章)。

填写货运损失清单并加盖被保险人公章;如以赔付协议的形式确定最终的赔付,则应提供赔付协议书。

如货物损失涉及第三方责任,被保险人应积极向第三方索赔并提起诉讼,在保险人赔付时提供权益转让书。

(7)运输车辆的有效准运证(超限证)、道路运输证、行车证复印件(主、挂车均需提供),驾驶员的有效驾驶证(身体检验回执单)、货运资格证复印件。(以上所需证件要将审验有效期条码章也复印上。)

(8)领取赔款授权书[如需由投保人单位领取赔款,在授权人(被保险人)签章处由甲方加盖公章,在被授权人(领款人)签章处加盖投保人公章]。

(9)账户信息确认书,一式两份(填写投保人的账户信息并加盖财务章)。

以上资料准备齐全后尽快提交保险公司,待保险公司核算完毕后可领取赔款。

备注:在出险时运输货物未按照甲方的安全运输要求执行,如风叶在启运前未在尾部安装甲方要求的统一反光套,发电机等超宽设备未在启运前安装示宽灯,保险公司将免赔事故损失金额的30%。

任务评价

评价内容	评价标准	权重/%	得分
基础知识	能够梳理货物运输保险合同法律关系	10	
基础知识	能够厘清保险费与保险金额	10	
索赔资料	准确填写出险通知书、索赔函,列明损失清单,确认损害程度	25	
索赔流程	及时通知交警、保险公司、厂商,索赔过程条理清晰	25	
索赔流程	注重报案时效、索赔时效	15	
索赔流程	具备质量控制意识,关注道路运输安全相关法律法规	15	

任务二　草拟物流保险方案

任务描述

北京某风力发电机组整机制造商,2022年预计全年运输量500台套,总体保额30亿元左右,深圳某物流公司新疆分公司作为该公司2022年度物流服务商,为其提供一年内风叶、发电机、机舱、配电柜、交流柜、塔筒、风机等物品的运输任务。现需根据自身的业务情况,选择一家保险公司为其提供综合险保险服务方案。

知识链接

2004年7月,中国人民财产保险股份有限公司(PICC)在全国范围内率先推出《物流货物保险条款》和《物流责任保险条款》两个专门的物流保险条款,成为我国物流保险发展历程中重要的标志性事件之一,在很大程度上填补了我国物流保险的空白。

物流货物保险是针对第一方和第二方物流方式的年度保险产品,采取类似预约保险的业务运作方式,综合传统货运保险和财产保险的责任,承保物流货物在运输、储存、加工包装、配送过程中由于自然灾害或意外事故造成的损失和相关费用。

物流责任保险是针对第三方物流的兴起而发展起来的。第三方物流企业承担物流货物在运输、仓储及流通加工等过程中产生的风险,相比担负传统的单项物流功能的企业所面临的风险更大。因此,第三方物流企业迫切需要能为其业务运营提供全面风险保障的制度。于是,物流责任保险应运而生。

一、保险标的

(一)物流货物保险的保险标的

下列物流货物在事先申报并经保险人认可并明确保险价值后,可以作为特约保险标的:

①金银、珠宝、钻石、玉器、贵重金属。
②古玩、古币、古书、古画。
③艺术作品、邮票。

下列物流货物不在保险标的范围之内：
①枪支弹药、爆炸物品。
②现钞、有价证券、票据、文件、档案、账册、图纸。

物流货物保险主要针对企业物流，严格定义为第一方或第二方物流，也就是从买方和卖方的物流角度出发来设计的。从法律关系看，物流货物的所有权属于被保险人，所以物流货物保险应归类于财产保险。其所承担的风险，既有不可抗力因素，又有各种过错疏忽因素，目的是替代原来单票式的零散货物运输保险，或者是零散的仓储财产保险。

（二）物流责任保险的保险标的

物流责任保险是将第三方物流经营人承担的运输中承运人的责任以及仓储、流通加工过程中保管人的责任等融合在一起，由保险人承保此物流业务经营过程中的综合责任的保险。所以，物流责任保险的保险标的是物流经营人的责任。一旦物流经营活动中造成第三人承保范围内的人身或财产损失，则保险人依照法律或合同约定，直接支付第三人赔偿款项，或在物流经营人赔偿给第三人后补偿给物流经营人。总而言之，物流责任保险的保险标的是第三方物流企业的赔偿责任。

二、保险责任

（一）物流货物保险的保险责任

按照《国内水路、陆路货物运输保险条款》第二条，物流货物保险分为基本险和综合险两种。保险货物遭受损失时，保险人按承保险别的责任范围负赔偿责任。国内陆上货物运输保险合同的保险责任，按"仓至仓条款"确定起讫期限。

1. 基本险

（1）因火灾、爆炸、雷电、冰雹、暴风、暴雨、洪水、地震、海啸、地陷、崖崩、滑坡、泥石流所造成的损失。

（2）由于运输工具发生碰撞、搁浅、触礁、倾覆、沉没、出轨或隧道、码头坍塌所造成的损失。

（3）在装货、卸货或转载时因遭受不属于包装质量不善或装卸人员违反操作规程所造成的损失。

（4）按国家规定或一般惯例应分摊的共同海损的费用。

（5）在发生上述灾害、事故时，因纷乱而造成货物的散失及因施救或保护货物所支付的直接合理的费用。

2. 综合险

本保险除包括基本险责任外，保险人还负责赔偿：

（1）因受震动、碰撞、挤压而造成货物破碎、弯曲、凹瘪、折断、开裂或包装破裂致使货物散失的损失。

（2）液体货物因受震动、碰撞或挤压致使所用容器（包括封口）损坏而渗漏的损失，或用液体保藏的货物因液体渗漏而造成保藏货物腐烂变质的损失。

(3)遭受盗窃或整件提货不着的损失。

(4)符合安全运输规定而遭受雨淋所致的损失。

(二)物流责任保险的保险责任

物流责任保险中,保险人只就被保险人依法应当承担的赔偿责任提供保障。需要注意的是,一般责任险通常是就固定场所内被保险人的赔偿责任提供保障,而物流责任保险的风险完全不是限定在固定场所。物流活动涉及仓储、流通加工、运输等各环节,其活动场所不固定,而且各个环节面临的风险也不同。因此,物流责任保险实际上是将运输中承运人的责任以及仓储、流通加工过程中保管人及加工人的责任融合在一起,因此物流责任保险的风险大于其他单独的责任保险的风险。

在保险期间,被保险人在经营物流业务过程中,由于下列原因造成物流货物的损失,依法应由被保险人承担赔偿责任的,保险人根据保险合同的约定负责赔偿:

(1)火灾、爆炸。

(2)运输工具发生碰撞、出轨、倾覆、坠落、搁浅、触礁、沉没,或隧道、桥梁、码头坍塌。

(3)碰撞、挤压导致包装破裂或容器损坏。

(4)符合安全运输规定而遭受雨淋。

(5)装卸人员违反操作规程进行装卸、搬运。

上述五种原因导致作为被保险人的物流企业要承担对物流货物的赔偿责任时,由保险人即保险公司负责赔偿。

除此之外,保险人对被保险人所支付的法律费用也要承担赔偿责任。法律费用指保险事故发生后,被保险人因保险事故而被提起仲裁或者诉讼所支付的仲裁费用、诉讼费用以及事先经保险人书面同意支付的其他必要的、合理的费用。

三、除外责任

由于下列原因造成保险货物的损失,保险人不负赔偿责任:

(1)战争或军事行动。

(2)核事件或核爆炸。

(3)保险货物本身的缺陷、自然损耗,以及货物包装不善。

(4)被保险人的故意行为或过失。

(5)全程是公路货物运输的,盗窃和整件提货不着的损失。

(6)其他不属于保险责任范围内的损失。

四、物流责任保险的保险金额

责任保险承保的是被保险人的赔偿责任,而不是有固定价值的标的,而且赔偿责任因损害责任的大小而异,因此责任保险不像其他财产保险那样有相对确定的保险金额,而是采用双方共同约定的赔偿限额的方式来确定保险人承担的责任限额。因而,物流责任保险没有像其他财产保险那样有相对确定的保险金额。

《物流责任保险条款》第十二条规定:"保险人以本保险期间内被保险人预计发生的物流

业务营业收入为基础计收预付保险费。保险合同期满后,保险人根据被保险人申报的实际发生的物流业务营业收入作为计算实际保险费的依据。实际保险费高于预付保险费的,投保人应补交其差额部分;实际保险费低于预付保险费的,保险人退还其差额部分,但实际保险费不得低于保险单明细表中列明的最低保险费。"

该条款引起物流界对此保险的质疑,根据物流业务营业收入收取保险费,显然会导致保险费高昂,进一步使物流企业对此险种望而却步。物流责任保险费率见表 10-1。

表 10-1　　　　　　　　　　物流责任保险费率

累计责任限额	50 万元以下	50 万元(含)~100 万元	100 万元(含)~300 万元	30 万元(含)~500 万元	500 万元以上
保险费率/%	3.5	4.5	5.5	6.5	7.5

例如,某第三方物流企业根据被保险人的要求,投保全新的服装。某批服装共 100 箱,保险金额为 60 000 元,按照上述保险费率计算该批服装的保险费,即

$$保险费 = 保险金额 \times 保险费率 = 60\ 000 \times 3.5\% = 2\ 100\ 元$$

物流责任保险费率应根据保险业务的风险大小及损失率的高低来确定。主要考虑的影响因素应当包括:①发生意外损害赔偿责任可能性的大小。这是制定物流责任保险费率时必须着重考虑的因素。②法律制度对损害赔偿的规定。保险公司可依据法律制度考虑第三方物流企业所投保业务可能造成的损害赔偿,法律制度规定愈严格,表明风险愈大,费率愈高,反之亦然。③赔偿限额的高低。赔偿限额与免赔额的高低对物流责任保险的费率有客观影响。④第三方物流企业的信用等级。保险公司可针对第三方物流企业的信用等级,设定不同的保险费率。

五、代位追偿

代位追偿又称代位求偿或代位请求,是指在财产保险中,当保险标的发生了保险责任范围内的事故造成损失时,根据法律或合同,第三者需要对保险事故引起的保险标的的损失承担损害赔偿责任,保险人向被保险人履行了损失赔偿责任之后,在其已赔偿的金额的限度内,有权站在与被保险人相同的地位向该第三者索赔,即代位被保险人向第三者进行追偿。保险人享有的这种权利称为代位追偿权。

微课:保险人代位求偿权纠纷案

六、货物运输保险投保办理

在明确投保货物的投保金额,并根据货运价格、货物性质、包装特点、道路情况等确定投保险别后,向保险公司提供投保货物的有关单证以及检验证明,办理货物运输险的投保手续。保险公司接到投保人填写的保险单后,为其办理保险手续。基本步骤如下:

1. 审核投保单

审核投保单是指保险公司接到保险单后按规定进行内容审核,如有错漏项,请投保人修改或重新填写,直到填写内容完全符合规定、无错漏项为止。

2. 核定保险费

核定保险费是指保险公司经办人根据投保内容,按照费率表确定费率,计算出应缴的保

险费,并注明在投保单上,然后交由复核人员审核。

3. 编制保险单

编制保险单是指对投保单审核无误后,根据信用证要求出单(保险单或保险凭证)数份。制单时注意承保险别,要按基本险和附加险的顺序排列,分类险别。制单完毕,制单人员应在保险单副本留底上签字,并开出保险费收据。

4. 粘贴保险条款和特约条款

粘贴保险条款和特约条款是指保险公司为使客户明确责任,将一些主要险和附加险附在保险单上。

5. 复核

制单完毕后要进行复核。如复核无误,则将保险单送负责人或指定签章人加盖有关印章。

6. 单据分发

单据分发是指将加盖印章后保险单正本、客户需要的副本和保险费收据交给投保人,保险公司自留副本两份,保险费收据一份送财会部门收费入账。

七、投保人注意事项

办理保险手续时,保险条款和措辞要明白无误,特别是保险条件的用词既要写清保险公司的责任范围,又要准确反映货主对保险的要求,相关内容要和发票、提单等有关单证相符,保险单正本和副本都要整齐、整洁,避免字迹难认。投保人应注意以下几点:

(1)投保单是投保人向保险公司申请订立保险合同的文字依据,也是保险公司签发保险单接受投保的重要依据。投保人应翔实、清楚地填写投保单的各项内容。

(2)被保险人栏目要按保险利益的实际有关人称谓的全称填写。因为保险是否有效,同被保险人保险利益直接有关。

(3)货物名称应填写具体名称,一般不要笼统填写。标记应与运单上所载的标记一致,特别要同刷在货物外包装上的实际标记符号相同,要将包装的性质,如箱、包、件、捆及数量都写清楚。

(4)保险金额,一般按照发票金额10%加成计算,加成比例不得超过30%;国内水路、陆路货物运输可按发票金额或发票金额加运费投保。

(5)运输工具,如是轮船运输,应写明船名,需转运的也要写明;如是火车、汽车或航空运输,仅写明火车、汽车牌号或空运(或航班号)即可。联运的最好写明联运方式。

(6)发货日期,确切日期,要填写具体日期,确切日期则填上约于××月××日。

(7)提单或运单号码,航程或路程应按实际填写。

(8)承保险别,要将需要投保的险别明确填写清楚,如有附加险别或与保险人有其他特别约定的也要在此栏注明。

(9)货运险投保日期,应在船舶开航或运输工具开行之前。

任务实施

在本项目案例导入所述情境中,根据乙方自身的业务情况,现选择某保险公司为其提供保险方案。将甲方生产物流部运输的所有机舱、发电机、叶片等设备,依据设备投保价在指定保险公司投保(投保金额包含税金),并在一年内逐渐将甲方生产物流部运输的电控柜和

项目十 物流业务保险合同法律规范

需要投保的入场零部件等统一至指定保险公司投保,草拟物流保险方案。

第一步:确定保险标的

根据本项目案例导入的情境描述,深圳某物流公司新疆分公司作为该公司2022年度风力发电机组的运输服务提供商,确定的保险服务方案应是以运输途中的货物作为保险标的。深圳某物流公司新疆分公司按照保险合同支付保险费,北京某风力发电机组整机制造商在保险合同中直接享受保险保障。

保险标的:全新的价值确定的风叶、发电机、机舱、配电柜、交流柜、塔筒、风机等物品。

第二步:了解、掌握所运货物的属性,评估运输过程中可能出险的风险隐患

风力发电机组运输采用大型运输车辆,该公司生产物流部运输的所有风叶、发电机、机舱、配电柜、交流柜、塔筒、风机等设备以最小设备单元分别运输,现场组装。受运输距离、气候条件、地理位置等因素影响大。

第三步:根据运输货物类型选择恰当的保险公司

2020年北京某风力发电机组整机制造商与某保险公司就机舱、叶轮、发电机、叶片等设备签署的保险合作协议。深圳某物流公司新疆分公司作为该公司2021年度风力发电机组的运输服务提供商,选择一家保险公司,为该年度承运的货物投保。

第四步:评估货物价值,确定保险金额

预计2022年全年运输量500台套,总体保额30亿元左右。基础费率为0.5‰,转运费率为0.15‰(每次转运在200千米以内,超过200千米需单独申报),保费以货物实际价值或厂家出具的货物价值的110%乘以保险费率确定,赔偿限额以货物的实际价值或厂家出具的货物价值清单确定。

按照上述保险费率预估年保险费。

第五步:选择投保方式

投保是办理货物运输保险的首要环节,需要投保人按照保险公司的承保程序办理。保险公司的货物运输保险业务的承保方式一般分为直接业务和代理业务两种。

与之相对应,货物运输保险的投保方式主要有两种:一种是被保险人直接向保险公司投保;另一种是向保险代理人投保。

(1)直接投保。直接投保是指由投保人向保险公司直接投保,并直接订立保险合同的投保方式。直接投保按保险合同的不同形式分为逐笔签单投保和预约统保投保。

逐笔签单投保:对每笔投保业务都填签保险单的投保方式。

预约统保投保:投保人与保险人签订保险合同,约定在保险合同期限内,保险人对投保人所有发送的货物实行预约统保的保险方式。在每批货物起运时,往往采用"起运通知书"的形式,由投保人填写清楚,通知保险人作为每笔货物投保的证明。

(2)代理投保。代理投保是指投保人向保险人的委托代理机构办理保险业务,完成签单手续的投保方式。保险代理人是根据保险人的委托,在保险人授权范围内代为办理保险业务的单位或者个人。保险代理人可以是保险代理公司,也可以是货物承运部门。

在投保时,如果所要求投保的风险在条款中没有相应规定,则可以在参加保险时和保险公司做特别约定。如果不需要某些条款,也可以和保险公司商议剔除该条款。

北京某风力发电机组整机制造商在处理货运险保险案件和安全防控积累方面,具备全面管理运输经验,熟练掌握风电行业货运险的特殊条款;保险经纪人由于精通保险技术、熟悉保险市场运作方式,能够充分考虑投保企业的实际情况,为企业量身定做适合的保险方案,使客户能够以科学、合理的保险条件获得充分的保险保障。(按照商业惯例,保险合同签订后,投保人把保费交给保险公司,再由保险公司从中抽取中介费交给保险经纪人。)

根据案例选择直接投保。

第六步,确定投保险别

根据深圳某物流公司新疆分公司承接的业务范围考虑以公路运输为主,大型的风力发电机,叶片尺寸可达100 m,对于道路坡度、宽度和转弯半径要求比较高,北方山路、下雪极易造成翻车,运输、储存和安装过程损坏风险大;机舱运输过程中容易出现磕碰、追尾、滚落等现象;塔筒运输安装中容易损坏。根据货物运输风险评估结果,确定投保综合险。

第七步,准备投保货物的有关单证及检验证明

货物价值清单要详细列明货物或服务名称、规则型号、技术参数及要求、数量、单位、单价、厂家等信息。对于特殊的货物,投保人要根据保险人的要求,提供货物的有关单证(如发票、提单复印件)及必需的检验证书。

第八步,办理货物运输险的投保手续,按要求认真、翔实填写保单

在填写货运险投保单时应当注意,投保的险别、币值和其他条件必须与销售合同上所列保险条件一致;投保后发现投保项目有错漏,要及时向保险人申请批改,否则在发生损失后发现与货运险投保单所填情况不符,将影响保险人及时、准确理赔。

某保险股份有限公司国内货物运输保险合作协议

任务评价

评价内容	评价标准	权重/%	得分
基础知识	货物运输保险责任和除外责任	10	
	能够理解代位追偿	10	
投保步骤	明确办理保险的步骤及投保人注意事项考虑全面	25	
投保单填写	保险合同主体明确、全称填写正确	10	
	货物名称填写具体,保险费率、保额填写正确,投保险别无误,认真填写保单各项内容	25	
	具备质量控制意识,关注道路运输安全相关法律法规	20	

法条解析

最高人民法院关于适用《中华人民共和国保险法》若干问题的解释(二)

第一条 财产保险中,不同投保人就同一保险标的分别投保,保险事故发生后,被保险人在其保险利益范围内依据保险合同主张保险赔偿的,人民法院应予支持。

导入案例中北京某风力发电机组整机制造商(甲方)与某保险公司签订同一批货物的货运险,与此同时,深圳某物流公司新疆分公司(乙方)作为北京某风力发电机组整机制造商(甲方)的物流服务商,没有所有权利益,但具有责任险投保利益的投保人,投保物质损失保险。北京某风力发电机组整机制造商(甲方)作为被保险人在其保险利益范围内依据保险合同主张保险赔偿的,人民法院应予支持。

项目小结

货物运输保险是以各种被运输货物及其有关利益作为保险标的,保险人按照合同对于在运输过程中可能遭受的各种自然灾害或意外事故所造成的损失承担赔偿责任的保险。物流责任保险是将第三方物流经营人承担的运输中承运人的责任以及仓储、流通加工过程中保管人的责任等融合在一起,由保险人承保此物流业务经营过程中的综合责任的保险。货物运输保险包括海洋运输货运险、公路运输货运险、国内水路运输货运险、铁路运输货运险和航空运输货运险。货运险承保的标的运输时跨越不同的区域,因此货物运输保险又分为国际货物运输保险和国内货物运输保险。当发生保险事故或保险责任范围内的损失时,填写出险通知书、索赔函,准备出险货物保险单正本原件和保险费发票复印件、和甲方签订的合同复印件、厂家发货清单、损失货物原始发票或购置合同、损失货物维修方案、维修清单、维修发票、损失鉴定报告,填写货运损失清单、运输车辆的有效准运证(超限证)、道路运输证、行车证复印件(主、挂车均需提供)、驾驶员的有效驾驶证(身体检验回执单)、货运资格证复印件,领取赔款授权书,资料准备齐全后尽快提交给保险公司,待保险公司核算完毕后可领取赔款。在明确投保货物的投保金额,并根据货运价格、货物性质、包装特点、道路情况等确定投保险别后,向保险公司提供投保货物的有关单证以及检验证明,办理货物运输保险的投保手续。

思政园地

在党的十九大开幕式上,习近平总书记明确指出,要提高保障和改善民生水平,加强和创新社会治理。风险保障是保险业立业之本。近年来,在协助政府构筑民生保障网、完善多层次社会保障体系、完善社会治理体系、创新支农惠农方式等方面,保险业充分发挥了经济"减震器"和社会"稳定器"的功能。

货物运输保险和物流责任险分别以运输途中的货物和物流企业对货物应承担的赔偿责任作为保险标的,通过上述两个保险可以有效转移被保险人的货物在途风险和物流企业应付货物损坏赔偿责任。

我国物流费用主要由交通费用、保管费用和其他管理费用三部分组成,根据国家发展改革委、中国物流与采购联合会发布的《2020年全国物流运行情况通报》,2020年我国物流费用构成占比中,运输费用占比为52.35%,保管费用占比为34.23%,管理费用占比为12.75%。在管理费用(含保管费用)组成中,据不完全统计,全国每年因装卸、运输造成的损失超1 000亿元,因包装造成的损失超300亿元,因保管不善造成的损失超100亿元。而在物流作业的过程中,运输、仓储、包装、搬运装卸、流通加工、配送以及相关的物流信息等环节都会涉及保险问题,风险存在于链条中的各个环节。可见,我国物流业在迅速发展的同时,也埋下了许多风险隐患,并且自身抗风险的能力也有待提高,这些需要保险业加大对物流产业的关注,推进物流保险的发展,发挥保险的风险管理功能,助力物流业的健康发展。

能力测评

一、选择题(不定项)

1.货物运输保险承保的标的是( )。
　A.运输工具　　　B.商品性货物　　　C.承运人　　　D.货主

2.国内航空运输货物保险的保险责任不包括( )造成的损失。
　A.火灾、爆炸、雷击　　　　　　　B.飞机遭受碰撞、坠落、失踪
　C.托运人的过失　　　　　　　　　D.装货、卸货时遭受雨淋

3.国内货物运输保险中,若保险金额低于保险价值,则保险人采取的赔偿方式是( )。
　A.第一危险赔偿方式　　　　　　　B.限额赔偿方式
　C.估价赔偿方式　　　　　　　　　D.比例赔偿方式

4.国内货物运输保险中,保险人与被保险人在就赔偿金额达成协议后,应在( )内赔付。
　A.60天　　　B.30天　　　C.15天　　　D.10天

5.国内货物运输保险的保险金额通常按( )确定。
　A.货物成本价　　　　　　　　　　B.货物发票价
　C.货物发票价加运杂费　　　　　　D.货物成本价加运杂费、保险费

6.陆上运输货物保险的责任起讫采用( )条款的规定。
　A.仓至仓　　　　　　　　　　　　B.门至门
　C.装车至卸车　　　　　　　　　　D.站至站

7.承保货物在运抵目的地后整件或全部未被收货人提取造成损失的是( )。
　A.交货不到险　　　　　　　　　　B.偷窃、提货不着险
　C.拒收险　　　　　　　　　　　　D.短量险

8.运输合同的标的是( )运输合同中当事人的权力、义务、责任都指向这个对象。
　A.运输过程　　　　　　　　　　　B.运输货物
　C.运输当事人　　　　　　　　　　D.运输行为

9.国内货物运输保险的保险责任的开始,必须同时具备( )。
　A.保险货物装上运输工具
　B.签发保险单
　C.保险货物运离起运地发货人的最后一个仓库或储存处所
　D.保险货物打包整理完毕

10.下面所列的各项使货物致损的原因属于保险责任免除的有( )。
　A.地震　　　B.泥石流　　　C.未能及时提货　　　D.运输延迟
　E.查验出禁运的货物

二、案例分析

新郑机械公司销售100牙齿轮给天地重工股份有限公司,新郑机械公司投保大地保险公司的国内公路货物运输保险,领航物流公司为此次运输任务的承运方,在该交接单上盖章,派出两辆货车行驶至G311国道鹿邑县路段发生交通事故,公安交警大队出具道路交通

事故认定书,驾驶员负事故全部责任。事故发生后,新郑机械公司向大地保险公司申请索赔。经新郑机械公司与大地保险公司双方审核,保险损失为418 807.39元。大地保险公司通过工商银行转账支付新郑机械公司理赔款400 747.26元。上述事实,有买卖合同、货物发运交接单、交通事故认定书、保单、银行付款凭证、当事人陈述等证据证实。

思考:

1.案例中保险人、被保险人、投保人是谁?

2.保险人能否享有代位求偿权?

3.大地保险公司能否向领航物流公司主张赔偿垫付的理赔款?

拓展训练

利用课余时间,以小组为单位设计一份货运险投保调查问卷,并对你所在城市的3~5家物流企业进行调研。

项目十一　国际物流法律规范

知识思维导图

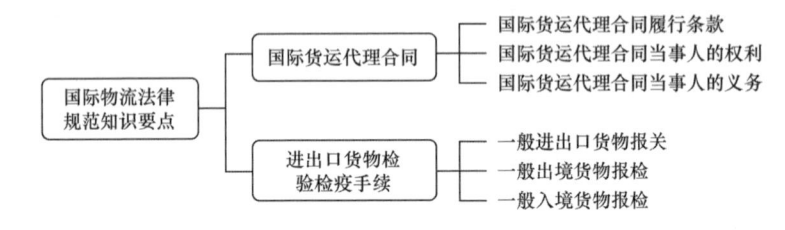

- 国际物流法律规范知识要点
  - 国际货运代理合同
    - 国际货运代理合同履行条款
    - 国际货运代理合同当事人的权利
    - 国际货运代理合同当事人的义务
  - 进出口货物检验检疫手续
    - 一般进出口货物报关
    - 一般出境货物报检
    - 一般入境货物报检

知识目标

通过本项目的学习,学生掌握国际货运代理的相关法律法规;掌握国际货运代理合同双方的权利与义务;掌握一般货物进出口的通关与检验检疫手续。

能力目标

通过本项目的学习,学生能够运用国际物流相关法律法规解决在国际物流活动中所遇到的物流纠纷和争议,能为国际货运代理企业解决和处理法律纠纷提供帮助,能依照相关法律法规办理一般货物的出入境检验检疫手续。

思政目标

通过本项目的学习,学生理解习近平主席的全面依法治国的法治思想,明确在国际贸易中遵守进出口国家的法律法规、国际公约等的重要性,明确完善的国际物流法律法规对促进我国向航运强国转变、进一步提升竞争软实力的重要作用。

关键概念

国际货运代理;国际货运代理合同;一般货物进出口报关报检手续

项目十一 国际物流法律规范

案例导入

2020年10月24日,甲、乙双方签订国际货运代理合同,合同中约定:

1.乙方承接甲方委托的国际货物运输,根据甲方的要求,乙方作为其代理人,代为办理与货物进出口相关的运输、海关报关和进出口商品检验检疫等事务。

2.目的国空派,全程时效为12～15个自然日(交货后第二天起算),双清包税包派送。备注:如甲方客户未能在合同期内(15天内)签收,乙方须向甲方支付2元每公斤每天的延误赔偿金;货品:58×45×49×104件;56×51×36×156件;56×36×44×22件;计费重量为5 220.8 kg,每公斤46元,总费用240 120元。取件时间为2020年10月24日,最迟交付时间为2020年11月8日。

3.如果因天气、政府禁令、战争、罢工、疫情、飞机故障等不可抗力因素造成航班延误或取消,乙方应该提前告诉甲方,否则承担由此产生的任何经济和法律责任。

4.对于货物在运输途中,因故导致货物受损、遗失、变质、污染、迟滞等情况发生,甲方在运费付清的情况下,乙方应当全权负责,给予甲方相应的赔偿。双方还约定了其他权利和义务。

协议签订当日,甲方将5 220 kg货物交付乙方运输,并于2020年10月30日按约支付运费24万元。双方明确约定货物运输方式,2020年11月12日,货物送至甲方客户处,延期4天,双方经协商由乙方赔偿甲方人民币41 774元,乙方于2020年11月16日支付了上述赔偿款。但是甲方认为乙方延误的原因是乙方采用海派的方式,使得货物延迟四日才到甲方的客户手上,甲方因此遭受了巨大损失。

于是,甲方作为原告向人民法院提出诉讼请求:1.判令解除甲方与乙方于2020年10月24日签订的国际货运代理合同;2.判令乙方返还原告运费差价187 800元并赔偿原告利息损失(利息按全国银行间同业拆借中心公布的贷款市场报价利率计算,从起诉之日起至实际履行之日止)。

问题:

(1)假如你作为乙方公司的法律顾问,为了防范风险,该如何进一步完善公司的国际货运代理合同?

(2)在本案中,乙方该如何为承运的货物办理进出口报关报检手续?

任务一　厘清国际货运代理合同履行条款

任务描述

根据本项目案例导入的情境描述,假如乙方公司聘请你作为该公司的法律顾问,请你依据《民法典》以及国际物流相关法律法规、国际公约等,为乙方制定公司的国际货运代理合同。

> 知识链接

一、国际物流概述

(一)国际物流

国际物流指物品从一个国家(地区)的供应地向另一个国家(地区)的接收地的实体流动过程。

国际物流的实质是根据国际分工的原则,依照国际惯例,利用国际化的物流网络、物流设施和物流技术,实现货物在国际的流动与交换,以促进区域经济的发展与世界资源的优化配置。国际物流的总目标是为国际贸易和跨国经营服务,即选择最佳的方式与路径,以最低的费用和最小的风险,保质、保量、适时地将货物从某国的供方运到另一国的需方。

(二)国际货运代理

1.国际货运代理的概念

根据《中华人民共和国国际货物运输代理业管理规定》第二条,国际货物运输代理业,是指接受进出口货物收货人、发货人的委托,以委托人的名义或者以自己的名义,为委托人办理国际货物运输及相关业务并收取服务报酬的行业。

2.国际货运代理企业及其业务范围

《中华人民共和国国际货物运输代理业管理规定实施细则(试行)》第二条规定:"国际货物运输代理企业(以下简称国际货运代理企业)可以作为进出口货物收货人、发货人的代理人,也可以作为独立经营人,从事国际货运代理业务。国际货运代理企业作为代理人从事国际货运代理业务,是指国际货运代理企业接受进出口货物收货人、发货人或其代理人的委托,以委托人名义或者以自己的名义办理有关业务,收取代理费或佣金的行为。国际货运代理企业作为独立经营人从事国际货运代理业务,是指国际货运代理企业接受进出口货物收货人、发货人或其代理人的委托,签发运输单证、履行运输合同并收取运费以及服务费的行为"。

根据上述法律规定,我们明确了国际货运代理企业是作为"进出口货物收货人、发货人的代理人,或者作为独立经营人"而进行相应的法律活动的,其业务范围较广,其中国际货运代理业务主要表现在国际铁路货物运输、国际航空货物运输、国际海上货物运输等方面。

二、国际货运代理业务中常见的法律法规及国际公约

(一)国际货运代理业务中常见的法律法规

《海商法》于1992年11月7日第七届全国人民代表大会常务委员会第二十八次会议通过,自1993年7月1日起施行,是我国社会主义法律体系中的一个独立的法律部门。该法的制定,是为了调整海上运输关系、船舶关系,维护当事人各方的合法权益,促进海上运输和经济贸易的发展。

《海商法》涉及的内容主要有:海上货物运输合同(不适用于中华人民共和国港口之间的海上货物运输);船舶的所有权、使用权、收益和处分权利;国际多式联运合同的特别规定;海滩救助;共同海损;海上保险等。其涉及面非常广泛,其中,以调整商船海事(海上事故)纠纷

为主。

《海商法》明确规定了船舶租用、拖航、海上货运、海上客运以及海上保险等合同的成立条件，合同双方当事人的权利与义务，违约责任、免责条款等，是我国在解决海上运输纠纷时的重要法律依据。

除此之外，《中华人民共和国对外贸易法》《中华人民共和国民法典》《中华人民共和国国际海运条例》《中华人民共和国国际货物运输代理业管理规定》《中华人民共和国国际货物运输代理业管理规定实施细则(试行)》等都是国际物流中解决纠纷的法律依据。

（二）国际货运代理业务中常见的国际公约

由于海上运输的跨地域性质，不同国家的法律条款不尽相同，为了更好地解决国际贸易中的船货纠纷，我国已经签订了许多国际公约和规则，如《海牙规则》《维斯比规则》《汉堡规则》《约克—安特卫普规则》《防止海上油污国际公约》《国际海上避碰规则公约》等。这些国际公约和规则，对承运货物的权利和义务、免责条款、海上救助、共同海损等做了详细的规定。《海商法》规定："中华人民共和国缔结或者参加的国际条约同本法有不同规定的，适用国际条约的规定；但是，中华人民共和国声明保留的条款除外。中华人民共和国法律和中华人民共和国缔结或者参加的国际条约没有规定的，可以适用国际惯例。"

三、国际货物运输合同

（一）国际货物运输代理合同

货运代理合同是指货物运输代理企业接受收货人或发货人的委托，以委托人的名义办理货物运输业务并收取报酬的合同。

我国的货运代理业是经由向市场监督管理部门注册登记，并领有经营该项业务执照的企业法人组织专营的，其他单位与个人一律不得经营。因此，货运代理合同中的货运代理人是一个特定的主体。但是，货运代理合同委托人的范围则没有限制，可以是国家机关、企事业单位、群众团体、公民个人、个体工商户、农村承包经营户等。一般情况下，货主是委托方，货代是代理人。

1.国际货运代理的权利

(1)为客户提供货物运输代理服务并获取报酬的权利。

(2)接受委托人支付的因货物运送、报关、投保等服务所发生的一切费用，接受承运人支付的订舱佣金等。

(3)接受委托人支付的由于货代不能控制的原因而致使合同无法履行而产生的其他费用，如由于客户拒付等原因，国际货运代理人对货物享有留置权等。

(4)按照客户的授权，可以委托第三人完成相关代理事宜。

(5)接受委托事务时，由于货主或者承运人的原因，致使货代受到损失，可以向货主或者承运人要求赔偿损失的权利。

2.国际货运代理的义务

(1)按照客户指示处理委托事务的义务。

(2)向委托人如实汇报委托事务进展情况和结果的义务。

(3)向委托人移交相关财物的义务。

(4)由于代理人原因,致使委托业务不能如期完成或者使委托人的生命财产遭受损失,应负有赔偿义务。

(二)国际铁路货物运输合同

1.运单

我国是《国际铁路货物联运协定》的缔约国之一,该协定规定运单是国际铁路货物运输合同的证明,也是铁路承运部门收到运单所列货物的证据,铁路承运部门可凭运单在终到站向收货人收取运杂费和点交货物,是货物出入沿线各国海关的必备文件,是买卖合同支付货款的主要单证。

2.托运人的义务

在国际铁路运输合同中,托运人的义务在国内铁路运输中托运人义务的基础上,必须把货物运输过程中所需要的通关手续材料以及其他规定所需要的材料一并附在运单上,如果托运人不履行这项义务,承运人有权拒绝承运。

3.承运人的义务

在国际铁路运输合同中,承运人的义务与国内铁路货物运输承运人义务一致,主要表现在及时、安全、准确地将货物妥善处理并送达,货物送达之后,及时通知收货人收货并交付货物给收货人。

(三)国际航空货物运输合同

1.国际航空货物运输中托运人的义务

(1)托运人托运货物应向承运人填交货物运输单,并根据国家主管部门规定随附必要的有效证明文件。托运人应对货物运输单填写内容的真实性和正确性负责。托运人填交的货物运输单经承运人接受,并由承运人填发货物运输单后,航空货物运输合同即告成立。

(2)托运人要求包用飞机运输货物,应填交包机申请书,经承运人同意接受并签订包机运输协议书以后,航空包机货物运输合同即告成立,签订协议书的单位和个人,均应遵守民航主管机关有关包机运输的规定。

(3)托运人对运输的货物,应当按照国家主管部门规定的包装标准包装;没有统一规定包装标准的,托运人应当根据保证运输安全的原则,按货物的性质和承载飞机等条件包装。凡不符合上述包装要求的,承运人有权拒绝承运不符合规格的货物。

(4)托运人必须在托运的货物上标明发站、到站和托运人、收货人的单位、姓名和地址,按照国家规定标明包装储运指示标志。

(5)国家规定必须投保的货物,托运人应在托运时投保货物运输险。

(6)托运人托运货物,应按照民航主管机关规定的费率缴付运费和其他费用。除托运人和承运人另有协议外,运费及其他费用一律于承运人开具货物运单时一次付清。

2.国际航空货物运输中承运人的义务

(1)承运人应于货物运达到货地点后二十四小时内向收货人发出到货通知,收货人应及时凭提货证明到指定地点提取货物,货物从发出到货通知的次日起,免费保管三个月。收货人逾期提取,应按运输规则缴付保管费。

(2)收货人在提取货物时,对货物半途而废或重量无异议,并在货物运输单上签收,承运人即解除运输责任。

(3)因承运人的过失或故意造成托运人或收货人损失,托运人或收货人要求赔偿,应在填写货物运输事故记录的次日起一百八十日内,以书面形式向承运人提出,并附有关证明文件。

(四)海上货物运输合同

我国《海商法》规定海上运输主要是国际海上运输,并且限于商业行为。海上货物运输合同,是指承运人收取运费,负责将托运人托运的货物经海路由一港运至另一港的合同。

1. 海上货物运输单证

(1)提单

《海商法》第七十一条规定:"提单,是指用以证明海上货物运输合同和货物已经由承运人接收或者装船,以及承运人保证据以交付货物的单证。提单中载明的向记名人交付货物,或者按照指示人的指示交付货物,或者向提单持有人交付货物的条款,构成承运人据以交付货物的保证。"

(2)海运单

海运单,又称运单,是证明海上货物运输合同,以及承运人已将货物接管或者装船并保证交给指定的收货人的一种不可转让的运输单证。海运单与提单一样,也是一种书面单证,包括正面和背面内容,而且与提单大致相似。海运单保留了提单所具有的合同证明和货物收据的职能,但是,不再具备物权凭证职能,消除了非正当收货人欺诈收货的风险,也丧失了其可转让性,因此,海运单通常不可流通。

(3)电子提单

电子提单是基于计算机网络传输的一种电子数据,它需要建立托运人、承运人、承运人代理人、收货人和银行之间的计算机信息平台,在信息平台上进行电子数据的传输。电子提单中传输的特定运输条件和条款,是其运输合同的组成部分,受国际公约和国内法的制约,同时,电子提单下的货物支配权,可以享有和传统提单同等的流通功能,可以实现货物支配权的转移。

2. 海上货物运输合同的订立

海上货物运输合同的订立过程就是合同双方当事人协商一致的过程,需要经历要约和承诺两个阶段。根据业务类型的不同,海上货物运输合同一般分为件杂货运输合同和航次租船合同,不同业务类型的合同订立方式不同。

(1)件杂货运输合同

件杂货的货物托运人及其代理人一般通过填写订舱单,并载明货物的品种、数量、期限、装卸港口等内容的方式向班轮公司提出申请,当承运人同意接受托运,则在订舱单上指定船名并签字,此时,双方达成一致,运输合同即告成立。

(2)航次租船合同

《海商法》第四十三条规定:"承运人或者托运人可以要求书面确认海上货物运输合同的成立。但是,航次租船合同应当书面订立。电报、电传和传真具有书面效力。"

由此可见,件杂货运输合同的形式没有要求,航次租船合同必须采用书面形式,这是合同成立的形式要件。根据《中华人民共和国电子签名法》第四条,"能够有形地表现所载内容,并可以随时调取查用的数据电文,视为符合法律、法规要求的书面形式。"因此,结合《海商法》的相关规定,当事人为合同的要约或者承诺为目的而采用的电报、电传、传真、电子数据交换和电子邮件等数据电文也具有书面合同的效力。

3.海上货物运输合同中双方的权利与义务

(1)海上货物运输合同中承运人的义务

①提供适航的船舶,使船舶处于适航状态。《海商法》第四十七条规定:"承运人在船舶开航前和开航当时,应当谨慎处理,使船舶处于适航状态,妥善配备船员、装备船舶和配备供应品,并使货舱、冷藏舱、冷气舱和其他载货处所适于并能安全收受、载运和保管货物。"

②根据客户要求装卸、运送和准时交付货物。《海商法》第四十八条规定:"承运人应当妥善地、谨慎地装载、搬移、积载、运输、保管、照料和卸载所运货物。"

③按照约定的线路或者习惯的线路航行。《海商法》第四十九条规定:"承运人应当按照约定的或者习惯的或者地理上的航线将货物运往卸货港。"需要按顺序路线选择航线,不得非合理绕航,为救助或者企图救助人命或者财产而绕航或者其他合理绕航除外。

(2)海上货物运输合同中承运人的权利

①运费、共同海损分摊、损害赔偿的请求权。

②留置权。《海商法》第八十七条规定:"应当向承运人支付的运费、共同海损分摊、滞期费和承运人为货物垫付的必要费用以及应当向承运人支付的其他费用没有付清,又没有提供适当担保的,承运人可以在合理的限度内留置其货物。"第八十八条规定:"承运人根据本法第八十七条规定留置的货物,自船舶抵达卸货港的次日起满六十日无人提取的,承运人可以申请法院裁定拍卖;货物易腐烂变质或者货物的保管费用可能超过其价值的,可以申请提前拍卖。"

(3)海上货物运输合同中托运人的义务

①按时提供约定的货物以及相关的单证、文件等。

②按约定时间接收货物。

③按约定支付运费及其他费用。

(4)海上货物运输合同中托运人的权利

①在约定的目的港按约定的方式提取货物的。

②损害求偿权:在承运人为履行合同约定的义务而对托运人造成损失时,托运人有权要求赔偿。

任务实施

具体要求: 在经历了与甲方的法律纠纷之后,乙方请你作为公司法律顾问重新对该公司的合同进行修订和完善,要求包括:进一步明确甲、乙双方的权利和义务;进一步明确费用结算的方式;厘清国际货物运输代理合同应遵循的相关法律条款、国际公约等;细化争议解决的方式和方法;细化违约责任。

第一步:明确国际货运代理合同的体例与重点

国际货运代理合同一般由货运代理机构提供格式合同,格式合同不能体现的条款由附加条款进行说明,根据我国《民法典》的规定,当附加条款与格式条款出现冲突时,主张附加条款的权利。

不同的交易,合同的重点内容会有所区别,比如国际货运代理合同的重点可能在于当事人双方的权利与义务,代理的具体内容,出现国际物流纠纷如何处理等内容。

第二步：制作合同部首

国际货运代理合同的部首与其他合同的部首一致，主要包含以下内容：合同编号；甲、乙双方基本信息；鉴于条款。合同中的鉴于条款，又称叙述性条款，是合同当事人就订约的背景、目的、条件、声明和保证、客观状态等所做的陈述性说明。通过鉴于条款合理设置前置条款有着重要的意义，比如明确合同目的、当事人责任边界及确定合同成立条件等，但是，鉴于条款并非合同必备条款。

国际货运代理合同部首范例：

×××货运代理有限公司国际货运代理合同

合同编号：
甲方：   乙方：
法定代表人：   法定代表人：
地址：   地址：
联系人：   联系人：
电话：   电话：
传真：   传真：

甲、乙双方本着平等互利、互相合作的原则，就甲方委托乙方代理订舱、拖车、报关、码头业务事宜，经双方友好协商，达成如下协议，以供双方共同遵照执行：

第三步：撰写合同正文

《民法典》第四百七十条规定："合同的内容由当事人约定，一般包括下列条款：（一）当事人的姓名或者名称和住所；（二）标的；（三）数量；（四）质量；（五）价款或者报酬；（六）履行期限、地点和方式；（七）违约责任；（八）解决争议的方法。"

当事人可以参照各类合同的示范文本订立国际货运代理合同。2016年4月27日，中国海事仲裁委员会上海分会在上海正式推出《CMAC货运代理协议示范条款》（以下简称《示范条款》）。

在《示范条款》制定过程中，中国海事仲裁委员会上海分会多次召开专家讨论会、修改数稿，得到了中国国际货运代理协会及上海市国际货运代理行业协会的支持，广泛征求了国有、民营、外资货运代理企业、行业协会、院校、法院、政府部门、律师等各方面意见，形成了相对比较严密的"货运代理协议示范条款"和协议条款相对简单的"货运代理协议（简式）"两个协议文本。同时，考虑到实务中经常有单票委托而不签订协议的情况，中国海事仲裁委员会上海分会又起草了一个通用型"货运委托书"供货代企业在货运代理实务中参考使用。《示范条款》有十个部分共七十余条条款，包括：定义，委托事项，甲方义务，乙方义务，费用结算，违约责任，特别约定，其他约定，协议适用法律及争议解决，协议的生效、修改、终止等。其对实务中货代业务履行的一些重点环节进行了约定，例如委托手续、委托内容是否齐全；交接环节和责任期间是否明确；费用计算标准的依据、数额的确定方式；逾期支付费用的违约责任承担方式；责任期间货损货差、延迟的索赔；受托人的免责和责任限制问题；纠纷的处理方式等。

《示范条款》给我国国际货运代理协议提供了格式文本，也是我国各大货代企业起草国际货运代理企业协议的基础，在国际货运代理行业内起到示范和引

货运代理合同
示范条款
（节选）

领的作用。

第四步：撰写合同尾部
合同尾部的内容主要包括当事人签字、盖章、签订时间等信息。

国际货运代理合同尾部范例：

甲方：	乙方：
甲方代表：	乙方代表：
甲方账号：	乙方账号：
盖章：	盖章：
	签订时间：　年　　月　　日
附件：	

第五步：审核及签订合同
在合同完稿之后，审核合同的内容，审查签约代表的授权，审查签字、盖章等信息是否符合要求。

任务评价

评价内容	评价标准	权重/%	得分
基础知识	掌握国际货运代理的责任划分	20	
	掌握国际货运代理协议的基本条款	30	
国际货运代理合同	内容的完整性与准确性	40	
	形式及表达	10	

任务二　办理一般货物的进出口报关报检手续

任务描述
根据本项目案例导入的情境描述，乙方代理甲方的出入境报关报检业务，则乙方需要根据《中华人民共和国海关法》的相关规定向海关办理进出口报关报检业务。

知识链接

一、一般进出口货物报关

（一）报关概述

1. 报关的概念

报关是指进出境运输工具的负责人、进出口货物的收发货人及其代理人，进出境物品的所有人,向海关办理运输工具、货物、物品的进出境手续及海关相关事务的过程。

2.《中华人民共和国海关法》对报关范围的规定

《中华人民共和国海关法》(以下简称《海关法》)是为了维护国家的主权和利益,加强海关监督管理,促进对外经济贸易和科技文化交往,保障社会主义现代化建设,而制定的法律。

按照《海关法》第八条的规定,"进出境运输工具、货物、物品必须通过设立海关的地点进境或者出境。"因此,凡是进出国境的货物,必须经由设有海关的港口、车站、国际航空站,并由货物所有人向海关申报,经过海关放行后,货物才可提取或者装船出口。因此,报关的范围主要包含进出境运输工具、进出口货物以及进出口物品三大类。

3.报关的时间限制

根据《海关法》的规定,进口货物的报关期限为自运输工具申报进境之日起 14 日内,由收货人或其代理人向海关报关;转关进口货物除在 14 日内向进境地海关申报外,还须在载运进口货物的运输工具抵达指运地之日起 14 日内向指运地海关报关;超过这个期限报关的,由海关征收滞报金。出口货物应在货物装入运输工具的 24 小时之前,向海关报关。也就是说,应先报关,后装货。须在报关 24 小时之后,才能将货物装入运输工具。

(二)一般进出口货物的报关程序

一般进出口货物是一般进口货物和一般出口货物的合称,是指在进出境环节缴纳了应征的进出口税费并办结了所有必要的海关手续,海关放行后不再进行监管,可以直接进入生产和消费领域流通的进出口货物。其报关程序为:申报;海关查验;缴税;放行。

二、一般进出口货物检验检疫

出入境检验检疫是指政府行政部门以法律、行政法规、国际惯例或进口国法规要求为准则,对出入境货物、交通工具、人员及其他事项等进行管理及认证,并提供官方检验证明、民间检验公证和鉴定完毕的全部活动。出入境检验检疫的目的是保护国家整体利益和社会利益。

(一)一般出境货物报检

1.一般出境货物报检的时间与地点要求

根据我国海关的相关规定,一般出境货物要求报关或者出境装运前 10 天向货物所在地检疫机构办理报检。

2.出境货物检验检疫流程

(1)报检

报检员准备好贸易合同或协议、信用证、发票、装箱单、生产企业检验报告或者当地部门出具的产地证等,到对应的检验检疫机构填写报检单。

(2)检验检疫

检验检疫机构根据货物的性质和类别进行检验检疫,以判定该批出境产品的各项指标是否符合合同及买方所在国官方机构的有关规定。

(3)检验检疫处理

按照《中华人民共和国国境卫生检疫法》及其实施细则、《中华人民共和国进出境动植物检疫法》及其实施条例,检验检疫机构需要对出入境的货物、动植物、运输工具等进行卫生除害处理;对于检验检疫不符合出境检验检疫规定的货物,由检验检疫机构签发通知单,通知货主或者代理人对该批货物做加工、除害处理,经再次检验检疫之后合格即可出境,对于检验不合格又无法除害的货物,不准出境。

(4)检验合格,签证放行

检验检疫合格,报关手续完成,海关同意发送放行指令。对于口岸即产地,检验合格直接发送出境货物通关指令;对于口岸非产地,产地施检,须在口岸实施核查货物,通关一体化的情况下,无须出具换单凭单/条。

(二)入境货物检验检疫流程

(1)报检

进口一般货物应在入境之前或者入境时向海关报检,填写中华人民共和国海关入境货物检验检疫申请,并按检验检疫有关规定和要求提供相关单证,如外贸合同、发票、提单(运单)、装箱单等。

(2)预防性检验处理

检验检疫部门对货物进行预检。货物通过预检之后,仍然不能被销售或使用。

(3)现场检验检疫

海关对有检疫处理指征的货物进行现场检验检疫处理。按照《海关法》以及《中华人民共和国国境卫生检疫法》及其实施细则的相关规定,海关抽中现场检验检疫的货物,须按要求实施现场或实验室检验检疫。

(4)签发入境货物检验检疫证明或者检验检疫证书

对于检验检疫合格的货物,签发入境货物检验检疫证明或者检验检疫证书,准予销售和使用;对于检验不合格的货物签发检验检疫处理通知书,做退运或销毁处理。

任务实施

具体要求:目前,乙方代理了甲方的出入境报关报检业务,甲方要求乙方根据我国《海关法》的相关规定向海关办理报关报检业务。请你作为乙方公司的员工,帮甲方办理报关报检业务,具体实施要求包括:做好报关报检的准备工作,包括人员准备、单据准备;根据我国办理进出口报关报检业务的相关政策熟练办理报关报检业务;根据报关报检的流程,熟练办理进出口报关报检手续。

第一步:报关报检准备

(一)报关准备

1.人员准备

获得报关人员备案证明。由于只有在海关注册登记的报关单位才能为其报关从业人员向海关申请办理备案手续,海关不接受以个人名义提出的报关人员备案申请,因此,报关人员只能受雇于一个拥有对外贸易经营权的企业或者报关企业,并由该报关单位到海关办理报关人员备案手续,申请成功之后由海关核发报关人员备案证明,报关人员获得报关人员备案证明之后,才能代表该企业办理报关、报检手续。

2.单据准备

(1)申报单:中华人民共和国进口货物报关单、中华人民共和国出口货物报关单、出口货物报关单更改申请、报关单录入凭单、预录入报关单、电子数据报关单、报关单证明联等。

(2)报关相关的单证：

①一般进出口货物：主要需要准备出口收汇核销单、商业发票、减免税证明书、装备单、运单、包裹单、提单。

②特殊货物：药品检验报告书、动植物检疫许可证、机电产品进口证明、配额许可证、进出口货物许可证等。

③预备单证分别有授权书、贸易合同、普惠制原产地证明书、原产地证明书等。

(二)报检准备

1.人员准备

《出入境检验检疫报检规定》第六条规定："报检单位办理业务应当向海关备案，并由该企业在海关备案的报检人员办理报检手续。"因此，在出入境之前，应安排已经在海关备案的报检人员办理报检手续。

2.单据准备

(1)入境货物单据准备：

①一般货物：根据《出入境检验检疫报检规定》第九条的规定，"入境报检时，应填写入境货物报检单并提供合同、发票、提单等有关单证。"

②特殊货物：根据《出入境检验检疫报检规定》第十条的规定，"入境报检时除按第九条规定办理外，还应当符合下列要求：

"(一)国家实施许可制度管理的货物，应提供有关证明。

"(二)品质检验的还应提供国外品质证书或质量保证书、产品使用说明书及有关标准和技术资料；凭样成交的，须加附成交样品；以品级或公量计价结算的，应同时申请重量鉴定。

"(三)报检入境废物原料时，还应当取得装运前检验证书；属于限制类废物原料的，应当取得进口许可证明。海关对有关进口许可证明电子数据进行系统自动比对核验。

"(四)申请残损鉴定的还应提供理货残损单、铁路商务记录、空运事故记录或海事报告等证明货损情况的有关单证。

"(五)申请重(数)量鉴定的还应提供重量明细单，理货清单等。

"(六)货物经收、用货部门验收或其他单位检测的，应随附验收报告或检测结果以及重量明细单等。

"(七)入境的国际旅行者，国内外发生重大传染病疫情时，应当填写《出入境检疫健康申明卡》。

"(八)入境的动植物及其产品，在提供贸易合同、发票、产地证书的同时，还必须提供输出国家或地区官方的检疫证书；需办理入境检疫审批手续的，还应当取得入境动植物检疫许可证。

"(九)过境动植物及其产品报检时，应持货运单和输出国家或地区官方出具的检疫证书；运输动物过境时，还应当取得海关总署签发的动植物过境许可证。

"(十)报检入境运输工具、集装箱时，应提供检疫证明，并申报有关人员健康状况。

"(十一)入境旅客、交通员工携带伴侣动物的，应提供入境动物检疫证书及预防接种证明。

"(十二)因科研等特殊需要，输入禁止入境物的，应当取得海关总署签发的特许审批证明。

"(十三)入境特殊物品的,应提供有关的批件或规定的文件。"

(2)出境货物单据准备:

①一般货物:根据《出入境检验检疫报检规定》第十一条的规定,"出境报检时,应填写出境货物报检单并提供对外贸易合同(售货确认书或函电)、发票、装箱单等必要的单证。"

②特殊货物:根据《出入境检验检疫报检规定》第十二条的规定,"出境报检时除按第十一条规定办理外,还应当符合下列要求:

"(一)国家实施许可制度管理的货物,应提供有关证明。

"(二)出境货物须经生产者或经营者检验合格并加附检验合格证或检测报告;申请重量鉴定的,应加附重量明细单或磅码单。

"(三)凭样成交的货物,应提供经买卖双方确认的样品。

"(四)出境人员应向海关申请办理国际旅行健康证明书及国际预防接种证书。

"(五)报检出境运输工具、集装箱时,还应提供检疫证明,并申报有关人员健康状况。

"(六)生产出境危险货物包装容器的企业,必须向海关申请包装容器的性能鉴定。生产出境危险货物的企业,必须向海关申请危险货物包装容器的使用鉴定。

"(七)报检出境危险货物时,应当取得危险货物包装容器性能鉴定结果单和使用鉴定结果单。

"(八)申请原产地证明书和普惠制原产地证明书的,应提供商业发票等资料。

"(九)出境特殊物品的,根据法律法规规定应提供有关的审批文件。"

第二步:办理进出口报关报检业务

1.我国办理进出口报关报检业务的相关政策

根据《海关法》等相关法律法规的规定,进出口货物需先报检。只有在商检部门检验完毕,确认无误取得检验检疫合格证明,海关才会接受货主或者代理机构的报关申请,然后才是审单、征税、放行等。

并不是所有的进出口商品都需要经过报检,一般只有国家规定的一些需要报检的商品才必须要经过报检,但是所有的进出口商品都是需要报关的。

因此,在办理进出口货物报关报检手续时,一方面,需要报检的货物先进行报检业务申报,取得检验检疫合格证明之后再申请报关、查验、征税、放行;另一方面,不需要报检的货物可直接进行报关业务申请,填写报关单、查验、征税、放行。

2018年8月1日,海关总署宣布,海关进出口货物整合申报正式实施。原报关单、报检单合并为"一张大表"进行货物申报,企业真正实现了一次申报、一单通关。

2.我国办理进出口报关报检的步骤

(1)携带好进/出口货物报关单及随附单证。

(2)进行看货、取样,确保与申报货物相符。

(3)向海关进行电子数据申报。

(4)海关下达接受申报指令后递交纸质进/出口货物报关单。

(5)配合海关查验。

(6)缴纳税费。

(7) 提取/装运货物。

(8) 办理相关的海关事务。

第三步：绘制报关报检流程图（图 11-1）

1. 申报 → 2. 海关查验 → 3. 缴税 → 4. 放行

一般进出口货物的报关程序

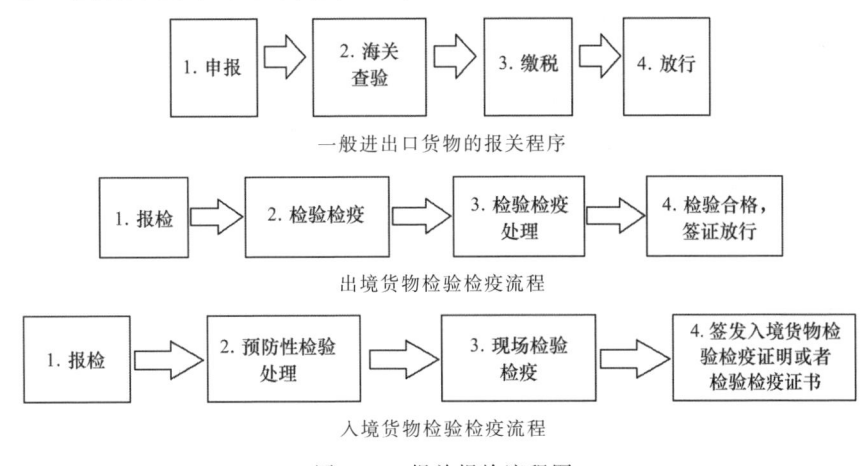

1. 报检 → 2. 检验检疫 → 3. 检验检疫处理 → 4. 检验合格，签证放行

出境货物检验检疫流程

1. 报检 → 2. 预防性检验处理 → 3. 现场检验检疫 → 4. 签发入境货物检验检疫证明或者检验检疫证书

入境货物检验检疫流程

图 11-1　报关报检流程图

任务评价

评价内容	评价标准	权重/%	得分
基础知识	熟悉报关报检的相关法律法规	30	
	掌握一般进出口货物报关及检验检疫手续	40	
报关报检流程图	流程正确	25	
	图形简单易懂、美观	5	

法条解析

《中华人民共和国海商法》

第四十六条　承运人对集装箱装运的货物的责任期间，是指从装货港接收货物时起至卸货港交付货物时止，货物处于承运人掌管之下的全部期间。承运人对非集装箱装运的货物的责任期间，是指从货物装上船时起至卸下船时止，货物处于承运人掌管之下的全部期间。在承运人的责任期间，货物发生灭失或者损坏，除本节另有规定外，承运人应当负赔偿责任。

前款规定，不影响承运人就非集装箱装运的货物，在装船前和卸船后所承担的责任，达成任何协议。

从文义可知，《中华人民共和国海商法》并非规定承运人仅对责任期间内发生的货物损坏承担赔偿责任，而对于责任期间外的货物损坏一概不承担赔偿责任。货物灭失或损坏发生在承运人责任期间内的，除承运人证明属于法律规定免责情形外，承运人应当负赔偿责任。货物灭失或损坏发生在承运人责任期间届满后的，若货方不能证明货物灭失或损坏系由于承运人的原因造成，则承运人不负赔偿责任；若货方证明货物灭失或损坏系由于承运人的原因造成，则除法律规定免责情形外，承运人应当负赔偿责任。

项目小结

全球各国物流环境的差异,不同国家经济和科技发展水平不同,国家标准不同,人文习俗不同,导致国际物流的复杂性远高于国内物流,而且在国际物流中也会产生较为广泛的法律纠纷,甚至会阻断国际贸易往来,因此,国际物流法律法规的复杂程度也远高于国内物流法律法规。

在国际物流中,除了要遵守我国的相关法律法规,如《海商法》《中华人民共和国进出口商品检验法》《中华人民共和国进出境动植物检疫法》《中华人民共和国国境卫生检疫法》《海关法》《国际海运危险货物规则》等之外,还要遵守各项国际公约,如《海牙规则》《维斯比规则》《汉堡规则》等。

国际物流法律法规除了解决国际物流中出现的各种纠纷以外,更重要的职能是维护国际贸易的正常运转、营造良好的法治营商环境、维护中外当事人的合法权益、保护国土的安全以及人民的安全。

思政园地

在中国法治国际论坛(2020)召开之际,国家主席习近平向论坛致信指出,共建"一带一路"需要良好法治营商环境。中国坚持开放包容、互利共赢,愿同各方一道,积极开展国际法治合作,为建设开放型经济、促进世界经济复苏提供法治支持。习近平表示,希望大家围绕"新冠疫情背景下的国际法治合作"深入交流、凝聚共识,为运用法治手段推动共建"一带一路"、更加有力地应对全球性挑战贡献智慧和力量。

随着"一带一路"倡议的实施,国际货运代理企业面临巨大的发展契机和广阔的国际市场,但同时也给国际货运代理企业带来许多法律风险。在国际物流活动中,《海商法》是调整海上运输关系、船舶关系的基本准则,是人民法院审理海事、海商案件的法律依据。它的制定和实施,对于健全和完善社会主义海商法律制度,维护中外当事人的合法权益,促进我国海上运输事业和经济贸易事业的发展,发挥了重要作用,对促进我国向航运强国转变、进一步提升竞争软实力也起到了重要作用。

能力测评

一、选择题(不定项)

1.下列不属于海上货物运输保险中平安险承保损失的是( )。
A.因自然灾害造成的货物全部损失　　B.因海损事故造成的货物全部损失
C.因海损事故造成的货物部分损失　　D.因自然灾害造成的货物部分损失

2.出口监管仓库无正当理由连续( )未开展业务的,海关注销其注册登记,并收回出口监管仓库注册登记证书。
A.6个月　　　　B.9个月　　　　C.1年　　　　D.18个月

3.根据《国际海上危险货物运输规则》的规定,包装最大容量为450升,最大净重为（　　）。

　　A.400 千克　　　B.500 千克　　　C.600 千克　　　D.700 千克

4.承运人权利和义务由多式联运经营人享有,多式联运的承运人之间的内部责任划分约定,不得对抗（　　）。

　　A.发货人　　　B.实际承运人　　　C.托运人　　　D.多式联运经营人

5.下列属于多式联运经营人义务的是（　　）。

　　A.认真填写多式联运单据的基本内容

　　B.按照合同约定的货物种类、数量、时间、地点提供货物

　　C.及时提供适合装载的运输工具

　　D.向发货人交付货物

6.下列哪种情况所致者,承运人可不负赔偿责任？（　　）

　　A.不可抗力　　　B.灭失　　　C.短少　　　D.变质

7.代理报检是指（　　）去检验机构报检。

　　A.出口企业　　　B.进口企业　　　C.商检局　　　D.代理报检企业

8.以下不属于国际货运代理合同特征的是（　　）。

　　A.有偿合同　　　B.双务合同　　　C.单务合同　　　D.不要式合同

　　E.无偿合同

9.海上货物运输合同承运人的义务有（　　）。

　　A.使船舶适航　　　　　　　　　B.管货

　　C.提供约定货物　　　　　　　　D.及时开航,按预定航线航行

　　E.留置

10.中国出入境检验检疫包括（　　）。

　　A.进出口商品检验　　　　　　　B.海关关检

　　C.进出境动植物检疫　　　　　　D.国境卫生检疫

　　E.危险品检疫

二、案例分析

甲公司于 2020 年 4 月与乙公司签订国际货运代理合同,委托甲公司将等离子切割机及黄铜厕纸架等货物发送至日本,费用按体积计算,同时明确费用不包含日本可能产生的海关验货费及日本的税金、消费税。甲公司根据乙公司提供的资料完成了报关、缴税等工作,且完成了发送货物的工作。后来甲公司要求乙公司支付运费、返还其垫付的税款,乙公司支付了运费及部分税款,其中两种产品(等离子切割机及磁座钻)的税款(金额分别为 111 470 元和 9 783 元)乙公司以金额有误为由拒绝支付。另查明,被告(乙公司)提供给原告(甲公司)的资料中填写的货物数量有误。

原告向法院提出诉讼请求：判令被告立即支付原告垫付的税款 121 253 元,并赔偿利息损失(利息损失自起诉之日起按全国银行间同业拆借中心公布的同期贷款市场报价利率计付至实际履行之日止)。

思考：

1.经查,本案中出现数量错误的主要原因是被告公司员工报错数量,原告可以直接起诉被告公司员工吗？为什么？

2.本案中,被告提出承运方应当开封验视,原告应当在产生费用时与被告公司确认,被告仅需支付正确的税金3 095元等抗辩意见。你认为原告需要承担责任吗?为什么?

3.如果你是法官,你会如何判罚?为什么?

拓展训练

请利用课外时间,在教师的指导下,在相关法律网站上查找国际货运代理案例,以小组形式,模拟甲、乙双方展开讨论,并给出裁决书。

项目十二
安全应急法律规范

知识思维导图

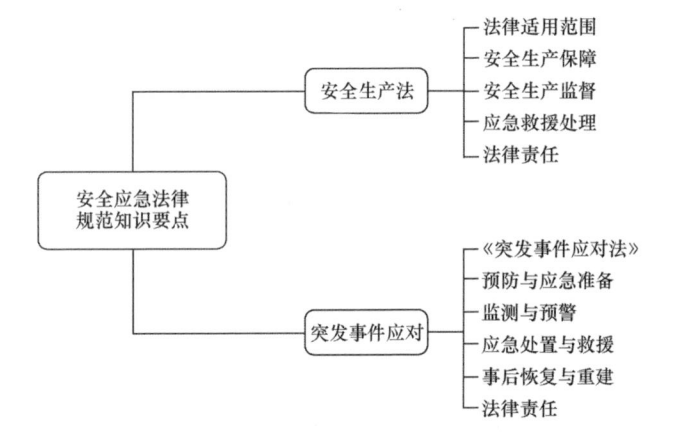

安全应急法律规范知识要点
- 安全生产法
  - 法律适用范围
  - 安全生产保障
  - 安全生产监督
  - 应急救援处理
  - 法律责任
- 突发事件应对
  - 《突发事件应对法》
  - 预防与应急准备
  - 监测与预警
  - 应急处置与救援
  - 事后恢复与重建
  - 法律责任

知识目标

通过本项目的学习,学生能够掌握危险品的含义,能够了解应急处理的方式和方法。

能力目标

通过本项目的学习,学生能够利用安全应急法律法规解决物流活动过程中的危险事故,为相关物流企业解决和处理安全应急事件提供帮助。

思政目标

通过本项目的学习,学生能够明白安全生产的重要性,在生活和作业中要时刻保持警惕、加强安全监督,尽可能将隐患消灭在萌芽状态,防止事故发生。

关键概念

危险品;安全应急;安全生产

物流法规

案例导入

A 物流运输企业为保证生产及运输安全,根据物流企业安全生产标准化的要求,欲建立安全生产责任制,制定安全管理制度和操作规程,排查治理隐患和监控重大危险源,建立预防机制,规范生产行为,使各生产环节符合有关安全生产法律法规和标准规范的要求,人、机、物、环境处于良好的生产状态,并持续改进。

问题:

企业应该如何制定管理制度和操作规程?

任务一 安全生产实施

任务描述

根据本项目案例导入的情境描述,A 物流运输企业根据《中华人民共和国安全生产法》的相关要求,进行目标策划、安全实施、安全检查。

知识链接

一、《中华人民共和国安全生产法》的适用范围

危险物品,是指易燃易爆物品、危险化学品、放射性物品等能够危及人身安全和财产安全的物品。

重大危险源,是指长期地或者临时地生产、搬运、使用或者储存危险物品,且危险物品的数量等于或者超过临界量的单元(包括场所和设施)。

在中华人民共和国领域内从事生产经营活动的单位(以下统称生产经营单位)的安全生产,适用《中华人民共和国安全生产法》(以下简称《安全生产法》);有关法律、行政法规对消防安全和道路交通安全、铁路交通安全、水上交通安全、民用航空安全以及核与辐射安全、特种设备安全另有规定的,适用其规定。

这里讲的"生产经营活动",既包括资源的开采活动,各种产品的加工、制作活动,又包括各类工程建设和商业、娱乐业及其他服务业的经营活动。公共场所集会活动的安全问题等,不属《安全生产法》的调整范围。

安全生产工作应当以人为本,坚持安全发展,坚持安全第一、预防为主、综合治理的方针,强化和落实生产经营单位主体责任,建立生产经营单位负责、职工参与、政府监管、行业自律和社会监督的机制。

以人为本,坚持安全发展是安全生产工作的新理念。安全第一、预防为主、综合治理是

安全生产工作方针。生产经营单位的主体责任,指生产经营单位依照法律、法规规定,应当履行的安全生产法定职责和义务。强化和落实生产经营单位的主体责任,是保障经济社会协调发展的必然要求,是实现企业可持续发展的客观要求。生产经营单位负责、职工参与、政府监管、行业自律、社会监督是安全生产工作格局,其中,落实生产经营单位主体责任是根本,职工参与是基础,政府监管是关键,行业自律是发展方向,社会监督是实现预防和减少生产安全事故目标的保障。

国家实行生产安全事故责任追究制度,依照《安全生产法》和有关法律、法规的规定,追究生产安全事故责任人员的法律责任。

二、生产经营单位的安全生产保障

生产经营单位应当具备《安全生产法》和有关法律、行政法规和国家标准或者行业标准规定的安全生产条件;不具备安全生产条件的,不得从事生产经营活动。

生产经营单位是生产、经营活动的直接承担者,也是保证安全生产的基石。生产经营单位要想安全生产,必须具备基本的安全生产条件,这是保障安全生产的前提和基础。

根据《安全生产法》第二十一条的规定,生产经营单位的主要负责人对本单位安全生产工作负有下列职责:

(1)建立健全并落实本单位全员安全生产责任制,加强安全生产标准化建设。
(2)组织制定并实施本单位安全生产规章制度和操作规程。
(3)组织制定并实施本单位安全生产教育和培训计划。
(4)保证本单位安全生产投入的有效实施。
(5)组织建立并落实安全风险分级管控和隐患排查治理双重预防工作机制,督促、检查本单位的安全生产工作,及时消除生产安全事故隐患。
(6)组织制定并实施本单位的生产安全事故应急救援预案。
(7)及时、如实报告生产安全事故。

生产经营单位的主要负责人对本单位安全生产工作全面负责。落实这一规定,还需要进一步明确生产经营单位主要负责人对本单位安全生产工作所负的具体职责。因此,《安全生产法》规定了生产经营单位主要负责人七个方面的职责。

《安全生产法》第二十三条规定:"生产经营单位应当具备的安全生产条件所必需的资金投入,由生产经营单位的决策机构、主要负责人或者个人经营的投资人予以保证,并对由于安全生产所必需的资金投入不足导致的后果承担责任。"

这一方面明确了资金投入的最低要求,即必须保证生产经营单位能够持续地具备《安全生产法》和有关法律、法规、国家标准或者行业标准所规定的安全生产条件;另一方面明确了保证资金投入的责任主体,即生产经营单位的决策机构、主要负责人或者个人经营的投资人。

《安全生产法》第二十六条规定:"生产经营单位不得因安全生产管理人员依法履行职责而降低其工资、福利等待遇或者解除与其订立的劳动合同。"确保安全生产管理人员依法履行职责,不仅需要从安全生产管理人员履行职责的角度做出要求,而且应当为安全生产管理人员依法履行职责提供保障,解除其后顾之忧。

《安全生产法》第二十七条规定:"生产经营单位的主要负责人和安全生产管理人员必须

具备与本单位所从事的生产经营活动相应的安全生产知识和管理能力。"生产经营单位主要负责人对本单位的安全生产工作全面负责,安全生产管理人员直接、具体承担本单位日常的安全生产管理工作。因此,生产经营单位的主要负责人和安全生产管理人员在安全生产方面的知识水平和管理能力,直接关系到本单位安全生产管理工作水平。

危险物品的生产、经营、储存、装卸单位以及矿山、金属冶炼、建筑施工、运输单位的主要负责人和安全生产管理人员,应当由主管的负有安全生产监督管理职责的部门对其安全生产知识和管理能力考核合格。考核不得收费。

《安全生产法》第二十八条规定:"生产经营单位应当对从业人员进行安全生产教育和培训,保证从业人员具备必要的安全生产知识,熟悉有关的安全生产规章制度和安全操作规程,掌握本岗位的安全操作技能,了解事故应急处理措施,知悉自身在安全生产方面的权利和义务。未经安全生产教育和培训合格的从业人员,不得上岗作业。生产经营单位使用被派遣劳动者的,应当将被派遣劳动者纳入本单位从业人员统一管理,对被派遣劳动者进行岗位安全操作规程和安全操作技能的教育和培训。劳务派遣单位应当对被派遣劳动者进行必要的安全生产教育和培训。"

人是生产活动的第一要素,从业人员是生产经营活动最直接的承担者,每个岗位从业人员的具体生产经营活动安全了,整个生产经营单位的安全生产才能有保障。因此,从制度上保证每个从业人员具有在本职工作岗位进行安全操作的知识和能力,是非常必要的。

《安全生产法》第三十五条规定:"生产经营单位应当在有较大危险因素的生产经营场所和有关设施、设备上,设置明显的安全警示标志。"

要做到"安全第一",就要防止一切麻痹松懈的思想,不放过任何一个细节。一些生产安全事故就是因为生产经营单位忽视细节问题而导致的。在有较大危险因素的生产经营场所或者有关设施、设备上设置明显的安全警示标志,可以提醒、警告作业人员或其他有关人员时刻清醒认识所处环境的危险,提高注意力,加强自身安全保护,严格遵守操作规程,减少生产安全事故的发生。

《安全生产法》第四十一条规定:"生产经营单位应当建立健全并落实生产安全事故隐患排查治理制度,采取技术、管理措施,及时发现并消除事故隐患。事故隐患排查治理情况应当如实记录,并通过职工大会或者职工代表大会、信息公示栏等方式向从业人员通报。"

切实做好事故隐患排查治理工作,努力做到防患于未然,是预防发生生产安全事故的关键,也是生产经营单位日常安全生产管理的核心工作。生产经营单位应当建立健全生产安全事故隐患排查治理的专门制度,对隐患排查治理做出全面、合理的安排,并督促落实。要制订详细的计划,明确隐患排查治理的责任人、责任范围以及基本要求和目标。

生产、经营、储存、使用危险物品的车间、商店、仓库不得与员工宿舍在同一座建筑物内,并应当与员工宿舍保持安全距离。

生产经营场所和员工宿舍应当设有符合紧急疏散要求、标志明显、保持畅通的出口、疏散通道。禁止占用、锁闭、封堵生产经营场所或者员工宿舍的出口、疏散通道。

生产经营单位应当教育和督促从业人员严格执行本单位的安全生产规章制度和安全操作规程;并向从业人员如实告知作业场所和工作岗位存在的危险因素、防范措施以及事故应急措施。

生产经营单位必须为从业人员提供符合国家标准或者行业标准的劳动防护用品,并监督、教育从业人员按照使用规则佩戴、使用。

生产经营单位的安全生产管理人员应当根据本单位的生产经营特点,对安全生产状况进行经常性检查;对检查中发现的安全问题,应当立即处理;不能处理的,应当及时报告本单位有关负责人,有关负责人应当及时处理。检查及处理情况应当如实记录在案。

生产经营单位的安全生产管理人员在检查中发现重大事故隐患,依照规定向本单位有关负责人报告,有关负责人不及时处理的,安全生产管理人员可以向主管的负有安全生产监督管理职责的部门报告,接到报告的部门应当依法及时处理。

三、安全生产的监督管理

《安全生产法》第六十二条规定:"应急管理部门应当按照分类分级监督管理的要求,制定安全生产年度监督检查计划,并按照年度监督检查计划进行监督检查,发现事故隐患,应当及时处理。"第六十四条规定:"负有安全生产监督管理职责的部门对涉及安全生产的事项进行审查、验收,不得收取费用;不得要求接受审查、验收的单位购买其指定品牌或者指定生产、销售单位的安全设备、器材或者其他产品。"

对生产经营单位涉及安全生产的事项进行审查、验收,其目的是保障生产经营单位的安全生产,保障从业人员以及其他社会公众的生命和财产安全。从性质上来看,这种审查、验收是代表国家进行的监督管理行为,不是为特定生产经营单位提供的服务,按照行政收费的一般原则,不应当收费。对负有安全生产监督管理职责的部门来讲,其进行审查、验收,是履行法定职责的公务行为,所需经费应当由财政资金予以保证,而不应当向被审查、验收的生产经营单位收取。

《安全生产法》第六十六条规定:"生产经营单位对负有安全生产监督管理职责的部门的监督检查人员(以下统称安全生产监督检查人员)依法履行监督检查职责,应当予以配合,不得拒绝、阻挠。"第七十条规定:"负有安全生产监督管理职责的部门依法对存在重大事故隐患的生产经营单位作出停产停业、停止施工、停止使用相关设施或者设备的决定,生产经营单位应当依法执行,及时消除事故隐患。生产经营单位拒不执行,有发生生产安全事故的现实危险的,在保证安全的前提下,经本部门主要负责人批准,负有安全生产监督管理职责的部门可以采取通知有关单位停止供电、停止供应民用爆炸物品等措施,强制生产经营单位履行决定。通知应当采用书面形式,有关单位应当予以配合。"

新闻、出版、广播、电影、电视等单位有进行安全生产公益宣传教育的义务,有对违反安全生产法律、法规的行为进行舆论监督的权利。

四、生产安全事故的应急救援与调查处理

《安全生产法》第八十条规定:"县级以上地方各级人民政府应当组织有关部门制定本行政区域内生产安全事故应急救援预案,建立应急救援体系。"生产安全事故具有突发性、紧迫性的特点,如果不事先做好充分的应急准备工作,很难在短时间内组织起有效的抢救,防止事故扩大、减少人员伤亡和财产损失。组织、指挥生产安全事故应急救援是县级以上地方各级人民政府的重要职责,要履行好这一职责,必须未雨绸缪,做好应对可能发生的生产安全事故的各种准备工作。

《安全生产法》第八十一条规定:"生产经营单位应当制定本单位生产安全事故应急救援

预案,与所在地县级以上地方人民政府组织制定的生产安全事故应急救援预案相衔接,并定期组织演练。"生产经营单位发生生产安全事故后,从事故应急救援来说,事故发生单位处于最直接的地位,应在第一时间迅速组织事故抢救。为保证事故应急救援紧张有序地展开,客观上需要生产经营单位制定生产安全事故应急救援预案。同时,生产经营单位生产经营活动的内容、性质不同,生产安全事故的特点以及应急救援的方法也不完全相同。政府组织制定的应急救援预案难以完全体现不同生产经营单位事故应急救援的特点,因此也需要生产经营单位有针对性地制定本单位事故应急救援预案。

《安全生产法》第八十三条规定:"生产经营单位发生生产安全事故后,事故现场有关人员应当立即报告本单位负责人。单位负责人接到事故报告后,应当迅速采取有效措施,组织抢救,防止事故扩大,减少人员伤亡和财产损失,并按照国家有关规定立即如实报告当地负有安全生产监督管理职责的部门,不得隐瞒不报、谎报或者迟报,不得故意破坏事故现场、毁灭有关证据。"

有关地方人民政府和负有安全生产监督管理职责的部门的负责人接到生产安全事故报告后,应当按照生产安全事故应急救援预案的要求立即赶到事故现场,组织事故抢救。参与事故抢救的部门和单位应当服从统一指挥,加强协同联动,采取有效的应急救援措施,并根据事故救援的需要采取警戒、疏散等措施,防止事故扩大和次生灾害的发生,减少人员伤亡和财产损失。事故抢救过程中应当采取必要措施,避免或者减少对环境造成的危害。任何单位和个人都应当支持、配合事故抢救,并提供一切便利条件。

事故调查处理应当按照科学严谨、依法依规、实事求是、注重实效的原则,及时、准确地查清事故原因,查明事故性质和责任,评估应急处置工作,总结事故教训,提出整改措施,并对事故责任单位和人员提出处理建议。事故调查报告应当依法及时向社会公布。事故调查和处理的具体办法由国务院制定。事故发生单位应当及时全面落实整改措施,负有安全生产监督管理职责的部门应当加强监督检查。

任何单位和个人不得阻挠和干涉对事故的依法调查处理。

五、法律责任

根据《安全生产法》第九十条的规定,负有安全生产监督管理职责的部门的工作人员,有下列行为之一的,给予降级或者撤职的处分;构成犯罪的,依照刑法有关规定追究刑事责任:

(1)对不符合法定安全生产条件的涉及安全生产的事项予以批准或者验收通过的。

(2)发现未依法取得批准、验收的单位擅自从事有关活动或者接到举报后不予取缔或者不依法予以处理的。

(3)对已经依法取得批准的单位不履行监督管理职责,发现其不再具备安全生产条件而不撤销原批准或者发现安全生产违法行为不予查处的。

(4)在监督检查中发现重大事故隐患,不依法及时处理的。

负有安全生产监督管理职责的部门的工作人员有以上行为之一,其法律责任主要有两种:行政责任和刑事责任。负有安全生产监督管理职责的部门的工作人员的行政责任是降级或者撤职,刑事责任则主要是根据滥用职权、玩忽职守、徇私舞弊等罪名追究其责任。

根据《安全生产法》第九十五条的规定,生产经营单位的主要负责人未履行本法规定的安全生产管理职责,导致发生生产安全事故的,由应急管理部门依照下列规定处以罚款:

(1)发生一般事故的,处上一年年收入百分之四十的罚款。
(2)发生较大事故的,处上一年年收入百分之六十的罚款。
(3)发生重大事故的,处上一年年收入百分之八十的罚款。
(4)发生特别重大事故的,处上一年年收入百分之一百的罚款。

未经依法批准,擅自生产、经营、运输、储存、使用危险物品或者处置废弃危险物品的,依照有关危险物品安全管理的法律、行政法规的规定予以处罚;构成犯罪的,依照刑法有关规定追究刑事责任。

生产经营单位的从业人员不落实岗位安全责任,不服从管理,违反安全生产规章制度或者操作规程的,由生产经营单位给予批评教育,依照有关规章制度给予处分;构成犯罪的,依照刑法有关规定追究刑事责任。

从业人员服从安全生产管理,遵守安全生产规章制度和操作规程,是保障安全生产的必要条件。《安全生产法》对不服从管理,违反安全生产规章制度或者操作规程的从业人员规定了处罚措施,以建立有效的约束机制,促使从业人员服从管理,遵章守纪,规范操作。

生产经营单位不具备《安全生产法》和其他有关法律、行政法规和国家标准或者行业标准规定的安全生产条件,经停产停业整顿仍不具备安全生产条件的,予以关闭;有关部门应当依法吊销其有关证照。

任务实施

具体要求:依据所掌握的《安全生产法》的相关内容,生产经营单位的安全生产保障、安全生产的监督管理、生产安全事故的应急救援与调查处理、法律责任等相关知识,就本项目案例导入所述情境,说明 A 物流运输企业如何制定管理制度和操作规程。

第一步:目标策划

1.制定企业安全生产目标

安全生产目标应包含长远目标、年度目标、结果类目标(如死亡事故起数)、过程类目标(如特种作业人员持证率)。

安全生产目标的制定应考虑法律、法规和其他要求,安全风险,财务,运行和经营的要求,员工的意见等。

2.成立安全管理组织机构

组织机构和职责应根据《安全生产法》的相关规定进行设置及制定。内容可包含设置安全管理机构、配备安全管理人员、成立安全生产领导机构、召开安全主题会等。职责可包含安全生产责任制,企业主要负责人、各级人员履行职责内容等。

3.建立责任制

通过获取相关法律法规及有关要求,确定企业应设置哪些方面的规章制度。

4.形成企业安全生产目标策划书

企业安全生产目标策划书的内容可包含安全生产目标、安全管理组织机构、各级人员工作职责、工作规章制度等。

第二步:安全实施

1.进行安全生产投入

例如,培训费用、设备维护费用、职业健康费用、应急费用、文化建设费用等都属于安全生产投入。

2.教育培训

为保证生产及运输安全,要进行安全生产管理人员教育培训、操作岗位人员教育培训、特种作业人员教育培训、安全文化建设等。

3.生产设备设施管理

要设置设备设施使用—变更—报废的全过程管理。生产设备设施包含:生产设备,如立体库、堆垛机、分拣机、输送机、裹包机、电力系统等;安全设备,如安防设备、防雷设备、消防设备设施等;辅助设备,如除尘设备、烘干系统等;特种设备,如起重机械设备、专用机动车辆等。

4.作业安全管理

进行生产现场管理和生产过程控制,如危险作业、仓库作业、危险品使用安全等。进行作业行为管理,如设置作业行为管理制度、人力作业安全制度、危险工作制度等。

岗位操作规程、制度要加强相关方的管理。

5.应急救援

安排专人负责应急管理,设置专兼职应急救援队伍,进行生产安全事故应急演练,设置应急救援制度。

6.事故报告、调查和处理

一旦发生事故要立即上报有关部门并保护现场,组织人员进行事故调查和处理,定期对事故进行统计分析,并对企业员工开展事故案例教育。

7.撰写企业年度安全生产实施培训方案

根据各个部门、各个岗位的工作性质、工作内容,设置企业年度安全生产实施培训方案。

第三步:安全检查

1.隐患排查和治理

开展全员安全管理、专项安全隐患排查工作,制订隐患排查工作方案,明确排查目的、范围、方法、要求等,并将排查情况汇总,制订专项整改计划。

2.重大危险源监控

辨识和评估重大危险源,建立重大危险源管理制度。对重大危险及时登记建档并向有关安全管理部门备案。采取措施进行监控,设置安全警示标志和危险源警示牌。

任务评价

评价内容	评价标准	权重/%	得分
基础知识	掌握《安全生产法》的适用范围	10	
	掌握生产安全事故的应急救援与调查处理的步骤	20	
企业安全生产目标策划书	内容全面合理、岗位职责设定科学、符合法律规定	35	
企业年度安全生产实施培训方案	内容全面合理、培训内容设定科学、符合法律规定	35	

任务二　油罐车发生爆炸事故的应急处置

任务描述

根据任务实施内的 613 温岭油罐车爆炸案例描述，分析事件发生的原因，应如何进行处理，法律责任应如何进行划分。

知识链接

一、《中华人民共和国突发事件应对法》概述

（一）《中华人民共和国突发事件应对法》的概念及分级

《中华人民共和国突发事件应对法》（以下简称《突发事件应对法》）于 2007 年 8 月 30 日第十届全国人民代表大会常务委员会第二十九次会议通过，自 2007 年 11 月 1 日起实施。本法共七章七十条，是一部规范突发事件应对工作原则和预防与应急准备、监测与预警、应急处置与救援、事后恢复与重建等内容的重要法律，能够预防和减少突发事件的发生，有效控制、减轻和消除突发事件引起的严重社会危害，维护国家安全、公共安全、环境安全和社会秩序。

根据《突发事件应对法》第三条的规定，本法所称突发事件，是指突然发生，造成或者可能造成严重社会危害，需要采取应急处置措施予以应对的自然灾害、事故灾难、公共卫生事件和社会安全事件。

按照社会危害程度、影响范围等因素，自然灾害、事故灾难、公共卫生事件分为特别重大、重大、较大和一般四级。法律、行政法规或者国务院另有规定的，从其规定。

突发事件的分级标准由国务院或者国务院确定的部门制定。

（二）适用范围

突发事件的预防与应急准备、监测与预警、应急处置与救援、事后恢复与重建等应对活动，适用《突发事件应对法》。

（三）应对原则

《突发事件应对法》第五条规定："突发事件应对工作实行预防为主、预防与应急相结合的原则。国家建立重大突发事件风险评估体系，对可能发生的突发事件进行综合性评估，减少重大突发事件的发生，最大限度地减轻重大突发事件的影响。"第六条规定："国家建立有效的社会动员机制，增强全民的公共安全和防范风险的意识，提高全社会的避险救助能力。"

二、预防与应急准备

（一）应急预案

国家建立健全突发事件应急预案体系。

应急预案应当根据《突发事件应对法》和其他有关法律、法规的规定，针对突发事件的性

质、特点和可能造成的社会危害,具体规定突发事件应急管理工作的组织指挥体系与职责和突发事件的预防与预警机制、处置程序、应急保障措施以及事后恢复与重建措施等内容。

所有单位应当建立健全安全管理制度,定期检查本单位各项安全防范措施的落实情况,及时消除事故隐患;掌握并及时处理本单位存在的可能引发社会安全事件的问题,防止矛盾激化和事态扩大;对本单位可能发生的突发事件和采取安全防范措施的情况,应当按照规定及时向所在地人民政府或者人民政府有关部门报告。

公共交通工具、公共场所和其他人员密集场所的经营单位或者管理单位应当制定具体应急预案,为交通工具和有关场所配备报警装置和必要的应急救援设备、设施,注明其使用方法,并显著标明安全撤离的通道、路线,保证安全通道、出口的畅通。

(二)应急演练及培训

县级人民政府及其有关部门、乡级人民政府、街道办事处应当组织开展应急知识的宣传普及活动和必要的应急演练。

居民委员会、村民委员会、企业事业单位应当根据所在地人民政府的要求,结合各自的实际情况,开展有关突发事件应急知识的宣传普及活动和必要的应急演练。

新闻媒体应当无偿开展突发事件预防与应急、自救与互救知识的公益宣传。

各级各类学校应当把应急知识教育纳入教学内容,对学生进行应急知识教育,培养学生的安全意识和自救与互救能力。

教育主管部门应当对学校开展应急知识教育进行指导和监督。

三、监测与预警

(一)突发事件信息系统

国务院建立全国统一的突发事件信息系统。

县级以上地方各级人民政府应当建立或者确定本地区统一的突发事件信息系统,汇集、储存、分析、传输有关突发事件的信息,并与上级人民政府及其有关部门、下级人民政府及其有关部门、专业机构和监测网点的突发事件信息系统实现互联互通,加强跨部门、跨地区的信息交流与情报合作。

获悉突发事件信息的公民、法人或者其他组织,应当立即向所在地人民政府、有关主管部门或者指定的专业机构报告。

有关单位和人员报送、报告突发事件信息,应当做到及时、客观、真实,不得迟报、谎报、瞒报、漏报。

(二)突发事件预警

可以预警的自然灾害、事故灾难和公共卫生事件的预警级别,按照突发事件发生的紧急程度、发展势态和可能造成的危害程度分为一级、二级、三级和四级,分别用红色、橙色、黄色和蓝色标示,一级为最高级别。

微课:突发事件预警制度

(三)三级、四级警报措施

发布三级、四级警报,宣布进入预警期后,县级以上地方各级人民政府应当根据即将发生的突发事件的特点和可能造成的危害,采取下列措施:

(1)启动应急预案。

(2)责令有关部门、专业机构、监测网点和负有特定职责的人员及时收集、报告有关信息,向社会公布反映突发事件信息的渠道,加强对突发事件发生、发展情况的监测、预报和预警工作。

(3)组织有关部门和机构、专业技术人员、有关专家学者,随时对突发事件信息进行分析评估,预测发生突发事件可能性的大小、影响范围和强度以及可能发生的突发事件的级别。

(4)定时向社会发布与公众有关的突发事件预测信息和分析评估结果,并对相关信息的报道工作进行管理。

(5)及时按照有关规定向社会发布可能受到突发事件危害的警告,宣传避免、减轻危害的常识,公布咨询电话。

(四)一级、二级警报措施

发布一级、二级警报,宣布进入预警期后,县级以上地方各级人民政府除采取《突发事件应对法》第四十四条规定的措施外,还应当针对即将发生的突发事件的特点和可能造成的危害,采取下列一项或者多项措施:

(1)责令应急救援队伍、负有特定职责的人员进入待命状态,并动员后备人员做好参加应急救援和处置工作的准备。

(2)调集应急救援所需物资、设备、工具,准备应急设施和避难场所,并确保其处于良好状态,随时可以投入正常使用。

(3)加强对重点单位、重要部位和重要基础设施的安全保卫,维护社会治安秩序。

(4)采取必要措施,确保交通、通信、供水、排水、供电、供气、供热等公共设施的安全和正常运行。

(5)及时向社会发布有关采取特定措施避免或者减轻危害的建议、劝告。

(6)转移、疏散或者撤离易受突发事件危害的人员并予以妥善安置,转移重要财产。

(7)关闭或者限制使用易受突发事件危害的场所,控制或者限制容易导致危害扩大的公共场所的活动。

(8)法律、法规、规章规定的其他必要的防范性、保护性措施。

四、应急处置与救援

突发事件发生后,履行统一领导职责或者组织处置突发事件的人民政府应当针对其性质、特点和危害程度,立即组织有关部门,调动应急救援队伍和社会力量,依照《突发事件应对法》的规定和有关法律、法规、规章的规定采取应急处置措施。

自然灾害、事故灾难或者公共卫生事件发生后,履行统一领导职责的人民政府可以采取下列一项或者多项应急处置措施:

(1)组织营救和救治受害人员,疏散、撤离并妥善安置受到威胁的人员以及采取其他救助措施。

(2)迅速控制危险源,标明危险区域,封锁危险场所,划定警戒区,实行交通管制以及其他控制措施。

(3)立即抢修被损坏的交通、通信、供水、排水、供电、供气、供热等公共设施,向受到危害的人员提供避难场所和生活必需品,实施医疗救护和卫生防疫以及其他保障措施。

(4)禁止或者限制使用有关设备、设施,关闭或者限制使用有关场所,中止人员密集的活动或者可能导致危害扩大的生产经营活动以及采取其他保护措施。

(5)启用本级人民政府设置的财政预备费和储备的应急救援物资,必要时调用其他急需物资、设备、设施、工具。

(6)组织公民参加应急救援和处置工作,要求具有特定专长的人员提供服务。

(7)保障食品、饮用水、燃料等基本生活必需品的供应。

(8)依法从严惩处囤积居奇、哄抬物价、制假售假等扰乱市场秩序的行为,稳定市场价格,维护市场秩序。

(9)依法从严惩处哄抢财物、干扰破坏应急处置工作等扰乱社会秩序的行为,维护社会治安。

(10)采取防止发生次生、衍生事件的必要措施。

任何单位和个人不得编造、传播有关突发事件事态发展或者应急处置工作的虚假信息。

受到自然灾害危害或者发生事故灾难、公共卫生事件的单位,应当立即组织本单位应急救援队伍和工作人员营救受害人员,疏散、撤离、安置受到威胁的人员,控制危险源,标明危险区域,封锁危险场所,并采取其他防止危害扩大的必要措施,同时向所在地县级人民政府报告;对因本单位的问题引发的或者主体是本单位人员的社会安全事件,有关单位应当按照规定上报情况,并迅速派出负责人赶赴现场开展劝解、疏导工作。

五、事后恢复与重建

受突发事件影响地区的人民政府应当及时组织和协调公安、交通、铁路、民航、邮电、建设等有关部门恢复社会治安秩序,尽快修复被损坏的交通、通信、供水、排水、供电、供气、供热等公共设施。

公民参加应急救援工作或者协助维护社会秩序期间,其在本单位的工资待遇和福利不变;表现突出、成绩显著的,由县级以上人民政府给予表彰或者奖励。

突发事件事后恢复与重建的主要内容:一是采取或继续实施防止发生次生、衍生事件的必要措施;二是评估损失,制订恢复重建计划,修复公共设施,尽快恢复生产、生活、工作和社会秩序;三是上一级人民政府应当根据损失和实际情况,提供资金、物资支持和技术指导,组织其他地区提供资金、物资和人力支援;四是受突发事件影响地区的人民政府应当根据本地区遭受损失的情况,制订善后工作计划并组织实施;五是查明原因,总结经验教训,制定改进措施,评估突发事件应对工作,并报上一级人民政府。

六、法律责任

(一)单位违法情况

有关单位有下列情形之一的,由所在地履行统一领导职责的人民政府责令停产停业,暂扣或者吊销许可证或者营业执照,并处五万元以上二十万元以下的罚款;构成违反治安管理行为的,由公安机关依法给予处罚:

(1)未按规定采取预防措施,导致发生严重突发事件的。

项目十二　安全应急法律规范

(2)未及时消除已发现的可能引发突发事件的隐患,导致发生严重突发事件的。

(3)未做好应急设备、设施日常维护、检测工作,导致发生严重突发事件或者突发事件危害扩大的。

(4)突发事件发生后,不及时组织开展应急救援工作,造成严重后果的。

(二)散布谣言情况

违反《突发事件应对法》的规定,编造并传播有关突发事件事态发展或者应急处置工作的虚假信息,或者明知是有关突发事件事态发展或者应急处置工作的虚假信息而进行传播的,责令改正,给予警告;造成严重后果的,依法暂停其业务活动或者吊销其执业许可证;负有直接责任的人员是国家工作人员的,还应当对其依法给予处分;构成违反治安管理行为的,由公安机关依法给予处罚。

🔲 任务实施

具体要求:依据所掌握的《突发事件应对法》的相关内容,应急预案、应急处置、事后恢复与重建、法律责任等相关知识,就613温岭油罐车爆炸案,详细分析事故发生的原因,并说明应急处理的方法,探讨调查报告的撰写。

第一步:613温岭油罐车爆炸案解析

(一)案例描述

2020年6月13日,某高速公路××西出口下匝道发生一起液化石油气运输槽罐车重大爆炸事故,引发周边民房及厂房倒塌,造成20人死亡,175人入院治疗,其中24人重伤,直接经济损失9 477.815万元。

(二)事故原因分析

事故调查组认定,这是一起液化石油气运输槽罐车超速行经高速匝道引起侧翻、碰撞、泄出,进而引发爆炸的重大生产安全责任事故。

直接原因:驾驶员驾驶车辆从限速60公里/小时路段行驶至限速30公里/小时的弯道路段时,未及时采取减速措施导致车辆发生侧翻,罐体前封头与跨线桥混凝土护栏端头猛烈撞击,形成破口,在冲击力和罐内压力的作用下快速撕裂、解体,罐体内液化石油气迅速泄出、汽化、扩散,遇过往机动车产生的火花爆燃,最后发生蒸汽云爆炸。

主要原因:危险品运输公司及主要负责人无视国家有关危化品运输的法律法规,未落实GPS动态监管、安全教育管理、电子路单如实上传等安全生产主体责任,存在车辆挂靠经营等违规行为。

重要原因:GPS监管平台运营服务商违规帮助危险品运输公司逃避GPS监管、电子路单上传主体责任,行业协会未如实开展安全生产标准化建设等级评定,事故匝道提升改造工程业主,施工、监理单位在防撞护栏施工过程中未履行各自职责。

第二步:小组讨论事故发生后如何进行应急处理

1.根据《突发事件应对法》中的相关规定进行讨论。

2.处理方式应设计现场救援、医疗救助、善后抚慰、环境监测、综合协调等方面。

3.处理方式应说明具体的方式、方法。

参考:事故发生后,国务院以及省领导立即做出批示指示,省、市主要领导及国家应急部等相关部门赶赴现场指挥救援,第一时间组织力量,成立现场指挥部,组成现场救援、医疗救治、综合协调等 6 个工作组,分别由相关的领导负责,迅速投入工作。

第一,立即组织现场救援。接警后,迅速组织公安、消防、医护力量及当地镇村干部,赶赴现场组织救援、疏散群众。及时开展人员排摸,现场全面搜救,并排查隐患,严防次生事故发生。省消防救援总队先后调派战勤保障分队,以及各市和机动支队地震救援重型搜救队等赶赴现场增援。现场救援共投入挖掘机等大型抢险救援机械设备 30 多台(套),出动各类救援车辆 151 辆,参与救援人员 2 660 多人次。

第二,紧急救治受伤人员。出动了 630 多名医护人员投入救治,省地两级 62 名专家第一时间抵达指导,参与救治。对伤势较重的人员,一对一成立救治小组,实行"一人一策""一人一方案",逐一加以会诊。

第三,善后抚慰工作。成立遇难家属接待工作专班,开展家属安抚慰问和善后处置。同时,组织当地镇村干部,深入受影响的地区开展走访慰问,平稳周边群众情绪。对房屋受损存在安全隐患的群众,组织投亲靠友和帮助临时安置。对受影响的区域,设置警戒线,进行交通疏导分流工作。

第四,加强周边环境监测。市、县两级环境部门对事故现场周边的空气和水体开展实时监测,并对下游河道进行封堵,防止对下游水质造成次生污染。

第三步:总结此次事故的警示教训

作为危险货物运输企业,要清醒认识到在安全生产经营活动中存在的问题和隐患,进一步增强责任意识、使命意识和忧患意识,深刻汲取事故教训,落实好企业安全生产主体责任。

(1)安全工作不能流于形式,要加强安全专项检查,将检查落实到每台车、每个驾驶员。

(2)加强安全教育,做好安全教育全员化、常态化,提高管理人员、驾驶员的安全生产意识与应急处置能力。

(3)要查漏补缺,加强日常监管,做到隐患排查全覆盖,确保公司各项工作措施落地生效。

第四步:小组撰写事故调查报告

事故调查报告应当及时、准确、完整,应当坚持实事求是、尊重科学的原则,及时、准确地查清事故经过、事故原因和事故损失,查明事故性质,认定事故责任,总结事故教训,提出整改措施,并对事故责任者依法追究责任。

事故调查报告应当包括下列内容:事故发生单位概况;事故发生经过和事故救援情况;事故造成的人员伤亡和直接经济损失;事故发生的原因和事故性质;事故责任的认定以及对事故责任者的处理建议;事故防范和整改措施。

任务评价

评价内容	评价标准	权重/%	得分
基础知识	掌握《突发事件应对法》的概念及适用范围	15	
	掌握单位违法的法律责任划分	15	
应急事件的处理程序	掌握应急事件的处理程序	30	
事故调查报告	撰写内容正确、全面	40	

法条解析

《中华人民共和国突发事件应对法》

第四十八条　突发事件发生后,履行统一领导职责或者组织处置突发事件的人民政府应当针对其性质、特点和危害程度,立即组织有关部门,调动应急救援队伍和社会力量,依照本章的规定和有关法律、法规、规章的规定采取应急处置措施。

突发事件发生后,政府必须在第一时间组织各方力量开展应急处置和救援工作,努力减轻和消除其对人民生命财产造成的损害。《突发事件应对法》明确地方人民政府可以采取下列应急处置措施:

(1)组织营救:组织营救和救治受害人员,疏散、撤离并妥善安置受到威胁的人员以及采取其他救助措施。

(2)控制危险源:迅速控制危险源,标明危险区域,封锁危险场所,划定警戒区,实行交通管制以及其他控制措施。

(3)抢修与提供避难:立即抢修被损坏的交通、通信、供水、排水、供电、供气、供热等公共设施,向受到危害的人员提供避难场所和生活必需品,实施医疗救护和卫生防疫以及其他保障措施。

(4)限制、关闭部分设施场所:禁止或者限制使用有关设备、设施,关闭或者限制使用有关场所,中止人员密集的活动或者可能导致危害扩大的生产经营活动以及采取其他保护措施。

(5)启用应急保障物资:启用本级人民政府设置的财政预备费和储备的应急救援物资,必要时调用其他急需物资、设备、设施、工具。

(6)组织救援:组织公民参加应急救援和处置工作,要求具有特定专长的人员提供服务。

(7)保障基本生活品供应:保障食品、饮用水、燃料等基本生活必需品的供应。

(8)打击违法行为:依法从严惩处囤积居奇、哄抬物价、制假售假等扰乱市场秩序的行为,稳定市场价格,维护市场秩序。

(9)维护社会秩序:依法从严惩处哄抢财物、干扰破坏应急处置工作等扰乱社会秩序的行为,维护社会治安。

(10)其他保障措施:采取防止发生次生、衍生事件的必要措施。

(11)征用财产:地方政府在必要时可以向单位和个人征用应急救援所需设备、设施、场地、交通工具和其他物资,请求其他地方人民政府提供人力、物力、财力或者技术支援,要求生产、供应生活必需品和应急救援物资的企业组织生产、保证供给,要求提供医疗、交通等公共服务的组织提供相应的服务。

项目小结

安全生产工作应当以人为本,坚持安全发展,坚持安全第一、预防为主、综合治理的方针,强化和落实生产经营单位主体责任,建立生产经营单位负责、职工参与、政府监管、行业自律和社会监督的机制。应急管理部门应当按照分类分级监督管理的要求,制订安全生产年度监督检查计划,并按照年度监督检查计划进行监督检查,发现事故隐患,应当及时处理。

生产经营单位应当具备《安全生产法》和有关法律、行政法规和国家标准或者行业标准规定的安全生产条件。生产经营单位的主要负责人、安全生产管理机构以及安全生产管理人员对本单位安全生产工作均负有职责。生产经营单位应当制定本单位生产安全事故应急救援预案,与所在地县级以上地方人民政府组织制定的生产安全事故应急救援预案相衔接,并定期组织演练。单位负责人接到事故报告后,应当迅速采取有效措施,组织抢救,防止事故扩大,减少人员伤亡和财产损失,并按照国家有关规定立即如实报告当地负有安全生产监督管理职责的部门,不得隐瞒不报、谎报或者迟报,不得故意破坏事故现场、毁灭有关证据。

参与事故抢救的部门和单位应当服从统一指挥,加强协同联动,采取有效的应急救援措施,并根据事故救援的需要采取警戒、疏散等措施,防止事故扩大和次生灾害的发生,减少人员伤亡和财产损失。任何单位和个人不得阻挠和干涉对事故的依法调查处理。

突发事件应对工作实行预防为主、预防与应急相结合的原则。所有单位应当建立健全安全管理制度,定期检查本单位各项安全防范措施的落实情况,及时消除事故隐患。突发事件发生后,履行统一领导职责或者组织处置突发事件的人民政府应当针对其性质、特点和危害程度,立即组织有关部门,调动应急救援队伍和社会力量,依照《安全生产法》的规定和有关法律、法规、规章的规定采取应急处置措施。受突发事件影响地区的人民政府应当及时组织和协调公安、交通、铁路、民航、邮电、建设等有关部门恢复社会治安秩序,尽快修复被损坏的交通、通信、供水、排水、供电、供气、供热等公共设施。

思政园地

习近平总书记在党的十九大报告中指出,要树立安全发展理念,弘扬生命至上、安全第一的思想,健全公共安全体系,完善安全生产责任制,坚决遏制重特大安全事故,提升防灾减灾救灾能力。而依法治"安",正是实现这一目标的根本保证。近年来,我国安全生产法制不断完善,依法监管、依法加强安全生产条件、建设安全生产法制秩序已经成为重要策略。通过本项目的学习,对于提高学生安全生产法律意识,促进依法加强安全生产工作具有重要意义。

突发事件社会危害程度大、影响范围广。突发事件应对工作实行预防为主、预防与应急相结合的原则。国家建立重大突发事件风险评估体系,对可能发生的突发事件进行综合性评估,减少重大突发事件的发生,最大限度地减轻重大突发事件的影响。设置应急预案,根据有关法律、法规的规定,针对突发事件的性质、特点和可能造成的社会危害,具体规定突发事件应急管理工作的组织指挥体系与职责和突发事件的预防与预警机制、处置程序、应急保障措施以及事后恢复与重建措施等内容。

能力测评

一、选择题(不定项)

1.《安全生产法》的适用范围是在中华人民共和国(　　)内从事生产经营活动的单位的(　　)。

A.领域、生产经营　　B.领域、安全生产　　C.国境、生产经营　　D.国境、安全生产

2.某公司董事长由上一级单位总经理张某兼任,张某长期在外地,不负责该公司日常工作。该公司总经理安某在国外脱产学习,这期间,日常工作由常务副总经理徐某负责,分管安全生产工作的副总经理姚某协助其工作。根据《安全生产法》的有关规定,此期间对该公司的安全生产工作全面负责的人是(　　)。

A.安某　　　　　　B.张某　　　　　　C.徐某　　　　　　D.姚某

3.《安全生产法》规定,安全生产应当坚持(　　)。

A.以人为本,安全发展　　　　　　B.以人为本,和谐发展

C.实现安全梦,安全发展　　　　　D.实现安全梦,和谐发展

4.某化工厂委托一家安全生产服务机构为本单位提供安全生产管理服务,在这种情况下,保证该厂安全生产的责任(　　)。

A.仍由该厂负责

B.由接受委托的安全生产服务机构负责

C.主要由接受委托的安全生产服务机构负责,该厂承担相应责任

D.由双方在委托合同中约定

5.《安全生产法》规定强化和落实(　　)的主体责任。

A.国家　　　　　　B.地方政府　　　　C.企业　　　　　　D.生产经营单位

6.各级人民政府及其有关部门应当采取多种形式加强对有关安全生产的法律、法规和安全生产知识的宣传,增强全社会的(　　)意识。

A.危机　　　　　　B.安全生产　　　　C.效益　　　　　　D.大局

7.生产经营单位的主要负责人,对本单位安全生产工作不负有(　　)职责。

A.组织制订并实施本单位安全生产教育和培训计划

B.督促、检查本单位的安全生产工作,及时消除安全生产事故隐患

C.组织制定并实施本单位的安全生产事故应急救援预案

D.及时如实报告和调查本单位生产安全事故

8.应急管理部门应当按照分类分级监督管理要求制订安全生产(　　)监督检查计划。

A.年度　　　　　　B.半年度　　　　　C.月度　　　　　　D.季度

9.根据《安全生产法》的规定,(　　)应当组织有关部门制定本行政区域内生产安全事故应急救援预案。

A.国家安全监督管理部门　　　　　B.工会

C.生产经营单位　　　　　　　　　D.县级以上地方各级人民政府

10.事故抢救过程当中应当采取(　　)措施避免或者减少对环境造成的危害。

A.相应　　　　　　B.适当　　　　　　C.必要　　　　　　D.紧急

二、案例分析

浙江省绍兴市某特种货物运输有限公司自1995年成立以来,每天96辆危货品运输车满载着2 600余吨丙烯和PX(化纤原料统称),行驶里程达2.8万千米,却没有发生过一起行车事故。其采取的管理措施包括:

1.班时化管理杜绝超速行驶

沈师傅刚签完单子准备上车,这趟任务是把33吨的PX从宁波镇海运到绍兴滨海。从

沈师傅手中的签单上,可以看到发车时间。空车始发难道也有时间要求?

这就是班时化管理的一个必要程序,到了镇海的时间也是要登记的。班时化管理其实是对车辆运输的全程时间进行考核,如果驾驶员比正常的行驶时间早到目的地,那就说明驾驶员在路上肯定超速行驶了。公司副总经理黄某打了个比方,公司规定,绍兴滨海到宁波镇海的全程空驶时间是3小时20分钟,如果驾驶员用了不到3小时就到了终点,那就得查查该车的行车记录仪了,肯定有超速行驶的路段。

该公司对班时化管理中违规驾驶员的处罚是很严厉的,除了罚款,还得停车学习两天,让驾驶员充分吸取教训。

2. 指纹考勤法预防疲劳驾驶

疲劳驾驶也是安全行车的一个大忌。分析疲劳驾驶的原因,大多是由于连续跑班引起的,于是,该公司推出了指纹考勤法来严防驾驶员疲劳驾驶。该公司在货车运输的起讫点都配有指纹考勤仪,驾驶员出车或到达必须通过指纹考勤仪的考勤,一个驾驶员如果想连续跑班,指纹考勤仪那边是通不过的。因为公司规定,每个驾驶员只能跑单班,要有足够的休息时间后才能继续上路行车。

3. 图像化监控帮助驾驶员改正不良习惯

没有超速,没有违法,在一般人眼里,做到这样已经不错了。但是该公司并不满足于此,他们对于行车安全的新要求是"看着你开车",要把驾驶员开车的一举一动都看在眼里。

每个人都有驾驶习惯,而有些习惯会影响行车安全,比如驾驶员单手长时间驾车,与押运员闲聊等,这些不遵守驾驶员操作规程的行为无法用GPS、行车记录仪等"数字化"的设备来了解,只能依靠"图像化"的监控来严管。

该公司尝试在4辆车上分别装置两至四个摄像头,24小时值班的监控员可以直观、即时地看到行驶在路上的驾驶员有没有不规范操作行为,一旦发现不规范行为存在,监控员可以通过车载语音提示系统提醒驾驶员纠正行为,其不规范行为还将录像保存证据,作为处理依据。一段时间试行下来,收效明显,驾驶员不论白天、黑夜开车上路,都感到有一双眼睛在注视着自己,因此一些不良职业习惯在短时间内都得到了纠正。

黄某介绍,在试用效果较好的基础上,公司还将投入近70万元,给现有的危货车都装上视频监控设备,把危货车全部纳入视线范围进行"图像化"即时监控。

思考:

1. 案例中某特种货物运输有限公司采取了哪些安全管理措施?

2. 谈谈为保证物流安全,在其他方面还应该采取什么措施,从管理因素、人为因素等方面进行说明。

拓展训练

请利用闲暇时间,在安全生产网站上查找安全及应急事故案例,以小组形式展开讨论,对事故发生的原因、事故造成的影响、后续的处置方式进行讨论,将讨论结果与事故调查报告进行对照,找出差距,并由各组长做好讨论结果的记录。

第四篇

争议救济篇

项目十三 诉讼救济

知识思维导图

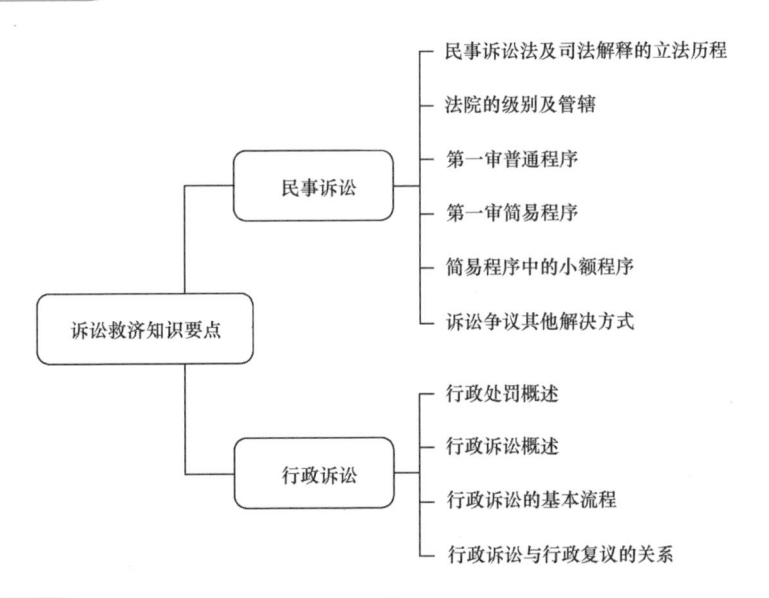

```
                    ┌── 民事诉讼法及司法解释的立法历程
                    ├── 法院的级别及管辖
            ┌─ 民事诉讼 ─┼── 第一审普通程序
            │       ├── 第一审简易程序
            │       ├── 简易程序中的小额程序
            │       └── 诉讼争议其他解决方式
诉讼救济知识要点 ─┤
            │       ┌── 行政处罚概述
            │       ├── 行政诉讼概述
            └─ 行政诉讼 ─┼── 行政诉讼的基本流程
                    └── 行政诉讼与行政复议的关系
```

知识目标

通过本项目的学习,学生主要掌握民事一审案件的程序流程;能区分判决和裁定,区分民事一审普通程序及一审简易程序;了解行政诉讼救济的相关知识。

能力目标

通过本项目的学习,了解民事诉讼一审的基本流程,掌握管辖、起诉、应诉流程中的基本内容;了解行政诉讼法律关系;了解行政诉讼的基本内容及要求。从当事人的角度客观看待诉讼的发生,明确在诉讼中应当遵循的规则、拥有的权利和义务,合理地使用诉讼救济保护自己的权利。

思政目标

通过本项目的学习,学生能够掌握诉讼的基本流程,掌握诉讼解决纠纷的基本情况,具有维护自身权益、维护企业权益的基本技能,提高规则意识。

关键概念

普通程序、简易程序、行政处罚、行政诉讼、行政复议

案例导入

甲公司位于浙江省杭州市某区,主要从事货物运输。2021年5月1日,甲公司与乙公司(住所地为台州市路桥区)达成货物运输合同,由甲公司负责从宁波市北仑区运输货物至乙公司指定地点,如在运输过程中发生货损,由甲公司承担。运输过程中,由于乙公司在货物包装方面存在问题,发生货物损失。乙公司认为,应当按照合同约定,由甲公司承担损失责任,赔偿乙公司相应的货物损失金额。甲公司认为,合同约定不明,自己仅仅是帮助进行运输,在运输过程中没有过错,且该货物损失的原因是由于乙公司包装出现问题,应当由乙公司自行承担损失。双方经多次沟通无法达成一致意见,遂乙公司准备通过司法途径解决纠纷。

根据双方合同约定,相关纠纷由乙公司所在地有管辖权的法院管辖。甲公司准备起诉乙公司,但公司所有人员对民事诉讼一无所知。公司领导及纠纷的直接负责人员对诉讼的流程及后果存在疑问。

2021年6月15日,××市交通综合行政执法人员齐某和肖某在执法检查时发现,甲公司车辆浙B×××××货车明显超高,存在改装车辆嫌疑。执法人员依法对浙B×××××车辆进行检查。经询问,驾驶员王某承认多装载了货物,并且存在非法改装的行为。执法人员当场依法制作了询问笔录和现场笔录,并按照规定采集相关违法事实证据,当场制作了证据登记保存清单,对该车辆进行了证据登记保存,告知王某不得销毁或转移车辆,并将情况告知甲公司。

2021年6月18日,交通综合行政执法队向甲公司下达了《违法行为通知书》;告知甲公司享有陈述申辩以及申请听证的权利,甲公司出具《授权委托书》全权委托驾驶员王某处理行政处罚相关事宜。截至6月22日,王某未提出陈述申辩和要求组织听证的申请。

××市交通综合执法队经负责人集体讨论决定对当事人甲公司处以8 000元罚款的行政处罚,并责令5日内将车辆恢复原状;6月26日制作《行政处罚决定书》,送达受托人王某签字确认。××市交通综合执法队在《行政处罚决定书》中告知当事人:如不服本处罚决定,可在收到本处罚决定书之日起六十日内向省交通厅或××市人民政府申请行政复议,或者三个月内向××区人民法院起诉。

问题:

1.作为甲公司的法律顾问,你将如何阐述民事一审诉讼流程?

2.甲公司对行政处罚不服,可以寻求何种救济?

任务一 对民事纠纷的救济

任务描述

根据本项目案例导入的情境描述,甲公司的法律顾问向台州市路桥区法院起诉,法院立案受理,请根据《中华人民共和国民事诉讼法》及相关司法解释,结合民事一审程序进行裁决。

知识链接

一、民事诉讼法及司法解释的立法历程[①]

1979年,五届全国人大决定起草民事诉讼法,并于同年7月19日成立了起草小组。起草小组的组长由五届全国人大常委会法制委员会副主任高克林担任,结合了有丰富经验的领导干部、从事审判实践工作的法官、从事法学教学研究的专家学者三类人,为民事诉讼法的起草奠定了坚实的组织基础。最终1982年,法制委员会将民事诉讼法(试行)草案提交全国人大常委会讨论并通过,新中国第一部民事诉讼法诞生。1991年4月9日第七届全国人民代表大会第四次会议正式通过《中华人民共和国民事诉讼法》。随后,该法经历过三次修正,修正过程见表13-1。

表13-1　　　　　　　《中华人民共和国民事诉讼法》修正过程

次数	时间	修改成果
第一次	2007年10月28日	第十届全国人民代表大会常务委员会第三十次会议《关于修改＜中华人民共和国民事诉讼法＞的决定》
第二次	2012年8月31日	第十一届全国人民代表大会常务委员会第二十八次会议《关于修改＜中华人民共和国民事诉讼法＞的决定》
第三次	2017年6月27日	第十二届全国人民代表大会常务委员会第二十八次会议《关于修改＜中华人民共和国民事诉讼法＞和＜中华人民共和国行政诉讼法＞的决定》

2014年12月18日最高人民法院审判委员会第1 636次会议通过的《关于适用＜中华人民共和国民事诉讼法＞的解释》,根据2020年12月23日最高人民法院审判委员会第1 823次会议通过的《最高人民法院关于修改＜最高人民法院关于人民法院民事调解工作若干问题的规定＞等十九件民事诉讼类司法解释的决定》进行修正。

---

① 封丽霞.法典编纂论:一个比较法的视角[M].北京:清华大学出版社,2020年10月。

二、法院的级别及管辖

中国（除香港、澳门、台湾地区）的法院分为四个层级，分别是基层人民法院、中级人民法院、高级人民法院、最高人民法院。

审理一审民事案件，主要由基层人民法院和中级人民法院进行级别管辖，高级人民法院和最高人民法院第一审民事案件的数量较少。具体级别管辖的标准是：

(1)除特别规定外，第一审民事案件由基层人民法院进行管辖。

(2)中级人民法院管辖下列第一审民事案件：

①重大涉外案件。

②在本辖区有重大影响的案件。

③最高人民法院确定由中级人民法院管辖的案件。

(3)高级人民法院管辖在本辖区有重大影响的第一审民事案件。

(4)最高人民法院管辖下列第一审民事案件：

①在全国有重大影响的案件。

②认为应当由最高人民法院审理的案件。

(5)特殊案件的级别管辖：

①专利纠纷案件由知识产权法院、最高人民法院确定的中级人民法院和基层人民法院管辖。

最高人民法院设立知识产权法庭，同时在地方设立了知识产权法院、知识产权法庭，统一审理专利等专业技术性较强的民事、行政知识产权案件，努力实现技术类案件的审理及时有效、标准统一。除了最高人民法院知识产权法庭，在全国各地还分别设有 3 个知识产权法院（北京、上海、广州），以及 20 个知识产权法庭（南京、苏州、武汉、成都、杭州、宁波、合肥、福州、济南、青岛、深圳、天津、郑州、长沙、西安、南昌、兰州、长春、乌鲁木齐、海口）[①]。

②海事案件由海事法院管辖。

我国设立海事法院，专门处理海事和海商案件。海事法院主要审理海事侵权纠纷案件、海商合同纠纷案件、海洋及通海可航水域开发利用与环境保护相关纠纷案件、其他海事海商纠纷案件、海事行政案件和海事特别程序案件。当前，我国海事法院有大连海事法院、天津海事法院、上海海事法院、宁波海事法院等 11 所。

三、第一审普通程序

第一审普通程序是指人民法院审理第一审民事案件时通常适用的最基本的诉讼程序。这一程序主要可分为起诉与受理、审理前的准备、开庭审理阶段，程序进行中会出现诉讼中止、诉讼终结情况，最后取得判决或裁定等结果。

(一)起诉与受理

1.起诉

起诉是指公民、法人和其他组织依法向人民法院提出诉讼请求，要求人民法院审理以保护自身合法权益的诉讼行为。在我国，人民法院奉行"不告不理"的原则，因此起诉是人民法

---

① 元明，李大扬.民事知识产权类案件诉讼监督实证研究[J].知识产权，2019，(10)。

院对案件行使审判权的前提。

起诉必须符合下列条件：

(1)原告是与本案有直接利害关系的公民、法人或其他组织。

(2)有明确的被告。

(3)有具体的诉讼请求和事实、理由。

(4)属于人民法院受理民事诉讼的范围和受诉人民法院管辖。起诉的方式以书面起诉为原则,以口头起诉为例外。

2.受理

受理是人民法院经过审查,接受原告起诉,决定立案审理的诉讼行为。人民法院对起诉加以审查后,针对不同情况做出不同处理：

(1)人民法院认为起诉符合法定条件的,在7日内立案并通知当事人。

(2)人民法院认为起诉不符合法定条件的,在7日内裁定不予受理,原告可提前上诉。

(3)人民法院在立案后发现起诉不符合条件,裁定驳回起诉,原告可以提起上诉。

(二)审理前的准备

人民法院在受理案件后进入开庭审理前要进行一系列的诉讼准备活动：

(1)人民法院应当自立案之日起5日内将起诉状副本发送给被告,被告自收到之日起15日内提出答辩状,人民法院应当在收到答辩状之日起5日内将答辩状副本发送给原告。

(2)人民法院应当在受理案件通知书和应诉通知书中告知当事人有关的诉讼权利和义务,依法组成合议庭后应在3日内将组成成员告知当事人。

(3)审阅诉讼材料,调查收集必要的证据。

(4)必须共同进行诉讼的当事人没有参加诉讼的,人民法院应当通知其参加诉讼。

(三)开庭审理

开庭审理,又称法庭审理,是指在审判人员主持下,在当事人及其他诉讼参与人的参加下,人民法院依照法定程序,对案件进行审理,查明案件事实,并依法做出裁判或调解的活动。开庭审理是普通诉讼程序中最中心的环节。开庭审理的主要工作包括：

1.庭审准备

人民法院应当在开庭3日前通知当事人和其他诉讼参与人。公开审理的,应当公告当事人姓名、案由和开庭时间、地点。

2.宣布开庭

书记员应当查明当事人和其他诉讼参与人是否到庭,宣布法庭纪律。开庭审理时,由审判长核对当事人,宣布案由,宣布审判人员、书记员名单,告知当事人有关的诉讼权利和义务,询问当事人是否提出回避申请。

3.法庭调查

法庭调查按照下列顺序进行,如果认为此次法庭调查未能查清案件有关情况,可以休庭准备第二次开庭：

(1)当事人陈述。

(2)告知证人权利和义务,证人作证,宣读未到庭的证人证言。

(3)出示书证、物证、视听资料和电子数据。

(4)宣读鉴定意见。

(5)宣读勘验笔记。

法庭调查结束前,审判长应就认定的事实和争议的问题进行总结,询问各方是否要做最后陈述。

4.法庭辩论

法庭辩论按照下列顺序进行:

(1)原告及其诉讼代表人发言。

(2)被告及其诉讼代理人答辩。

(3)第三人及其诉讼代理人发言或者答辩。

(4)互相辩论。

法庭辩论终结,由审判长按照原告、被告、第三人的先后顺序征询各方最后意见。法庭辩论终结后做出判决前,能够调解的,还可以进行调解。

5.评议和宣判

法庭辩论终结后,审判长宣布休庭,合议庭进入评议室评议,评议完毕,审判长宣布继续开庭,宣告判决结果。宣告判决有两种方式:当庭宣判和定期宣判。当庭宣判的,应当在10日内发送判决书;定期宣判的,宣判后应立即发送判决书。人民法院对公开审理或者不公开审理的案件,一律公开宣告判决。

(四)民事审判

1.审理期限

适用普通程序审理的案件,一审程序应当自人民法院立案之日起6个月内审结。有特殊情况需要延长的,报请院长批准,延长的期限不超过6个月。还要延长的,需报请上级人民法院批准。

2.缺席审判

在开庭审理过程中,原告经传票传唤,无正当理由拒不到庭的,或者未经法庭许可中途退庭的,可以按撤诉处理;被告反诉的,可以缺席判决。被告经传票传唤,无正当理由拒不到庭的,或者未经法庭许可中途退庭的,可以缺席判决。宣判前,原告申请撤诉的,是否准许,由人民法院裁定。人民法院裁定不准许撤诉的,原告经传票传唤,无正当理由拒不到庭的,可以缺席审判。

3.诉讼中止和终结

诉讼中止是指在诉讼过程中,诉讼程序因特殊情况的发生而中途停止的一种法律制度。诉讼终结是指在诉讼进行中,由于某种法定事由的出现,诉讼继续进行已无必要或者成为不可能时,由人民法院裁定结束诉讼程序的制度。无论是诉讼中止还是诉讼终结,均表示诉讼活动的进程受到了影响,诉讼无法按照原定流程继续进行下去,因此会影响到当事人权利的实现、法院的审限要求。另一方面,合理的中止与终结,能够提升司法效率,切实保障诉讼当事人的合法权益。

(1)诉讼中止的情形

①一方当事人死亡,需要等待继承人表明是否参加诉讼的。

②一方当事人丧失诉讼行为能力,尚未确定法定代理人的。

③作为一方当事人的法人或者其他组织终止,尚未确定权利和义务承受人的。

④一方当事人因不可抗拒的事由,不能参加诉讼的。

⑤本案必须以另一案的审理结果为依据,而另一案尚未审结的。

⑥其他应当中止诉讼的情形。

中止诉讼的原因消除后,恢复诉讼。

(2)诉讼中止裁定的失效

裁定中止诉讼的原因消除,恢复诉讼程序时,不必撤销原裁定,从人民法院通知或者准许当事人双方继续进行诉讼时起,中止诉讼的裁定即失去效力。

(3)诉讼终结的情形

①原告死亡,没有继承人,或者继承人放弃诉讼权利的。

②被告死亡,没有遗产,也没有应当承担义务的人的。

③离婚案件一方当事人死亡的。

④追索赡养费、扶养费、抚育费以及解除收养关系案件的一方当事人死亡的。

(五)判决和裁定

1.判决与先行判决

审理完毕后,法院应当进行判决并出具判决书。人民法院审理案件,其中一部分事实已经清楚,可以就该部分先行判决。

2.判决书的内容

判决书应当写明判决结果和做出该判决的理由。判决书内容包括:

(1)案由、诉讼请求、争议的事实和理由。

(2)判决认定的事实和理由、适用的法律和理由。

(3)判决结果和诉讼费用的负担。

(4)上诉期间和上诉的法院。

判决书由审判人员、书记员署名,加盖人民法院印章。

3.裁定适用的范围

裁定是指审判机关在诉讼过程中,就诉讼程序问题或部分实体问题所做的处理决定,分书面裁定和口头裁定两种。在中国,裁定由人民法院使用;裁定只适用于在诉讼过程中出现的程序问题和部分实体问题。

民事诉讼程序遇到以下情况时,诉讼结果为由法院出具裁定形式的裁定书:

(1)不予受理。

(2)对管辖权有异议的。

(3)驳回起诉。

(4)保全和先予执行。

(5)准许或者不准许撤诉。

(6)中止或者终结诉讼。

(7)补正判决书中的笔误。

(8)中止或者终结执行。

(9)撤销或者不予执行仲裁裁决。

(10)不予执行公证机关赋予强制执行效力的债权文书。

(11)其他需要裁定解决的事项。

其中,不予受理、管辖权异议、驳回起诉三种情况,对裁定不服的可以上诉。保全和先行给付的裁定,当事人如果不服可以申请复议一次,复议期间,不停止裁定的执行。

4.裁定书的内容

裁定书应当写明裁定结果和做出该裁定的理由。裁定书由审判人员、书记员署名,加盖人民法院印章。口头裁定的,记入笔录。

5. 判决、裁定的生效

(1)基层人民法院做出的判决、裁定:一审民事案件以判决结案的,除特别规定外(如小额诉讼),自判决书收到之日起15日内未上诉的,判决即生效。

(2)最高人民法院做出的判决、裁定:最高人民法院无论作为第一审人民法院,还是作为第二审人民法院,其做出的判决、裁定都是终审的判决、裁定,立即生效。

(3)依法不准上诉的判决、裁定:依法不准上诉的判决包括依照特别程序审理的选民名单案件,宣告失踪、宣告死亡案件,认定公民无民事行为能力、限制民事行为能力案件,认定财产无主案件。该判决做出即生效。依法不准上诉的裁定指除了不予受理、对管辖权有异议、驳回起诉的裁定之外的裁定。依法不准上诉的判决、裁定是发生法律效力的判决、裁定。

6. 判决、裁定的公开

公众可以查阅发生法律效力的判决书、裁定书,但涉及国家秘密、商业秘密和个人隐私的内容除外。当前,可以通过注册、登录中国裁判文书网查询相关判决、裁定的具体内容。

四、第一审简易程序

为提高司法效率,化解群众矛盾,第一审民事诉讼程序除了适用三人合议庭的普通程序以外,还存在简易程序。简易程序在送达、开庭审理等诉讼流程上较一审普通程序有一定的简化。根据司法实践,当前大量基层法院民事一审案件采取简易程序进行办理,因此了解简易程序与普通程序的区别,十分必要。

(一)简易程序的适用

基层人民法院和它派出的法庭审理事实清楚、权利义务关系明确、争议不大的简单民事案件,适用简易程序。民事案件中的事实清楚,是指当事人对争议的事实陈述基本一致,并能提供相应的证据,无须人民法院调查收集证据即可查明事实;权利义务关系明确是指能明确区分谁是责任的承担者,谁是权利的享有者;争议不大是指当事人对案件的是非、责任承担以及诉讼标的争执无原则分歧。

基层人民法院和它派出的法庭审理前述规定以外的民事案件,当事人双方也可以约定适用简易程序。

(二)不适用简易程序的案件

(1)起诉时被告下落不明的。

(2)发回重审的。

(3)当事人一方人数众多的。

(4)适用审判监督程序的。

(5)涉及国家利益、社会公共利益的。

(6)第三人起诉请求改变或者撤销生效判决、裁定、调解书的。

(7)其他不宜适用简易程序的案件。

(三)简易程序的审理期限

适用简易程序审理的案件,审理期限为3个月。到期后,双方当事人同意继续适用简易程序的,由本院院长批准,可以延长审理期限。延长后的审理期限累计不得超过六个月。案件转为普通程序审理的,审理期限自人民法院立案之日起计算。

（四）简易程序与普通程序的转换

(1)人民法院发现案情复杂,需要转为普通程序审理的,应当在审理期限届满前做出裁定并将合议庭组成人员及相关事项书面通知双方当事人。当事人就案件适用简易程序提出异议,人民法院经审查,异议成立的,裁定转为普通程序;异议不成立的,口头告知当事人,并记入笔录。

(2)程序只能单向转换。已经按照普通程序审理的案件,在开庭后不得转为简易程序审理。

五、简易程序中的小额诉讼

（一）人民法院审理小额诉讼案件,适用一审终审

基层人民法院和它派出的法庭审理事实清楚、权利义务关系明确、争议不大的简单的民事案件,标的额为各省、自治区、直辖市上年度就业人员年平均工资百分之三十以下的,实行一审终审。

各省、自治区、直辖市上年度就业人员年平均工资,是指已经公布的各省、自治区、直辖市上一年度就业人员年平均工资。在上一年度就业人员年平均工资公布前,以已经公布的最近年度就业人员年平均工资为准。

当事人对按照小额诉讼案件审理有异议的,应当在开庭前提出。

（二）不适用小额诉讼程序审理的案件

(1)人身关系、财产权纠纷。
(2)涉外民事纠纷。
(3)知识产权纠纷。
(4)需要评估、鉴定或者对诉前评估、鉴定结果有异议的纠纷。
(5)其他不宜适用一审终审的纠纷。

（三）小额诉讼程序转简易程序

因当事人申请增加或者变更诉讼请求、提出反诉、追加当事人等,致使案件不符合小额诉讼案件条件的,应当适用简易程序的其他规定审理;应当适用普通程序审理的,裁定转为普通程序。

人民法院经审查,异议成立的,适用简易程序的其他规定审理;异议不成立的,告知当事人,并记入笔录。

六、诉讼争议其他解决方式

民事诉讼救济的解决途径主要分为和解、调解、裁判,在诉讼救济的整个过程中,均可以采用其中的一种或多种解决争议事项,实现诉讼的目的。从诉讼效率及诉讼成本角度考虑,诉讼救济的多种形式的根本目的是实现诉求,单纯靠民事诉讼来解决,当事人可能会因为对法律知识了解不足,在诉讼中处在弱势地位,同时较长的诉讼流程也会增加当事人的救济成本,多种解决途径能更大程度地平衡当事人诉求。

任务实施

具体要求:依据所掌握的民事一审诉讼流程,确定可适用的诉讼程序,结合本任务民事诉讼相关知识,进行分组,完成模拟法庭的开展。

第一步：撰写民事起诉状

民事起诉状是公民、法人或其他组织作为民事原告在自己的民事权益受到侵害或者与他人发生争议时，为维护自身的民事权益，依据事实和法律，向人民法院提起诉讼，要求依法裁判时所提出的书面请求。

根据本项目案例导入情况以及文书模板，分组为甲、乙公司撰写民事起诉状。

1. 文书模板

民事起诉状

原告：

被告：

案由：

诉讼请求：

事实与理由：

此致：

×××人民法院

附：本诉状副本　份

起诉人：

年　月　日

2. 撰写注意事项

（1）当事人栏，注明自然情况。自然人要列出姓名、性别、年龄、民族、工作单位、住址。法人或其他组织要列出名称、住所地、法定代表人或负责人姓名、职务。填写要准确，特别是姓名（名称）栏不能有任何错字。地址要尽量翔实，具体到门牌号。最好注明邮编及通信方式。

（2）案由。主要写明当事人之间讼争的法律关系及其争议。可以通过中国裁判文书网文书分类、案由分类进行查找与分类。

（3）诉讼请求。主要写明请求解决争议的权益和争议的事实，以及请求人民法院依法解决原告一方要求的有关民事权益争议的具体事项，力求简洁明了。

（4）事实和理由。事实部分，要全面反映案件事实的客观真实情况。

（5）在起诉状尾部，当事人是自然人的，要由本人签字；是法人或其他组织的，由法定代表人或负责人签字并加盖单位公章。日期要填写准确。

第二步：按照普通/简易程序形成审判组织

结合本项目案例导入的案情，选择第一审普通程序或第一审简易程序，组成审判组织，确定书记员、双方律师、公司负责人等，撰写模拟法庭剧本，进行模拟法庭的准备。

第三步：开展模拟法庭，审理案件

分组准备妥当后，按照以下流程进行法庭审理：

（1）书记员核对当事人情况。

（2）书记员宣布起立，法官进入。

（3）法官介绍案件基本情况（合议庭组成，原被告，案由等）。

（4）原告宣读起诉书，从诉讼请求开始读。

（5）被告宣读答辩意见。

(6)法官可以提问,归纳辩论焦点。

(7)法庭调查,证据交换:原告出示第一组证据,说明证明内容,传递给被告质证,被告发表质证意见(一般从证据真实性和证明内容两方面说,比如真实性无异议,但所证明内容有异议)。之后出示第二组证据。然后被告出示证据。

(8)法庭辩论,原告先说,被告后说,主要是对有争议的事实进行说明。

(9)法官询问是否调解,若否立即判定(当庭审判)。

第四步:撰写判决书

开庭审理完毕后,审判组织应针对双方的纠纷做出判决,并撰写判决书,作为考评作业。当事人双方可提交最后陈述意见作为考评作业形式。

其中,判决书应当写明判决结果和做出该判决的理由,其内容包括:

(1)案由、诉讼请求、争议的事实和理由。

(2)判决认定的事实和理由、适用的法律和理由。

(3)判决结果和诉讼费用的负担。

(4)上诉期间和上诉的法院。

判决书由审判人员、书记员署名,加盖人民法院印章。

第五步:绘制民事一审案件流程图(图 13-1)

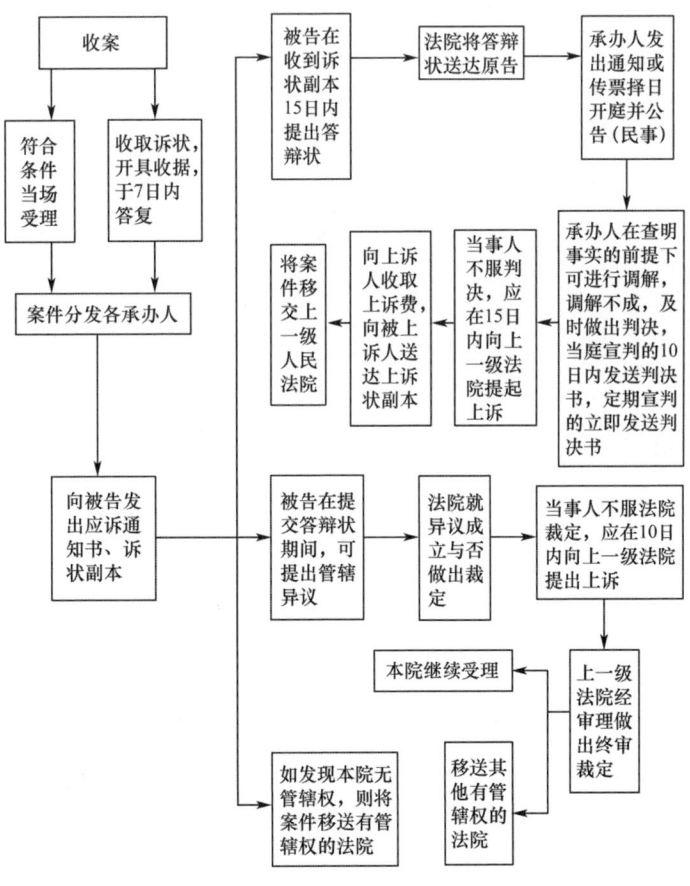

图 13-1 民事一审案件流程图

任务评价

评价内容	评价标准	权重/%	得分
基础知识	掌握法院级别及管辖	10	
	掌握民事一审普通程序开庭流程	15	
	掌握诉讼中止与诉讼终结	5	
	区分简易程序和普通程序的适用	10	
模拟法庭	撰写起诉状	15	
	模拟法庭流程正确、秩序井然有序	5	
	撰写判决书	15	
	团队合作	5	
民事一审案件流程图	图形布局合理、美观	15	
	流程、步骤正确	5	

任务二 对行政处罚的救济

任务描述

根据本项目案例导入的情境描述,确定王某是否可以提起行政诉讼,是否存在其他救济途径。

知识链接

一、行政处罚概述

（一）行政处罚的概念、特征和种类

1.行政处罚的概念

行政处罚是指行政机关依法对违反行政管理秩序的公民、法人或者其他组织,以减损权益或者增加义务的方式予以惩戒的行为。

2.行政处罚的特征

（1）行政处罚的主体是行政机关,包括广义上的行政机关以及被法律法规授权的管理公共事务的组织。

（2）行政处罚的对象是违反行政管理秩序的公民、法人或者其他组织。

（3）行政处罚的方式是减损权益或者增加义务。

（4）行政处罚具有惩罚性、制裁性和警戒性。

3.行政处罚的种类

我国《行政处罚法》用明确列举式和授权式两种方式规定了行政处罚的种类。明确列举的行政处罚一共有六种,见表13-2。

表13-2　　　　　　　　　　　　　明确列举的行政处罚

种类	具体行政处罚	概念	效果
申诫罚	警告	行政机关对行政违法行为人提出谴责和告诫,申明其行为违法并教育行政违法行为人避免以后重犯的一种处罚方式	一般针对轻微行政违法行为,只具有精神惩戒作用,不予以社会公开
名誉罚	通报批评	行政主体以一定范围内公开的方式,通过陈述或列明行为人不法行为,以实现对相对人声誉、名誉等施加精神性影响,从而使其不再从事违法行为的处罚方式	一定范围内公开,一般为在其所属单位进行通报批评
财产罚	罚款	行政机关对行政违法行为人强制收取一定数量的金钱,剥夺其一定财产权利的制裁方法	强迫缴纳一定数额金钱或剥夺财产
财产罚	没收违法所得和没收非法财物	没收违法所得是行政机关将行政违法行为人通过违法途径和方法取得的财产收归国有的制裁方式。没收非法财物,是行政机关将行政违法行为人非法占有的财产和物品收归国有的制裁方法	强迫缴纳一定数额金钱或剥夺财产
行为罚	限制开展生产经营活动	行政主管机关针对企业生产中的违法行为,决定一定期限内对其生产经营活动进行限制和禁止	主要针对相关企业进行惩戒处罚
行为罚	责令停产停业	行政机关强制命令行政违法行为人暂时或永久地停止生产经营和其他业务活动的制裁方法	受罚期间,当事人不得进行生产、作业或者工作,但法律资格并没有被剥夺。经过整改和纠正,在符合法定标准的要求后,行为人无须重新申请许可证或者营业执照就可以继续进行生产、作业
行为罚	责令关闭	行政主管机关针对违反行政秩序的企事业单位,通过禁止继续从事生产经营活动的方式对其进行惩戒的处罚种类	严重的行政处罚,往往由于限期未完成整治任务,同时可能并处高额罚款
行为罚	限制从业	由行政主管机关对自然人、法人或其他组织做出有限期或无限期地限制其获取某类资格或从事某项职业的处罚决定	自然人、法人或其他组织,限期或无限期地被限制某类资格或从事某项职业

(续表)

种类	具体行政处罚	概念	效果
资格罚	暂扣或者吊销许可证	吊销许可证是对违法者从事某种活动的权利或享有的某种资格的取消;暂扣许可证是中止行为人从事某种活动的资格,待行为人改正以后或经过一定期限以后,再返还许可证、有关证书或执照	直接影响行政相对人的生产、生活
资格罚	降低资质等级	违法行为会导致持有的多等级资格证的降格	影响资质所有者的生产、生活,同时可能并处罚款或没收违法所得
自由罚	行政拘留	由公安机关依据相关法律法规决定和执行,一般情况下行政拘留不超过 15 天,必须经过传唤、询问、取证、决定、执行等程序	剥夺人身自由的行政处罚,是行政处罚中最严厉的一种

(二)行政处罚的管辖

1. 地域管辖

地域管辖是指在同级处罚机关之间处理违法行为的分工和权限。一般原则是由违法行为发生地的行政机关管辖。违法行为发生地包括违法行为着手地、经过地、实施地、被发现地以及违法结果发生地。

2. 级别管辖

原则上,行政处罚案件由县级以上地方政府具有行政处罚权的职能部门管辖,但是法律、行政法规另有规定的,从其规定。为了减少执法层次,理顺执法权能,纵向整合上存在将行政处罚权下放到乡镇政府和街道办的方法。

(三)行政处罚的适用规则

适用规则解决的是行政处罚的具体运用问题,主要包括裁量情节规则、一事不再罚规则、行政处罚与刑罚相抵规则、追责时效规则。

1. 裁量情节

(1)从轻、减轻处罚的适用情形

①已满 14 周岁不满 18 周岁的人有违法行为的。

②主动消除或者减轻违法行为危害后果的。

③受他人胁迫或者诱骗实施违法行为的。

④配合行政机关查处违法行为有立功表现的。

⑤主动供述行政机关尚未掌握的违法行为的。

⑥尚未完全丧失辨认或者控制自己行为能力的精神病人、智力残疾人有违法行为的。

(2)不予处罚的适用情形

①不满 14 周岁的人有违法行为的不予处罚,应当责令监护人加以管教。

②精神病人、智力残疾人在不能辨认或者不能控制自己行为时有违法行为的,不予行政处罚,但应当责令其监护人严加看管和治疗。间歇性精神病人在精神正常时有违法行为的,应当给予行政处罚。

③违法行为轻微并及时改正,没有造成危害后果的,不予行政处罚。
④主观无过错。
⑤首违不罚,即初次违法且危害后果轻微并及时改正的,可以不予行政处罚。

2.一事不再罚

对当事人的同一个违法行为,不得给予两次以上罚款的行政处罚,同一个违法行为违反多个法律规范应当给予罚款处罚的,按照罚款数额高的规定处罚。

"一事"指的是同一个违法行为。"不再罚"包括"一事违一法",即一般只罚一次,但规定可以并罚的,应当并罚,也包括"一事违多法",即一个行为违反多个法律规范,损害了多个法益,同时多个法律都规定了处罚,则可以并罚。以上两种情况与"一事不再罚"并不冲突。如果是连续或继续状态的行为,被处罚后不具备及时纠正的条件的,行政机关不得再次处罚。

3.行政处罚与刑罚相抵

违法行为构成犯罪,法院判处拘役或者有期徒刑时,行政机关已经给予当事人行政拘留的,应当依法折抵相应刑期。违法行为构成犯罪,法院判处罚金时,行政机关已经给予当事人罚款的,应当折抵相应罚金;行政机关尚未给予当事人罚款的,不再给予罚款。

4.追责时效

在法定的时效内,行政机关有权追究行为人的行政责任,超过法定的追责时效则不再追究行政责任。

违法行为在2年内未被发现的,不再给予行政处罚;涉及公民生命健康安全、金融安全且有危害后果的,上述期限延长至5年。法律另有规定的除外。

关于起算点,需要明确行为的发生之日以及行为终了之日。一般情况下,违法行为发生的时间即为行为发生之日,如果违法行为有连续或者继续状态的,行为终了之日就是持续状态结束之时。

二、行政诉讼概述

(一)行政诉讼主体

行政诉讼主体主要包括法院、原告、被告、共同诉讼人、第三人、诉讼代表人及诉讼代理人。相较于民事诉讼,行政诉讼最显著的特点是被告为政府机关,针对的是此类机关做出的具体行政行为。包括法院在内的行政诉讼主体,本部分内容没有提及的,可参照民事诉讼相关内容理解。

1.行政诉讼原告

行政诉讼原告是指与行政行为有利害关系,对该行为不服,以自己的名义向法院提起诉讼,从而启动行政诉讼程序的公民、法人或者其他组织。原告是行政诉讼当事人中最为重要的主体之一,是启动行政诉讼程序的人。享有原告资格的法律条件是:

(1)原告必须是行政管理法律关系中处于被管理者地位的公民、法人或者其他组织。

(2)与被诉行政行为之间存在着行政法意义的利害关系。利害关系主要指与具体行政行为有直接关系。并非任何行政相对人都有诉至法院的原告资格,而只有承担该行政行为法律后果、认为自己的合法权益受其影响的行政相对人才具有这一资格。

(3)必须是认为具体行政行为侵犯其合法权益的行政相对人。同时,该合法权益属于行政诉讼法规定的受案范围。

(4)受法院的裁判拘束。

2.行政诉讼被告

行政诉讼被告是指由原告起诉指控其做出的行政行为违法,侵犯原告合法权益,并经法院通知应诉的具有国家行政管理职权的机关和组织。行政诉讼中的被告需要具备四个条件:

(1)具有国家行政管理职权的机关或者组织。

(2)其行政行为被原告认为侵犯自身合法权益。

(3)能够独立承担法律责任。

(4)由法院通知其应诉。

(二)行政诉讼与民事诉讼的区别

在我国,民事诉讼与行政诉讼属于两种法律关系。从基本程序看,民事诉讼的许多内容与行政诉讼相同。但基于行政诉讼当事人主体地位的"不平等性",相较于民事诉讼,行政诉讼呈现出自身独特的内容。

1.适用主体之间的关系不同

民事诉讼解决的是平等主体之间的民事争议,发生于法人之间、自然人之间、法人与自然人之间;行政诉讼解决的是行政主体与作为行政相对人的公民、法人或者其他组织之间的行政争议。

2.适用的实体法律规范不同

民事诉讼适用民事法律规范,如《民法典》《侵权责任法》等;行政诉讼适用行政法律规范,如《行政强制法》《行政处罚法》等。

3.诉讼权利不同

在民事诉讼中,双方当事人的诉讼权利是对等的,如一方起诉,另一方可以反诉;行政诉讼双方当事人的诉讼权利是不对等的,如只能由公民、法人或者其他组织一方起诉,行政主体一方没有起诉权和反诉权。

4.起诉的先行条件不同

行政诉讼要求以存在某个行政行为为先行条件;民事诉讼则不需要这样的先行条件。

5.调解不同

(1)调解解决争议,是民事诉讼结案的重要方式。民事诉讼的整个流程中都可以通过法院依职权、当事人依申请的方式进行调解,调解成功则双方签订调解书,诉讼程序终结。调解不成则诉讼程序继续进行,失败的调解不影响民事诉讼的进展。此外,民事诉讼的调解呈现出"可以多次"的特点,即并非只有一次调解,而是可以在一个诉讼程序中进行多次调解,用以解决纠纷。

(2)行政调解并非行政纠纷的调解,而是在民事诉讼或轻微刑事案件中,由行政机关主持,通过说服教育的方式,民事纠纷或轻微刑事案件当事人自愿达成协议,继而解决纠纷的一种调解制度。许多法律、法规都明确规定了有关行政主管部门可以处理民事纠纷,如《土地管理法》规定:土地所有权和使用权争议,由当事人协商解决,协商解决不成的,由人民政府处理。单位之间的土地所有权和使用权争议,由县级以上人民政府处理;个人之间、个人与单位之间的争议,由乡级人民政府或县级以上人民政府处理。

行政调解的程序包括以下步骤:

(1)申请与受理。当事人双方均可向当地行政管理部门申请处理,这些机关对按规定可以由行政管理部门先行处理的案件,应予以受理,并立案调查。

(2)查清事实。不仅要向当事人双方了解事实和争议的焦点,而且还要实地考察,了解有关情况,并向知情人进行调查,弄清事实真相,查清核实有关纠纷的证书和文书。

(3)调解和处理。由承办人员向当事人结合案情宣传有关法律政策,进行调解,尽力促使当事人自愿达成和解协议。

达成协议后,制作协议书,写明当事人姓名或法人名称、地址、代表人或代理人姓名和职务、纠纷的主要事实,以及协议内容和费用的承担等事项。调解协议书由当事人签字,调解员、书记员签字,并加盖主持调解机关的公章。行政调解虽然也是一种诉讼外活动,但它是根据有关法律法规授权进行的,具有特定的行政效力。所以调解协议书一经送达,即具有一定的行政约束力,双方当事人均应遵守,如一方不履行或拒绝履行,另一方可请求主管部门运用行政权力要求对方按协议履行。调解不成的,行政主管机关可以根据一方的请求,直接做出处理决定。当事人对决定不服的,可以在接到处理决定后的规定期限内向人民法院起诉。

行政纠纷适用调解具有明确的限制,原则上不适用调解。但是,行政赔偿、补偿以及行政机关行使法律、法规规定的自由裁量权的案件可以调解。此外,调解应当遵循自愿、合法原则,不得损害国家利益、社会公共利益和他人合法权益。

(三)行政诉讼受案范围及管辖

1.行政诉讼受案范围

我国《行政诉讼法》第二条规定:公民、法人或者其他组织认为行政机关和行政机关工作人员的行政行为侵犯其合法权益,有权依照本法向人民法院提起诉讼。

前款所称行政行为,包括法律、法规、规章授权的组织作出的行政行为。

行政诉讼的原告是行政行为的利害关系人,被告是作出被诉行为的行政主体。

能够被提起行政诉讼的行为包括:①直接起诉的具体行政行为;②可以请求法院一并审查的规章以及规范性文件;③行政协议。

行政行为侵犯的必须是当事人的权益,不包括他人的、国家的或者社会的公共利益。遭受侵犯的权益不局限于人身权和财产权,而应当是当事人的各种合法权益。

2.行政诉讼管辖

一审级别管辖见表13-3。

表 13-3　　　　　　　　　　　一审级别管辖

法院级别	级别管辖的对象	
基层人民法院	除了法律规定由上级法院管辖的特殊情形以外,均由基层法院管辖	
中级人民法院	专业性强的案件	海关处理的案件
	被告级别高的案件	对国务院各部门所做的行政行为提起诉讼的案件
		被告为县级以上地方政府的案件
		社会影响重大的共同诉讼案件
	本辖区内重大、复杂的案件	涉外或涉我国香港、澳门、台湾地区案件
		第一审国际贸易案件
高级人民法院	WTO行政案件	第一审反倾销、反补贴案件

三、行政诉讼的基本流程

（一）行政诉讼的一审程序

1. 起诉

（1）起诉的概念

行政诉讼的起诉是指公民、法人或者其他组织认为行政机关及其工作人员的行政行为侵犯了自己的合法权益，依法诉请人民法院对该行政行为予以合法性审查以保护自己合法权益的诉讼行为。

（2）起诉的条件

原告起诉必须具备以下四个条件：

①原告是认为具体行政行为侵犯了其合法权益的公民、法人或者其他组织。

②有明确的被告。

③有具体的诉讼请求和实施依据。

④属于人民法院受案范围和受诉人民法院管辖。

（3）起诉的程序和方式

对属于人民法院受案范围的行政案件，公民、法人或其他组织可以先向上一级行政机关或者法律、法规规定的行政机关申请复议，对复议不服的再向人民法院提起诉讼；也可以不经复议直接向人民法院起诉。但法律、法规规定应当先复议的，必须先行复议，不服行政复议的再行起诉。

2. 受理

（1）受理的概念

行政诉讼中的受理，是指人民法院对原告的起诉经过审查确认合格，决定开始审理该行政案件的诉讼行为。

（2）对起诉的审查

审查起诉是指受诉人民法院根据法律规定，判明原告的起诉是否符合法定条件和要求，从而决定是否受理案件的诉讼活动。

（3）受理的法律后果

受理又称为起诉成立，人民法院一旦受理案件，即产生以下法律后果：

①人民法院依法取得了对该案的审判权，并排斥其他法院对本案的管辖。

②当事人取得了各自的诉讼地位，并相应地享有诉讼权利和承担诉讼义务。

③诉讼时效中断，原具体行政行为的最终效力将由法院裁判。

3. 审理程序

行政诉讼的第一审程序是人民法院首次审理行政案件所适用的程序。

人民法院在对具体行政行为进行合法性审查时，应当明确：

①合法性审查包括对事实的审查。

②合法性审查意味着审查范围可以不受原告诉讼请求的限制。

③合法性审查范围可以不受行政案卷的局限，即人民法院可以超出行政机关提供的案卷材料范围收集、调查证据。

4. 撤诉

申请撤诉包括主动申请撤诉和同意申请撤诉。主动申请撤诉是指人民法院受理行政案件以后至宣告判决或者裁定以前，原告主动申请撤回起诉的行为；同意申请撤诉是指原告在被告改变其所做出的具体行政行为之后,表示同意并申请撤回起诉的行为,又称为被动申请撤诉。

5.缺席判决

缺席判决是指人民法院开庭审理时,在一方当事人或双方当事人未到庭陈述、辩论的情况下做出判决的一种法律制度。缺席判决的依据是,当事人放弃陈述、申辩的权利。实际案件中,缺席判决往往发生在被告缺席的情况,原告缺席往往按照撤诉处理。

6.延期审理

延期审理是指在法定情形出现时,人民法院决定把已经确定的审理日期或正在进行的审理推延至另一日期再审理的制度。《行政诉讼法》未规定延期审理的情况,根据审批实践经验并参考《民事诉讼法》的有关规定,延期审理适用于:

(1)因当事人请求而延期审理。因当事人的正当请求而使审理活动无法按计划进行,如申请撤诉、申请回避。

(2)当事人有正当理由不能按时参加诉讼的。

(3)能证明案件事实的必要证据不齐备,主要证人不能到庭,需要通知新的证人到庭或调取新的证据,需要重新鉴定、勘验或者需要补充调查的。

(4)其他需要延期审理的情况,如合议庭成员因紧急公务或因病不能出席法庭的。

7.合并审理

人民法院可以决定对相互有关系的行政案件进行合并审理。合并审理包括依职权和依申请发生。

8.诉讼中止和诉讼终结

诉讼中止是指正在进行的诉讼程序,因遇到某种无法克服或难以避免的特殊情况,而暂时停止诉讼的一种法律制度。

诉讼终结时,人民法院应当制作裁定书。裁定书一经送达即发生法律效力,当事人不得提出上诉。诉讼终结的法律后果是人民法院不再对该案进行审理,原告不得就同一事实和理由就同一诉讼标的再行起诉。

(二)行政诉讼的二审程序

行政诉讼的二审程序又称上诉设立二审程序,对于实现当事人的上诉权,维护当事人的合法权益和实现上级法院对下级法院的审判监督,保证人民法院裁判的正确性具有重要作用。

1.提起上诉的条件

当事人提起上诉,必须具备以下条件:

(1)必须有上诉的法定对象。

(2)必须有合格的上诉人和被上诉人。

(3)必须遵守上诉的法定期限。

(4)上诉必须递交上诉状。

(5)必须依法缴纳诉讼费用。

2.提起上诉的程序

根据《行政诉讼法》和《最高人民法院关于适用<中华人民共和国行政诉讼法>的解释》的有关规定,当事人上诉,一般应向原审人民法院提出,但也可以直接向二审法院提出。当事人直接向二审法院提起上诉的,二审法院应当在 5 日内将收到的上诉状交原审法院;原审法院或二审法院收到上诉状后应当立即通知对方当事人。

与一审行政案件的审理相比,二审的审理有以下几个特点:

(1)以原审法院的裁判为基础,即二审的审理是在一定的基础上进行的。

(2)合议庭只能由审判员组成。

(3)可以实行书面审理。

(4)审理的期限较短,为两个月。

3.上诉案件的审理结果

(1)驳回上诉,维持原判。原判决认定事实清楚,适用法律、法规正确的,判决驳回上诉,维持原判。

(2)依法改判。原判决认定事实清楚,但适用法律、法规错误的,依法改判。

(3)撤销原判,发回重审。原判决认定事实不清,证据不足,或者由于违反法定程序可能影响案件正确判决的,裁定撤销原判决,发回原审人民法院重审。当事人对重审案件的判决和裁定不服,可以上诉。

(4)查清事实后改判。这与撤销原判,发回重审的条件相同,只是处理方式不同。

四、行政诉讼与行政复议的关系

众所周知,复议和诉讼都是行政争议解决的途径,如何选择复议和诉讼,是否可以边复议边诉讼等问题都反映出对复议和诉讼的思考。

根据《行政诉讼法》第四十四条的规定:对属于人民法院受案范围的行政案件,公民、法人或者其他组织可以先向行政机关申请复议,对复议决定不服的,再向人民法院提起诉讼;也可以直接向人民法院提起诉讼。因此,当事人可以先复议后诉讼,也可以直接提起诉讼。但诉讼后再复议、边复议边诉讼不在允许的范围内。

任务实施

具体要求:依据所掌握的行政复议、行政诉讼的要求和流程,讨论行政复议、行政诉讼的对象的联系与区别,绘制包含行政复议在内的行政诉讼流程图。

第一步:分小组讨论行政复议和行政诉讼的联系与区别(表 13-4)

表 13-4　　　　　　　　　　行政复议和行政诉讼的联系与区别

	关联依据	行政复议	行政诉讼
联系	产生根据相同	基于行政争议的存在,为了解决行政争议	
	目的和作用相同	为了防止和纠正违法的具体行政行为,保护公民、法人及其他组织的合法权益	
	审查的对象基本相同	都审查具体行政行为的合法性。复议机关同时还要审查合理性	
	产生的条件相同	程序的启动都依赖于当事人的申请	
	法律关系相似	行政复议机关和人民法院都是居中裁决者,行政复议属于行政司法范围	

（续表）

关联依据		行政复议	行政诉讼
区别	性质不同	行政活动,复议机关是行政机关,属于内部监督的救济手段	司法制度,是法院对行政机关的监督,属于诉讼救济手段
	程序不同	程序简便,书面审理为主	程序严格,两审终审,开庭审理为主
	受案范围不同	两者对比,行政复议受案范围广于行政诉讼	
	法律效力不同	一般没有最终的法律效力,不服还可以提起行政诉讼	具有终局效力,诉讼后不得再申请复议

请通过探究式学习,继续补充

第二步:绘制包含行政复议在内的行政诉讼流程图(图 13-2)

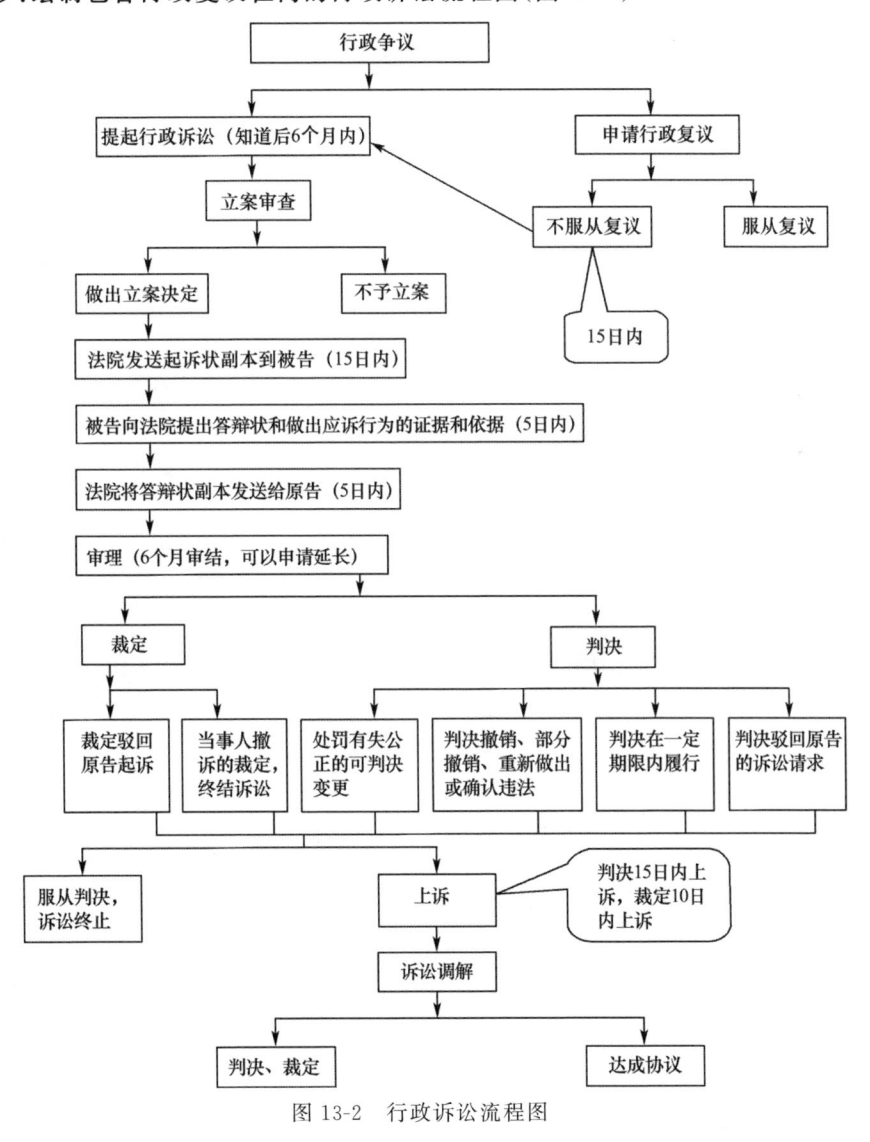

图 13-2 行政诉讼流程图

任务评价

评价内容	评价标准	权重/%	得分
基础知识	掌握行政处罚的基本知识	10	
	掌握行政诉讼的基本知识	30	
	掌握行政复议的基本知识	10	
探究学习	行政复议和行政诉讼的联系与区别	10	
	选择合理的救济措施,并说明理由	10	
	团队合作	10	
行政诉讼流程图（含行政复议）	图形布局合理、美观	10	
	流程、步骤正确	10	

法条解析

《中华人民共和国行政处罚法》

第三十六条　违法行为在二年内未被发现的,不再给予行政处罚;涉及公民生命健康安全、金融安全且有危害后果的,上述期限延长至五年。法律另有规定的除外。

在此条的情况下,行政违法行为在二年内未被发现的,不再追究行政处罚,相应的处罚结果不再追罚,当事人因"未被发现"取得豁免。

为体现行政处罚"宽严并济"的精神,提升行政柔性处罚,针对涉及公民生命健康安全、金融安全且有危害后果的,延长至五年。对延长到期免处罚的具体行政行为有严苛的适用条件,即侵害特殊安全＋产生损害结果,体现了立法技术和立法内涵。由此可见,此类修改在保证行政处罚留有"容错"的基础上,更加细化、关注了公民健康及国家金融安全这两大领域。

项目小结

诉讼救济是权利救济形式中较为重要的一项,近年来基层案件数量的爆发式增长,既离不开法院内部的改革,也离不开民众维权意识的提升。但深入诉讼实践层面,大部分人对诉讼的具体流程、要求仍然陌生,缺乏诉讼基本能力。民众面对民事、行政上的权利救济得不到实际的保障。在任务一中,通过对民事诉讼流程的剖析,对普通程序、简易程序、简易程序中的小额诉讼程序的介绍,结合任务中的模拟法庭,帮助同学们在理论知识和实践上加深民事一审诉讼流程的掌握,模拟民事法庭如何展开工作。在任务二中,从行政处罚起,通过对行政诉讼的介绍(兼顾行政复议),结合行政诉讼审判实例,帮助同学们区分行政诉讼与民事诉讼,同时引导学生对行政诉讼、行政复议的探究性学习。本项目学习结束后,同学们应具备诉讼基本知识,掌握参与民事诉讼、行政诉讼的基本能力。

项目十三 诉讼救济

思政园地

2020年11月,习近平在中央全面依法治国工作会议上发表重要讲话指出,要坚持全面推进科学立法、严格执法、公正司法、全民守法。要继续推进法治领域改革,解决好立法、执法、司法、守法等领域的突出矛盾和问题。公平正义是司法的灵魂和生命。要深化司法责任制综合配套改革,加强司法制约监督,健全社会公平正义法治保障制度,努力让人民群众在每一个司法案件中感受到公平正义。

通过对民事、行政救济途径的了解,有利于提升人民群众的法律技能,掌握参与常见诉讼的基本技能。诉讼程序,往往是普通人寻求纠纷解决的"最后方式",但并不一定是最"好"的方式。诉讼流程往往需要耗费大量诉讼时间,甚至使双方当事人矛盾升级,因此要合理选择纠纷解决方式。同时人民群众诉讼素质的提升,有助于推进司法领域改革,推进健全社会公平正义。

能力测评

一、选择题(不定项)

1.人民法院适用第一审普通程序审理的案件,应当在立案之日起(　　)内审结。

A.1个月　　　　B.2个月　　　　C.3个月　　　　D.6个月

2.人民法院审判民事案件的一审合议庭(　　)。

A.只能由审判员、陪审员共同组成

B.必须全部由审判员组成

C.既可由审判员、陪审员组成,也可全部由审判员组成

D.应全部由陪审员组成

3.不适用简易程序的有(　　)。

A.人身关系、财产权纠纷

B.涉外民事纠纷

C.知识产权纠纷

D.需要评估、鉴定或者对诉前评估、鉴定结果有异议的纠纷

4.下列属于开庭审理的程序是(　　)。

A.宣布开庭　　　　　　　　　　B.宣读起诉状

C.对方答辩　　　　　　　　　　D.法庭调查

5.下列关于调解的说法不正确的是(　　)。

A.调解和和解差不多,都不需要调解人参与

B.民事诉讼中,调解可以在任何阶段进行

C.行政诉讼中,行政调解与民事案件中的调解没有差别

D.行政复议过程中,所有案件均不得调解

6.关于小额诉讼,下列说法正确的有(　　)。

A.小额诉讼可以依照当事人申请转为普通程序

B.所有金钱给付类案件都可以适用小额诉讼程序

C.小额诉讼的确定标准是标的额为各省、自治区、直辖市上年度就业人员年平均工资百分之三十以下

D.简易程序实行一审终审

7.关于审限,以下说法正确的是(　　)。

A.民事诉讼简易程序和二审程序审限均为3个月

B.行政诉讼的一审程序审限是3个月

C.民事诉讼小额诉讼案件的审限是6个月

D.民事诉讼一审程序案件审限是6个月

8.关于行政处罚,下列说法正确的是(　　)。

A.行政处罚的主体是行政机关

B.现行行政处罚的追责时效均为5年

C.行政处罚遵循"一事不再罚"原则

D.责令停产停业和对财物进行暂扣、查封、扣押都属于行政处罚

9.关于行政复议和行政诉讼,下列说法正确的是(　　)。

A.某市的海关因具体行政行为被行政复议,其复议机关是该市政府

B.行政行为相对人可以先复议,后诉讼,也可以先诉讼,后复议,两者可同时进行

C.某政府工作人员因为年底绩效考核结果等级不高,向其所在部门提起行政复议,要求复核其考核成绩,重新评定考核等级

D.行政诉讼的被告一定是行政机关

10.民事一审判决书内容应当包括(　　)。

A.案情、诉讼请求、争议的事实和理由

B.判决认定的事实和理由、适用的法律和理由

C.判决结果和诉讼费用的负担

D.上诉期间和上诉的法院

二、案例分析

A市B县交通运输局负责辖区范围内交通领域的行政执法。2021年8月,B县交通运输局委托C县阳光货运公司运输一批货物。按照当地的交易习惯,运输事宜应当提前支付20%的费用作为定金,双方约定阳光货运公司将货物从C县运到B县,并约定了货物运输的期限。货物在约定期限运输到B县指定地点并经过验货后,B县交通运输局通过转账汇款的形式将全部运输费用支付给阳光货运公司。双方约定明确:因货物具有极强的时效性,如超期送达则会影响货物的后续处理,影响合同目的的实现,因此如阳光货运公司未能在约定时间内送达货物,B县交通运输局有权拒付运费。如产生纠纷,由B县人民法院进行管辖。货物运输至C县境内时,因超重受到C县交通综合执法队处罚,严重影响了运输时效,双方因此产生了纠纷,阳光货运公司因此拒绝向B县交通运输局交付货物,自行将货物存储在公司在B县的货仓中。据悉,阳光货运公司的货车到达指定地点后,已经超过约定的到货时间,货物到达后,约定的露天到货地点连续暴雨。

B县交通运输局认为,因阳光货运公司超时运到,其达到不支付运费的要件,同时,阳光货运公司并非货物所有权人,无权扣留货物,阳光货运公司应当将货物交付给B县交通运

项目十三 诉讼救济

输局。

但阳光货运公司认为，双方签订的是运输合同，运输已经完成，阳光货运公司已经为运输货物付出了必要的人力、物力，B县交通运输局应当支付相应的运输费用，并且超时运输是因为不可抗力，B县交通运输局拒付全部费用违反了双方约定的根本目的，是不合理的。同时，因为双方纠纷存在有一段时间了，B县交通运输局还应当承担纠纷期间的仓储费用。

思考：

1. 阳光货运公司与B县交通运输局之间是民事法律关系还是行政法律关系？阳光货运公司可以寻求哪些救济方式？

2. 阳光货运公司与C县交通综合执法队是否存在行政法律关系？阳光货运公司可以寻求哪些救济方式？

3. 如果你是本案的法官，你认为B县交通运输局是否应当支付运输费用？给出你的理由并和同学进行讨论。

拓展训练

请利用闲暇时间，在中国裁判文书网上查找感兴趣的民事一审案件或对行政处罚做出的行政案件（包括一审、二审、再审的案件），进行小组讨论分析，尝试探究性撰写该案件的民事诉讼/行政诉讼起诉状（或上诉状），对做出的判决结果进行评析，并形成案例分析报告。

项目十四 仲裁救济

知识思维导图

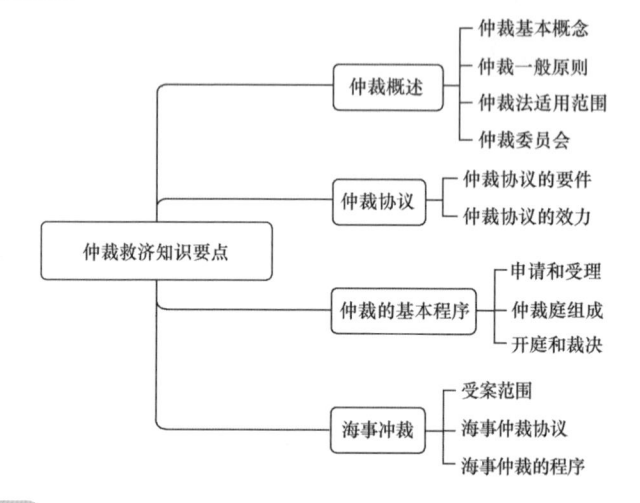

```
                        ┌─ 仲裁基本概念
              ┌─ 仲裁概述 ┼─ 仲裁一般原则
              │         ├─ 仲裁法适用范围
              │         └─ 仲裁委员会
              │
              ├─ 仲裁协议 ┬─ 仲裁协议的要件
              │         └─ 仲裁协议的效力
仲裁救济知识要点 ┤
              │            ┌─ 申请和受理
              ├─ 仲裁的基本程序 ┼─ 仲裁庭组成
              │            └─ 开庭和裁决
              │
              │         ┌─ 受案范围
              └─ 海事仲裁 ┼─ 海事仲裁协议
                        └─ 海事仲裁的程序
```

知识目标

通过本项目的学习,学生掌握仲裁的定义,了解仲裁能处理哪些物流方面的纠纷;能够区别仲裁与诉讼。

能力目标

通过本项目的学习,学生能够利用仲裁的途径解决在物流活动过程中所碰到的纠纷和争议,为相关物流企业解决和处理物流纠纷和争议提供帮助。

思政目标

通过本项目的学习,学生明确仲裁承载着部分社会矛盾自行消化、自我平衡的作用,仲裁的灵活性、兼容性是促进社会主义市场经济健全、发达、成熟不可或缺的。

关键概念

仲裁;受案范围;仲裁协议;独立裁决;一裁终局

项目十四　仲裁救济

案例导入

甲公司为我国知名空调厂商,乙公司为我国空调外贸公司,丙公司为跨国运输公司,三方涉及一笔空调跨国买卖的交易。

甲公司与乙公司签订了购买分体式空调、中央空调及相应配件的买卖合同,由于买卖的空调数量大,甲公司生产需要一定周期,因此合同约定货物分两批次提供给乙公司。为了避免双方产生纠纷时的管辖争议,合同中约定:如果发生纠纷,双方应当将纠纷提交至乙公司所在地的仲裁委员会进行仲裁。合同履行过程中,乙公司在提货时发现甲公司提供的第二批次的货物存在严重的质量问题,于是向甲公司提出赔偿损失的要求。甲公司不允,双方协商无法达成一致意见。按照双方的合同约定,乙公司遂向其所在地仲裁委员会申请仲裁。

乙公司将购买的第一批次的分体式空调、中央空调及相应配件以 CIF 卖给了以色列的买家。乙公司与丙公司订立货运合同,由丙公司负责将货物运到以色列 ASHDOD 港并由丙公司在 ASHDOD 港的保税仓库保管货物。双方在合同中约定:如果发生纠纷,提交中国海事仲裁委员会仲裁。后来由于客户未支付货物的款项,乙公司通过法律顾问致函丙公司在宁波的办事处,要求将货物运回宁波港。丙公司从以色列退运了部分货物,但大部分货物仍未退运。乙公司遂向仲裁委员会申请仲裁。

问题:
(1)作为乙公司的法律顾问,面对甲公司,你将如何申请仲裁?
(2)作为乙公司的法律顾问,面对丙公司,你将如何申请仲裁?

任务一　掌握物流民事争议的仲裁程序

任务描述

根据本项目案例导入的情境描述,乙公司的法律顾问向乙公司所在地的仲裁委员会申请仲裁,仲裁委员会立案受理,根据《中华人民共和国仲裁法》的规则进行裁决。

知识链接

一、仲裁概述

(一)仲裁的概念及仲裁立法的情况

仲裁是指争议的双方或各方依照事前或事后达成的协议,自愿把争议交给第三方做出裁决,争议的双方有义务执行该裁决,从而解决争议的法律制度。

1994 年 8 月 31 日第八届全国人大常委会第七次会议通过了《中华人民共和国仲裁法》

（以下简称《仲裁法》），自1995年9月1日起施行，后根据2009年8月27日第十一届全国人民代表大会常务委员会第十次会议《关于修改部分法律的决定》进行了第一次修正，2017年9月1日第十二届全国人民代表大会常务委员会第二十九次会议《关于修改〈中华人民共和国法官法〉等八部法律的决定》进行了第二次修正。

（二）《仲裁法》的适用范围

《仲裁法》适用于平等主体的公民、法人和其他组织之间发生的合同纠纷和其他财产权益纠纷。婚姻、收养、监护、抚养、继承纠纷不能仲裁；依法应当由行政机关处理的行政争议不能仲裁。劳动争议和农业集体经济组织内部的农业承包合同纠纷的仲裁，由法律另行规定。

（三）《仲裁法》的一般原则

1. 自愿原则

自愿是贯彻仲裁程序始终的一项基本原则。根据此原则，当事人采用仲裁方式解决纠纷，应由双方自愿达成仲裁协议。没有仲裁协议，一方申请仲裁的，仲裁机构不予受理；当事人达成仲裁协议，一方向人民法院起诉的，人民法院不予受理，但仲裁协议无效的除外；当事人有权协商选定仲裁机构及仲裁员；当事人可以自行和解，达成和解协议后，可请求仲裁庭根据和解协议做出仲裁裁决书；当事人也可撤回仲裁申请。

2. 仲裁独立原则

仲裁委员会应由当事人协议选定。仲裁不实行级别管辖和地域管辖，仲裁委员会不按行政区划层层设立。

仲裁应当根据事实，符合法律规定，公平合理地解决纠纷。仲裁依法独立进行，不受行政机关、社会团体和个人的干涉。当然，人民法院可以依法对仲裁进行必要的监督。

3. 仲裁一裁终局原则

仲裁一裁终局是指仲裁裁决做出后，当事人就同一纠纷，不能再申请仲裁或者向人民法院起诉。但是，裁决被人民法院依法裁定撤销或者不予执行的，当事人就纠纷可以根据双方重新达成的仲裁协议申请仲裁，也可以向人民法院起诉。

4. 仲裁机构民间化原则

依照《仲裁法》的规定，设立的仲裁机构即仲裁委员会，独立于行政机关，与行政机关没有隶属关系，仲裁委员会之间也没有隶属关系，由来自民间的法学专家、经济专家、技术专家等有专门知识和实践经验的人担任仲裁员。

二、仲裁委员会

仲裁委员会可以在直辖市、省、自治区人民政府所在地的市设立，也可以根据需要在其他设区的市设立。仲裁委员会由所在地的市人民政府组织有关部门和商会统一组建。设立仲裁委员会，应当经省、自治区、直辖市的司法行政部门登记。

仲裁委员会应当具备的条件：有自己的名称、住所和章程；有必要的财产；有该委员会的组成人员；有聘任的仲裁员。

三、仲裁协议

(一)仲裁协议的概念

仲裁协议是指当事人自愿达成的采用仲裁方式解决纠纷的协议,包括合同中订立的仲裁条款和以其他书面方式在纠纷发生前或者纠纷发生后达成的请求仲裁的协议。

当事人双方自愿达成的仲裁协议是提请仲裁的前提。仲裁协议是仲裁制度的基石,如果没有仲裁协议,那么严格意义上的仲裁制度是不存在的。实际上,仲裁制度的许多特点和优点都是通过仲裁协议得以实现的。实行协议仲裁制度,就意味着承认民事主体有选择解决实体权利和义务纠纷的自由。

(二)仲裁协议的要件

1.形式要件

根据《仲裁法》的规定,仲裁协议应具备书面形式。仲裁协议应当写明提交仲裁事项和选定的仲裁委员会的名称,同时还应包括请求仲裁的意思表示。仲裁协议对仲裁事项或仲裁委员会没有约定或约定不明确的,当事人可以补充协议;达不成补充协议的,仲裁协议无效。

2.实质要件

仲裁协议作为契约,必须符合契约的一般成立条件。根据《仲裁法》的规定,仲裁协议应具备下列要件:

(1)当事人必须有缔约能力。无民事行为能力人或者限制民事行为能力人订立的仲裁协议无效。

(2)意思表示真实。一方采取胁迫手段,迫使对方订立仲裁协议的无效。

(3)当事人约定的仲裁事项不得超出法律规定的仲裁范围。仲裁事项应当是平等主体的当事人产生的财产纠纷,且以当事人有权处分的民事权利为限。超出法律规定的仲裁协议无效。

(三)仲裁协议的效力

(1)仲裁协议一经双方当事人签字即合法成立。对于当事人来说,仲裁协议为当事人设定了一定义务,即把争议提交仲裁并不能任意更改、中止或撤销仲裁协议;合法有效的仲裁协议对当事人诉权的行使产生一定的限制,在当事人双方发生协议约定的争议时,任何一方只能将争议提交仲裁,而不应向法院起诉。

(2)仲裁协议独立存在,合同的解除、终止或者无效,不影响仲裁协议的效力。仲裁庭有权确认合同的效力。

(3)当事人对仲裁协议的效力有异议的,可以请求仲裁委员会做出决定或者请求人民法院做出裁定。一方请求仲裁委员会做出决定,另一方请求人民法院做出裁定的,由人民法院裁定。当事人对仲裁协议的效力有异议,应当在仲裁庭首次开庭前提出。

四、仲裁程序

(一)仲裁的申请和受理

1.仲裁的申请

当事人申请仲裁应当符合下列条件:①有仲裁协议;②有具体的仲裁请求和事实、理由;

③属于仲裁委员会的受理范围。

当事人申请仲裁,应当向仲裁委员会提交仲裁协议、仲裁申请书及副本。仲裁申请书应当载明下列事项:①当事人的姓名、性别、职业、工作单位和住所,法人或者其他组织的名称、住所和法定代表人或者主要负责人的姓名、职务;②仲裁请求和所根据的事实、理由;③证据和证据来源、证人姓名和住所。

2.仲裁的受理

仲裁委员会收到仲裁申请书之日起五日内,认为符合受理条件的,应当受理,并通知当事人;认为不符合受理条件的,应当书面通知当事人不予受理,并说明理由。

仲裁委员会受理仲裁申请后,应当在仲裁规则规定的期限内将仲裁规则和仲裁员名册送达申请人,并将仲裁申请书副本和仲裁规则、仲裁员名册送达被申请人。被申请人收到仲裁申请书副本后,应当在仲裁规则规定的期限内向仲裁委员会提交答辩书。仲裁委员会收到答辩书后,应当在仲裁规则规定的期限内将答辩书副本送达申请人。被申请人未提交答辩书的,不影响仲裁程序的进行。

当事人达成仲裁协议,一方向人民法院起诉未声明有仲裁协议,人民法院受理后,另一方在首次开庭前提交仲裁协议的,人民法院应当驳回起诉,但仲裁协议无效的除外;另一方在首次开庭前未对人民法院受理该案提出异议的,视为放弃仲裁协议,人民法院应当继续审理。

申请人可以放弃或者变更仲裁请求。被申请人可以承认或者反驳仲裁请求,有权提出反请求。当事人可以申请财产保全,可以委托代理人进行仲裁活动。

(二)仲裁庭组成

1.仲裁庭组成程序

仲裁庭可以由三名仲裁员或一名仲裁员组成。当事人约定由三名仲裁员组成仲裁庭的,设首席仲裁员,应当各自选定或者各自委托仲裁委员会主任指定一名仲裁员,第三名仲裁员由当事人共同选定或者共同委托仲裁委员会主任指定。第三名仲裁员是首席仲裁员。当事人约定由一名仲裁员成立仲裁庭的,应当由当事人共同指定或者共同委托仲裁委员会主任指定仲裁员。当事人未在仲裁规则规定的期限内约定仲裁庭的组成方式或者仲裁员的,由仲裁委员会主任指定。

仲裁庭组成后,仲裁委员会应当将仲裁庭的组成情况书面通知当事人。

2.申请仲裁员回避

(1)申请回避的理由

仲裁员有下列情形之一的,必须回避,当事人也有权提出回避申请:①是本案当事人或当事人、代理人的近亲属;②与本案有利害关系;③与本案当事人、代理人有其他关系,可能影响公正仲裁的;④私自会见当事人、代理人或者接受当事人、代理人的请客送礼的。

(2)提出回避申请的时间

当事人提出回避申请,应当说明理由,在首次开庭前提出。回避事由在首次开庭后知道的,可以在最后一次开庭终结前提出。

(3)回避申请的批准

仲裁员是否回避,由仲裁委员会主任决定;仲裁委员会主任担任仲裁员时,由仲裁委员会集体决定。

仲裁员因回避或者其他原因不能履行职责的,应当依照《仲裁法》规定重新选定或者指定仲裁员。因回避而重新选定或者指定仲裁员后,当事人可以请求已进行的仲裁程序重新进行,是否准许,由仲裁庭决定;仲裁庭也可自行决定已进行的仲裁程序是否重新进行。

(三)开庭和裁决

1.仲裁方式

仲裁应当开庭进行。当事人协议不开庭的,仲裁庭可以根据仲裁申请书、答辩书以及其他材料做出裁决,属于书面审理。当事人协议公开的,可以公开进行,但涉及国家秘密的除外。

2.开庭审理

仲裁委员会应当在仲裁规则规定的期限内将开庭日期通知双方当事人。当事人有正当理由,可以在仲裁规则规定的期限内请求延期开庭。是否延期,由仲裁庭决定。

申请人经书面通知,无正当理由不到庭或者未经仲裁庭许可中途退庭的,可视为撤回仲裁申请。被申请人经书面通知,无正当理由不到庭或者未经仲裁庭许可中途退庭的,可以缺席裁决。

3.当事人举证责任

当事人应当对自己的主张提供证据。仲裁庭认为有必要收集的证据,可以自行收集。证据应当在开庭时出示,当事人可以质证。当事人可以申请证据保全,在仲裁过程中有权进行辩论,也可自行和解。

4.调解和裁决

仲裁庭在做出裁决前(包括书面审理和开庭审理的),可以进行调解。当事人自愿调解的,仲裁庭应当调解。调解书和裁决书具有同等法律效力。调解书应当写明仲裁请求和当事人协议的结果。调解书由仲裁员签名,加盖仲裁委员会印章,送达申请人及被申请人。调解书经双方当事人签收后,即发生法律效力。在调解书签收前反悔的,仲裁庭应当及时做出裁决,并做出裁决书。

裁决应当按照多数仲裁员的意见做出,少数仲裁员的不同意见可以记入笔录。仲裁庭不能形成多数意见时,裁决应当按照首席仲裁员的意见做出。裁决书应当写明仲裁请求、争议事实、裁决结果、仲裁费用的负担和裁决日期。当事人协议不愿写明争议事实和裁决理由的可以不写。裁决由仲裁员签名,加盖仲裁委员会印章。对裁决持不同意见的仲裁员,可以签名,也可不签名。

仲裁庭仲裁纠纷时,其中一部分事实已经清楚,可以就该部分先行裁决。对裁决书中的文字、计算错误或者仲裁庭已经裁决但在裁决书中遗漏的事项,仲裁庭应当补正;当事人自收到裁决书之日起三十日内,可以请求仲裁庭补正。裁决书自做出之日起发生法律效力。

五、人民法院对仲裁的支持和监督

根据我国《仲裁法》的规定,人民法院对仲裁不进行干涉,而是积极地予以支持和进行必要的监督。人民法院对仲裁的支持和监督分别体现如下:

1.人民法院对仲裁的支持

(1)财产保全。在我国,仲裁保全的管辖权属于人民法院,仲裁机构无权行使。

(2)证据保全。仲裁过程中,证据保全的管辖权也属于人民法院。在国内仲裁中,如果出现了证据可能灭失或者以后难以取得的情形,当事人可以申请证据保全。当事人申请证据保全的,仲裁委员会应当将当事人的申请提交证据所在地的基层人民法院。在涉外仲裁中,当事人申请证据保全的,涉外仲裁委员会应当将当事人的申请提交证据所在地的中级人民法院。

(3)对仲裁裁决的执行。仲裁组织作为民间机构,没有采取强制措施的权力,仲裁裁决的强制执行权只能专属人民法院。

2.人民法院对仲裁的监督

人民法院对仲裁的监督主要体现在对违法裁决的不予执行和撤销两个方面。

(1)不予执行的仲裁裁决。根据《民事诉讼法》第二百三十七条第二款,被申请人提出证据证明仲裁裁决有下列规定的情形之一的,经人民法院组成合议庭审查核实,裁定不予执行。①当事人在合同中没有订立仲裁条款或者事后没有达成书面仲裁协议的;②裁决的事项不属于仲裁协议的范围或者仲裁机构无权仲裁的;③仲裁庭的组成或者仲裁程序违反法定程序的;④裁决所根据的证据是伪造的;⑤对方当事人向仲裁机构隐瞒了足以影响公正裁决的证据的;⑥仲裁员在仲裁该案时有贪污受贿,徇私舞弊,枉法裁决行为的。人民法院认定执行该裁决违背社会公共利益的,裁定不予执行。

被申请人提出证据证明涉外仲裁裁决有《民事诉讼法》第二百七十四条第一款规定的情形之一的,经人民法院组成合议庭审查属实,裁定不予执行。①当事人在合同中没有订立仲裁条款或者事后没有达成书面仲裁协议的;②被申请人没有得到指定仲裁员或者进行仲裁程序的通知,或者由于其他不属于被申请人负责的原因未能陈述意见的;③仲裁庭的组成或者仲裁的程序与仲裁规则不符的;④裁决的事项不属于仲裁协议的范围或仲裁机构无权仲裁的。人民法院认定执行该裁决违背社会公共利益的,裁定不予执行。

可见,对国内仲裁裁决不执行不仅包括程序问题,而且包括实体问题;而对涉外仲裁的不执行仅包括程序问题。

(2)撤销仲裁裁决。当事人提出证据证明裁决有下列情形之一的,可以向仲裁委员会所在地的中级人民法院申请撤销裁决:①没有仲裁协议的;②裁决的事项不属于仲裁协议的范围或者仲裁委员会无权仲裁的;③仲裁庭的组成或者仲裁程序违反法定程序的;④裁决所根据的证据是伪造的;⑤对方当事人隐瞒了足以影响公正裁决的证据的;⑥仲裁员在仲裁该案时有索贿受贿,徇私舞弊,枉法裁判行为的。人民法院认定该裁决违背社会公共利益的,应当裁定撤销。

涉外仲裁裁决撤销的条件与不予执行的条件相同。

当事人应当在收到裁决书之日起六个月内向人民法院提出撤销裁决的申请,经人民法院受理,组成合议庭审查核实后,应当在受理撤销裁决申请之日起两个月内做出撤销裁决或者驳回申请的裁定。

人民法院受理撤销裁决的申请后,认为可以由仲裁庭重新仲裁的,通知仲裁庭在一定期限内重新仲裁,并裁定中止撤销程序。仲裁庭拒绝重新仲裁的,人民法院应当裁定恢复撤销程序。一方当事人申请执行裁决,另一方当事人申请撤销裁决的,人民法院应当裁定中止执行。人民法院裁定撤销裁决的,应当裁定终结执行。撤销裁定的申请被裁定驳回的,人民法院应当裁定恢复执行。

六、仲裁与诉讼的区别

《仲裁法》的立法宗旨之一是要将仲裁与诉讼区别开来,既发挥诉讼功能以保护当事人法律上的权利,同时,又要比诉讼更灵活地尊重双方当事人的意愿以及对其权利的自由处分。仲裁与诉讼的主要区别有:

1. 受案范围不同

诉讼的范围原则上不受限制,即任何纠纷通过其他手段无法解决的,均可诉诸法院;仲裁则不然,其范围仅限于民商事纠纷。

2. 管辖权的来源不同

仲裁机构对案件的管辖权来自当事人的协议,没有当事人的仲裁协议,仲裁机构无权管辖;法院对案件的管辖权来自法律规定,当事人进行诉讼只能向法定有管辖权的法院起诉,无权选择其他法院。

3. 程序不同

仲裁的程序由当事人约定,既可以约定适用的仲裁规则,也可以约定普通程序或者简易程序,还可以约定开庭审理或者书面审理,充分尊重当事人的选择,程序灵活,一裁终局;诉讼只能由法院按照诉讼法的规定进行,两审终审。

4. 开庭审理原则不同

仲裁开庭审理是以不公开为原则,公开为例外,这样更能保守当事人的商业秘密,但当事人协议公开的可以公开;诉讼则以公开为原则,以不公开为例外,除涉及国家秘密和个人隐私或者法律另有规定的案件不公开审理外,均公开审理。

5. 裁判根据不同

仲裁是根据事实,符合法律规定,公平合理地解决纠纷,仲裁裁决则可按仲裁规则或当事人的约定、国际惯例和商业习惯等做出,甚至可以在裁决中不说明理由;诉讼必须以事实为根据,以法律为准绳,相对比较严格。

任务实施

具体要求:依据所掌握的仲裁程序中的申请和受理、仲裁庭组成、开庭和裁决等环节的知识,就本项目案例导入所述情境,以乙公司的法律顾问的身份,分步完成仲裁的立案受理和仲裁程序流程,注意每个流程节点的知识点、节点与节点之间的程序要求,并准确绘制仲裁的立案受理和全过程流程图。

第一步:撰写仲裁申请

如前所述,当事人申请仲裁应当符合下列条件:有仲裁协议;有具体的仲裁请求和事实、理由;属于仲裁委员会的受理范围。当事人申请仲裁,应当向仲裁委员会递交仲裁协议、仲裁申请书及副本。

仲裁申请书应当载明下列事项:

(1)当事人的姓名、性别、年龄、职业、工作单位和住所,法人或者其他组织的名称、住所和法定代表人或者主要负责人的姓名、职务。

(2)仲裁请求和所根据的事实、理由。

(3)证据和证据来源、证人姓名和住所。

仲裁委员会收到仲裁申请书之日起五日内,认为符合受理条件的,应当受理,并通知当事人;认为不符合受理条件的,应当书面通知当事人不予受理,并说明理由。仲裁委员会受理仲裁申请后,应当在仲裁规则规定的期限内将仲裁规则和仲裁员名册送达申请人,并将仲裁申请书副本和仲裁规则、仲裁员名册送达被申请人。被申请人收到仲裁申请书副本后,应当在仲裁规则规定的期限内向仲裁委员会提交答辩书。仲裁委员会收到答辩书后,应当在仲裁规则规定的期限内将答辩书副本送达申请人。被申请人未提交答辩书的,不影响仲裁程序的进行。

第二步:分组形成仲裁庭

(1)双方当事人应当在规定的期限内约定仲裁庭的组成方式和选定仲裁员。若当事人在规定的期限内未能约定仲裁庭的组成方式或者选定仲裁员,则由仲裁委员会主任指定。仲裁庭组成后,仲裁委员会向双方当事人发出组庭通知书。

(2)当事人在收到组庭通知书后,对仲裁员的公正性有怀疑时,可以在首次开庭前提出回避申请,同时应当说明理由。若回避事由在首次开庭后知道的,可以在最后一次开庭终结前提出。因回避而重新选定或指定仲裁员后,当事人可以请求已进行的仲裁程序重新进行,是否准许,由仲裁庭决定。

第三步:审理案件并形成仲裁裁决书

1.审理案件,做出裁决

仲裁委员会应当在仲裁规则规定的期限内将开庭日期通知双方当事人。当事人在收到开庭通知书后,应当注意以下几个问题:

(1)当事人若确有困难,不能在所定的开庭日期到庭,则可以在仲裁规则规定的期限内向仲裁庭提出延期开庭请求,是否准许,由仲裁庭决定。申请人经书面通知,无正当理由不到庭或未经仲裁庭许可中途退庭的,视为撤回仲裁申请。被申请人经书面通知,无正当理由不到庭或者未经仲裁庭许可中途退庭的,仲裁庭可以缺席裁决。

(2)在庭审过程中,当事人享有进行辩论和表述最后意见的权利。

(3)双方当事人应当严格遵守开庭纪律。

当事人申请仲裁后,有自行和解的权利。达成和解协议的,可以请求仲裁庭根据和解协议做出裁决书,也可撤回仲裁申请。在庭审过程中,若双方当事人自愿调解,可在仲裁庭主持下先行调解。调解成功的,仲裁庭依据已达成的调解协议书制作调解书,当事人可以要求仲裁庭根据调解协议制作裁决书。

调解不成的,则由仲裁庭及时做出裁决。仲裁庭对专门性问题认为需要鉴定的,可以交由当事人共同约定的鉴定部门鉴定,也可以由仲裁庭指定的鉴定部门鉴定,鉴定费用由当事人预交。

仲裁庭在将争议事实调查清楚、宣布闭庭后,应进行仲裁庭评议,并按照评议中的多数仲裁员的意见做出裁决。若仲裁庭不能形成多数意见,则按照首席仲裁员的意见做出裁决。在裁决阶段,双方当事人享有以下几项权利:

(1)根据实际情况,要求仲裁庭就事实已经清楚的部分先行裁决。

(2)在收到裁决书后的三十日内,当事人可对裁决书中的文字、计算错误或者遗漏的事项申请仲裁庭补正。

双方当事人在收到裁决书后,应当自觉履行仲裁裁决。

2.形成仲裁裁决书

仲裁裁决书是仲裁庭对仲裁纠纷案件做出裁决的法律文书。仲裁裁决书应当写明仲裁请求、争议事实、裁决理由、裁决结果、仲裁费用的负担和裁决日期。仲裁裁决书是仲裁委员会对当事人申请仲裁的纠纷争议所做的书面决定。仲裁裁决书由四部分组成,即首部,写明申请仲裁的当事人及委托代理人的基本情况和案由;正文部分,写明双方争议的主要事实和仲裁庭查明的事实和认定的证据;裁决部分,写明当事人各自的责任和应承担责任的法律依据;尾部,仲裁庭人员的签字和仲裁委员会的印章。

当事人协议不愿意写明争议事实和裁决理由的,可以不写。仲裁裁决持不同意见的仲裁员,可以签名,可以不签名。制作裁决书与制作诉讼文书一样,要求做到言简意明,层次清楚,证据充分,逻辑性强。仲裁实行一裁终局制,当事人不得就仲裁裁决提起诉讼。

第四步:绘制仲裁立案受理流程图(图 14-1)

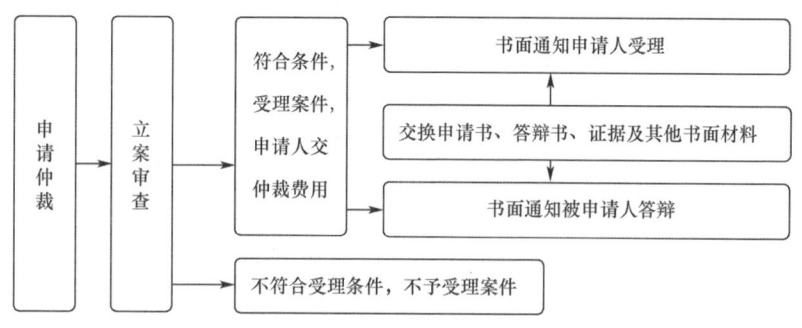

图 14-1 仲裁立案受理流程图

第五步:绘制仲裁全过程流程图(图 14-2)

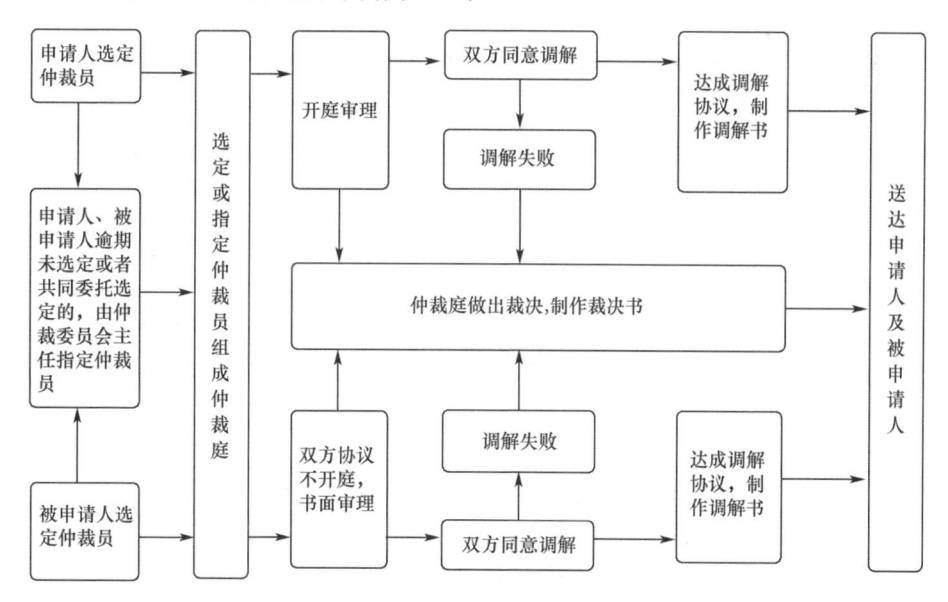

图 14-2 仲裁全过程流程图

任务评价

评价内容	评价标准	权重/%	得分
基础知识	掌握仲裁受理的范围	10	
	掌握仲裁庭的组成	10	
	掌握仲裁与诉讼的不同	15	
	掌握仲裁的基本程序	15	
仲裁立案受理流程图	流程步骤正确	15	
	图形布局合理、美观	5	
仲裁全过程流程图	流程步骤正确	25	
	图形布局合理、美观	5	

任务二 掌握海事争议的仲裁程序

任务描述

根据本项目案例导入的情境描述，乙公司的法律顾问向中国海事仲裁委员会申请仲裁，中国海事仲裁委员会立案受理了乙公司与丙公司的仲裁申请，根据中国海事仲裁委员会仲裁规则和程序进行裁决。

知识链接

一、海事仲裁的概念

海事仲裁是指海事争议的双方当事人，根据书面仲裁协议，将他们之间发生的海事争议提交某一国的海事仲裁机构或仲裁员裁决的制度。它作为解决海事争议的主要途径之一，既不同于诉讼，也不同于其他仲裁，而有其自身的特点。

二、海事仲裁的受案范围

海事仲裁机构或仲裁员所解决的海事争议范围很广，类型也较多，一般包括以合同为基础产生的争议、由海上侵权行为产生的争议以及特殊类型的争议。

2021年9月修订的《中国海事仲裁委员会仲裁规则》的受案范围主要包括：海事、海商争议案件；航空、铁路、公路等交通运输争议案件；贸易、投资、金融、保险、建设工程争议案件；当事人协议由仲裁委员会仲裁的其他争议案件。

三、海事仲裁的依据

《仲裁法》及《中国海事仲裁委员会仲裁规则》为海事仲裁提供了法律依据。

海事争议当事人双方的书面仲裁协议是海事仲裁机构受理案件的最直接依据。仲裁协议可以以仲裁条款的形式出现，也可以表现为仲裁协议书。

四、海事仲裁协议

海事仲裁协议是指双方当事人合意将他们之间已经发生的或将来可能发生的海事争议提交仲裁机构解决的一种书面协议。

(一)海事仲裁协议的形式

海事仲裁协议的形式主要有以下几种：

(1)仲裁条款。

(2)仲裁协议书。

(3)其他表明当事人愿意将争议提交仲裁的文件。

(二)海事仲裁协议的内容

在以我国《仲裁法》为准据法的情况下，仲裁协议必须具备以下三项内容：

(1)请求仲裁的意思表示。

(2)仲裁事项。

(3)选定的仲裁委员会。

《中国海事仲裁委员会仲裁规则》特别推荐了海事仲裁协议的示范条款，即："凡因本合同产生的或与本合同有关的任何争议，均应提交中国海事仲裁委员会，按照申请仲裁时该会现行有效的仲裁规则进行仲裁。仲裁裁决是终局的，对双方均有约束力。"

(三)海事仲裁协议的作用

(1)仲裁协议能够约束双方当事人。

(2)仲裁协议是仲裁机构取得对案件管辖权的基本依据。

(3)仲裁协议能排除法院的管辖权。

五、海事仲裁程序

海事仲裁程序是海事仲裁机构和海事争议双方当事人在解决海事争议的过程中必须遵循的程序和规则。

(一)申请仲裁

申诉人向仲裁委员会提交仲裁申请书，提出仲裁申请，同时附具申诉人要求所依据的事实的证明文件；在仲裁名册中指定一名仲裁员，或委托仲裁委员会指定。仲裁委员会收到仲裁申请书及其附件后，经审查认为手续完备，即将它们连同仲裁委员会的仲裁规则和仲裁员名册，寄送被诉人。被诉人在规定时间内指定一名仲裁员并提交答辩状及有关文件。

仲裁委员会可以根据当事人的申请和法律规定，提请被诉人财产所在地或仲裁机构所在地的我国法院做出关于保全措施的裁定。

(二)组成仲裁庭

双方当事人各自在仲裁委员会仲裁员名册中指定或委托仲裁委员会主席指定一名仲裁员后,仲裁委员会主席应在仲裁员名册中指定第三名仲裁员作为首席仲裁员,组成仲裁庭,共同审理案件,按照普通程序进行审理。双方当事人可以按照上述办法共同指定一名仲裁员作为独任仲裁员,成立仲裁庭,按照建议程序审理案件。

被指定的仲裁员如果与案件有利害关系,应当自行向仲裁委员会请求回避,得到准许后,按照原指定仲裁员的程序,重新指定。

(三)审理

仲裁庭应当开庭审理案件,但经双方当事人申请或同意,也可以不开庭,而只依据书面文件进行审理并做出裁决。开庭审理的案件,不公开进行,如果双方当事人要求公开审理,则由仲裁庭做出决定。

仲裁庭可以就案件中的专门问题请专家咨询或指定鉴定人进行鉴定,当事人应提供证据,必要时,仲裁庭可以自行调查,收集证据,由仲裁庭审定。仲裁委员会受理案件,一般在委员会所在地进行,但经主席批准,也可以在其他地点进行审理。

仲裁委员会受理的案件,如果双方当事人自行达成和解,申诉人应当及时申请撤销案件,如果当事人就已经撤销的案件再次向仲裁委员会提出仲裁申请,由仲裁委员会主席做出受理或者不受理的决定。

(四)裁决

组成仲裁庭后,需要划分普通程序和简易程序。一般来说,争议金额超过人民币 200 万元的,适用普通程序;争议金额不超过人民币 200 万元的,或争议金额超过人民币 200 万元但经一方当事人书面申请并征得另一方书面同意的,适用简易程序。

根据仲裁庭组成的不同,仲裁裁决存在差别。由三名仲裁员组成的仲裁庭应当开庭审理,当事人约定并经仲裁庭同意的,也可以书面审理,仲裁庭组成后 6 个月内需做出裁决。由一名仲裁员组成的仲裁庭,可以开庭审理,也可以书面审理,仲裁庭组成后 3 个月内需做出裁决,同时需要说明裁决所依据的理由,并由仲裁庭全体或多数仲裁员署名。

仲裁庭认为有必要或者当事人提出经仲裁庭同意,可以在仲裁过程中的任何时候,就案件的任何问题做出中间裁决或部分裁决。

仲裁裁决是终局的,任何一方均不得再向法院起诉,也不得向其他机构提出变更仲裁裁决的请求。

(五)执行

当事人应当履行仲裁裁决。一方当事人不履行的,另一方当事人可以依照《民事诉讼法》的有关规定向人民法院申请执行。一方当事人申请执行裁决,另一方当事人申请撤销裁决的,人民法院应当裁定中止执行。法院裁定撤销裁决的,应当裁定终结执行。撤销裁决的申请被裁定驳回的,法院应当裁定恢复执行。

六、对外国仲裁裁决的承认与执行

海事仲裁因大都具有涉外性,即常常涉及多个国家,且各国的仲裁法和仲裁规则又存在一定的差异,这就决定了海事仲裁裁决的承认和执行较之国内仲裁更为复杂。对于承认和执行外国的海事仲裁裁决和其他国际商事仲裁裁决,各国都采取比较谨慎的态度,一般以两国间存在互惠,或者有两国间签订或共同参加的条约为依据。我国承认和执行外国海事仲裁裁决的主要依据是 1958 年《承认及执行外国仲裁裁决公约》和我国缔结的其他国际条约的有关规定和互惠原则,以及《民事诉讼法》《中华人民共和国海事诉讼特别程序法》。

任务实施

具体要求:结合本任务相关知识,进行分组,根据案例完成对仲裁庭、仲裁流程的模拟。

第一步:撰写仲裁申请书

申请人应向中国海事仲裁委员会上海分会提交仲裁申请书,一式五份;简易程序中申请人应提交仲裁申请书一式三份。申请人提交仲裁申请书时,有关的证明文件应一式五份提交仲裁委员会,简易程序中申请人应提交一式三份前述文件。

申请人应按照仲裁委员会的仲裁费用表的规定预缴仲裁费。

被申请人应在收到仲裁通知之日起 30 天(简易程序为 20 天)内向仲裁委员会秘书处提交答辩书和有关文件一式五份(简易程序为一式三份)。被申请人如有反请求,最迟应在收到仲裁通知起 30 天(简易程序为 20 天)内以书面形式提交仲裁委员会秘书处。被申请人提出反请求时,应在其书面反请求中写明具体的反请求项目和金额、反请求理由以及所依据的事实和证据,附具有关的证明文件,并预缴反请求仲裁费。

仲裁申请书应写明:

1. 申请人与被申请人的情况

(1)仲裁申请书中当事人的标准称谓应该是"申请人""被申请人"。在实践中,经常有申请人将仲裁申请书中的称谓按诉讼中的格式写为"原告""被告"或"申诉人""被诉人"等,这是不准确的。

(2)当事人的名称必须与包含仲裁条款的合同中或双方达成的仲裁协议中签字、盖章的名称一致。因为只有在包含仲裁条款的合同中签字的双方或达成仲裁协议的双方才有可能成为仲裁案件的双方当事人,简单地说,就是谁签订了仲裁协议,谁才有权提起仲裁或有义务作为仲裁过程中的被申请人。另外,如果合同中或仲裁协议中的一方或双方使用英文名称,则申请书中当事人的名称也应当用英文。申请书中当事人名称与仲裁协议中当事人名称的一致性通常是仲裁委员会在决定是否受理该案件时审查的一个重要方面。申请人在提起仲裁申请时,总是希望仲裁委员会尽快立案,使该案尽快进入仲裁程序,但由于对方名称不清,反而延误了时间。

(3)申请书中所提供的必须为能够有效送达双方当事人的通信地址、邮政编码。特别是被申请人地址变更的情况下,申请人有义务向仲裁委员会提供变更了的准确地址。在实践中,当事人变更地址是经常发生的,而申请人没有及时了解到被申请人的地址变化,也会延误仲裁程序。

2. 申请人提起仲裁所依据的仲裁协议

此部分应当将双方当事人达成的仲裁协议或双方签署合同中的具体仲裁条款列明,同时注明仲裁条款具体所在的合同中的位置以及合同具体所在的附件序号。

3. 申请人的具体仲裁请求

在此部分将仲裁请求从主要到次要依次列明。应注意的问题是:

(1)仲裁要求的事项应当明确,仲裁请求的对象要清楚,仲裁请求的金额要具体。

(2)如果主张利息请求,应明确利息计算的起止日期以及计算利息的利率。

(3)仲裁请求的金额应当明确币种。
(4)如果申请人有其他非金钱的请求,应写具体,并应具有可执行性。

4.案情及争议要点

此部分简明扼要地叙述本案的案情,条理要清楚,重点要突出。双方的争议焦点在什么地方,各自的观点如何,仲裁请求中的数字是如何得出的,都应叙述清楚。在叙述过程中对涉及的相关证据材料应注明在附件材料中的序号。

第二步:模拟分组选定仲裁员

双方当事人应当各自在收到仲裁通知之日起15天内在中国海事仲裁委员会仲裁员名册中选定一名仲裁员或者委托仲裁委员会主任指定。首席仲裁员由双方当事人共同选定。如果双方当事人在被申请人收到仲裁通知之日起15天内未能共同选定或者共同委托仲裁委员会主任指定首席仲裁员,则由仲裁委员会主任指定。

在简易程序中,双方当事人应在被申请人收到仲裁通知之日起10天内共同选定或者共同委托仲裁委员会主任指定一名独任仲裁员。逾期未指定的,由仲裁委员会主任代为指定一名独任仲裁员成立仲裁庭。

第三步:模拟组成仲裁庭进行审理

仲裁庭应当开庭审理案件,但经双方当事人申请或经征得双方当事人同意,仲裁庭也认为不必开庭审理的,仲裁庭可以只依据书面文件进行审理并做出裁决。简易程序由仲裁庭根据案情决定是否开庭审理。仲裁庭开庭审理时,当事人应当对其申请、答辩和反请求所依据的事实做进一步的陈述,出示有关证据,回答仲裁庭的提问,并可对有关法律问题进行辩论。

第四步:绘制中国海事委员会仲裁流程图(图14-3)

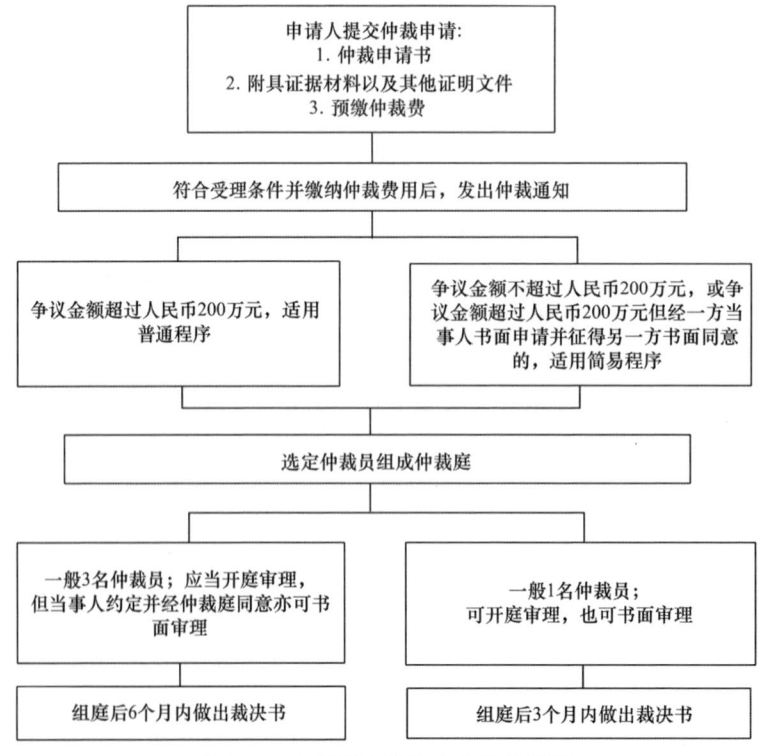

图 14-3 中国海事委员会仲裁流程图

项目十四 仲裁救济

任务评价

评价内容	评价标准	权重/%	得分
基础知识	掌握中国海事仲裁委员会仲裁受理的范围	10	
	掌握海事仲裁的基本程序	30	
海事仲裁申请书	撰写内容正确	20	
模拟组成仲裁庭进行审理	程序正确,审理合宜	10	
海事仲裁流程图	流程步骤正确	25	
	图形布局合理、美观	5	

法条解析

《中华人民共和国仲裁法》

第九条 仲裁实行一裁终局的制度。裁决作出后,当事人就同一纠纷再申请仲裁或者向人民法院起诉的,仲裁委员会或者人民法院不予受理。

裁决被人民法院依法裁定撤销或者不予执行的,当事人就该纠纷可以根据双方重新达成的仲裁协议申请仲裁,也可以向人民法院起诉。

本条是关于仲裁实行一裁终局制度的规定。

一裁终局被认为是出于当事人快速解决争议的需要而产生的特征,并且是仲裁一个广泛认可的优点。本项目案例导入中乙公司根据协议分别对甲公司、丙公司提起商事仲裁的原因之一就在于仲裁能以快速和经济的方式解决争议。一裁终局体现在仲裁裁决不能基于实体问题上诉的一般规则上,裁决一经做出是终局且有法律约束力的,只有在特殊且有限的情况下当事各方才能寻求撤销仲裁裁决。

本法条第一款阐述的是当事人的争议经仲裁庭开庭审理所做裁决具有与终局判决相同的效力,它对争议的法律关系即发生既判力,任何法院或仲裁机构不得就同一事项再次受理,当事人不能就同一事项再次申请仲裁或提起诉讼;它对相关的争议具有事实上的预决力,法院和仲裁机构处理相关争议时,不得与生效裁决的认定相矛盾;它对本案的权利和义务具有执行力,败诉方当事人如不履行裁决规定的义务,胜诉方当事人有权申请强制执行。

本法条第二款是对第一款一裁终局制度的延伸补充。当法院行使对仲裁的监督权,依法撤销裁决或裁定不予执行时,由于一裁终局制度,裁决对争议已有既判力,故而当事人之间不得依原有仲裁协议再行申请仲裁,只能重新达成仲裁协议,并据此申请仲裁。如不能达成协议,一方当事人只能向人民法院起诉,通过诉讼方式解决争议。

项目小结

仲裁异于诉讼和审判,仲裁需要双方自愿,也异于强制调解,是一种特殊调解,是自愿型公断,区别于诉讼等强制型公断。仲裁一般是当事人根据他们之间订立的仲裁协议,自愿将其争议提交由非司法机构的仲裁员组成的仲裁庭进行裁判,并受该裁判约束的一种制度。仲裁活动和法院的审判活动一样,关乎当事人的实体权益,是解决民事争议的方式之一。仲裁程序是以当事人向仲裁机构申请仲裁为起始。双方当事人应当在规定的期限内约定仲裁庭的组成方式和选定仲裁员。仲裁庭在将争议事实调查清楚、宣布闭庭后,应进行仲裁庭评议,并按照评议中的多数仲裁员的意见做出裁决。若仲裁庭不能形成多数意见,则按照首席仲裁员的意见做出裁决。

思政园地

党的十九大报告明确提出:"加强预防和化解社会矛盾机制建设,正确处理人民内部矛盾。"在法律层面,如何构建多元化纠纷解决机制,化解各类社会矛盾一直是当下的制度目标和未来的发展方向。目前,我国已经初步构建起以诉讼、仲裁、调解、和解为内容的多元化纠纷解决机制。相对于其他途径,仲裁制度具有明显的优势和特色。

仲裁以自愿为前提。选择仲裁形式解决争议,双方当事人必须在合同中写明仲裁条款或达成书面的仲裁协议。仲裁条款的写法是:凡因履行本合同引起的或与本合同有关的争议,由双方当事人协商解决,协商不成的,提交某仲裁委员会仲裁。仲裁委员会名称要准确。

仲裁不实行级别管辖和地域管辖。仲裁委员会由当事人协议选定,不受涉案标的、地域的限制。仲裁一裁终局,且具有强制性。仲裁裁决一经做出即为终局裁决,当事人不得就同一纠纷再申请仲裁或向法院起诉。仲裁裁决一经做出,即具有法律约束力,当事人一方不履行裁决,另一方可向法院申请执行。

仲裁程序灵活。当事人可以选择双方当事人信任的仲裁员、双方当事人愿意的开庭方式和审理方式。仲裁不公开审理。仲裁案件终结后,无论哪一方输赢都不公开,可保护当事人的商业秘密,维护信誉。仲裁结案较快,费用较低。仲裁庭组成后最迟在4个月内结案,适用简易程序的案件结案更快。

仲裁不仅满足了市场经济条件下多元化的纠纷解决需求,而且充分体现了新的时代理念与精神。它充分尊重当事人意愿,贯彻意思自治原则,最大限度地发挥现代人独立、平等、协商的自律精神,以通情达理的沟通与对话,平和磋商的庭审方式,通过法律、道德、情感、习惯等综合手段,公平合理地解决纠纷,及时、有效地化解社会矛盾,实现当事人利益与效率的双赢,因而它倍受人们的青睐。

能力测评

一、选择题(不定项)

1.下列属于《仲裁法》的基本原则的是(　　)。
A.协议仲裁　　B.自愿　　C.不公开审理　　D.独立仲裁
E.一裁终局

2.下列属于《仲裁法》的基本制度的是(　　)。
A.协议仲裁　　B.自愿　　C.不公开审理　　D.独立仲裁
E.一裁终局

3.仲裁员必须回避的情形有(　　)。

A.与本案有利害关系　　　　　　B.当事人的近亲属
C.与当事人或代理人有其他关系　　D.代理人的近亲属

4.不公开审理制度包括（　　）。
A.绝大多数案件的仲裁不公开进行　　B.当事人可协议公开
C.当事人可协议不公开　　　　　　　D.涉及国家秘密的案件,不公开仲裁

5.根据《仲裁法》的规定,关于仲裁委员会的表述正确的是（　　）。
A.仲裁委员会是中国仲裁协会的法定会员
B.仲裁委员会设立的必要条件之一是有聘任的仲裁员若干人
C.设区的市可以设立仲裁委员会,也可以不设立
D.仲裁委员会相互之间没有隶属关系

6.根据《仲裁法》的规定,仲裁机关在进行仲裁时,实行一次裁决制度。其含义是:当事人对裁决不服的（　　）。
A.既不能上诉,也不能另行起诉
B.可以在15日内向人民法院起诉,但不能向上级仲裁机关上诉
C.可以在15日内向上级仲裁机关上诉,但不能向人民法院起诉
D.可以向原仲裁机关或其上级仲裁机关申请复议一次

7.下列属于仲裁协议无效情形的有（　　）。
A.约定的仲裁事项超过法律规定的仲裁范围
B.无民事行为能力人或限制民事行为能力人订立的仲裁协议
C.一方采取胁迫手段,迫使对方订立的仲裁协议
D.仲裁协议对仲裁事项或仲裁委员会没有约定或约定不明确,且达不成补充协议的

8.下列不属于可申请仲裁的实质条件的是（　　）。
A.有仲裁协议　　　　　　　　　B.有具体的仲裁请求和事实理由
C.属仲裁委员会的受案范围　　　D.必须递交仲裁书

9.就电子公司与运输公司损失赔偿纠纷一案,仲裁委员会根据电子公司的申请受理案件后,在仲裁庭解决案件时,根据双方当事人自愿,主持调解并达成调解协议,仲裁应制作调解书或者根据协议的结果制作仲裁裁决书。下列关于调解书与仲裁裁决书效力的表述正确的是（　　）。
A.具有基本相同的法律效力　　　B.具有同等的法律效力
C.具有不同的法律效力　　　　　D.具有各自应有的法律效力

10.中国海事仲裁委员会受理的海事争议案件有（　　）。
A.关于海上船舶相互救助,海上船舶和内河船舶相互救助的报酬的争议
B.关于海上船舶损坏港口建筑物或设备的争议
C.关于海上船舶租赁、代理、拖航、打捞等业务所发生的争议
D.关于海洋环境污染损害的争议

二、案例分析

甲物流公司承接了一笔货物运输业务,乙公司作为托运人与甲公司签订了一份运输合同。

合同约定:自合同签订之日起6个月后,甲物流公司需将货物从A市运抵乙公

司在收货后1个月内通过转账汇款方式付清款项。6个月后,甲物流公司按期将货物交付乙公司。收货时,乙公司发现,部分货物的包装存在破损,货物有漏袋的情况,乙公司因此迟迟不付货款,一直拖欠近4个月。拖款期间,甲物流公司多次找乙公司请求其支付货款,并赔偿因拖欠货款产生的其他损失。乙公司认为甲物流公司在运输过程中有货损,坚持不予支持。后双方经协商一直无法达成一致,遂就纠纷解决方式达成书面仲裁协议。一周后,甲物流公司向协议书约定的仲裁委员会申请仲裁,乙公司却向合同履行地人民法院提起诉讼,人民法院未予受理。

思考:

1. 本案应由谁受理?
2. 双方在纠纷发生后达成的书面仲裁协议是否成立?为什么?
3. 如果乙公司提出仲裁协议无效,应由谁来裁定,如何审查?

拓展训练

请利用闲暇时间,在教师的指导下,在相关法律网站上查找仲裁案例,以小组形式展开讨论。将讨论结果与仲裁庭裁决结果相对照,找出差距,并由各组长做好讨论结果的记录。

项目十五 国际物流争议解决

知识思维导图

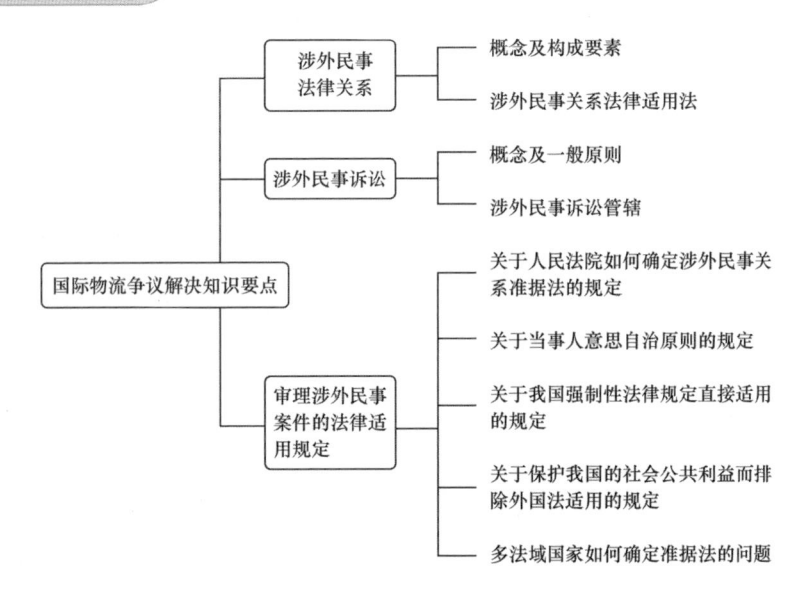

```
国际物流争议解决知识要点
├── 涉外民事法律关系
│   ├── 概念及构成要素
│   └── 涉外民事关系法律适用法
├── 涉外民事诉讼
│   ├── 概念及一般原则
│   └── 涉外民事诉讼管辖
└── 审理涉外民事案件的法律适用规定
    ├── 关于人民法院如何确定涉外民事关系准据法的规定
    ├── 关于当事人意思自治原则的规定
    ├── 关于我国强制性法律规定直接适用的规定
    ├── 关于保护我国的社会公共利益而排除外国法适用的规定
    └── 多法域国家如何确定准据法的问题
```

知识目标

通过本项目的学习,理解涉外民事法律关系的概念及构成要素;了解《中华人民共和国涉外民事关系法律适用法》;掌握涉外民事诉讼的一般原则;理解涉外民事诉讼管辖权的概念及意义;掌握确定涉外民事诉讼管辖的原则;理解审理涉外民事案件的法律适用规定。

能力目标

通过本项目的学习,能够正确判断涉外民事法律关系;能够判断涉外民事诉讼的管辖权;能够确定涉外民事关系适用的法律。

思政目标

通过本项目的学习,明确涉外民事争议的普遍存在,并理解在坚持司法主权原则的同时,秉承包容、开放的国际主义原则。

物流法规

关键概念

涉外民事法律关系；涉外民事诉讼；涉外民事诉讼管辖权；涉外民事案件的法律适用

案例导入

某年9月，A公司以目的地交货（DAP）贸易条件出售一批电脑至墨西哥（货物重量合计23.9吨），向M公司订舱。M公司通过其在上海的代理人T公司向C公司（住所地：新加坡）订舱，C公司作为海运区段的实际承运人接受订舱并承运该批货物。M公司签发了货代提单，C公司签发了船东提单，将该批电脑从中国上海出运至墨西哥曼萨尼亚。D公司（住所地：中国台湾地区）承保该批货物的运输保险。同年9月20日，T公司向C公司出具改港保函，要求将目的港曼萨尼亚改为目的地墨西哥城，并表示承担由此产生的费用。9月22日，上海H国际船务代理有限公司（以下简称H公司）代表C公司签发两份提单（提单1和提单2）。两份提单均载明：货物接收地上海，交货地墨西哥城，卸货港曼萨尼亚，托运人为A公司，收货人为B公司。其中，提单1项下集装箱1箱，提单2项下集装箱1箱。案涉货物到达曼萨尼亚后，C公司安排货物从曼萨尼亚运至墨西哥城。10月23日，货物在运输过程中发生灭失。某全球保险公司出具查勘报告载明：根据卡车运输公司与押运团队提交的报告，2个集装箱的货物于当年10月23日约01:15在从曼萨尼亚至墨西哥城内陆运输的过程中灭失，虽集装箱已被找到，但仅为空箱，至于具体情况警方仍在调查。该查勘报告显示的总理赔金额为300余万美元。

D公司（原告）向A公司支付保险赔款300余万美元，取得代位求偿权，已从M公司处获得17余万美元的赔偿，之后要求C公司赔偿货物损失260余万美元，但遭到拒绝。C公司要求赔偿责任限制按墨西哥法律的规定执行，折合1700余美元。故D公司向中华人民共和国上海海事法院提起诉讼，请求法院判令C公司（被告）赔偿货物损失260余万美元及利息，并承担案件受理费。

问题：

(1) 请判断该案原告和被告间的民事法律关系，是否具备涉外性质，并分析上海海事法院是否具备管辖权。

(2) 请分析本案的法律适用。

任务一　厘清国际物流争议中的管辖问题

任务描述

根据本项目案例导入的情境描述，判断该案原告和被告间的民事法律关系，是否具备涉外性质，并分析上海海事法院是否具备管辖权。

> 知识链接

一、涉外民事法律关系的概念及构成要素

(一)涉外民事法律关系的概念

涉外民事法律关系也称国际私法关系,是指凡主体、客体、权利和义务这些因素中,有一个或一个以上的因素涉及外国的民事法律关系。

(二)构成涉外民事法律关系的三大要素

1.法律关系的主体具有涉外因素

一般来讲,国际私法的主体包括自然人、法人和国家。对于自然人来讲,应至少有一方当事人的国籍是外国的或者无国籍的,或者该自然人的住所在国外。由于国际上对法人国籍确定的标准不一,对于法人来讲,或者其注册登记地在国外,或者其主要办事机构所在地在国外,或者控制该法人的股东具有外国国籍。一国政府还可能对外发行债券。所有这些主体因具有涉外因素而形成的民事法律关系都可以称为涉外民事法律关系。

2.法律关系的客体具有涉外因素

如果一个民事法律关系的客体或者标的是位于外国的物、财产或需要在外国完成的行为,则该类民事法律关系由于客体具有涉外因素,也可能称为涉外民事法律关系。如一个中国公民继承其父遗留在日本的遗产;某中国建筑公司承建位于菲律宾境内的基础设施。所有这类因客体具有涉外因素而形成的民事法律关系,都可以称为涉外民事法律关系。

3.法律关系的内容具有涉外因素

作为民事法律关系的内容的权利和义务据以产生的法律原因或事实发生在国外,如引起继承产生的被继承人的订立遗嘱地在国外;导致损害赔偿责任产生的侵权行为发生地在国外。所有这类据以产生当事人权利和义务的法律事实或原因具有涉外因素而形成的民事法律关系,也应称为涉外民事法律关系。

以上是构成涉外民事法律关系的三大要素。在这些要素当中,有一项具备涉外因素就属于国际私法的调整对象。但是,在实践中往往有三项要素都涉外的情况,如中国某公司与日本某公司订立一项买卖合同,中方向日方购买一批汽车,合同订立地是中国香港,合同履行地在新加坡。在这种情况下,法律关系的主体、客体以及导致合同双方权利和义务据以产生的法律事实都具有涉外因素。

实践中,对涉外因素的理解不应仅局限于国与国之间,有时还适用于一个国家中的不同法域之间。如在我国的司法实践中,国际私法规范同样适用于涉及我国香港、澳门、台湾地区的民事法律关系。在部分联邦制国家,如英国、美国、加拿大和澳大利亚等国,有时也将一国内部的不同法域视为外国。

二、涉外民事关系法律适用法

为了明确涉外民事关系的法律适用,合理解决涉外民事争议,维护当事人的合法权益,我国于2002年开始启动了涉外民事关系法律适用法的起草工作,并于2010年10月28日经中华人民共和国第十一届全国人民代表大会常务委员会第十七次会议通过《中华人民共

和国涉外民事关系法律适用法》(以下简称《涉外民事关系法律适用法》),自 2011 年 4 月 1 日起施行。该法明确了涉外民事关系的法律适用,具有重要意义。

三、涉外民事诉讼

(一)涉外民事诉讼的概念

一般认为,涉外民事诉讼是指具有涉外因素的民事诉讼。涉外民事诉讼程序是指人民法院受理、审判及执行具有涉外因素的民事案件所适用的程序。

所谓涉外因素,是指诉讼主体涉外,或作为诉讼标的的法律事实涉外,或诉讼标的物涉外。

诉讼主体涉外,即诉讼一方或者双方当事人是外国人、无国籍人或者外国企业和组织。人民法院在审理国内民商事案件过程中,因追加当事人或者第三人而使得案件具有涉外因素的,也属于涉外民商事案件。

作为诉讼标的的法律事实涉外,即当事人之间的民事法律关系发生、变更、消灭的事实发生在国外。

诉讼标的物涉外,即当事人之间争议的标的物在国外。

具备上述三个因素之一的民事诉讼就属于涉外民事诉讼。

(二)涉外民事诉讼的一般原则

涉外民事诉讼的一般原则,既是人民法院审理涉外民事案件的基本准则,也是涉外民事案件当事人以及诉讼参加人必须遵循的基本准则。

1.适用我国《民事诉讼法》原则

审理涉外民事案件在适用程序方面,按照国际上公认的属地主义原则,应当适用法院所在地国家的程序法。我国《民事诉讼法》第二百五十九条明确规定:"在中华人民共和国领域内进行涉外民事诉讼,适用本编规定。本编没有规定的,适用本法其他有关规定。"因此,我国法院审理涉外民事案件,必须适用我国《民事诉讼法》。这一原则在具体的司法实践中,应当包括以下三项基本要求:

第一,外国人、无国籍人、外国企业和组织在我国起诉、应诉,适用我国《民事诉讼法》。

第二,依照我国《民事诉讼法》的规定,凡属我国人民法院管辖的案件,人民法院均享有司法管辖权。

第三,任何外国法院的裁判和外国仲裁机构的裁决,必须经我国人民法院审查并承认后,才能在我国发生法律效力。

对当事人申请或者外国法院请求我国人民法院承认和执行的外国法院判决或者仲裁裁决,我国人民法院应当依照我国法律,或者根据我国缔结或者参加的国际条约的规定进行审查,裁定予以承认后,才具有效力,需要执行的,可依照我国《民事诉讼法》的规定予以执行。

2.优先适用我国缔结或者参加的国际条约原则

我国《民事诉讼法》第二百六十条规定:"中华人民共和国缔结或者参加的国际条约同本法有不同规定的,适用该国际条约的规定,但中华人民共和国声明保留的条款除外。"国际条约是国家之间、国家和地区之间,规定相互间在一定国际事务中的权利和义务的协定。凡是参加条约的国家和地区,都有信守该国际条约的义务。

3.司法豁免原则

司法豁免权是外交特权的一种,是指一个国家根据本国法律或者参加、缔结的国际条约,对在本国的外国代表和组织赋予的免受司法管辖或者司法审判的权利。司法豁免原则是主权国家平等原则在司法领域的具体体现,它是建立在国与国对等原则基础之上的,有利于各国外交代表和国际组织在驻在国顺利履行职务。

4.委托中国律师代理诉讼原则

我国《民事诉讼法》规定:"外国人、无国籍人、外国企业和组织在人民法院起诉、应诉,需要委托律师代理诉讼的,必须委托中华人民共和国的律师。"律师制度是国家司法制度的重要组成部分,一国的司法制度只能适用于本国,而不能延伸至国外。任何一个主权国家都不允许外国司法制度干涉其本国的司法事务,这是国际上公认的一条原则。

5.使用我国通用的语言、文字原则

审理涉外民事案件使用本国通用的语言、文字,是国家主权原则的具体体现,也是世界各国通用的准则。我国《民事诉讼法》规定:"人民法院审理涉外民事案件,应当使用中华人民共和国通用的语言、文字。当事人要求提供翻译的,可以提供,费用由当事人承担。"

此外,同等与对等原则也是涉外民事诉讼的一项原则,是《民事诉讼法》的一项基本原则。

四、涉外民事诉讼管辖

(一)涉外民事诉讼管辖权的概念和意义

涉外民事诉讼管辖权是指一国法院处理涉外民商事案件的权限或者资格,是一种国际民事管辖权。与国内民事管辖权不同,涉外民事诉讼管辖权中的有些依据(如国籍),是国内管辖权所没有的;同时,涉外民事诉讼管辖权意味着一国法院可能适用外国法。

涉外民事诉讼的管辖问题,是人民法院受理涉外民事案件、行使审判权的前提。它往往与维护国家主权相关。由于对同一涉外民事案件由不同的国家法院管辖和审理,所适用的法律不同,判决结果也有很大的出入,当事人为了获得有利于自己的判决,往往都愿意选择对自己有利的国家的法院管辖,各国往往也希望扩大自己的管辖权。

(二)确定涉外民事诉讼管辖的原则

确定涉外民事诉讼管辖的原则要考虑到维护国家主权、以减少冲突为目的的管辖权国际协调、便利管辖法院审理和当事人意思自治等因素。

1.基本原则

(1)诉讼与法院所在地实际联系的原则。凡是诉讼与我国法院所在地存在一定实际联系的,我国人民法院都有管辖权。

(2)尊重当事人的原则。无论当事人一方是否为中国公民、法人和其他组织,在不违反级别管辖和专属管辖的前提下,都可以选择与争议有实际联系地点的法院管辖。

(3)维护国家主权原则。司法管辖权是国家主权的重要组成部分,对涉外民事诉讼案件行使专属管辖权,充分体现了维护国家主权的原则。

2.确定涉外民事诉讼管辖的一般原则

(1)涉外民事诉讼中有特别规定的要适用特别规定。

(2)涉外民事诉讼中没有特别规定的则适用《民事诉讼法》关于诉讼管辖的一般规定。

(3)我国缔结或参加的国际条约中对管辖权有特别规定的应当优先适用该国际条约的规定。

(4)以上法律或条约中都没有规定的,可以参考国际惯例和世界多数国家普遍采用的做法来确定管辖权。

(三)法定类型

根据《民事诉讼法》的规定,涉外民事诉讼管辖有一般地域管辖、特殊地域管辖、协议管辖和专属管辖。

1.一般地域管辖

与一般民事案件一样,涉外民事诉讼中的一般地域管辖,是指以被告所在地为原则确定纠纷的管辖法院,适用我国《民事诉讼法》总则的有关规定。

2.特殊地域管辖

我国《民事诉讼法》关于涉外民事诉讼中的特殊地域管辖,主要涉及涉外合同纠纷和其他财产权益纠纷的管辖。因合同纠纷或者其他涉外财产权益纠纷,对在我国领域内没有住所的被告提起的诉讼,根据《民事诉讼法》第二百六十五条的规定,应按下列几种情况确定管辖法院:

(1)合同在我国领域内签订或者履行的,由合同签订地或者履行地人民法院管辖。

(2)侵权行为或者损害结果发生在我国领域内,由侵权行为地或者结果地人民法院管辖。

(3)当事人双方争讼的财产在我国领域内,由诉讼标的物所在地人民法院管辖。

(4)被告在我国领域内有可供扣押的财产的,由被告可供扣押的财产所在地人民法院管辖。

采用"可供扣押财产地"行使管辖权时,人民法院应当查实有关财产确实是被申请人所有的财产。独资公司、合作合资公司中的股权、知识产权以及到期债权都属于可供扣押的财产。

(5)被告在我国领域内设有代表机构的,由代表机构所在地人民法院管辖。

3.协议管辖

协议管辖是指某些涉外民事案件由双方当事人协商约定由某个国家的某个法院对案件行使管辖权。

根据《民事诉讼法》第三十四条的规定,合同或者其他财产权益纠纷的当事人可以书面协议选择被告住所地、合同履行地、合同签订地、原告住所地、标的物所在地等与争议有实际联系的地点的人民法院管辖,但不得违反本法对级别管辖和专属管辖的规定。

协议管辖是国际经济贸易中普遍运用的一种管辖制度。这一制度充分尊重双方当事人的意愿,当事人可以选择任何一方所在国法院管辖,也可以选择与诉讼有特定联系的第三国法院管辖。

4.专属管辖

专属管辖是指与法院地的公共政策密切相关的案件,只能由法院地国法院行使司法管辖权。如物权诉讼以及一些非讼程序,包括遗嘱检验程序遗产案件、破产案件和不动产的强制处分案件。

根据我国《民事诉讼法》第二百六十六条的规定,属于我国人民法院专属管辖的涉外民事案件有:

(1)在我国履行的中外合资经营企业合同纠纷。

(2)在我国履行的中外合作经营企业合同纠纷。

(3)在我国履行的中外合作勘探开发自然资源合同纠纷。

(四)冲突原则

涉外案件根据哪些标准可由一国法院行使管辖权、与外国司法管辖权相冲突时如何处理等问题,一般是通过国际条约或者各自法律原则而确定的。除欧盟等区域性国际组织缔结了国际民商事管辖权公约外,目前国际上还没有统一的国际民商事管辖权公约。所以除双边条约外,我们只能根据《民事诉讼法》的规定和国际惯例来确定涉外司法管辖。在涉外民事诉讼中,常常出现我国法院和外国法院根据自己的管辖原则都可以对某个案件有管辖权的情形。这样,在国与国之间,司法管辖权就可能存在着冲突,需要采取一定的方法加以解决。根据我国的司法实践,除协议管辖可以起到解决管辖权冲突的作用外,一般还采用不方便法院原则和一事一诉原则来解决管辖权冲突。

1. 不方便法院原则

不方便法院原则,是指我国法院和外国法院都有权管辖的涉外纠纷,如当事人在其他国家法院起诉和受理更能获得便利和公正的结果,那么,我国法院经自由裁量之后,可以停止审理本案或者驳回原告的起诉。

普通法系有扩大本国涉外案件管辖权限的传统,美国在20世纪中期的判例中以"最低限度的接触"确定美国法院对个案的管辖权,确立了长臂管辖原则。由于长臂管辖因被告住所地、证据和证人所在地远离法院地等,案件审理时给被告带来不必要的困难,或者迫使他付出不必要的超额费用,为了避免这种不公平现象的产生,普通法系判例创立了不方便法院原则,对本国的涉外民商事管辖权做了必要的限制。不方便法院原则现已得到美、英、澳等普通法系国家判例法的公认,并为少数大陆法系国家如荷兰、秘鲁立法接受。

不方便法院原则的适用,必须符合下列条件:

(1)存在接替法院。必须有另一便利的外国法院可供原告起诉,这种法院通常被称为接替法院。例如,美国法学会1971年出版的第二次《美国冲突法重述》第八十四条规定,如果一州作为诉讼的审理法院十分不便,那么,它将不行使管辖权,但原告无法向另一个更为合适的法院起诉时例外。不方便法院原则的适用是否存在接替法院,必须由主张适用不方便法院原则的被告举证,同时还必须证明原告在接替法院能获得与我国法院相同的救济,否则就不得适用不方便法院原则。

(2)不会对被告造成不便利或者不公平的结果。由于涉外案件往往有多个连接点,因此,原告总是选择那些对他有利的法院起诉,以谋求最大利益;有些法院几乎与案件无任何实质性联系,因此这会给被告带来很大的不便,甚至不公正的结果。

(3)案件与受诉法院之间不存在必要的联系。案件与受诉法院之间缺乏必要的联系,是拒绝管辖的一个重要因素。如果案件与诉讼有关的各种因素集中于外国的某一法院,我国法院审理会造成对案件事实调查、证明及适用外国法的困难,这除了给当事人带来不便,更会因案件积压而增加受诉法院不必要的公共开支。

2.一事一诉原则

同一诉讼在一国法院已经裁决,而另一国法院又予受理;或者同一诉讼在两个国家的法院都有分别进行的情况,分别叫一事再理或一事两诉。一事一诉原则,是指对于外国法院首先受理的涉外民事案件,如不违反我国的专属管辖规定,我国法院将不再予以受理,即使已经受理,也将中止对该案的诉讼程序,但须以该外国法院做出的判决能得到我国承认的执行为条件。

任务实施

具体要求:依据所掌握的涉外民事法律关系的概念,涉外民事诉讼管辖权的概念等知识,就本项目案例导入所述情境,判断该案件原告和被告的民事法律关系,是否具备涉外性质,并分析上海海事法院是否具备管辖权。

第一步:民事法律关系的判定

原告 D 公司作为案涉货物的保险人,在赔偿被保险人 A 公司的货物损失后,取得代位求偿权,可以向责任方追偿。

案涉货物运输由 A 公司委托 M 公司安排,M 公司又委托 T 公司向被告 C 公司订舱,T 公司订舱时明示托运人为 A 公司。H 公司代 C 公司签发两套提单,均记载托运人为 A 公司,由此进一步明确 C 公司和 A 公司在运输合同项下的双方主体身份:承运人和托运人。

案涉货物运输系从中国上海经海路和公路运输至墨西哥内陆城市墨西哥城的国际货物多式联运,货物灭失发生于墨西哥公路运输区段。

因此,原告 D 公司和被告 C 公司之间的法律关系为国际货物多式联运合同关系,本案为国际货物多式联运合同纠纷。

第二步:涉外因素的判定

1.法律关系的主体涉外分析

原告 D 公司住所地为中国台湾地区,虽然中国台湾地区是我国神圣不可分割的组成部分,但由于台湾和大陆的法域不同,视为涉外因素。

被告 C 公司住所地为新加坡,因此主体存在涉外因素。

综上所述,该案件法律关系的主体具备涉外性质。

2.法律关系的内容涉外分析

案涉货物的运输系从中国上海到墨西哥城,货物灭失发生于墨西哥公路运输区段,因此作为民事法律关系的内容的权利和义务据以产生的法律原因或事实发生在墨西哥,具备涉外性质。

因此,本案为涉外民事诉讼。

第三步:上海海事法院是否具备管辖权分析

根据《民事诉讼法》第二百六十五条的规定,因合同纠纷或者其他财产权益纠纷引起的诉讼,凡该诉讼与我国法院所在地存在一定实际联系的,我国人民法院均有管辖权。如当事人所在地、合同签订地、合同履行地、诉讼标的物所在地等在我国,都属于与诉讼有实际的联系,上述地点即是与法院所在地有实际联系的地点。

本案为国际货物多式联运合同纠纷,案涉货物是从上海运往墨西哥城,订舱行为也是在上海的 T 公司和 C 公司之间发生的。所以案涉货物和上海有实际联系,因此位于上海的上海海事法院具有管辖权。

项目十五　国际物流争议解决

任务评价

评价内容	评价标准	权重/%	得分
基础知识	掌握涉外民事法律关系的概念	20	
	掌握涉外民事诉讼管辖权的概念	20	
分析能力	能够准确判断案件的涉外性质	30	
	能够准确判断涉外民事诉讼的管辖权	30	

任务二　分析国际物流争议的法律适用问题

任务描述

根据本项目案例导入的情境描述,分析本案的法律适用。

知识链接

一、审理涉外民事案件的法律适用规定

由于各国民事立法的差异,对同一涉外民事案件适用不同国家的法律,往往会导致不同的结果,此属国际私法上的法律冲突问题。

在审理涉外民事案件时,在许多问题上会因所涉各国都因其与该涉外民事关系有联系而主张对它行使立法管辖权(从而出现法律的竞相适用),而所涉各国立法又各不相同而发生法律冲突,从而需要做出法律选择。例如,在法律适用涉及人的身份或能力问题时,会提出究竟应适用当事人本国法或行为地法的问题;在法律适用涉及物权问题时,会提出究竟应适用物之所在地法,还是应适用物的所有人的本国法或住所地法或为物权行为的行为地法的问题;在法律适用涉及合同的成立与效力问题时,会提出究竟应适用合同缔结地法或合同履行地法,或当事人的本国法或住所地法,或其他可以适用的法律的问题;在法律适用涉及侵权行为责任时,会提出究竟应适用加害行为地法还是损害发生地法,或受害人本国法或住所地法,或其他可以适用的法律的问题。

人民法院在审理涉外民事案件时,如何确定涉外民事关系适用的法律呢?

(一)关于人民法院如何确定涉外民事关系准据法的规定

首先,《涉外民事关系法律适用法》第二条第一款规定:"涉外民事关系适用的法律,依照本法确定。其他法律对涉外民事关系法律适用另有特别规定的,依照其规定。"

除《涉外民事关系法律适用法》之外,在中国国际私法体系中另有多套有效的涉外民事关系法律适用制度,包括《民法典》《海商法》《民用航空法》《票据法》等法律中关于法律适用

的规定。因此,《涉外民事关系法律适用法》属于中国有关涉外民事关系法律适用的法律,但非唯一的法律。《涉外民事关系法律适用法》在各种法律适用规范中处于优先适用的地位,即《涉外民事关系法律适用法》和其他法律对同一涉外民事关系的法律适用均有规定的,优先适用《涉外民事关系法律适用法》的规定;《涉外民事关系法律适用法》对涉外民事关系的法律适用没有规定而其他法律有规定的,适用其他法律的规定。

其次,《涉外民事关系法律适用法》第二条第二款规定:"本法和其他法律对涉外民事关系法律适用没有规定的,适用与该涉外民事关系有最密切联系的法律。"这一规定,确立了最密切联系原则是我国国际司法的基本原则。

由于法律为常见的涉外民事关系预设了最密切联系的法律,法院在审理涉外案件时,依照这些具体的法律适用规则确定的准据法,就是与涉外民事关系有最密切联系的法律。因此,通常情况下,法院并不会直接适用最密切联系原则确定涉外民事关系的准据法,最密切联系原则只在以下两种情况下适用:

一是当既有规则所指引的准据法与涉外民事关系不具有最密切联系时,直接适用最密切联系原则对涉外民事关系的准据法予以矫正。

二是当现行法律对某新产生的涉外民事关系的法律适用没有规定时,直接适用最密切联系原则确定准据法,填补现行法律的缺位。

(二)关于当事人意思自治原则的规定

《涉外民事关系法律适用法》第三条规定:"当事人依照法律规定可以明示选择涉外民事关系适用的法律。"根据这条规定,当事人享有选择涉外民事关系法律适用的自由,但是这种自由并不是绝对的,当事人选择法律必须依法进行。

1. 意思自治原则适用的涉外民事关系的范围

当事人选择涉外民事关系适用的法律必须依照法律规定。这里的"法律",是指我国的国际私法立法。由于我国国际私法立法采取的是分散立法的模式,除《涉外民事关系法律适用法》外,还包括《民法典》《海商法》《票据法》《民用航空法》等其他涉及涉外民事关系法律适用的法律。凡法律允许当事人选择涉外民事法律关系适用的法律的,当事人均可以对该涉外民事关系适用的法律做出选择。凡法律未规定当事人可以选择涉外民事关系适用的法律的,当事人均不得选择该涉外民事关系适用的法律。

就我国现行法律规定来看,允许当事人选择适用法律的涉外民事关系的范围包括:合同关系(包括知识产权合同)、委托代理关系、信托关系、仲裁协议、夫妻财产关系、动产物权取得与丧失、侵权责任(包括知识产权的侵权责任)、不当得利、无因管理。

2. 当事人选择法律的范围

关于当事人协议选择适用的法律的范围,《涉外民事关系法律适用法》区分两种情况,分别做出不同的规定:

一是对当事人协议选择的法律的范围不做限制。在民事主体领域,该法第十六条第二款规定:"当事人可以协议选择委托代理适用的法律。"第十七条规定:"当事人可以协议选择信托适用的法律。"第十八条规定:"当事人可以协议选择仲裁协议适用的法律。"在物权领域,该法第三十七条规定:"当事人可以协议选择动产物权适用的法律。"第三十八条规定:"当事人可以协议选择运输中动产物权发生变更适用的法律。"在侵权领域,该法第四十四条规定:"侵权行为发生后,当事人协议选择适用法律的,按照其协议。"在不当得利、无因管理领域,该法第四十七条规定:"不当得利、无因管理,适用当事人协议选择适用的法律。"上述条款仅规定当事人可以协议选择适用的法律,但对当事人选择的法律的范围并未做出限制性规定。

二是仅允许当事人在限定的几种法律中选择一种。如在婚姻家庭领域,该法第二十四条规定:"夫妻财产关系,当事人可以协议选择适用一方当事人经常居所地法律、国籍国法律或者主要财产所在地法律。"第二十六条规定:"协议离婚,当事人可以协议选择适用一方当事人经常居所地法律或者国籍国法律。"在知识产权领域,该法第四十九条规定:"当事人可以协议选择知识产权转让和许可使用适用的法律。"第五十条规定:"知识产权的侵权责任,适用被请求保护地法律,当事人也可以在侵权行为发生后协议选择适用法院地法律。"这些规定意味着,知识产权侵权当事人协议选择适用的法律限于法院地法律;协议离婚,当事人协议选择适用的法律限于一方当事人经常居所地法律或者国籍国法律;夫妻财产关系,当事人协议选择适用的法律限于一方当事人经常居所地法律、国籍国法律或者主要财产所在地法律。此外,根据《票据法》的规定,支票出票时的记载事项,当事人协议的选择适用的法律限于付款地法律。

3.当事人选择法律的方式

在国际私法上,当事人选择法律的方式有明示选择与默示选择两种。明示选择是指当事人以文字或口头形式明确对法律做出选择。默示选择是指当事人未明确选择涉外民事关系适用的法律,法院根据当事人的行为、案件事实等因素来推定当事人选择某一特定国家的法律支配其权利和义务关系,从而确定涉外民事关系的准据法。明示选择法律的方式由于具有可预见性和稳定性,已得到各国的普遍承认。而默示选择,归根结底是由法官来推断的,往往不一定能代表当事人的真实意思,容易导致法院地法适用范围的扩大。因此,默示选择法律没有得到各国的一致承认。我国法律要求当事人选择涉外民事关系适用的法律应当是明示的,不承认当事人以默示方式选择法律。司法实践中,有一种特殊情况,我们也认为当事人选择了法律,即《最高人民法院关于审理涉外民事或商事合同纠纷案件法律适用若干问题的规定》(法释〔2007〕14号)第四条第二款规定:"当事人未选择合同争议应适用的法律,但均援引同一国家或者地区的法律且未提出法律适用异议的,应当视为当事人已经就合同争议应适用的法律作出选择。"

(三)关于我国强制性法律规定直接适用的规定

《涉外民事关系法律适用法》第四条规定:"中华人民共和国法律对涉外民事关系有强制性规定的,直接适用该强制性规定。"这条规定排除了冲突规范的适用,是国家加强对社会经济生活干预在国际私法法律适用领域中的表现。

司法实践中,有大量这样的案例:当事人在涉外担保合同中明确规定适用外国法或者外法域法,我国是外汇管制国家,根据我国法律的规定,我国的当事人对外提供外汇担保,必须经过外汇主管部门审批,否则对外担保无效,而如果适用了当事人选择的外国法或外法域法,而这些法律并没有对外汇担保履行报批手续的要求,则必然会架空我国的外汇管制制度。这些相关法律规定具有公法性质,是强制性法律规范,并不属于允许当事人选择适用的法律的范畴,人民法院应当直接适用这类法律,而不是通过冲突规范的指引在应适用外法域法的情况下再根据公共政策的规定排除该外法域法的适用后转而适用上述法律。

(四)关于保护我国的社会公共利益而排除外国法适用的规定

《涉外民事关系法律适用法》第五条规定:"外国法律的适用将损害中华人民共和国社会公共利益的,适用中华人民共和国法律。"这是一条公共政策条款。在涉外民商事案件中,各国法院不可避免地会遇到适用外国法的情况。根据公共政策条款,本国法院在处理涉外案件的过程中,根据本国冲突规范的规定在应当适用外国法的情况下,如果适用该外国法将违反本国的公共政策,本国法院就可以拒绝适用该外国法。公共政策条款,作为有力的武器,是各国通过法律维护本国利益的最后一道屏障。

(五)多法域国家如何确定准据法的问题

《涉外民事关系法律适用法》第六条规定:"涉外民事关系适用外国法律,该国不同区域实施不同法律的,适用与该涉外民事关系有最密切联系区域的法律。"根据该条的规定,当某一涉外民事关系适用某外国的法律,而该国存在不同法域时,适用与该涉外民事关系有最密切联系区域的法律。

二、其他法律的特别规定

鉴于《涉外民事关系法律适用法》并不包含有关海商、民用航空、票据等商事领域法律适用的规定,因而这些领域的法律适用规定显然属于另有特别规定的范围。

(一)《海商法》第十四章"涉外关系的法律适用"

第二百六十八条 中华人民共和国缔结或者参加的国际条约同本法有不同规定的,适用国际条约的规定;但是,中华人民共和国声明保留的条款除外。

中华人民共和国法律和中华人民共和国缔结或者参加的国际条约没有规定的,可以适用国际惯例。

第二百六十九条 合同当事人可以选择合同适用的法律,法律另有规定的除外。合同当事人没有选择的,适用与合同有最密切联系的国家的法律。

第二百七十条 船舶所有权的取得、转让和消灭,适用船旗国法律。

第二百七十一条 船舶抵押权适用船旗国法律。

船舶在光船租赁以前或者光船租赁期间,设立船舶抵押权的,适用原船舶登记国的法律。

第二百七十二条 船舶优先权,适用受理案件的法院所在地法律。

第二百七十三条 船舶碰撞的损害赔偿,适用侵权行为地法律。

船舶在公海上发生碰撞的损害赔偿,适用受理案件的法院所在地法律。

同一国籍的船舶,不论碰撞发生于何地,碰撞船舶之间的损害赔偿适用船旗国法律。

第二百七十四条 共同海损理算,适用理算地法律。

第二百七十五条 海事赔偿责任限制,适用受理案件的法院所在地法律。

第二百七十六条 依照本章规定适用外国法律或者国际惯例,不得违背中华人民共和国的社会公共利益。

(二)《民用航空法》第十四章"涉外关系的法律适用"

第一百八十四条 中华人民共和国缔结或者参加的国际条约同本法有不同规定的,适用国际条约的规定;但是,中华人民共和国声明保留的条款除外。

中华人民共和国法律和中华人民共和国缔结或者参加的国际条约没有规定的,可以适用国际惯例。

第一百八十五条　民用航空器所有权的取得、转让和消灭,适用民用航空器国籍登记国法律。

第一百八十六条　民用航空器抵押权适用民用航空器国籍登记国法律。

第一百八十七条　民用航空器优先权适用受理案件的法院所在地法律。

第一百八十八条　民用航空运输合同当事人可以选择合同适用的法律,但是法律另有规定的除外;合同当事人没有选择的,适用与合同有最密切联系的国家的法律。

第一百八十九条　民用航空器对地面第三人的损害赔偿,适用侵权行为地法律。

民用航空器在公海上空对水面第三人的损害赔偿,适用受理案件的法院所在地法律。

第一百九十条　依照本章规定适用外国法律或者国际惯例,不得违背中华人民共和国的社会公共利益。

(三)《票据法》第五章"涉外票据的法律适用"

第九十四条　涉外票据的法律适用,依照本章的规定确定。

前款所称涉外票据,是指出票、背书、承兑、保证、付款等行为中,既有发生在中华人民共和国境内又有发生在中华人民共和国境外的票据。

第九十五条　中华人民共和国缔结或者参加的国际条约同本法有不同规定的,适用国际条约的规定。但是,中华人民共和国声明保留的条款除外。

本法和中华人民共和国缔结或者参加的国际条约没有规定的,可以适用国际惯例。

第九十六条　票据债务人的民事行为能力,适用其本国法律。

票据债务人的民事行为能力,依照其本国法律为无民事行为能力或者为限制民事行为能力而依照行为地法律为完全民事行为能力的,适用行为地法律。

第九十七条　汇票、本票出票时的记载事项,适用出票地法律。

支票出票时的记载事项,适用出票地法律,经当事人协议,也可以适用付款地法律。

第九十八条　票据的背书、承兑、付款和保证行为,适用行为地法律。

第九十九条　票据追索权的行使期限,适用出票地法律。

第一百条　票据的提示期限、有关拒绝证明的方式、出具拒绝证明的期限,适用付款地法律。

第一百零一条　票据丧失时,失票人请求保全票据权利的程序,适用付款地法律。

(四)《民法典》合同编其他规定

《民法典》第四百六十七条第二款规定:"在中华人民共和国境内履行的中外合资经营企业合同、中外合作经营企业合同、中外合作勘探开发自然资源合同,适用中华人民共和国法律。"

(五)《最高人民法院关于审理涉外民事或商事合同纠纷案件法律适用若干问题的规定》

第八条　在中华人民共和国领域内履行的下列合同,适用中华人民共和国法律:

(1)中外合资经营企业合同。

(2)中外合作经营企业合同。

(3)中外合作勘探、开发自然资源合同。

(4)中外合资经营企业、中外合作经营企业、外商独资企业股份转让合同。

(5)外国自然人、法人或者其他组织承包经营在中华人民共和国领域内设立的中外合资经营企业、中外合作经营企业的合同。

(6)外国自然人、法人或者其他组织购买中华人民共和国领域内的非外商投资企业股东的股权的合同。

(7)外国自然人、法人或者其他组织认购中华人民共和国领域内的非外商投资有限责任公司或者股份有限公司增资的合同。

(8)外国自然人、法人或者其他组织购买中华人民共和国领域内的非外商投资企业资产的合同。

(9)中华人民共和国法律、行政法规规定应适用中华人民共和国法律的其他合同。

任务实施

具体要求：依据所掌握的涉外民事案件的法律适用规定、《海商法》等其他法律的特别规定等知识，就本项目案例导入所述情境，分析本案的法律适用。

第一步：查找法律依据

本案为国际货物多式联运合同纠纷，因此法律适用应依照《海商法》的相关规定。如前所述，《海商法》第二百六十九条规定："合同当事人可以选择合同适用的法律，法律另有规定的除外。合同当事人没有选择的，适用与合同有最密切联系的国家的法律。"

《海商法》第一百零五条规定："货物的灭失或者损坏发生于多式联运的某一运输区段的，多式联运经营人的赔偿责任和责任限额，适用调整该区段运输方式的有关法律规定。"

第二步：提出法律适用建议

根据《海商法》第二百六十九条的规定，合同当事人没有选择，那么适用与合同有最密切联系的国家的法律。因此，若案件审理过程中，各方当事人对于法院整体上适用中华人民共和国法律审理本案纠纷无异议，则本案适用中华人民共和国法律审理。

各方当事人在同意本案审理整体上适用中华人民共和国法律的前提下，对于认定C公司的赔偿责任和责任限额是否应当适用墨西哥法律明显存在争议。

根据《海商法》第一百零五条的规定，因案涉货物灭失于曼萨尼亚至墨西哥城的陆路运输过程中，关于承运人责任及责任限制等问题应适用墨西哥当地陆路运输民商事法律。《涉外民事关系法律适用法》第十条规定："涉外民事关系适用的外国法律，由人民法院、仲裁机构或者行政机关查明。当事人选择适用外国法律的，应当提供该国法律。不能查明外国法律或者该国法律没有规定的，适用中华人民共和国法律。"由于墨西哥为联邦制国家，须由C公司查明相关外国法，提供墨西哥法律全部相关内容，由法院依职权查明和认定后适用。

经查明，C公司的赔偿责任和责任限额应适用墨西哥调整当地公路运输的民商事法律。根据墨西哥《联邦道路桥梁和车辆运输法》第六十六条的规定，除非具有该条规定的免责情形，公路承运人原则上应对运输期间的货物损失负责；委托人如没有申报货物的价值，赔偿一般按每吨货物计算，责任限制为相当于墨西哥联邦区一般最低工资15天的金额。C公司作为多式联运经营人，其赔偿责任应当根据该条法律规定确定。

C公司若没有举证证明其对案涉货损具有墨西哥《联邦道路桥梁和车辆运输法》第六十

六条规定的免责情形,则应当对案涉货物灭失承担赔偿责任。但本案没有证据表明 A 公司作为案涉多式联运与墨西哥公路运输的委托人在托运时至货物装运前申报货物价值,因此 C 公司根据上述墨西哥法律的规定可以主张赔偿责任限制。案涉货物重量合计 23.9 吨,根据上述墨西哥法律的规定,计算该国内公路运输承运人对案涉货物损失的赔偿限额标准为每吨 934.95 比索[(62.32 比索(墨西哥联邦地区当年一般最低日工资)/日×15 日],案涉货物的赔偿限额为 22 345.305 比索(23.9 吨×934.95 比索/吨),赔偿限额折合 1 737.97 美元。货损发生后,C 公司应当依法及时赔偿,其迟延赔偿,D 公司可以相应请求利息损失。

任务评价

评价内容	评价标准	权重/%	得分
基础知识	掌握涉外民事案件的法律适用规定	20	
	掌握《海商法》等其他法律的特别规定	20	
分析能力	能够正确判断涉外案件的法律适用	30	
	能够解决国际物流争议中的法律适用问题	30	

法条解析

《中华人民共和国涉外民事关系法律适用法》

第十条 涉外民事关系适用的外国法律,由人民法院、仲裁机构或者行政机关查明。当事人选择适用外国法律的,应当提供该国法律。

不能查明外国法律或者该国法律没有规定的,适用中华人民共和国法律。

本条是关于外国法的查明问题的规定,主要包括两个方面:一是外国法的查明责任承担;二是外国法不能查明的救济方法。首先,关于查明外国法的责任。根据该条的规定,一般情况下,外国法由法院、仲裁机构或者行政机关依职权查明。如果当事人选择适用外国法律的,则其有义务提供该法律。其次,关于不能查明的后果。根据该条的规定,如果不能查明外国法律或者该国法律没有规定的,适用中华人民共和国法律。

外国法的查明方法,取决于对外国法性质的认定,即外国法是"事实"还是"法律"的认定。对此,各国的认识并不一致。各国对外国法性质的认识存在着分歧,各国的立法和实践中对外国法查明责任的规定也不尽相同,外国法的查明责任大致分为以下三类:

(1)当事人举证证明。英美法系国家和部分拉美国家采用这种做法。它们把外国法看成事实,用确定事实的程序确定外国法的内容,即当冲突规范指定适用外国法时,该外国法的内容必须由当事人像证明案件的其他事实一样加以证明,法官无依职权查明外国法的义务。

(2)法官依职权查明,无须当事人举证。一些欧洲大陆国家,如荷兰、意大利、奥地利以及拉丁美洲乌拉圭等国,采取这种做法。它们认为外国法和本国法一样,在性质上都是法律,按照"法官知法"的原则,在应当适用外国法时,只能由法官依职权查明外国法的内容,并据查明的具体规定做出判决,当事人对此不承担任何责任。

(3)原则上由法院依职权查明,当事人亦负有协助义务。德国、日本、瑞士、土耳其、秘鲁等国采取这种做法。它们主张外国法既不是纯粹的法律,也不是单纯的事实,因而应当采用既不同于查明案件事实,也不同于查明本国法律的方法来查明外国法的内容。

我国采用第三种方式,原则上由法院等适用法律的机构依职权查明,在特定情况下当事

人亦负有协助义务,即当事人选择适用外国法时,应当提供该外国法的相关规定。

不过,各国对外国法查明的问题的规定也有一个发展变化的过程。从目前的情况看,世界各国逐步改变完全由当事人举证或完全由法官依职权查证的做法,而将查证外国法的责任在当事人和法官之间进行分配。这种做法更加合理,并且有利于提高审理涉外民商事案件的效率。同时,这也说明各国国际私法制度之间相互借鉴和融合的发展趋势。

项目小结

人民法院审理涉外物流争议案件适用《民事诉讼法》的有关规定。在确定人民法院的管辖权时,根据法院与物流争议存在实际联系的原则,并尊重当事人的选择。当事人可以用书面协议的形式选择与物流争议有实际联系的地点的人民法院管辖,但是不得违反《民事诉讼法》关于级别管辖和专属管辖的规定。对于属于中华人民共和国人民法院专属管辖的案件,当事人不得用书面协议选择其他国家法院管辖。涉外民事诉讼的被告对人民法院的管辖不提出异议并且应诉答辩的,视为其承认该人民法院为有管辖权的法院。

由于各国民事立法的差异,对同一涉外民事案件适用不同国家的法律,往往会导致不同的结果,此属国际私法上的法律冲突问题。法院审理涉外民事案件时,需要运用冲突规范来确定各类涉外民事关系应适用的法律,从而达到解决法律冲突的目的。我国《涉外民事关系法律适用法》及中国国际私法体系中多套有效的涉外民事关系法律适用制度(如《民法典》《海商法》《民用航空法》《票据法》等)都对此做了相应的规定。《涉外民事关系法律适用法》在各种法律适用规范中处于优先适用的地位,《涉外民事关系法律适用法》对涉外民事关系的法律适用没有规定而其他法律有规定的,适用其他法律的规定。《涉外民事关系法律适用法》和其他法律对涉外民事关系法律适用没有规定的,适用与该涉外民事关系有最密切联系的法律。

思政园地

我国经济在与世界经济逐渐融为一体,为中华民族伟大复兴带来无限机遇的同时,各种风险,包括法律风险也相伴而生。社会生活在各个方面与世界各国的联系和交往越来越密切,经济贸易投资等领域以及涉及公民个人财产方面的涉外民事争议不断增多,相关当事人请求法律保护的情况也越来越普遍。为满足经济社会的发展以及人民群众日益增长的法律需求,我国于2010年10月28日经第十一届全国人大常委会第十七次会议审议通过了《涉外民事关系法律适用法》,解决我国法律与外国或我国不同法域的法律规范出现冲突时如何选择适用准据法的问题。

与国内民事关系不同,涉外民事关系往往涉及中外当事人,此时,既涉及我国的司法主权,也涉及中外当事人的平等保护,同时间接地还涉及我国法制的国际形象。为合理地解决涉外民事争议,《涉外民事关系法律适用法》一方面坚持司法主权原则,如第四条规定:"中华人民共和国法律对涉外民事关系有强制性规定的,直接适用该强制性规定。"第五条继续规定:"外国法律的适用将损害中华人民共和国社会公共利益的,适用中华人民共和国法律。"另一方面,该法并未特别强调中国当事人或外国当事人,而是对中外当事人进行平等保护。可见,该法秉承了包容、开放的国际主义原则,对中外当事人进行平等保护,对于进一步推动改革开放、促进对外交往、提升中国法制的国际形象具有积极意义。

项目十五　国际物流争议解决

能力测评

一、选择题(不定项)

1.以下属于涉外民事法律关系的有(　　)。
A.民事法律关系的一方或双方当事人是外国人
B.民事法律关系的标的物在外国领域内
C.变更民事权利和义务关系的法律事实发生在外国
D.产生民事权利和义务关系的法律事实发生在外国

2.关于涉外民事诉讼,以下说法正确的有(　　)。
A.我国法院审理涉外民事案件,必须适用我国《民事诉讼法》
B.外国企业在我国人民法院起诉或应诉,需要委托律师代理诉讼的必须委托中国律师
C.外国企业在我国人民法院起诉或应诉,需要委托律师代理诉讼的可委托外国律师
D.人民法院审理涉外民事案件,应当使用中华人民共和国通用的语言、文字

3.关于涉外民事诉讼管辖,以下说法正确的有(　　)。
A.一国法院可能适用外国法
B.合同签订地在我国的涉外诉讼案件,我国人民法院有管辖权
C.一国法院对本国国民有管辖权限
D.我国允许当事人合意选择确定国内或者国外的管辖法院

4.关于涉外民事诉讼中的特殊地域管辖,下列说法正确的有(　　)。
A.合同在我国领域内签订或者履行的,由合同签订地或者履行地人民法院管辖
B.侵权行为或者损害结果发生在我国领域内,由侵权行为地或者结果地人民法院管辖
C.当事人双方争讼的财产在我国领域内,由诉讼标的物所在地人民法院管辖
D.被告在我国领域内设有代表机构的,由代表机构所在地人民法院管辖

5.涉外协议管辖与国内协议管辖的区别有(　　)。
A.涉外案件可协议管辖的范围比较广
B.国内案件可协议管辖的范围比较广
C.涉外协议管辖选择法院的面比国内协议管辖选择法院的面宽
D.涉外协议管辖的种类比国内协议管辖的种类多

6.根据《涉外民事关系法律适用法》的规定,除了涉外合同,还有哪些涉外民事事项适用的法律,可以由当事人协议选择?(　　)
A.委托代理　　　B.信托　　　C.动产物权　　　D.不当得利

7.根据《涉外民事关系法律适用法》的规定,(　　)涉外民事关系适用的法律不能由当事人协议选择。
A.运输中动产物权发生变更　　　B.有价证券
C.无因管理　　　　　　　　　　D.知识产权转让和许可使用

8.对涉外民事关系应适用的外国法律不能查明,或者该国法律没有规定的,人民法院该(　　)。
A.驳回当事人的诉讼请求或者抗辩
B.适用与该国法律相近或类似的其他国家的法律

C.适用有关国际惯例

D.适用中华人民共和国法律

9.在一个涉外民事案件中,我国某法院根据我国的冲突规则确定应适用某外国的法律来处理该争议,而该国不同区域实施不同法律,人民法院应该(　　)。

　　A.适用该国首都所在区域的法律

　　B.必须依该国调整国内法律冲突的规定来确定应适用的法律

　　C.首先依据该国法律关于调整国内法律冲突的规定,确定应适用的法律;该国法律未做规定的,直接适用与该民事关系有最密切联系的地区的法律

　　D.适用与该涉外民事关系有最密切联系区域的法律

10.对于运输中动产物权发生变更,在当事人未选择所适用的法律时,应(　　)。

　　A.适用运输起运地法律　　　　　　　B.适用运输目的地法律

　　C.适用发送人经常居所地法律　　　　D.适用收货人经常居所地法律

二、案例分析

甲公司:某保险公司嘉兴市分公司,住所地:浙江省嘉兴市。

乙公司:某物流有限公司,住所地:中国香港地区。

2018年3月10日,甲公司承保的分离棕榈仁油脂肪酸(以下简称脂肪酸)装载于乙公司的轮船从印度尼西亚开往中国乍浦港,船代代表船长签发了清洁提单。3月20日船舶抵达嘉兴乍浦港锚地后停靠码头,经卸货前货物计量与取样,检测结果显示数量及品质完好。3月22日开始通过卸货歧管卸货,卸货过程中,船上共使用了1、3、4号卸货歧管。由于乙公司卸货过程中操作失误,原本应从1号或3号卸货歧管卸往专门盛放脂肪酸的岸罐的脂肪酸,实际通过4号卸货歧管,卸入棕榈仁油专用管线并进入内装有棕榈仁油的岸罐,与该罐内棕榈仁油混合,并造成货损。

甲公司作为货物保险人,依据保险合同向被保险人支付货损理赔款近百万元,并依法取得代位求偿权。甲公司认为乙公司作为承运人,应对涉案货损承担赔偿责任,故向宁波海事法院提起诉讼。

思考:

1.请判断本案是否属于涉外民事诉讼,宁波海事法院是否具备管辖权。

2.请分析本案的法律适用问题。

拓展训练

请利用闲暇时间,在教师的指导下,在相关法律网站上查找国际物流纠纷案例。以小组形式展开讨论,讨论结果与民事判决书相对照,找出差距,并由各组长做好讨论结果的记录。

参考文献

[1] 全国人民代表大会.中华人民共和国民法典,2020.5
[2] 全国人民代表大会.中华人民共和国民事诉讼法,2021.12
[3] 全国人民代表大会常务委员会.中华人民共和国公司法,2018.10
[4] 全国人民代表大会常务委员会.中华人民共和国合伙企业法,2006.8
[5] 全国人民代表大会常务委员会.中华人民共和国个人独资企业法,1999.8
[6] 全国人民代表大会.中华人民共和国外商投资法,2019.3
[7] 全国人民代表大会常务委员会.中华人民共和国政府采购法,2014.8
[8] 全国人民代表大会常务委员会.中华人民共和国招标投标法,2017.12
[9] 全国人民代表大会常务委员会.中华人民共和国民用航空法,2021.4
[10] 全国人民代表大会常务委员会.中华人民共和国铁路法,2015.4
[11] 全国人民代表大会常务委员会.中华人民共和国邮政法,2015.4
[12] 全国人民代表大会常务委员会.中华人民共和国消费者权益保护法,2013.10
[13] 全国人民代表大会常务委员会.中华人民共和国著作权法,2020.11
[14] 全国人民代表大会常务委员会.中华人民共和国专利法,2020.10
[15] 全国人民代表大会常务委员会.中华人民共和国商标法,2019.4
[16] 全国人民代表大会常务委员会.中华人民共和国食品安全法,2021.4
[17] 全国人民代表大会常务委员会.中华人民共和国进出口商品检验法,2021.4
[18] 全国人民代表大会常务委员会.中华人民共和国产品质量法,2018.12
[19] 全国人民代表大会常务委员会.中华人民共和国药品管理法,2019.8
[20] 全国人民代表大会常务委员会.中华人民共和国环境保护法,2014.4
[21] 全国人民代表大会常务委员会.中华人民共和国固体废物污染环境防治法,2020.4
[22] 全国人民代表大会常务委员会.中华人民共和国网络安全法,2016.11
[23] 全国人民代表大会常务委员会.中华人民共和国电子签名法,2019.4
[24] 全国人民代表大会常务委员会.中华人民共和国电子商务法,2018.8
[25] 全国人民代表大会常务委员会.中华人民共和国保险法,2015.4
[26] 全国人民代表大会常务委员会.中华人民共和国道路交通安全法,2021.4
[27] 全国人民代表大会常务委员会.中华人民共和国突发事件应对法,2007.8
[28] 全国人民代表大会.中华人民共和国行政诉讼法,2017.6
[29] 全国人民代表大会常务委员会.中华人民共和国海关法,2021.4
[30] 全国人民代表大会常务委员会.中华人民共和国海商法,1992.11
[31] 全国人民代表大会常务委员会.中华人民共和国仲裁法,2017.9
[32] 全国人民代表大会常务委员会.中华人民共和国海事诉讼特别程序法,1999.12
[33] 全国人民代表大会常务委员会.中华人民共和国涉外民事关系法律适用法,2010.10
[34] 全国人民代表大会常务委员会.中华人民共和国港口法,2018.12
[35] 全国人民代表大会常务委员会.中华人民共和国行政处罚法,2021.1

[36] 全国人民代表大会常务委员会.中华人民共和国数据安全法,2021.6
[37] 全国人民代表大会常务委员会.中华人民共和国个人信息保护法,2021.8
[38] 国务院.快递暂行条例,2019.3
[39] 国务院.中华人民共和国政府采购法实施条例,2014.12
[40] 国务院.中华人民共和国招标投标法实施条例,2019.3
[41] 国务院.中华人民共和国邮政法实施细则,1990.11
[42] 国务院.中华人民共和国进出口商品检验法实施条例,2019.3
[43] 国务院.中华人民共和国道路运输条例,2019.3
[44] 最高人民法院.关于适用《中华人民共和国民法典》有关担保制度的解释,2020.12
[45] 联合国国际联运会议.联合国国际货物多式联运公约,1980
[46] 交通运输部,国家税务总局.网络平台道路货物运输经营管理暂行办法,2019
[47] 交通运输部.网络平台道路货物运输经营服务指南,2019
[48] 交通运输部.省级网络货运信息监测系统建设指南,2019
[49] 交通运输部.网络货运信息交互系统接入指南,2019
[50] 交通运输部.快递业务经营许可管理办法,2019.11
[51] 交通运输部.快递市场管理办法,2013.1
[52] 国务院.水路货物运输合同实施细则,2011.1
[53] 国家铁路局.铁路集装箱运输规则,2015
[54] 国家铁路局.铁路危险货物运输管理规则,2017
[55] 国家铁路局.铁路货物装卸安全技术规则,2015
[56] 国家铁路局.铁路货物运输管理规则,2000
[57] GB/T 18354—2021 物流术语,2021-12-01
[58] GB 11602—2007 集装箱港口装卸作业安全规程,2007-12-01
[59] GB/T 27917.3—2011 快递服务 第3部分:服务环节,2012-05-01
[60] GB/T 39083—2020 快递服务支付信息交换规范,2020-10-01
[61] GB/T 27917.1—2011 快递服务 第1部分:基本术语,2012-05-01
[62] GB/T 36911—2018 运输包装指南,2019-07-01
[63] GB/T 35774—2017 运输包装件性能测试规范,2018-04-01
[64] GB/T 4892—2021 硬质直方体运输包装尺寸系列,2021-10-01
[65] GB/T 24360—2009 多式联运服务质量要求,2009-12-01
[66] GB/T 39448—2020 汽车整车物流多式联运设施设备配置要求,2021-06-01
[67] GB/T 21071—2021 仓储服务质量要求,2022-07-01
[68] GB/T 30333—2013 物流服务合同准则,2014-07-01
[69] GB/T 26820—2011 物流服务分类与编码,2011-12-01
[70] 国家法律法规数据库
[71] 中国裁判文书网